国家重点档案专项资金资助项目

抗日战争档案汇编

宁夏回族自治区档案馆藏抗战档案选编

宁夏回族自治区档案馆 编

清華大学出版社

图书在版编目（CIP）数据

宁夏回族自治区档案馆藏抗战档案选编 / 宁夏回族自治区档案馆编 . —北京：清华大学出版社，2022.10
（抗日战争档案汇编）
ISBN 978-7-302-62019-8

Ⅰ . ①宁… Ⅱ . ①宁… Ⅲ . ①抗日战争－历史档案－汇编－宁夏 Ⅳ . ① K265.063

中国版本图书馆 CIP 数据核字（2022）第 182324 号

责任编辑：张　莹
封面设计：禾风雅艺
责任校对：王凤芝
责任印制：丛怀宇

出版发行：清华大学出版社
网　　址：http://www.tup.com.cn，http://www.wqbook.com
地　　址：北京清华大学学研大厦A座　　邮　　编：100084
社 总 机：010-83470000　　邮　　购：010-62786544
投稿与读者服务：010-62776969，c-service@tup.tsinghua.edu.cn
质量反馈：010-62772015，zhiliang@tup.tsinghua.edu.cn
印 装 者：天津艺嘉印刷科技有限公司
经　　销：全国新华书店
开　　本：210mm×285mm　　印　　张：36.5
版　　次：2022年12月第1版　　印　　次：2022年12月第1次印刷
定　　价：300.00元

产品编号：097505-01

抗日战争档案汇编编委会

宁夏回族自治区档案馆藏抗战档案选编编委会

总序

为深入贯彻落实习近平总书记「让历史说话，用史实发言，深入开展中国人民抗日战争研究」的重要指示精神，国家档案局根据《全国档案事业发展「十三五」规划纲要》和《「十三五」时期国家重点档案保护与开发工作总体规划》的有关安排，决定全面系统地整理全国各级综合档案馆馆藏抗战档案，编纂出版《抗日战争档案汇编》（以下简称《汇编》）。

中国人民抗日战争是近代以来中国反抗外敌入侵第一次取得完全胜利的民族解放战争，开辟了中华民族伟大复兴的光明前景。这一伟大胜利，也是中国人民为世界反法西斯战争胜利、维护世界和平作出的重大贡献。加强中国人民抗日战争研究，具有重要的历史意义和现实意义。

全国各级档案馆保存的抗战档案，数量众多，内容丰富，全面记录了中国人民抗日战争的艰辛历程，是研究抗战历史的珍贵史料。一直以来，全国各级档案馆十分重视抗战档案的开发利用，陆续出版公布了一大批抗战档案，对揭露日本帝国主义侵华罪行，讴歌中华儿女勠力同心、不屈不挠抗击侵略的伟大壮举，弘扬伟大的抗战精神，引导正确的历史认知，发挥了积极作用。特别是国家档案局组织有关方面共同努力和积极推动，「南京大屠杀档案」被联合国教科文组织评选为「世界记忆遗产」，列入《世界记忆名录》，捍卫了历史真相，在国际上产生了广泛而深远的影响。

全国各级档案馆馆藏抗战档案开发利用工作虽然取得了一定的成果，但是，在档案信息资源开发的系统性和深入性方面仍显不足。正如习近平总书记所指出的：「同中国人民抗日战争的历史地位和历史意义相比，同这场战争对中华民族和世界的影响相比，我们的抗战研究还远远不够，要继续进行深入系统的研究。」「抗战研究要深入，就要更多通过档案、资料、事实、当事人证词等各种人证、物证来说话。要加强资料收集和整理这一基础性工作，全面整理我国各地抗战档案、照片、资料、实物等……」

国家档案局组织编纂《汇编》，对全国各级档案馆馆藏抗战档案进行深入系统地开发，是档案部门贯彻落实习近平总书记重要指示精神，推动深入开展中国人民抗日战争研究的一项重要举措。本书的编纂力图准确把握中国人民抗日战争的历史进程、主流和本质，用详实的档案全面反映一九三一年九一八事变后十四年抗战的全过程，反映中国共产党在抗日战争中的中流砥柱作用以及中国人民抗日战争在世界反法西斯战争中的重要地位，反映国共两党「兄弟阋于墙，外御其侮」进行合作抗战、共同捍卫民族尊严的历史，反映各民族、各阶层及海外华侨共同参与抗战的壮举，展现中国人民抗日战争的伟大意义，以历史档案揭露日本侵华暴行，揭示日本军国主义反人类、反和平的实质。

编纂《汇编》是一项浩繁而艰巨的系统工程。为保证这项工作的有序推进，国家档案局制订了总体规划和详细的实施方案，明确了指导思想、工作步骤和编纂要求。为保证编纂成果的科学性、准确性和严肃性，国家档案局组织专家对选题进行全面论证，对编纂成果进行严格审核。

各级档案馆高度重视并积极参与到《汇编》工作之中，通过全面清理馆藏抗战档案，将政治、军事、外交、经济、文化、宣传、教育等多个领域涉及抗战的内容列入选材范围。入选档案包括公文、电报、传单、文告、日记、照片、图表等多种类型。在编纂过程中，坚持实事求是的原则和科学严谨的态度，对所收录的每一件档案都仔细鉴定、甄别与考证，维护档案文献的真实性，彰显档案文献的权威性。同时，以《汇编》编纂工作为契机，以项目谋发展，用实干育人才，带动国家重点档案保护与开发，夯实档案馆基础业务，提高档案人员的业务水平，促进档案馆各项事业的发展。

守护历史，传承文明，是档案部门的重要责任。我们相信，编纂出版《汇编》，对于记录抗战历史，弘扬抗战精神，发挥档案留史存鉴、资政育人的作用，更好地服务于新时代中国特色社会主义文化建设，都具有极其重要的意义。

抗日战争档案汇编编纂委员会

编辑说明

地处西北边陲的宁夏，战略地位独特，堪称西北的咽喉。抗日战争全面爆发后，为了打通宁夏这一通往西北的屏障，日本加紧了对宁夏的特务渗透，公开对马鸿逵进行策反，还出动飞机轰炸宁夏。宁夏的得失关系到西北、西南乃至全国的抗战局势。宁夏国民政府顶住侵华日军政治诱骗和军事压力，各界民众抗日救亡热情高涨，捐款捐物支援抗战，积极开展各种抗日救国宣传活动，极大地配合抗日军事斗争，军民同仇敌忾，坚持抗战，为扼守西北门户付出了巨大代价。

宁夏回族自治区档案馆系统梳理馆藏抗战档案，充分考虑历史与现实地域范围，兼顾抗战时期宁夏省和现行宁夏回族自治区行政区划，编纂《宁夏回族自治区档案馆馆藏抗战档案选编》。书中收录宁夏回族自治区档案馆馆藏抗战档案资料二百四十余件，选稿起自一九三三年，迄至一九四七年，按照「主题—时间」体例编排，分为抗战时期侵华日军对宁夏的渗透与破坏、日机轰炸以及宁夏备战策略与措施、社会各界支援抗战、抗日救国宣传活动、优抚抗战军人及其家属、迎接和庆祝抗战胜利等九个部分，分别按时间先后排序。

本书选用馆藏档案原件全文影印，未做删减。档案中的原标题完整或者基本符合要求的使用原标题，原标题有明显缺陷的进行了修改或重拟，无标题的加拟标题。部分档案资料形成时间不详或缺失，考证后做了补充或修订。

本书使用规范的简化字，对标题中的人物姓名、历史地名、机构名称中出现的繁体字予以径改。限于篇幅，本书不作注释。

由于时间紧，档案公布量大，编者水平有限，在编辑过程中可能存在疏漏之处，考订难免有误，欢迎方家斧正。

编　者

目录

二、侵华日军飞机轰炸宁夏

三、宁夏省政府与各军政长官的往来电报

四、宁夏省政府颁发的抗战训令

七、抗日救国宣传活动

八、优抚抗战军人及其家属

九、迎接和庆祝抗战胜利

一、日本对宁夏及周边地区的渗透与破坏

察哈尔省政府关于日本武官松井源之助赴察哈尔、宁夏等地游历致宁夏等省政府的密电

（一九三四年九月二十六日）

閱

省秘第四二三號

第二科 第二股

摘由

來電機關	張家口察哈爾省政府寢政電
收到時	民國廿三年九月廿七日下九時
事由	准駐張日領事館函送該國武官松井源之助赴察綏寧等地遊歷懇請查照由
備考	
指示辦	

電復聲稱經寧夏界內當妥為保護

請轉知該館領事知照

發交

月 日

省政府秘書處呈

譯

中國電報局

華文來報鈔發

民國　年　月　號　午　時　分　局來第　號

張家口綏遠省政府、寧夏省政府、太原山西省政府、西安陝西省政府、蘭州甘肅省政府、開封河南省政府、濟南山東省政府、天津河北省政府勛鑒：平密。准駐張日本領事館函送該國武官松井源之助赴察哈爾綏遠寧夏山西陝西甘肅河南山東河北各省遊

17

中國電報局

華文來報鈔發

民國　年　月　號　午　點　分　局來　號

加日國何諾〇函查省
該摟抄倫〇等邱達尔印
线〇詢人多定加電哈一
一經日赴來照先察啟
照由〇該右往護特荷覆（九月廿六日）
護等禱左他將外〇為府
歷邱領日时除復照啟

察哈尔省政府关于南满铁路会社社员中澍达喜赴察哈尔、宁夏等地游历致宁夏等省政府的密电

（一九三四年九月二十六日）

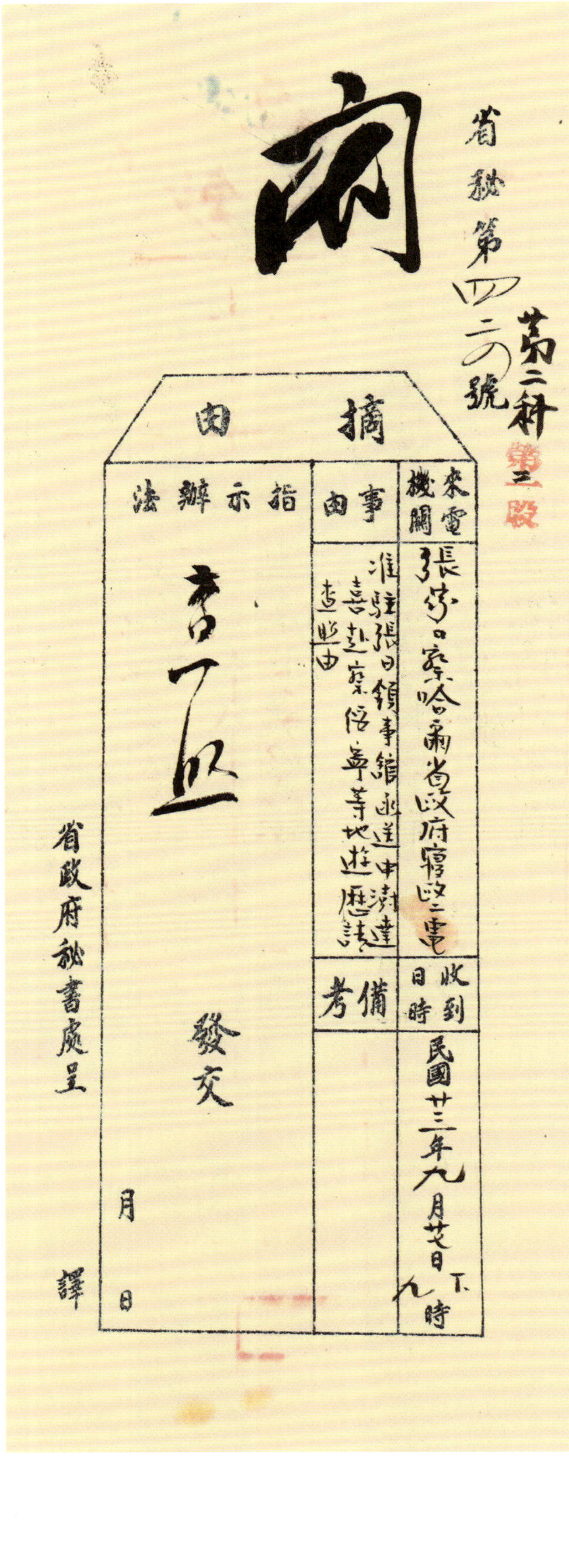
密

省秘第四二〇號

第二科

第二股

摘由

來電機關	張家口察哈爾省政府寢秘二電
事由	准駐張日領事館函送中澍達喜赴察綏寧等地遊歷請查照由
收到日時	民國廿三年九月廿七日下午九時
備考	

指示辦法

發交

月　日

省政府秘書處呈

譯

中國電報局

華文來報鈔發

張家口

省政南之本滿中尔河歷印領處（廿七）

院

又省府勉日南省哈西遊加田拟

多府

府西政府張送社察山省请標人

省

政山北政駐函社赴夏各代詢日

北綏

省原三省進飯會喜奥東一経談右

石

遠府津東泰事路達遠山此也左

天

綏遠府山水領鉄澍綏北護菁福日

中國電報局

00059

華文來報鈔發

民國　年　月　號　午　點　分

鈔字第　號

綏護特急寢
他將外為府
時除復照啟
何諸函查省
倫蒋印特爾印
多逹加電哈之
赴未照先鑒啟

廿九 [illegible]月 [illegible]日

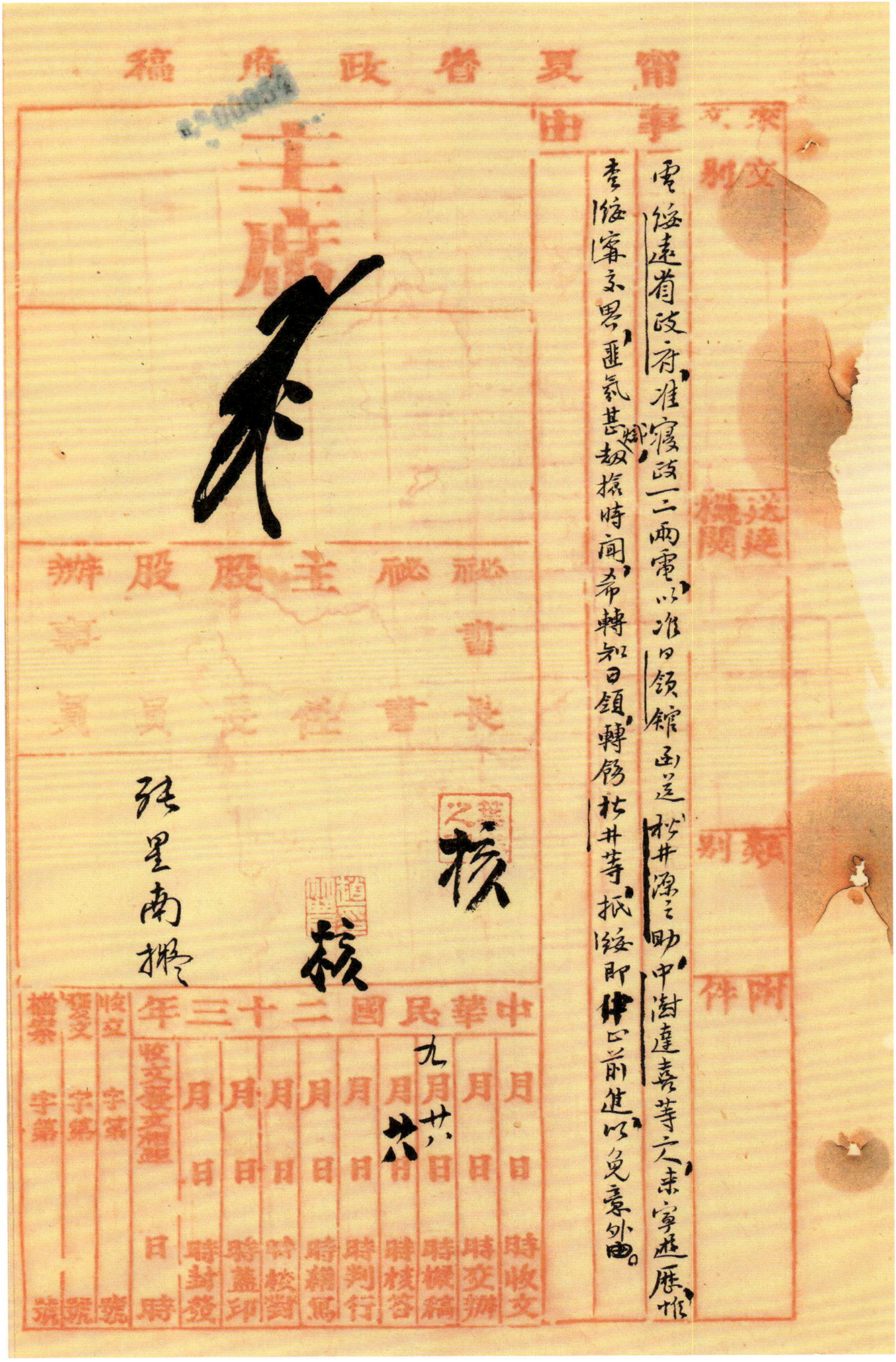

寧夏省政府稿

事由：電綏遠省政府，准復政一二兩電，以准日領館函送松井源之助、中濱達喜等六人來寧遊歷，惟查綏寧交界匪氣甚熾，據時聞，希轉知日領，轉飭松井等抵綏即停止前進，以免意外由。

主席

張星南擬

核　核

中華民國二十三年九月卅日

宁夏省政府关于绥宁交界匪气甚炽转知日本领事馆转饬松井源之助等抵绥即中止前进以免意外致察哈尔省政府的电（一九三四年九月二十九日）

電第　號、

急　張家口察哈爾省政府勛鑒、平密寢、政一二兩電均奉悉、日武官松井源之助、南滿路社社員中澍達喜等六人、來寧遊歷、既經領館飭發護照、自應准其入境、惟查綏寧交界一帶、匪氛甚熾、搶劫行旅時有所聞、該日人倘取道於此、殊難保障安全、希即查照轉知日領轉飭松井等知照、抵綏即行中止前進、以免意外、為荷、特復、寧夏省政府號印、

152/0
檔

中華民國廿二年九月　日

宁夏电报局严仲麟关于调查各蒙旗电台设置的密电（一九三六年一月二十七日）

電　第附號　　中央緊急密

00674

南京電密奉大部十二月真電飭局同月條電敬悉經職多方密查結果如下(1)政會由軍政部撥來五瓦特机七部五十瓦特机四部一百瓦特机三部現除以五十瓦特机一部作備用外餘均分地裝設(2)政會設無綫電管理局局下設無綫電總台(在百靈廟一百瓦特机)總台下設分台十二處總台設工程師一人(電台長兼之)時有全部無綫電人員蒙漢人皆有(蒙人居多)全係德王資送學習(3)各台待遇報員蒙人至多四十元漢人至多六十元台長蒙人不支薪僅支生活費以報務員為準(4)阿拉善旗電台設台長一人報員一人實習生二人台長名王枕華年三十三歲喀喇沁东旗人(熱河省)黃浦五期步科畢業曾在軍政部無綫電机修造廠實習能收發電報對無綫電方面不大明瞭月支生活費四十元報務員孫奠坤年十九歲安徽正陽關人北平私立震宇無綫電傳習所畢業前滂江電報局長徐榮侯之子月支薪給六十元實習生不支薪由

達王私人月給以津貼十元該台每月办公費二十元(用物油料均由總台發給)(5)該旗設台係政会整個通設計劃(6)達王與溥儀係姻親濤江(往王住在地)有日人主特務机關(百靈廟附近)阿拉善旗電台急欲與我台通报竊為整個边防通訊起見擬請以在該處設電报支局而交换条件派有能力人員前往办理如此可以收監視之效是否有當伏乞鈞裁 戒嚴伊麟(廿七) 咸

壽五下午七.

民國廿五年一月廿七日

宁夏省政府主席马鸿逵关于日本人仓永保等由包头来宁夏传闻设立特务机关致蒋介石、张群的密电

（一九三六年二月一日）

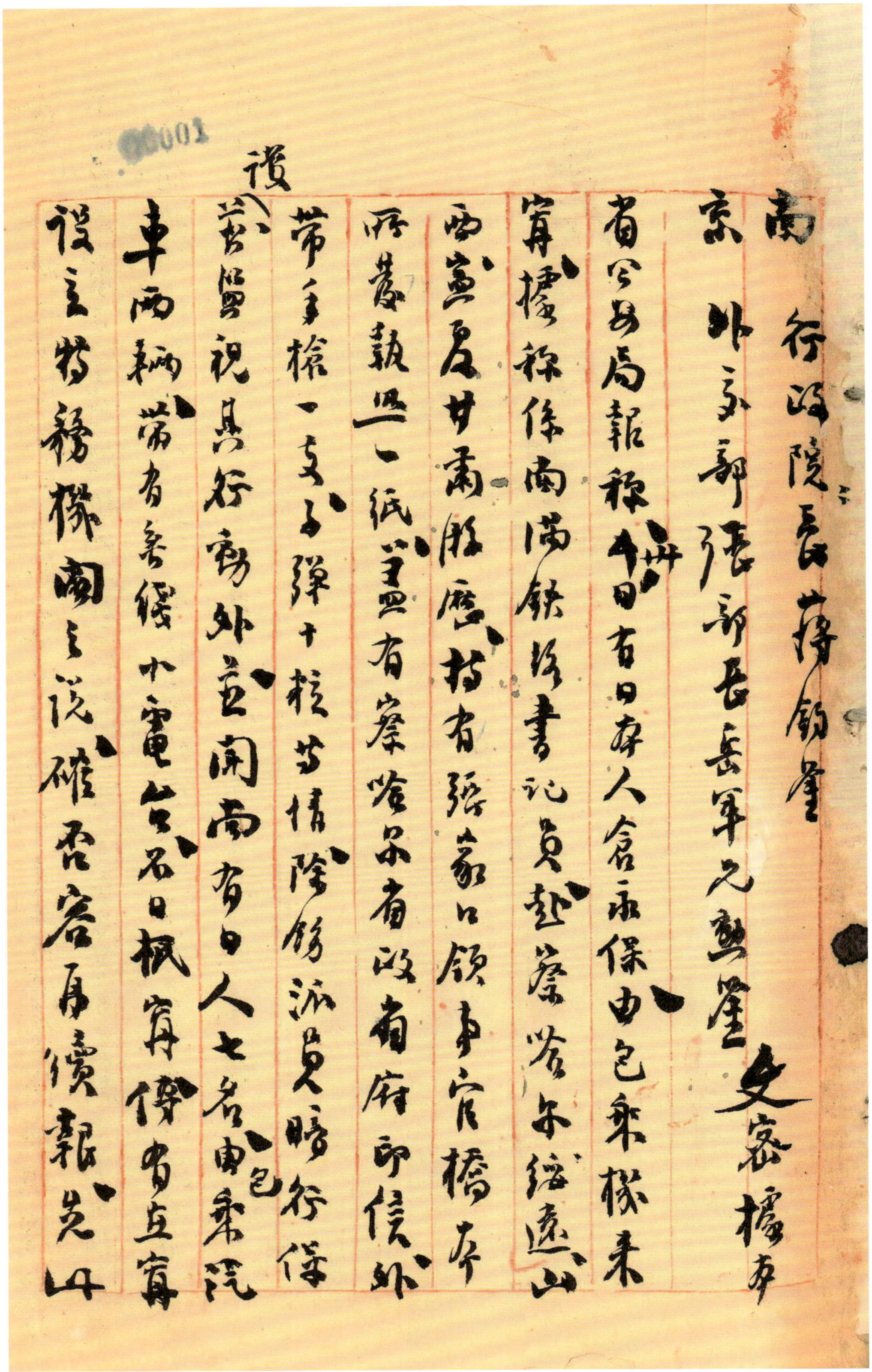

南京 行政院長蔣鈞鑒 外交部張部長岳軍兄鑒 東密 據本省公安局報稱 卅日有日本人倉永保由包來據來寧據稱係南滿鐵路書記員赴察哈爾綏遠山西寧夏甘肅旅歷 持有張家口領事官橋本所發護照一紙 並有察哈爾省政府所發外帶手槍一支 子彈十粒 等情 除飭派員暗行保護 並嚴密監視其行動外 並聞綏西有日人七名 由包乘汽車兩輛 帶有無綫小電台 名曰楓寧 傳將直寧設立特務機關之說 確否容再續報 先此

省參字第24號

電呈毅之參核為禱（指示機宜）寧夏省政府主席

馬少川東秘印（二十五年二月一日）

行稿

行

184

外

187

外交部关于日本人组织特务机关宁夏如有同样情事应劝令离境致马鸿逵的密电（一九三六年二月三日）

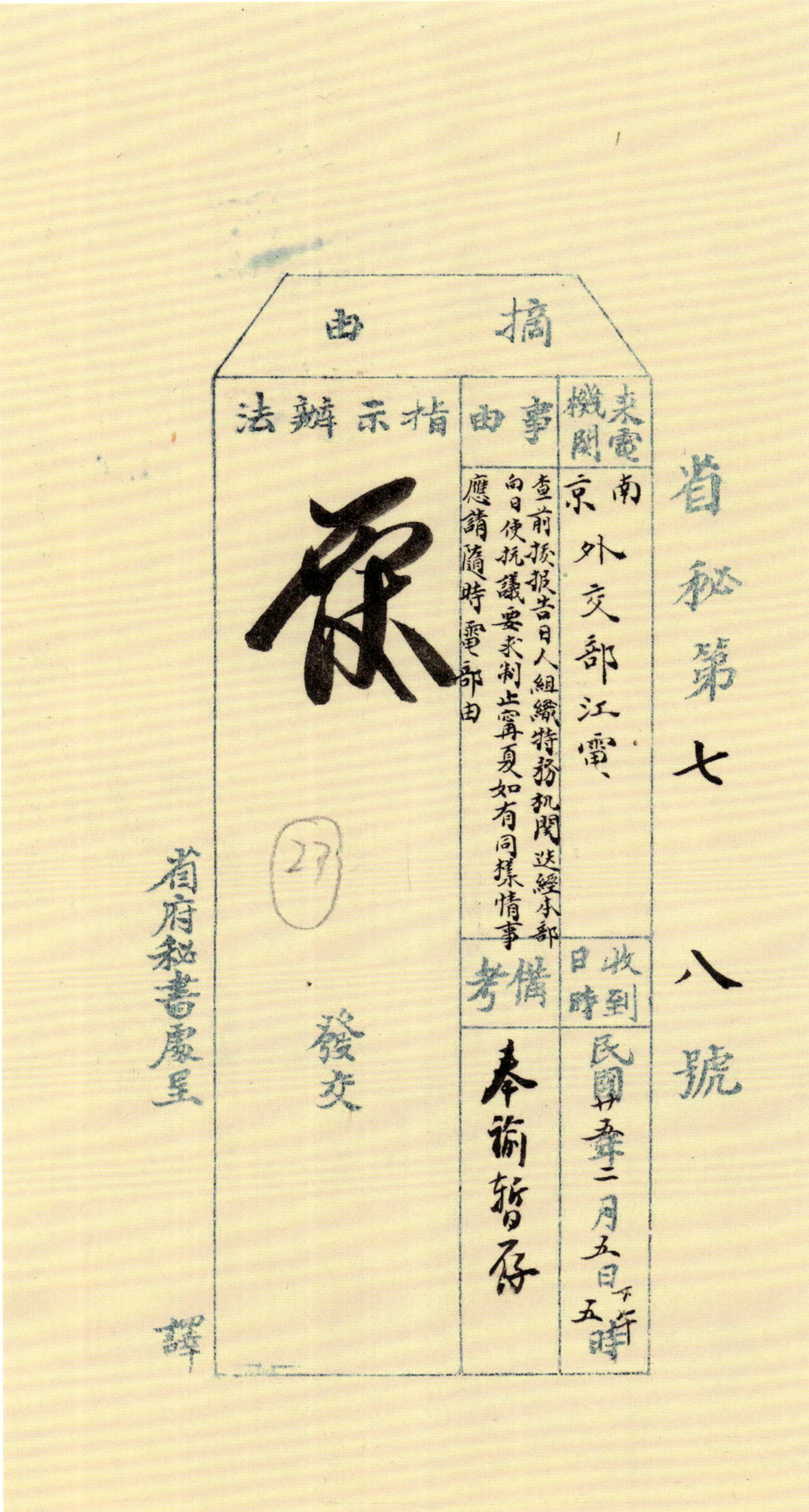

省秘第七八號

摘由

來電機關	事由	指示辦法
南京外交部江電	查前據報告日人組織特務机関迭經本部向日使抗議要求制止寧夏如有同樣情事應請隨時電部由	原

收到日時	備考
民國廿五年二月五日下午五時	奉諭暫存

（27）

省府秘書處呈

發交

譯

00027

交通部無綫電台

CHINESE GOVERNMENT RADIO STATION

無綫電報

RADIOGRAM

來報紙 RECEIVING FORM

本台號數 JOURNAL NO. 12

由 FROM	XKS
日期 DATE	4
時刻 TIME	10.55
簽名 BY	K

原來號數 ORIGINAL NO. 35　等級 CLASS 一等　字數 WORDS

發報台 STATION FROM 南京　日期 DATE 三日　時刻 TIME 21.32

附註 REMARKS

交 TO	
日期 DATE	
時刻 TIME	
簽名 BY	

電報掛號 REGISTERED ADDRESS

收報地名 PLACE OF DESTINATION 寧夏

急　擅組向夏時監降濱
誦人台部亭隨意忠孝邱
電日電牟止請注後電江　三日
秘告之經制應飭杜精郭　集
東報設法速求事面以外交
鑒據地閑要情一境涉外
勛前私機議樣洽離交立
席查北務抗同接令候查
主密華特便有部衡維希
馬文在識日如電護佑印

無C1—1

马鸿逵关于日本人渡边等过绥远赴包头、宁夏等地即派干警严密保护并上报到境日期致磴口县县长哈赓黼等的密电（一九三六年二月十三日）

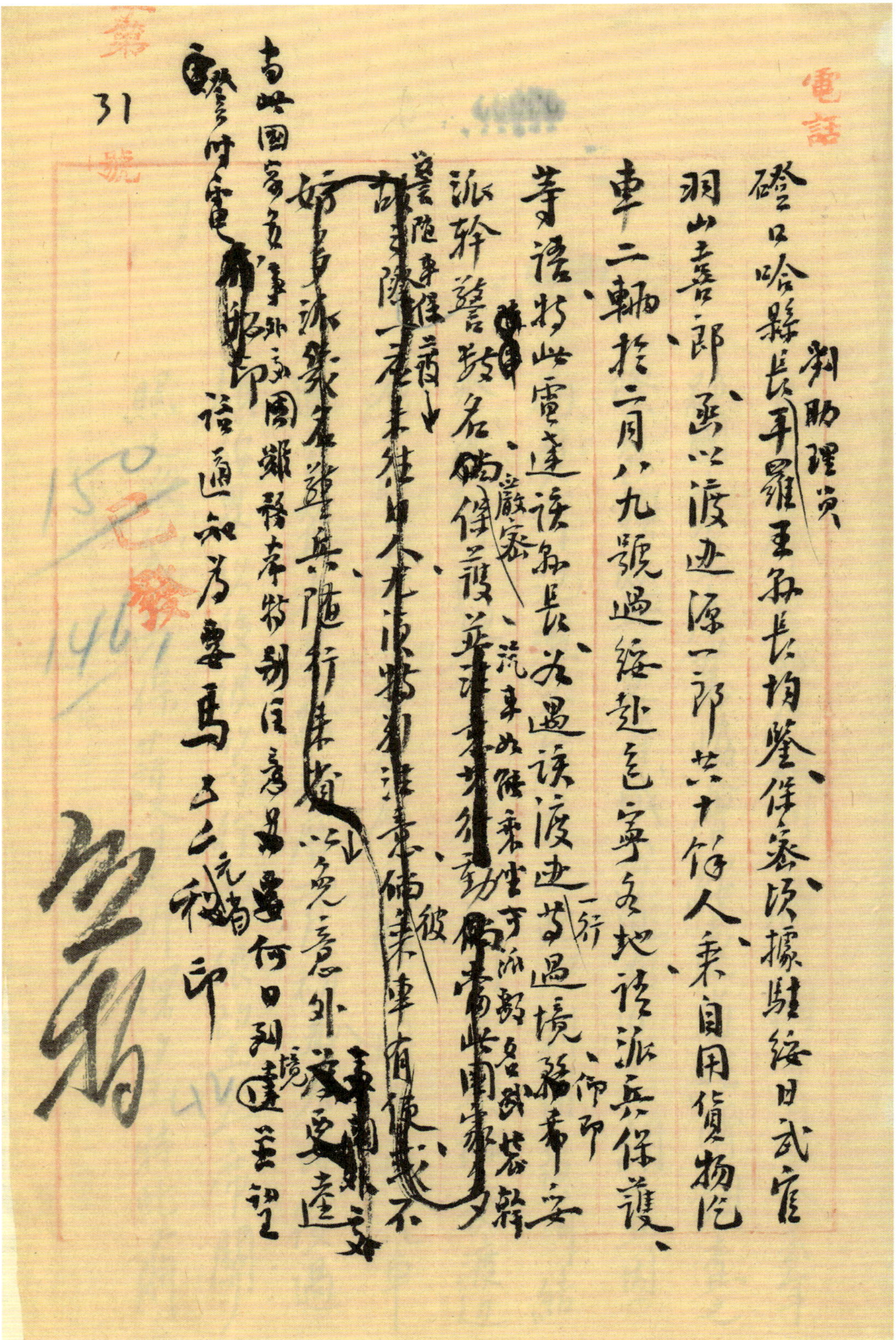
電話
磴口哈縣長并羅王秘長均鑒、併密、頃據駐綏日武官
羽山喜一郎函以渡邊源一郎共十餘人乘自用貨物汽
車二輛於二月八九號過綏赴包寧各地、請派兵保護、
等語、特此電達該縣長、於渡邊等過境時、希妥
派幹警嚴密保護、
當此國家多事、外交困難、務希特別注意為要、何日到境、並望
隨時電告為要。馬〇〇元秘印
31號

马鸿逵关于妥加保护在磴日本人致磴口县助理员刘健一的电（一九三六年二月二十八日）

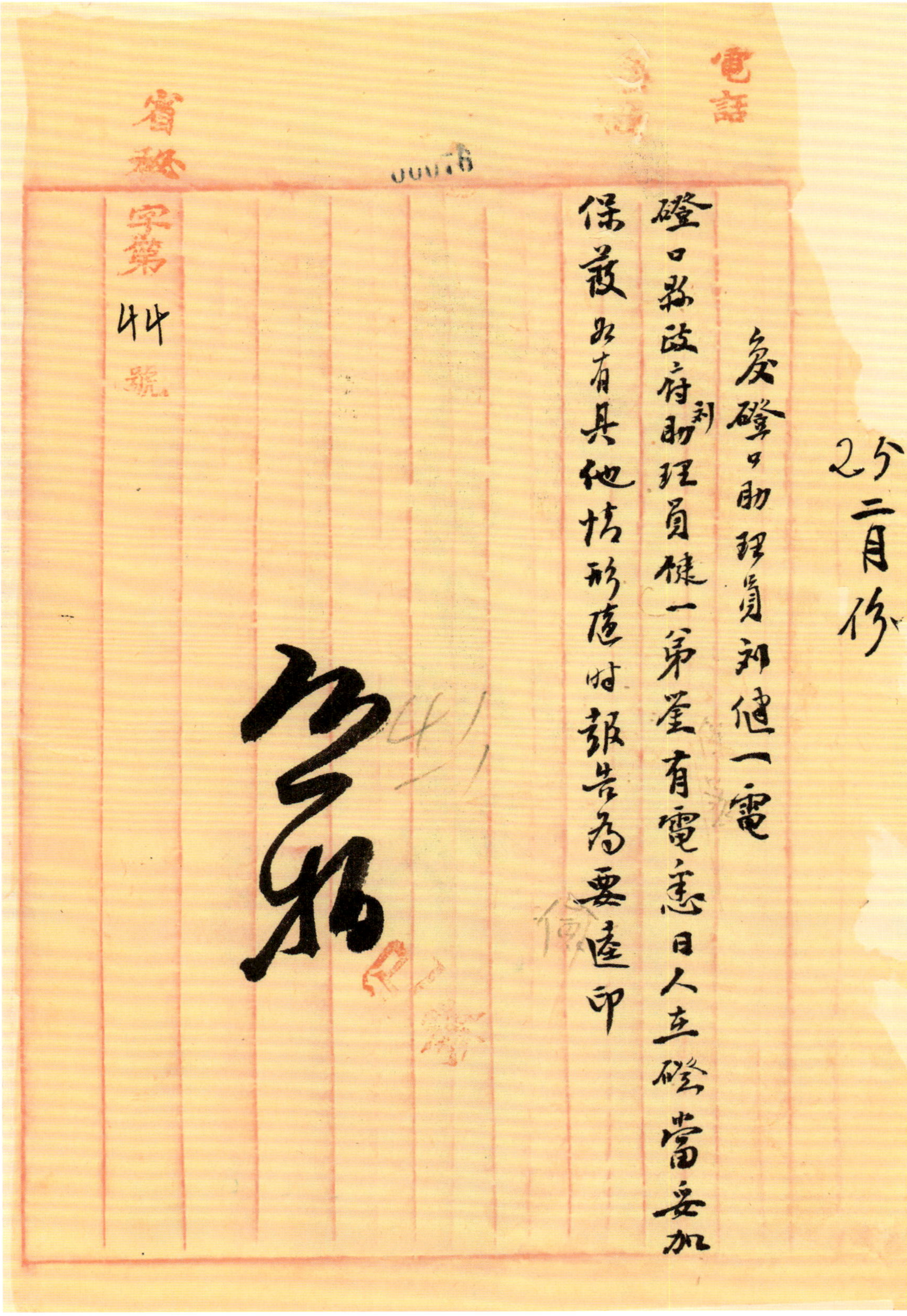

電話

省秘字第44號

00076

2分 二月 佟

急

磴口助理員劉健一電

磴口縣政府劉助理員健一弟鑒：有電悉。日人在磴，當妥加保護。如有其他情形，隨時報告為要。逵印

参谋本部关于负有日方使命之印度人乃鲁骑骆驼赴新疆请严加截查致马鸿逵的密电（一九三六年三月四日）

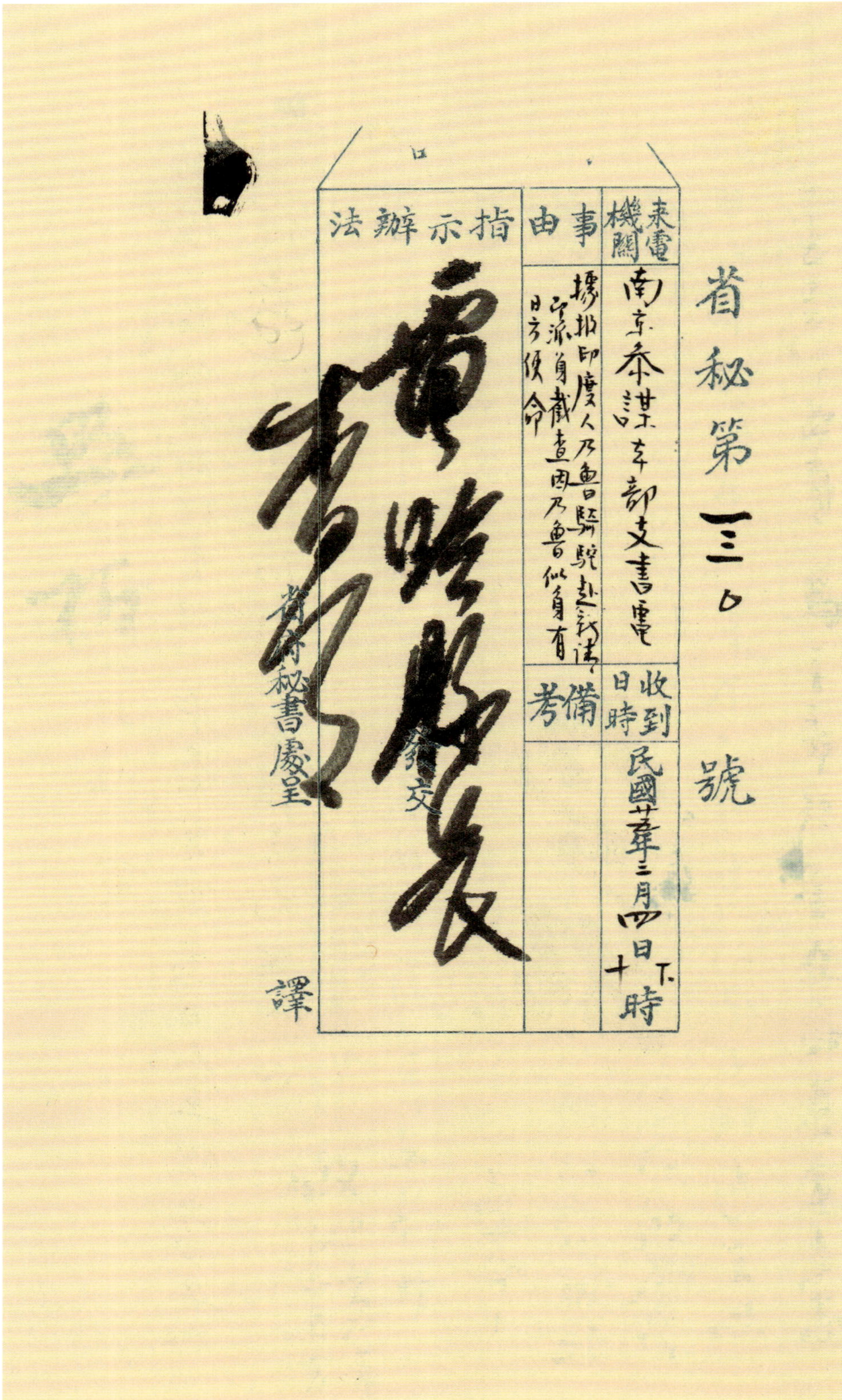
肴秘第三○號

來電機關	南京參謀本部支書電
事由	據報印度人乃魯騎駝赴新請印派員截查因乃魯似負有日方使命
收到日時	民國廿五年三月四日下十時
備考	
指示辦法	

發交

肴府秘書處呈

譯

来报纸
RECEIVING FORM

21

交通部電報局

TELEGRAPH OFFICE
MINISTRY OF COMMUNICATIONS

由 FROM	備註 Service Instructions:			來報號數 TELEGRAM NO.
時刻 TIME	流水號數 RUNNING 4	報類 CLASS	發報局名 OFFICE FROM 南京 Nanking	派送員 BY
值機員 BY	原來號數 ORIGINAL NO. 573	字數 WORDS 64	日期 DATE 四 時刻 TIME	

南京 四日

急

鲁新派乃使即参印

华乃沿印因方请复书

鉴人拟请画日据重支 三月四日

宁夏勋度陀新截有确请叩

席印骑赴加角有并部

主报前路严似如留辛

马据日经负鲁命扣谋

1 2 3 4 5 6 7 8 9 10

邮0065—渝·乙—24/1—3000000

蒋介石关于日本人渡边等逗留石咀山一带并装设无线电机应迅速勒令出境并强制拆除电机致马鸿逵的密电

（一九三六年三月十七日）

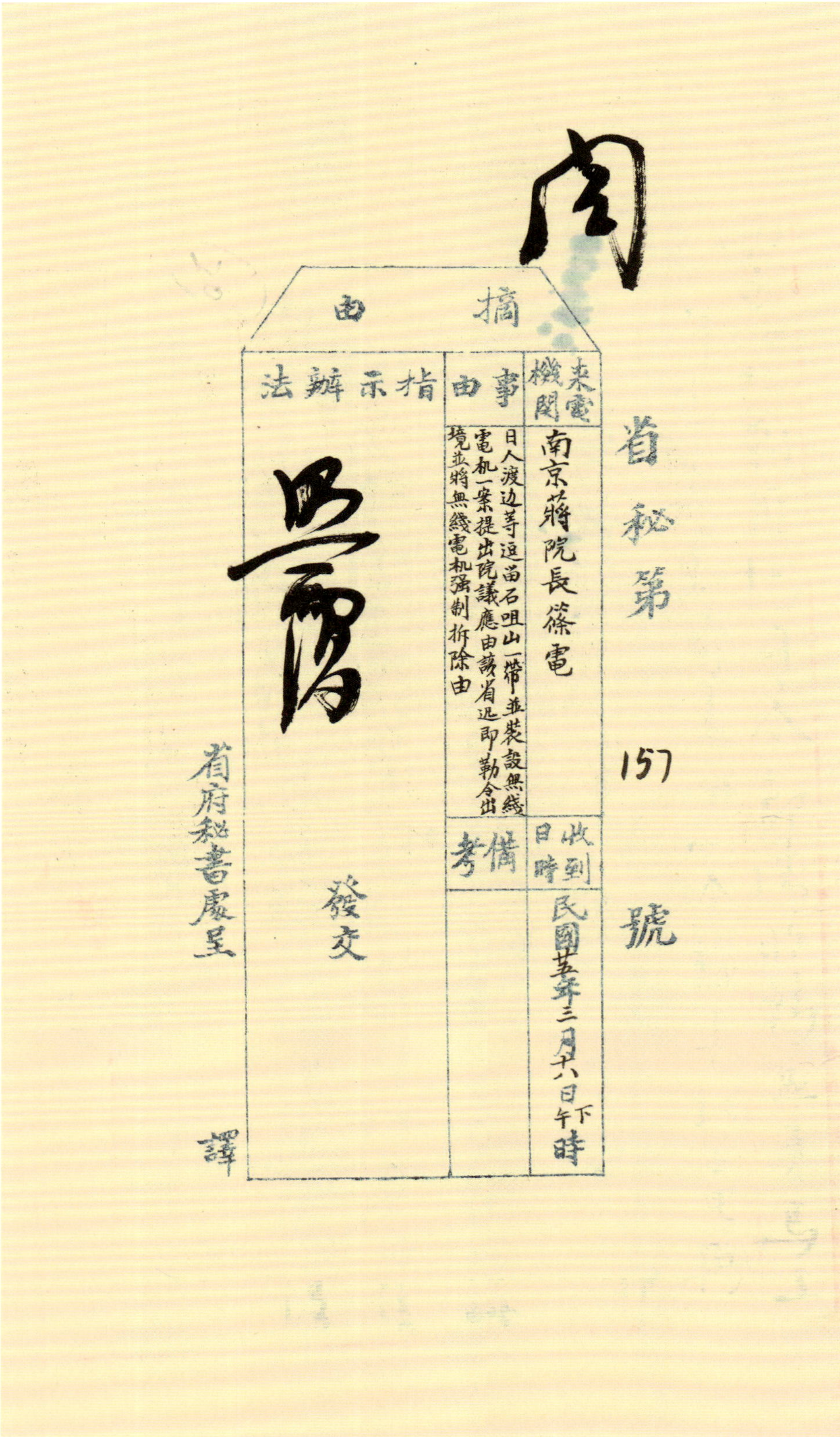
閱

省秘第 157 號

摘由

來電機關：南京蔣院長篠電

收到日時：民國廿五年三月十八日下午 時

事由：日人渡边等逗留石咀山一帶並裝設無線電机一案提出院議應由該省迅即勒令出境並將無線電机强制拆除由

備考

指示辦法：照辦

發交

省府秘書處呈

譯

25

無線電報　　**收電紙**　　本台號數

M A I.

國民革命軍第十五路軍總指揮部無線電管理處第一台

由	南京	附註			
原來號數	62	等級	5	字數	103
發報台	XNF	日期	17-3	時間	19.40
收報員	yung				

勛日逗咀常綫前交止本四議府出綫拆外即為條（三月十七日）

席查蔣石一無案外制出五決省令無制知希理正

主容边省口設一飭涉提二議該勤辦强令外办中印

馬首渡許矿裝机令交復第會由即並机除部照蔣三

釜人苗子並電巳部茲院次應迅境電除交查要院

磴口县县长哈赓黼关于即日派公安局巡官马如海监视日本人渡边等出境致马鸿逵的电（一九三六年三月十八日）

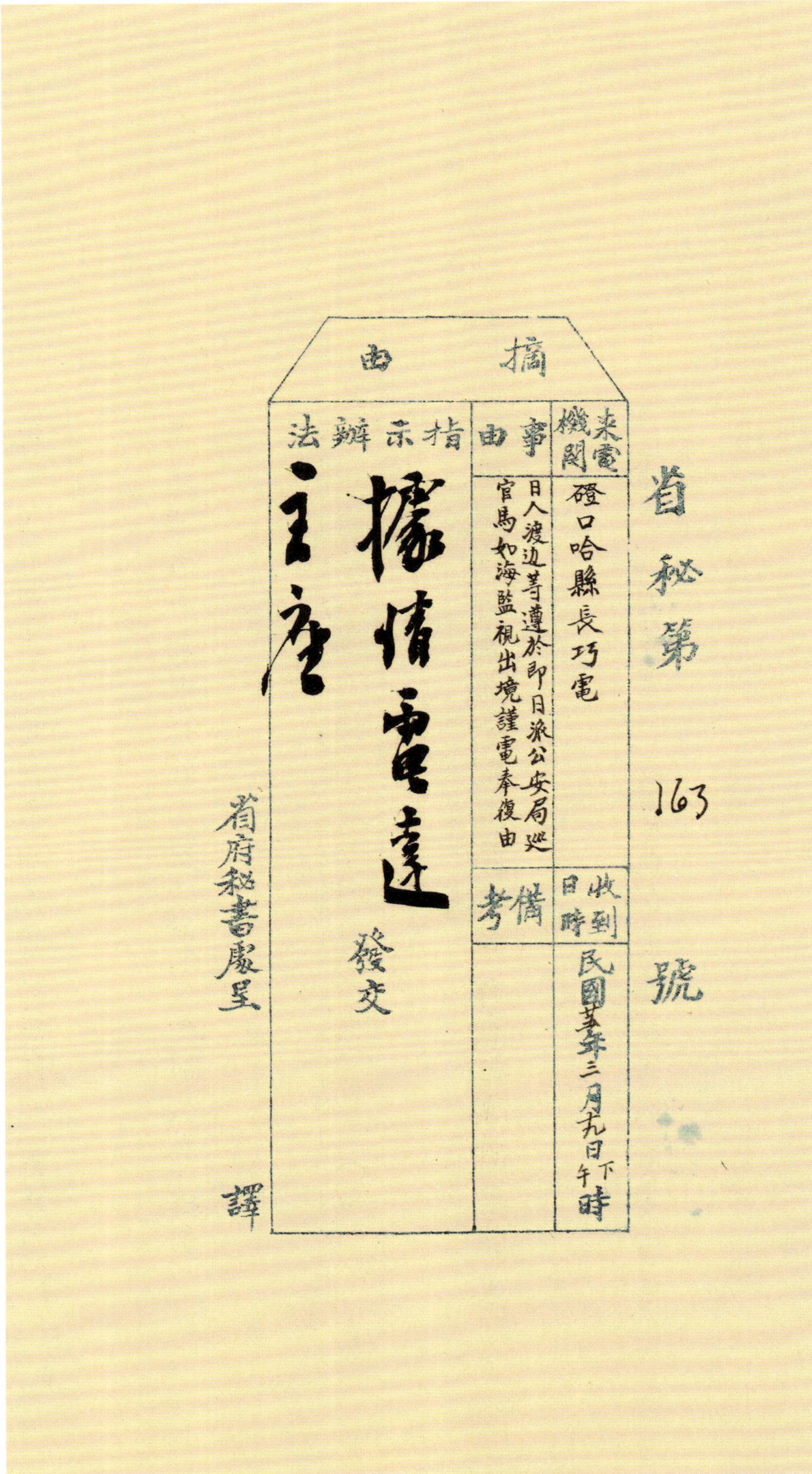

省秘第163號

摘由

來電機關：磴口哈縣長巧電

事由：日人渡边等遵於即日派公安局巡官馬如海監視出境謹電奉復由

收到日時：民國廿五年三月十九日下午時

備考

指示辦法：據情電達 主席

發交

省府秘書處呈

譯

寧夏省政府
秘書處
電話收報

發報地点	石口	附註		收報地点
字數	57	號數	年 月 日收	

寧安		4164	省	2398	政	1650	府	0031	主	5
1598	席	7456	馬	6874	鈞	7003	鑒	7173	電	10
1144	奉	1885	悉	3686	查	2480	日	0086	人	15
3256	渡	6708	边	4583	等	0001	一	5887	行	20
0577	十	0005	三	0086	人	6610	遵	2456	於	25
0613	即	2480	日	3175	派	0361	公	1344	安	30
1444	局	1555	巡	1351	官	2456	馬	1172	如	35
3188	海	1601	帶	0226	警	0834	四	0682	名	40
4148	監	6018	視	0427	出	1064	境	6210	謹	45
7193	電	1144	奉	6010	覆	0126	伏	4850	維	50
0987	垂	7003	鑒	0120	戟	0761	哈	6342	虞	55
7834	[illegible]	0661	叩	1564	巧	0603	印			60
					六月十八日					65
										70
										75
										80
										85
										90
										95
										100

蒋介石关于在石咀子日本人已返回包头定远营一带视察希监视出境致马鸿逵的密电（一九三六年三月二十日）

省秘第 161 號

来電機關	南京蔣委員長哿電
事由	據报在石咀子之日人已於前日回包頭定遠營一帶視察希查明監視出境具報由
收到日時	民國廿五年三月廿二日下午 時
備考	
擬辦法	轉阿旗片 電覆

發文

省府秘書處呈

譯

來報紙
RECEIVING FORM

交通部電報局

TELEGRAPH OFFICE
MINISTRY OF COMMUNICATIONS

117

Rht

由 FROM	備註 Service Instructions:			來報號數 TELEGRAM NO.
時刻 TIME 1.40	流水號數 RUNNING 2	報類 CLASS 一等	發報局名 OFFICE FROM 南京 Nanking	
譯機員 BY	原來號數 ORIGINAL NO. 1544	字數 WORDS 60W	日期 DATE 卅 時刻 TIME 21	派送員 BY

寧夏馬主席據報秉密在4066石由子之日人已於前日回包7762頭又日人倉永保於刪月赴定遠營一帶視察等語希查明監視出境具報為要中正[illegible]戌侍秦京亨

三月卅日

马鸿逵关于派公安局巡官监视日本人渡边等十三人出境并撤去无线电机致蒋介石的电（一九三六年三月二十日）

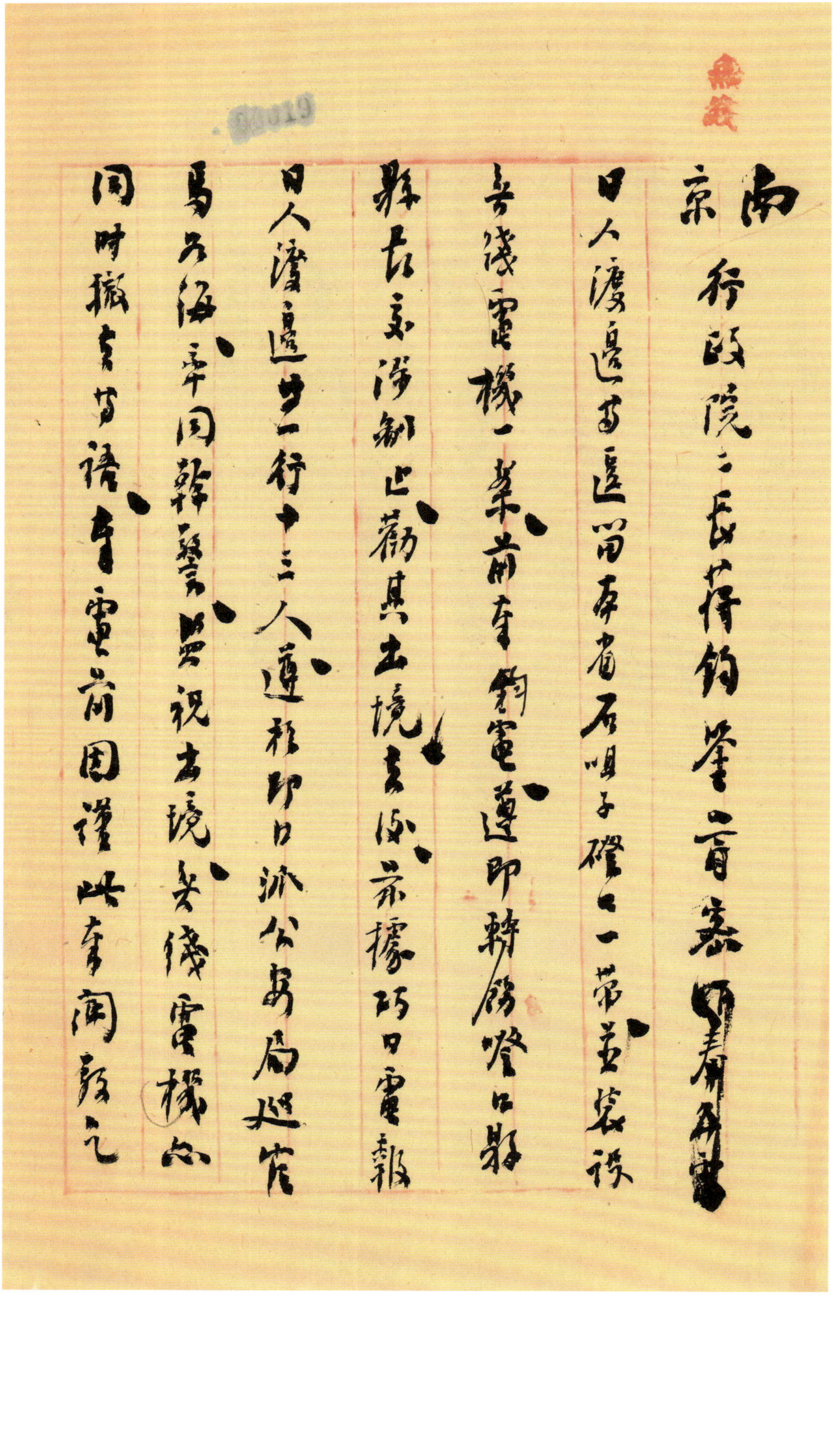

南京行政院院长蒋钧鉴：宥密。[illegible]日人渡边等逗留本省石咀子磴口一带装设无线电机一架，前奉钧电，遵即转饬磴口县县长交涉制止，劝其出境去后，兹据巧日电报：日人渡边等一行十三人，遵于即日派公安局巡官马文海率同干警监视出境，无线电机亦同时撤去等语。专电肃闻，谨此奉闻。敦乞

24

垂察联马△△

叩號省秘印（三十五年三月廿日）

省秘字第63號

128

马鸿逵关于行政院是否指示将日本人仓永保勒令出境事致省政府秘书长叶森及民政厅厅长李翰园的密电

（一九三六年三月二十二日）

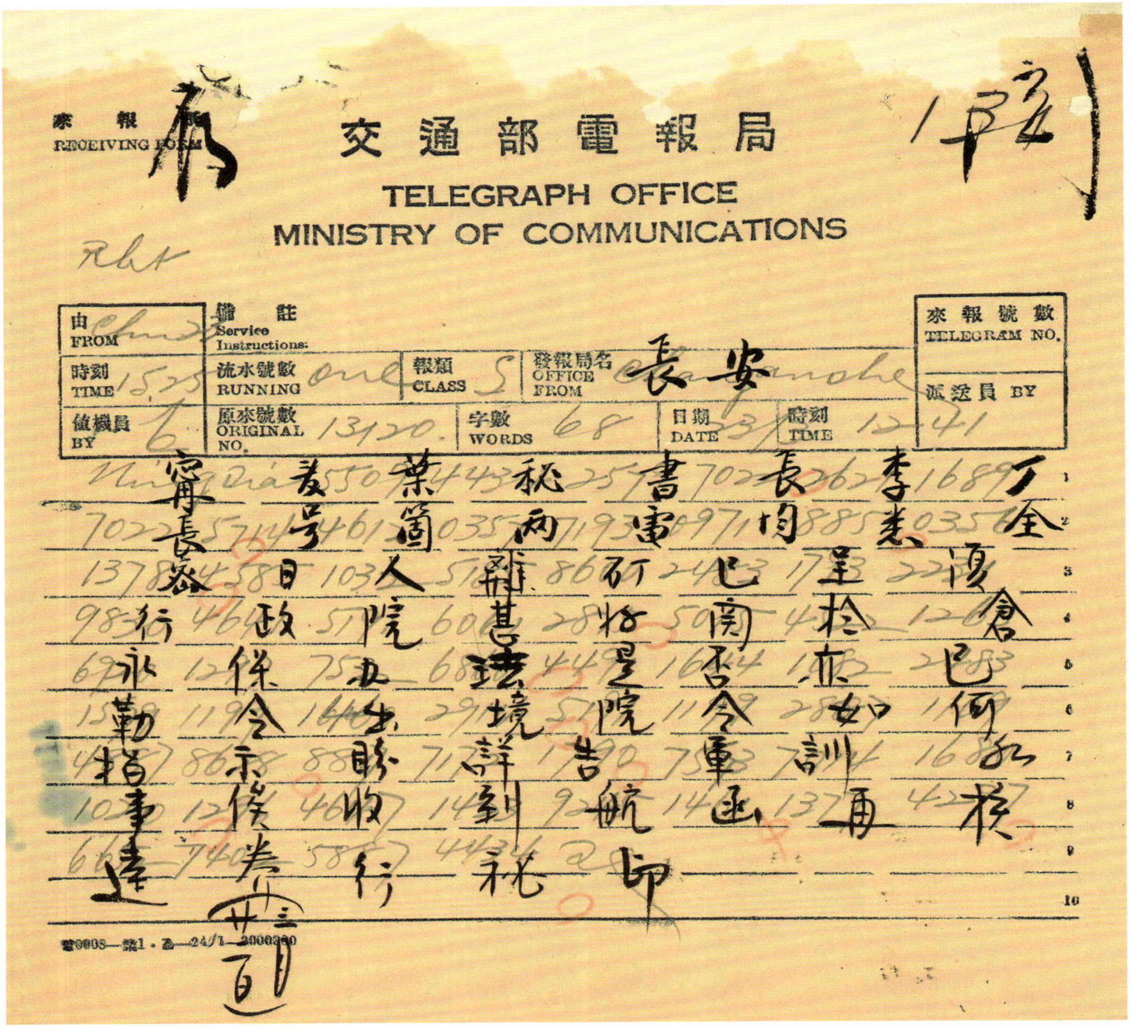

來報 RECEIVING FORM

交通部電報局

TELEGRAPH OFFICE

MINISTRY OF COMMUNICATIONS

由 FROM		備註 Service Instructions:				來報號數 TELEGRAM NO.	
時刻 TIME	15.25	流水號數 RUNNING	one	報類 CLASS	S	發報局名 OFFICE FROM	長安
值機員 BY	6	原來號數 ORIGINAL NO.	13120	字數 WORDS	68	日期 DATE	時刻 TIME 12-41
						派送員 BY	

马鸿逵关于勒令日本人仓永保等出境并强制拆除无线电机致阿拉善旗达王的密电（一九三六年三月二十三日）

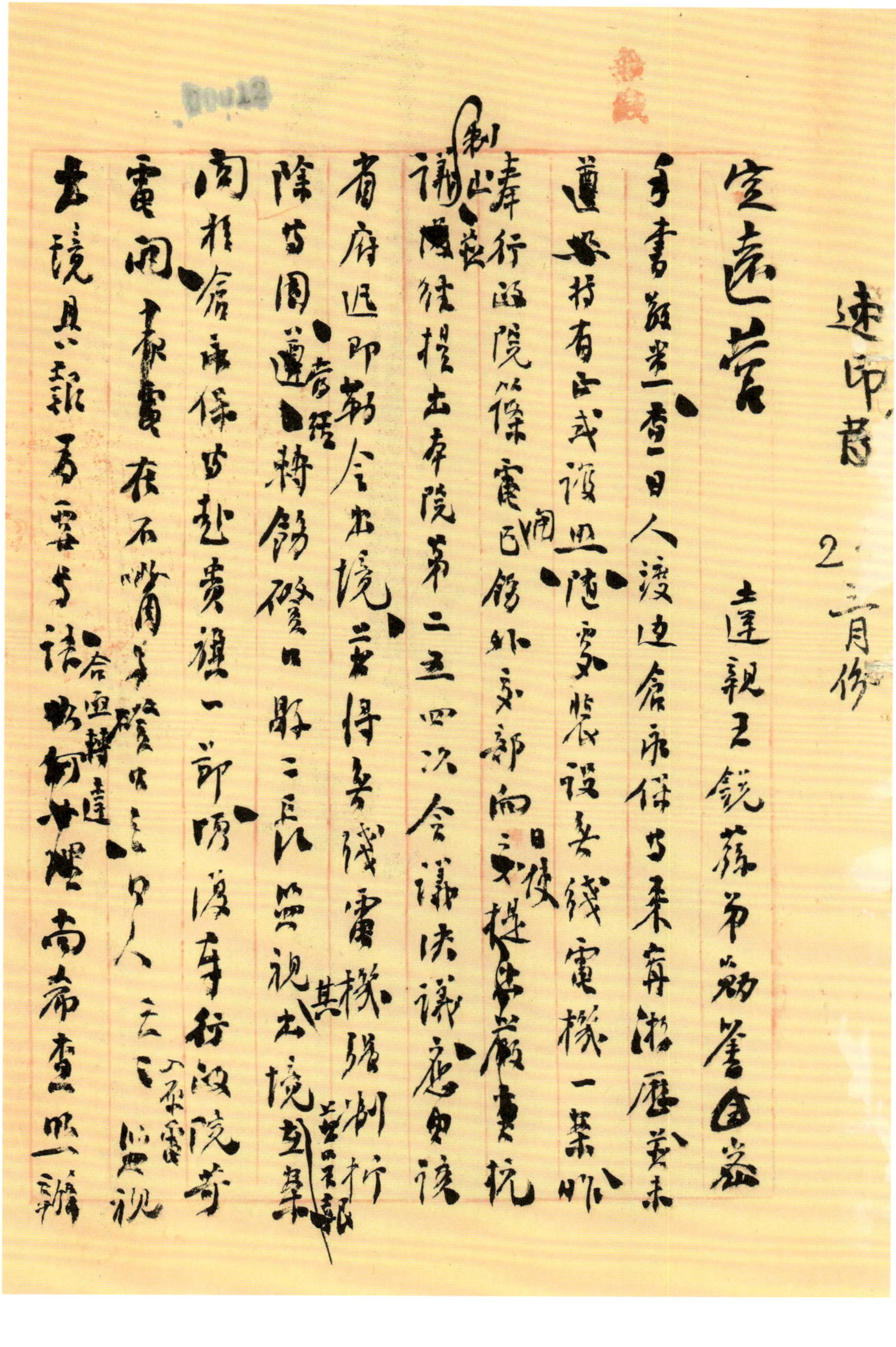
逵印者
2 三月[illegible]
定远营
達親王鋭蘇弟勛鑒：密。
手書敬悉。查日人渡边、仓永保等来旗滞留未
遵[illegible]並有武裝[illegible]隨處裝設無線電機一架，昨
奉行政院篠電，已飭外交部向日使提出嚴重抗
議，並提出本院第二五四次會議決議，應由該
省府迅即勒令出境，並不得設無線電機，強制拆
除等因。遵[illegible]轉飭磴口縣縣長監視出境[illegible]
[illegible]倉永保等赴貴旗一節，頃奉行政院前
電開[illegible]在不准[illegible]日人[illegible]無視
出境具報[illegible]查照辦理[illegible]

16

理以維團權，為何情形，仍盼實復，為禱。小先馬

五八印漾省秘印

馬

照稿

省秘字第　號

叶森关于日本人仓永保等到阿拉善旗后拟游历额济纳旗致马鸿逵的密电（一九三六年三月二十三日）

要局轉寧夏、馬主席鈞座△密△電諒達。頃達
王來函，以日人倉永保等出旗後，尚逗留不去，並
擬游歷額濟納旗，請鈞座指示辦法前來。同時
適奉委座哿日電示，赴定遠營游歷之日人倉
永保等，應即查明並視出境等因，當將此意轉
電達王查照並辦理，並希加具別種意見，一面並據
情電呈復委座矣。惟蒙保黨部特派員頃接張
部長覆電，已允指名省市黨委整理，就伊所即指出
會議加委，詞旨極懇切，想無問題。西公館太太
偶感噎咳微恙，德國大夫診治，日內可告勿藥

12

餘均平謐丞恒、謹以奉聞[redacted]、賤葉青

[redacted]叩漾印

照拆

已發

寄秘字第609號

马鸿逵关于已电阿拉善旗监视日本人仓永保出境致蒋介石的密电（一九三六年三月二十三日）

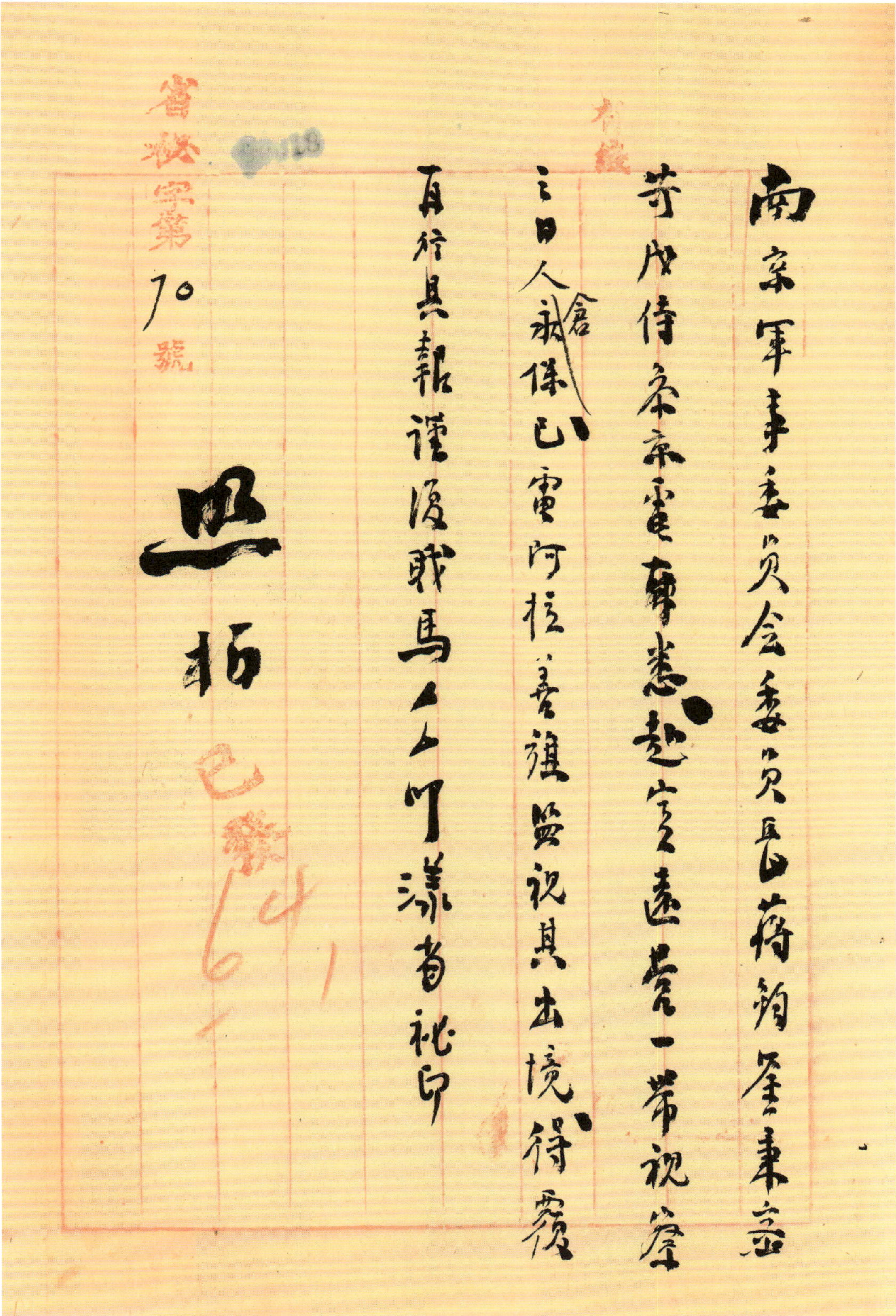
南京軍事委員會委員長蔣鈞鑒：東密。寄廬侍參密電奉悉。赴寧遠一帶視察之日人倉永保已電阿拉善旗監視其出境，得覆再行具報。謹覆。職馬厶厶叩。漾。省秘印

照拍

省秘字第70號

已發

641

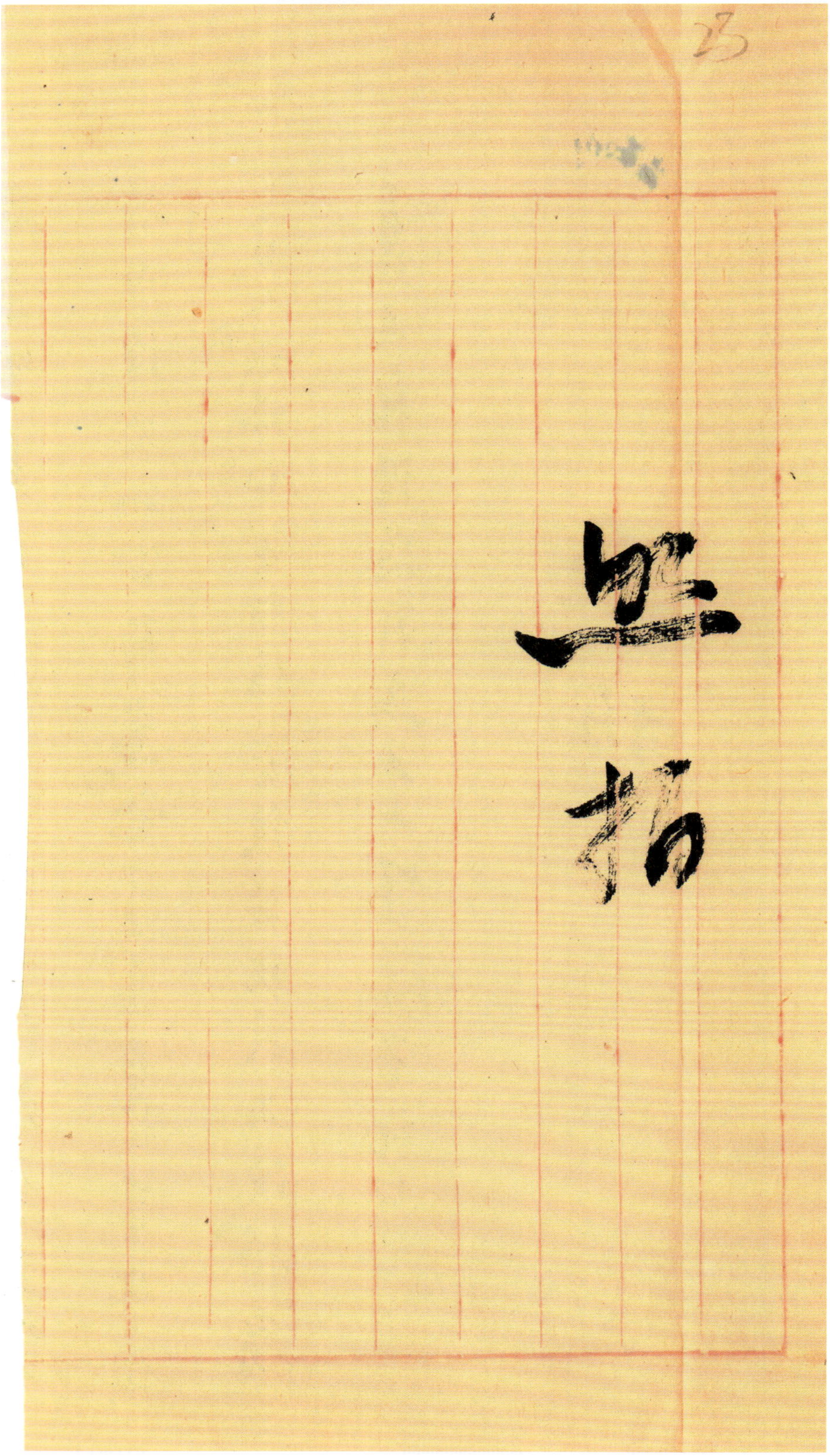
23

照抄

叶森、李翰园关于已私函阿拉善旗达王请其劝令日本人仓永保等直接返回包头不必再来宁夏等事致马鸿逵的密电

（一九三六年三月二十四日）

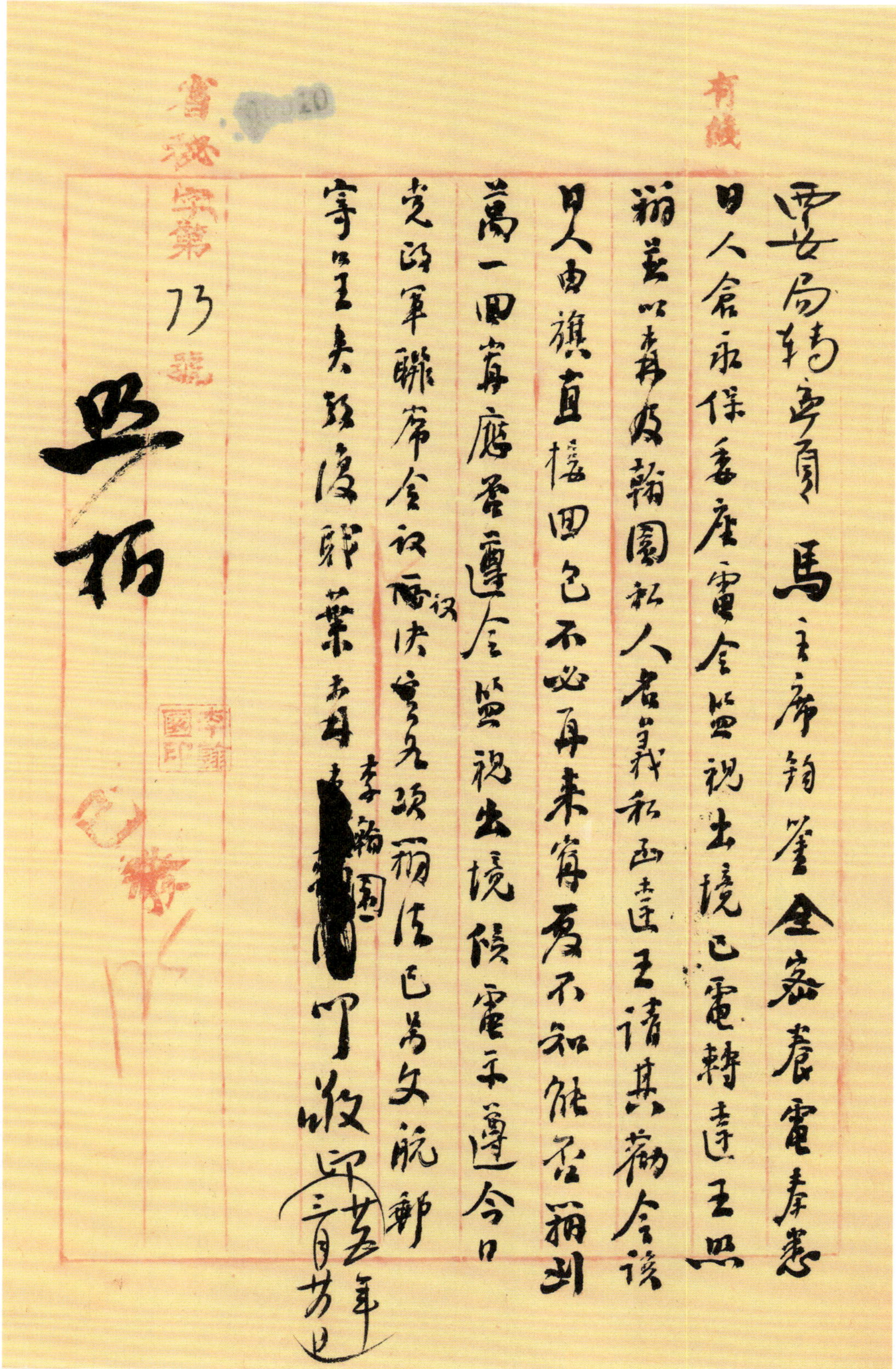

有線

要 局轉寧夏馬主席鈞鑒 全密 養電奉悉

日人倉永保等應電令監視出境已電轉達王照

辦並以森及翰園私人名義私函達王請其勸令該

日人由旗直接回包不必再來寧夏不知能否辦到

萬一回寧應否遵令監視出境候電示遵 今日

交路軍聯席會議議決查兩項辦法已另文航郵

寄呈矣 職葉森 [redacted] 李翰園 叩 敬 印

寧發字第73號

照拍

马鸿逵关于督促日本人仓永保离开阿拉善旗致叶森的密电（一九三六年三月三十一日）

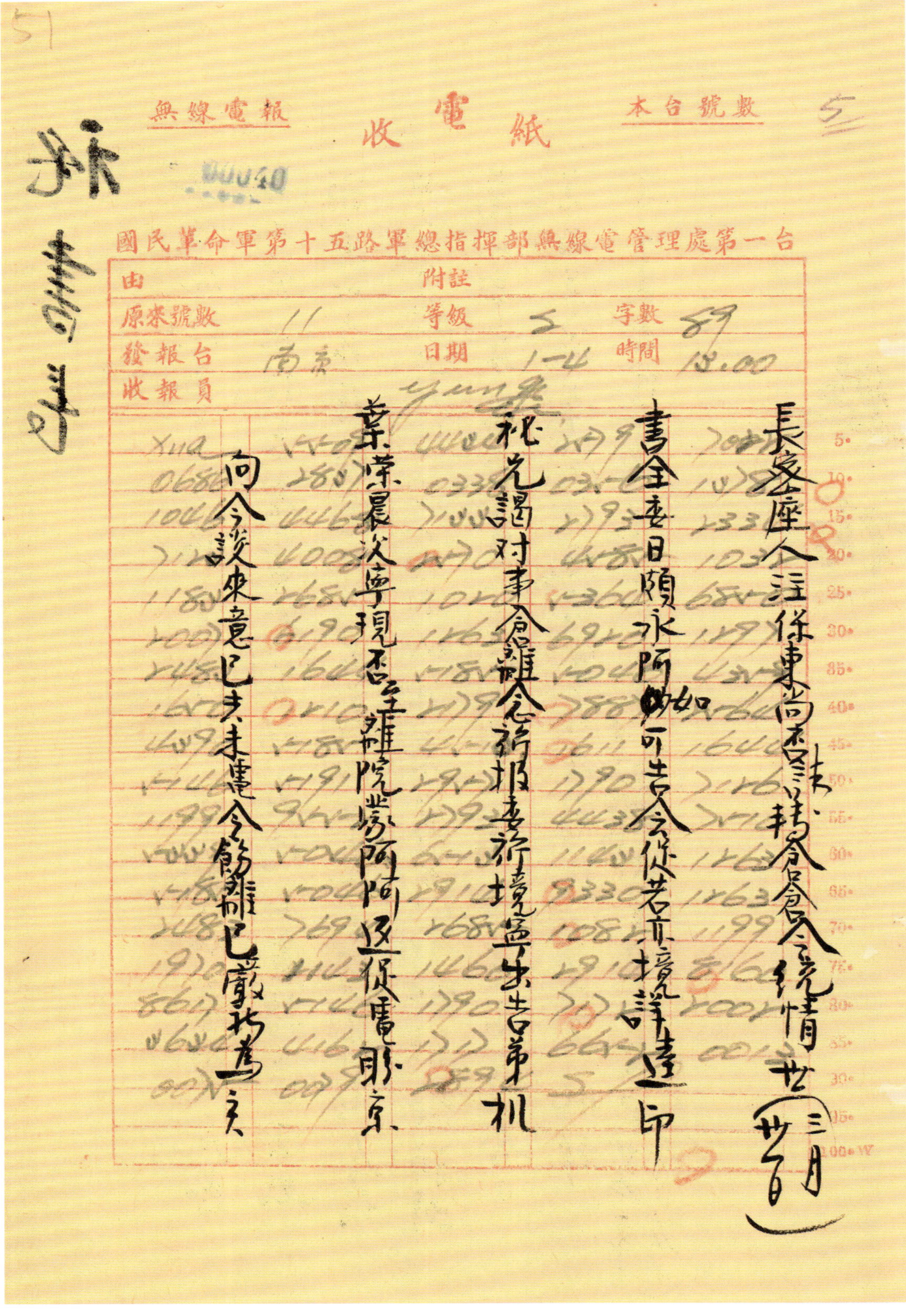

無線電報　收電紙　本台號數 5

00040

國民革命軍第十五路軍總指揮部無線電管理處第一台

由		附註			
原來號數	11	等級	5	字數	89
發報台	南京	日期	1-4	時間	15:00
收報員	yun				

長官座今注係東尚未到，特令倉永統情世（三月卅日）

書全委日頗承阿旗如何告今從若京境詳達印

秘先謁对事倉離令祈报委祈境盡早告弟机

葉榮晨公寧現否離院此後阿旗返復電那京

向令談來意已未來電令飭離旗已嚴格為之

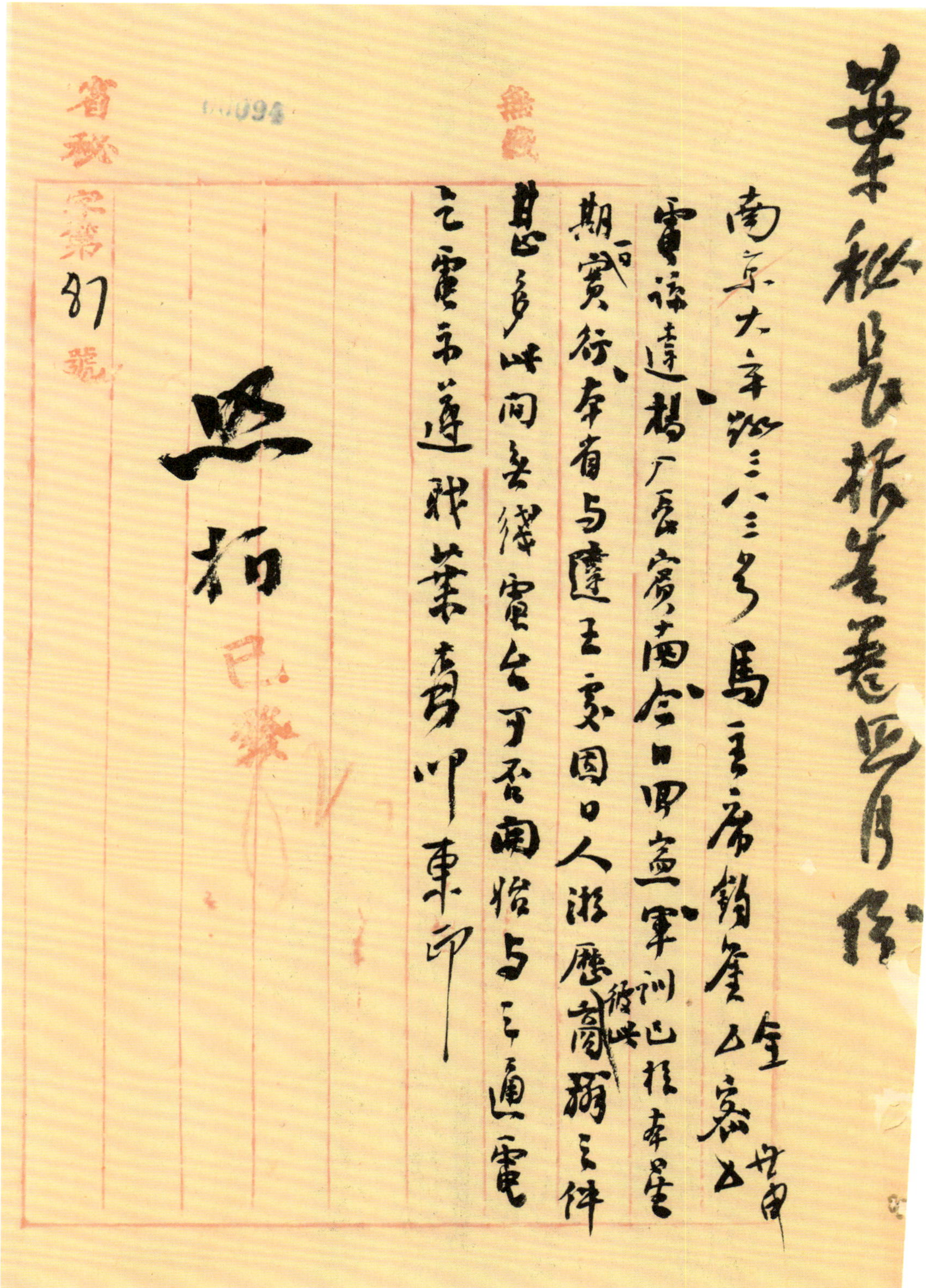

叶森关于宁夏省与阿拉善旗达王无线电台可否开通致马鸿逵的密电（一九三六年四月一日）

马鸿逵关于已函知阿拉善旗监视日本旅行队山本光治、林卓三等出境事致参谋本部的密电（一九三六年四月一日）

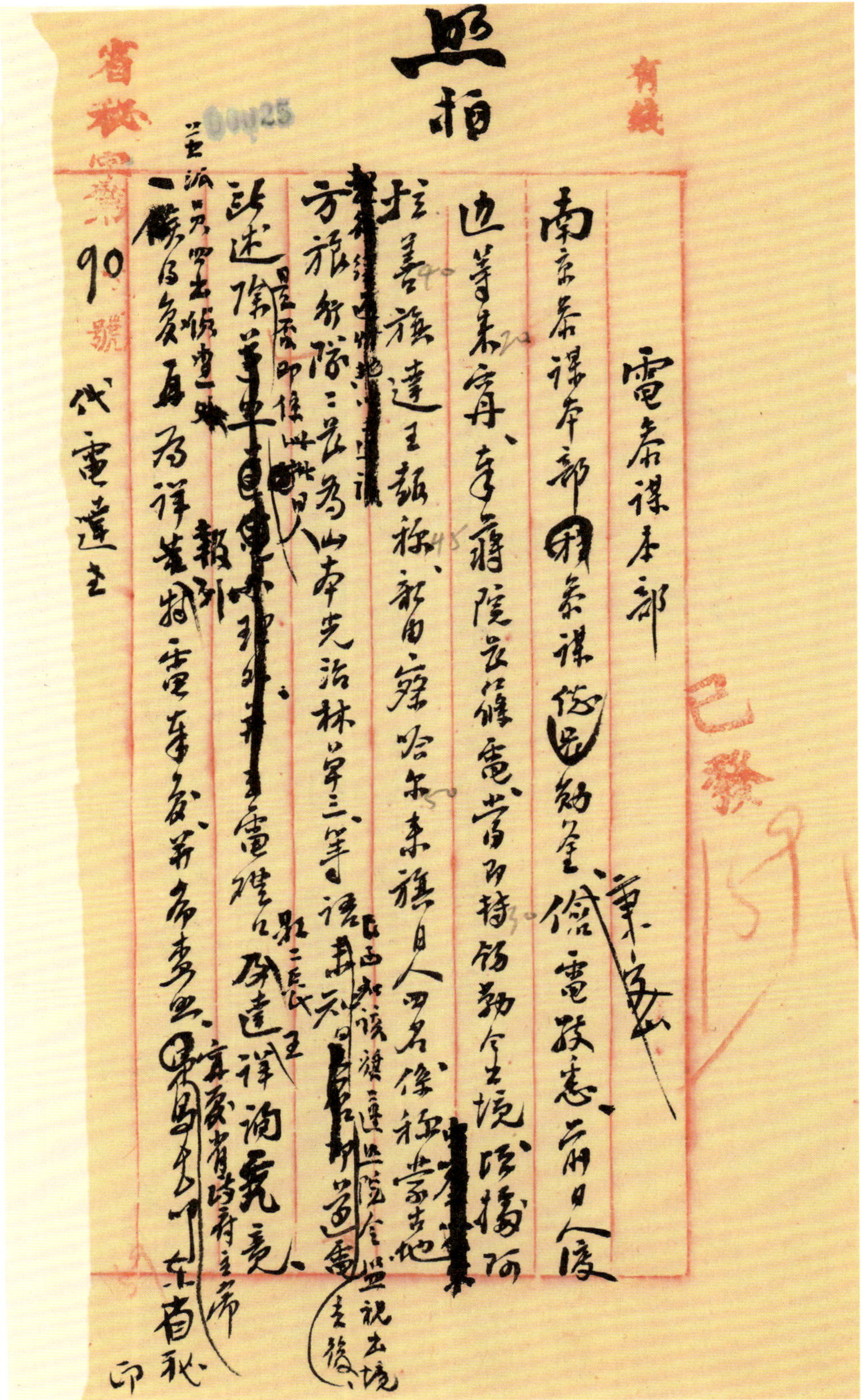

马鸿逵关于日本人仓永保等尚未出境、山本光治等四人复入察绥境等情致蒋介石的密电（一九三六年四月一日）

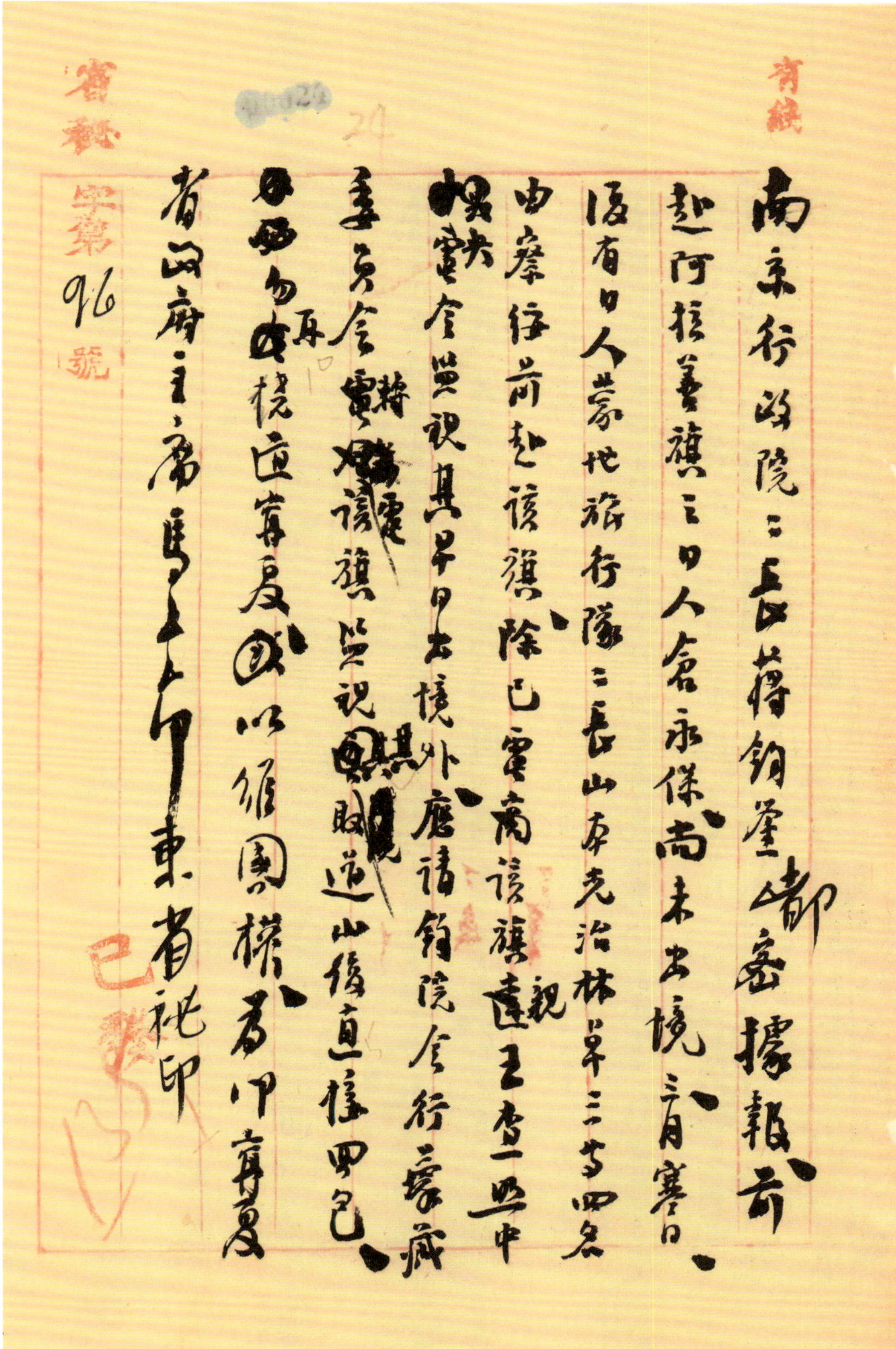
有線

南京行政院：蔣委員長鈞鑒：密。據報，前赴阿拉善旗之日人倉永保尚未出境；前月寒日，復有日人蒙地旅行隊之長山本光治、林某等四名，由察綏前赴該旗，除已電商該旗達王親查照中央電令留視其早日出境外，應請鈞院令行蒙藏委員會電轉飭該旗，留視其取道山後直接回包，毋再由綏境直寧夏，或以維團撫為甲寧夏省政府主席馬鴻逵東省秘印

密　字第96號

叶森关于仓永保尚未出境、日本旅行队队长山本光治等均借口游历等情致马鸿逵的密电（一九三六年四月二日）

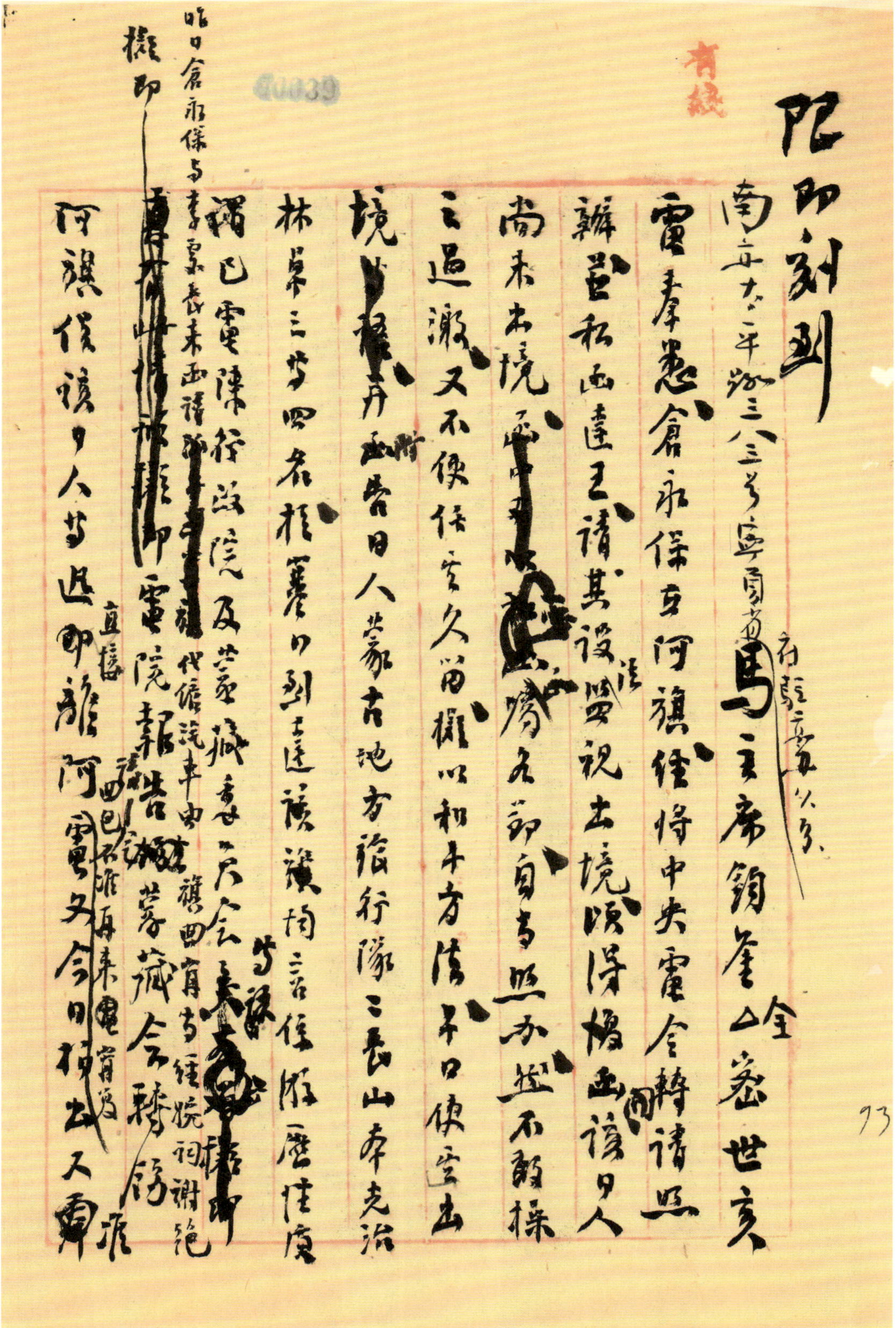
限即刻到

南京大方巷三八三号宁夏公署马主席钧鉴：

世亥电奉悉。仓永保在阿旗，经将中央电令转请照办，并私函达王，请其设法监视出境，顷得复函，该日人尚未出境，[illegible]名，节自当照办，并不敢操之过激，又不便任其久留，拟以和平方法，不日使之出境。[illegible]并函告日人蒙古地方旅行队队长山本光治、林第三等四名，于本月到达该旗，均借游历，[illegible]

阿旗候该日人等返即离阿。电文今日[illegible]

省秘字第93號

參謀本部傅雲樣據報日人十餘人乘駝卅餘隻

近以過新疆路向草地有盜青模樣請

擬飭孫員化裝出巡填遣一重霜理阻撓前進

並請已函電蒙察蹬口最[redacted]派出員俟蒙局郭撥任甲電綏覆奈

部、派與蘭園曉雲商擬派幹員駐磴口擔任特

務工作以策將便阻止而策將來詳情另函呈報

此間無線電台與阿旗似有通電必要請飭查覆

長興阿為叩戴葉壽叩冬午印

马鸿逵关于拒绝日本人仓永保、山本光治等入境等情致叶森的密电（一九三六年四月三日）

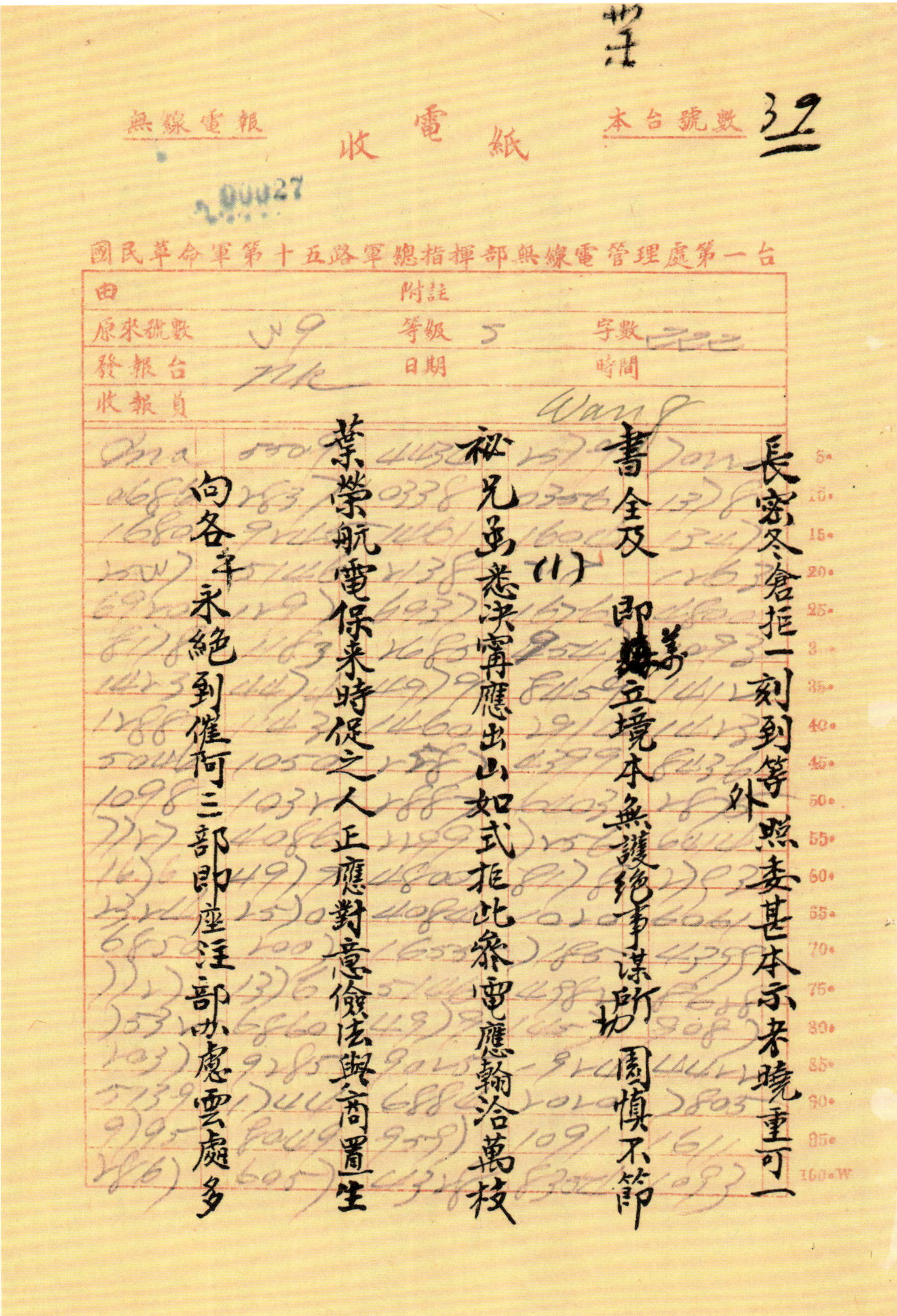

無線電報　　　　　　收電紙　　　　本台號數

000028

國民革命軍第十五路軍總指揮部無線電管理處第一台

由		附註 22	
原來號數 39		等級	字數
發報台		日期	時間
收報員			

將縣借文鹽維回選栒縣准以整未未於生令頒均

隨（夏等南　暫第　照夏業案年違範過新嚴首行

5123　4674
2878　8098
8346　1254
1539　4569
　　　5715
4401　8105
2270　1957
　　　7686
4014　4617
2878　8098
4274　1491
　　　2532
361　65
5410　4340
352　4390
7618　4522
45505　6057
1970　1199
5608　5368
9830　1983

秒　安實理院候汶城

（3）　（4）

長見連弊防可

守闞實

情告種商力法狀再區覆鄉決惟積更不大遵机責

（2）

（5）

怒

67

切電子給府領現省舉電區照理清去未寬洽各員

1454　2092　2201
5146　1790
2673　8510
8167　1744
2305　7532
5378　6860
6190　6340
8810　1388
9234　1588
5146　2095
1588　7716
6414　693
6195　2039
6195　8585
6750　795
1183　1091
2593　2869
688　635
1680　4144
7241　7390

2838
7356
6195
5191
1296
7103
2991
5067
7053
7600
2298
739
4011
2606

無線電報　　　　收　電　紙　　　　本台號數

國民革命軍第十五路軍總指揮部無線電管理處第一台

田		附註 3 >	
原來號數 39		等級	字數
發報台		日期	時間
收報員			

4979 應 4436 從 6750 清 6635 潔 1376 俊 5.
4436 樸 4223 提 1258 倡 — 10.
7 — 4436 4773 458 1696 即弟京 15.
7510 轉 1199 令 7675 遵 6810 照 777 20.
6651 遠 4068 江 4940 申 588 行 0059 25.
4431 秘 1871 樞 印 印 30.
謂
35.
40.
45.
50.
55.
60.
65.
70.
75.
80.
85.
90.
95.
100•W

哈赓黼关于一架日本侦察机今日飞磴口致马鸿逵的密电（一九三六年四月二十三日）

省秘第 210 號

摘由	
來電機關	磴口哈縣長漾電
事由	今漾日早八時突有日人偵察机一架由北來飛繞磴市折回東下謹電奉聞伏維垂鑒由
指示辦法	轉報 發交
收到日時	民國廿五年四月廿四日下午　時
備考	

省府秘書處呈

譯

寧夏省政府
秘書處
電報收報紙

收報地點		附註	石丁口	發報地點
日 收	年 月	號數	63	字數

主侏日有机頭來直折電垂詢
存鑒（廿三）議突襲白北市子謹維膺
政鈞今时復係由磴拐下伏哈叩
省馬書直八人架尾繞河東聞戰議（廿三日）
席委早日一白飛駛回奉鑒叩

马鸿逵关于日本侦察机漾日飞磴口事致蒋介石、张群的两电（一九三六年四月二十五日）

電行政院

南京行政院院長蔣鈞鑒：頃據磴口縣長漾電稱：今日（漾）早八時，實有日人偵察機一架，係白頭白尾，由北飛來，繞磴口市直駛河拐子，折回東下，等語。除飭該縣隨時注意，遵照中央電令辦理，暨呈外交部外，謹此奉聞。職馬鴻逵叩。有省秘印

首要

電外交部

南京外交部張部長岳軍兄勛鑒：頃據磴口縣長漾電稱：今日（漾）早八時，實有日人偵察機一架，係白頭白尾，由北飛來，繞磴口市直駛河拐子，折回東下，等語。除飭該縣隨時注意，遵照中央電令辦理，[illegible]弟馬鴻逵[illegible]

首要

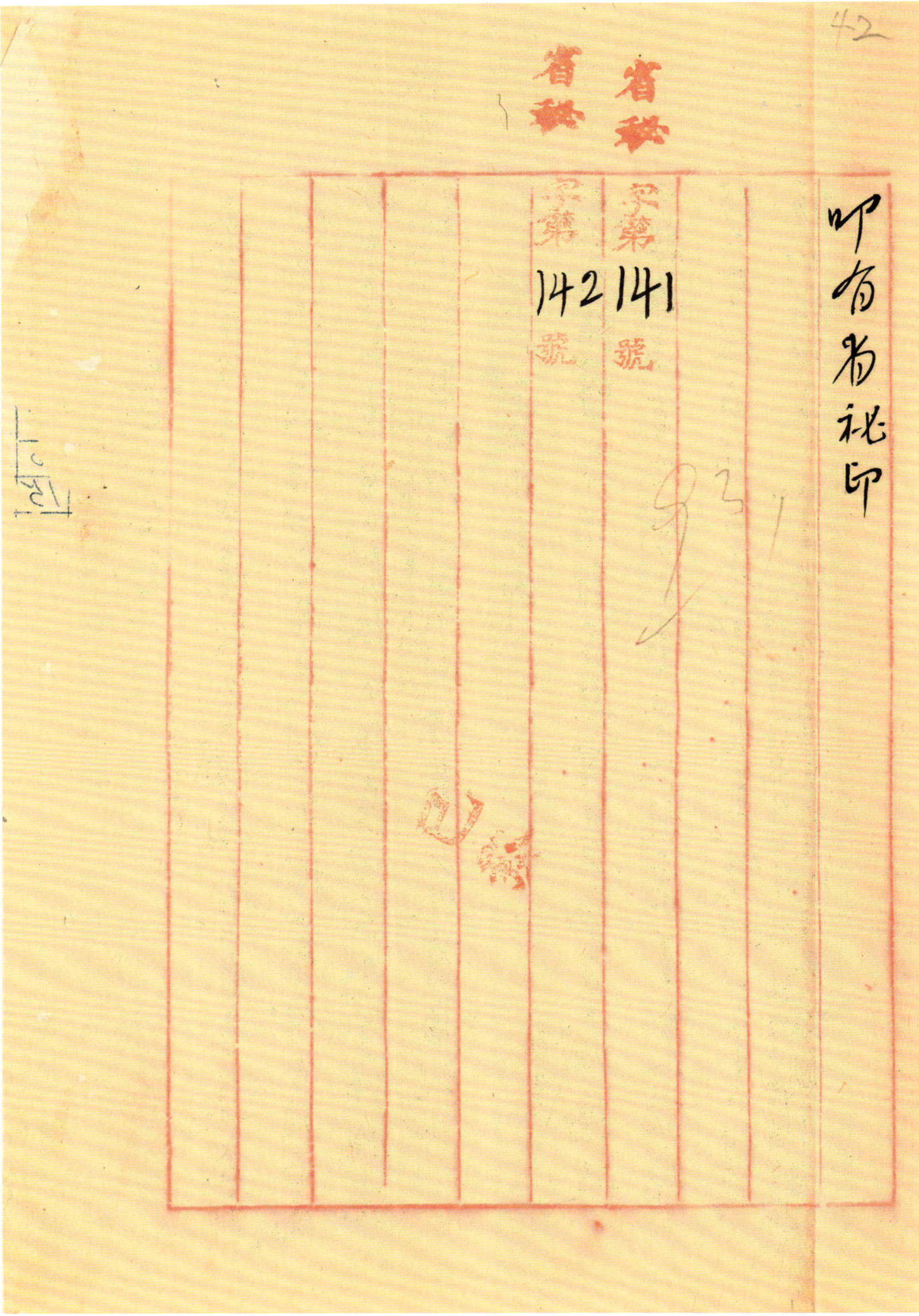

42
省秘
叩有省秘印
字第141號
字第142號

察哈尔省政府关于日本人滨田木场等拟由张家口前往察哈尔、绥远、宁夏、山西各地游历事致宁夏省政府的电

（一九三六年四月二十五日）

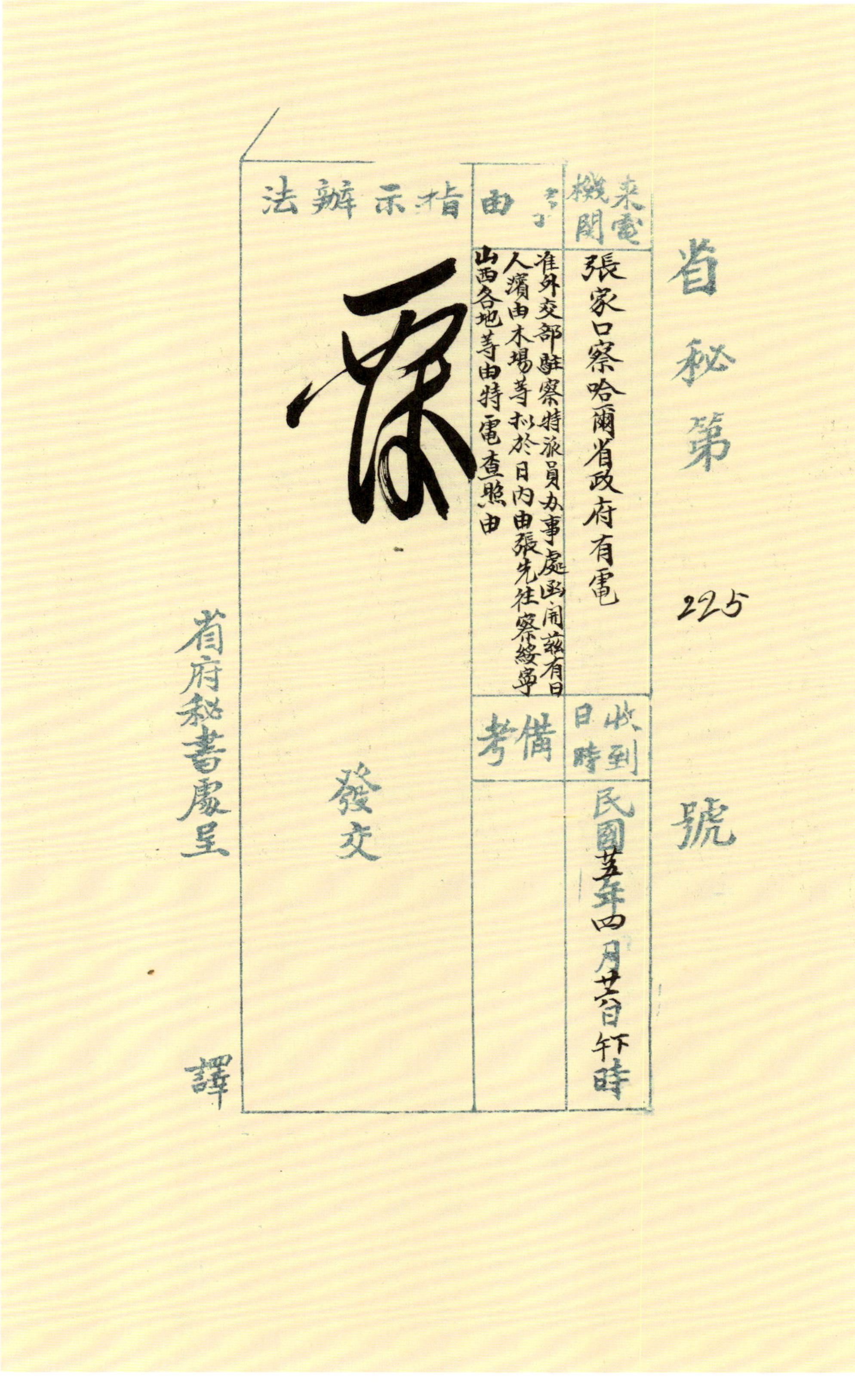

省秘第 225 號

來電 機閱

張家口察哈爾省政府有電

事由

准外交部駐察特派員辦事處函開兹有日人濱田木場等擬於日內由張先往察綏寧山西各地等由特電查照由

收到日時 民國廿五年四月廿五日下午時

備考

指示辦法

發交

省府秘書處呈

譯

來報 RECEIVING FORM

交通部電報局

TELEGRAPH OFFICE
MINISTRY OF COMMUNICATIONS

120

由 FROM	備註 Service Instructions:			來報號數 TELEGRAM NO.
時刻 TIME	流水號數 RUNNING	報類 CLASS	發報局名 OFFICE FROM 張家口	派送員 BY
值機員 BY	原來號數 ORIGINAL NO.	字數 WORDS	日期 DATE　時刻 TIME	

甯外事田張夏照外

夏交系木先山等特为

省部函遏場往西由電希

政駐向等密系陸查逕営

府鈞鑒拟合地函照哈

特有於爾逕須并爾

勳派日日經應并飭者

臺貞人內達请乞察政

准办濟由寧查竟保存

注意：如有查詢事項請帶此紙 Any enquiry respecting this telegram, please produce this form.

請閱背面 See Back

叶森关于西北游历团团长李肇勋恐系汉奸之事致宁夏省政府驻包头办事处处长哈尔玉的密电
（一九三六年四月二十九日）

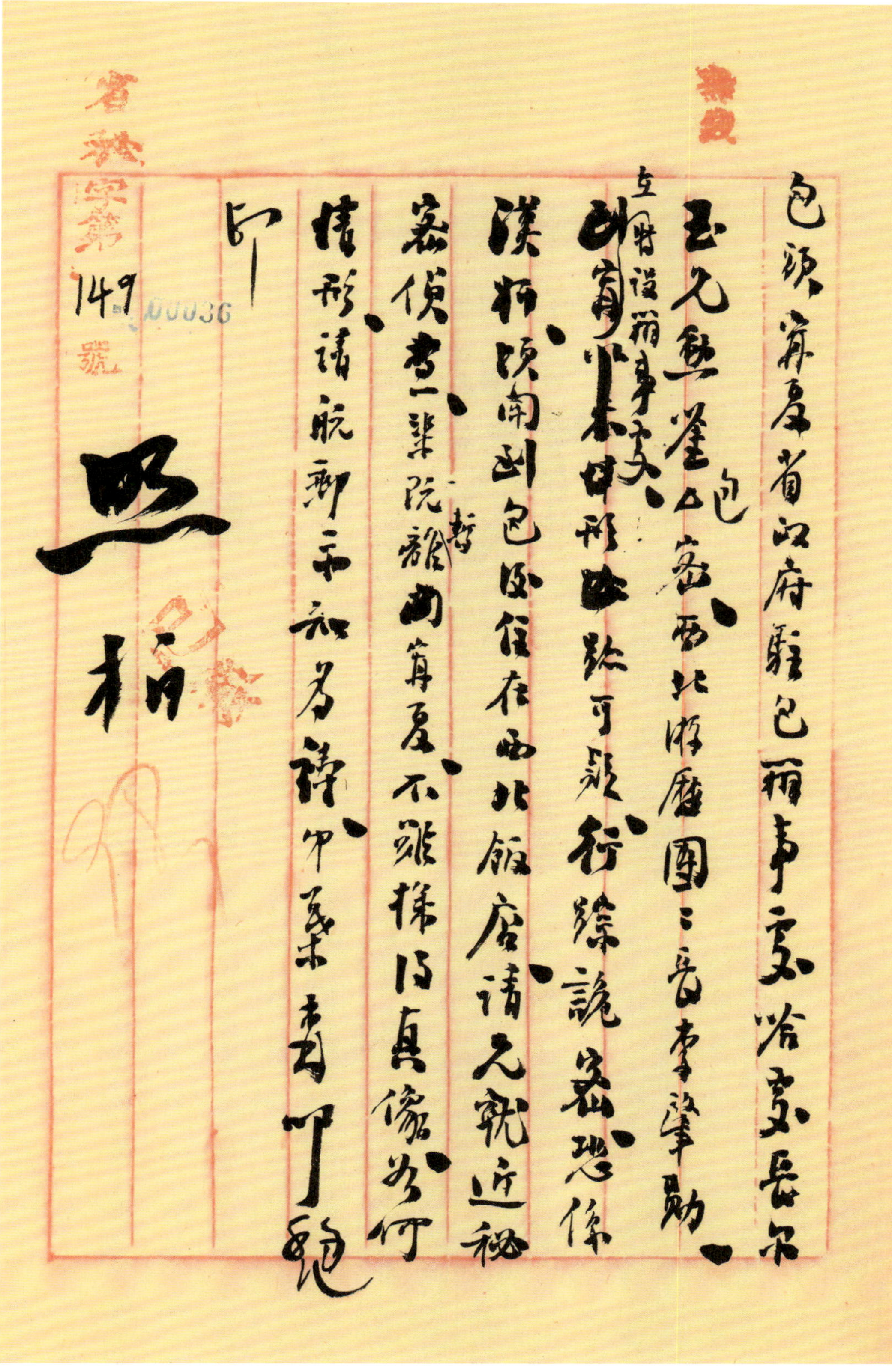

包頭寧夏省政府駐包辦事處處長哈爾

玉兄鑒：包密。西北游歷團團長李肇勛，

到寧（[illegible]甘設辦事處）以來，其形跡可疑，行蹤詭密，恐係

漢奸。頃聞副包頭住在西北飯店，請兄就近秘

密偵查。查渠既離開寧夏，不能捕拿，真像如何

情形，請就聯示知為禱。弟葉森叩艷

印

照稿

省秘字第149號

00036

蒋介石关于上年日本人组织新绥考察团欲垄断新绥汽车路等情致马鸿逵的密电（一九三六年四月三十日）

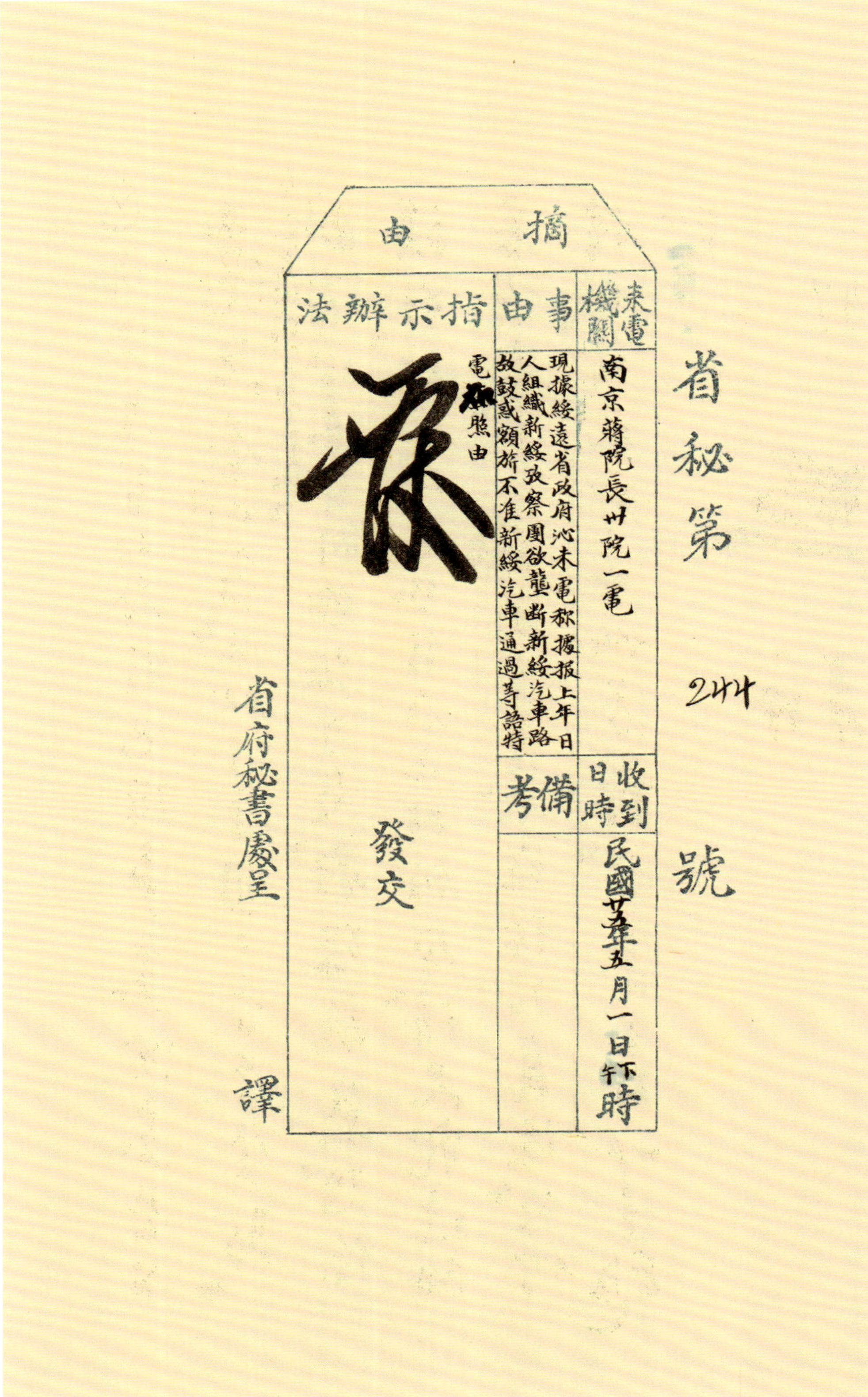
省秘第 244 號

摘由

來電機關：南京蔣院長卅院一電

事由：現據綏遠省政府沁未電稱據報上年日人組織新綏考察團欲壟斷新綏汽車路故鼓惑額旗不准新綏汽車通過等語特電

指示辦法：電飭照由

收到日時：民國廿五年五月一日下午時

備考

發交

省府秘書處呈

譯

行政院
yuan

301

王參省傳電手識(用)一清日斷與汾汽子給萬表會

馬首遠帰來上但堅有嶺謀、藏車諜、經若月日後(曲)政

寧夏

逢經主(世)沈报此效現抵廟欲沆情執过須貴蒙蒙感

急動標府義標人經隊已王等經鼓由通可过標如准

持帰現政作福日執妙隊納人執故不車許通元示

照内奈名任对循速政贤人约人等藏文　電祝院卅卅日

可隊人人擔作形之省免日條日倍常外　并電院正

亦詮度傳日工情習近意談訂対取交令　佈特政中印

可又印以為務西熟鄰注均私時以陰員注取外行蒋一

許乃有魯義特倭為電府佑等同加擬語妥部意復照長院

外交部关于对入境游历日本人应严格查验其入境护照并制止其越轨行为致宁夏省政府的密电（一九三六年四月三十日）

省秘第248號

來電機關：南京外交部卅電

事由：此後対於入境遊歷之日人應請飭屬嚴格查驗護照倘無護照務即勸令出境勿許遊歷一面將情形電部核办特電奉洽希併查酌

收到日時：民國廿五年五月四日午下時

備考

指示辦法：办理由

書察

發交

省府秘書處呈

譯

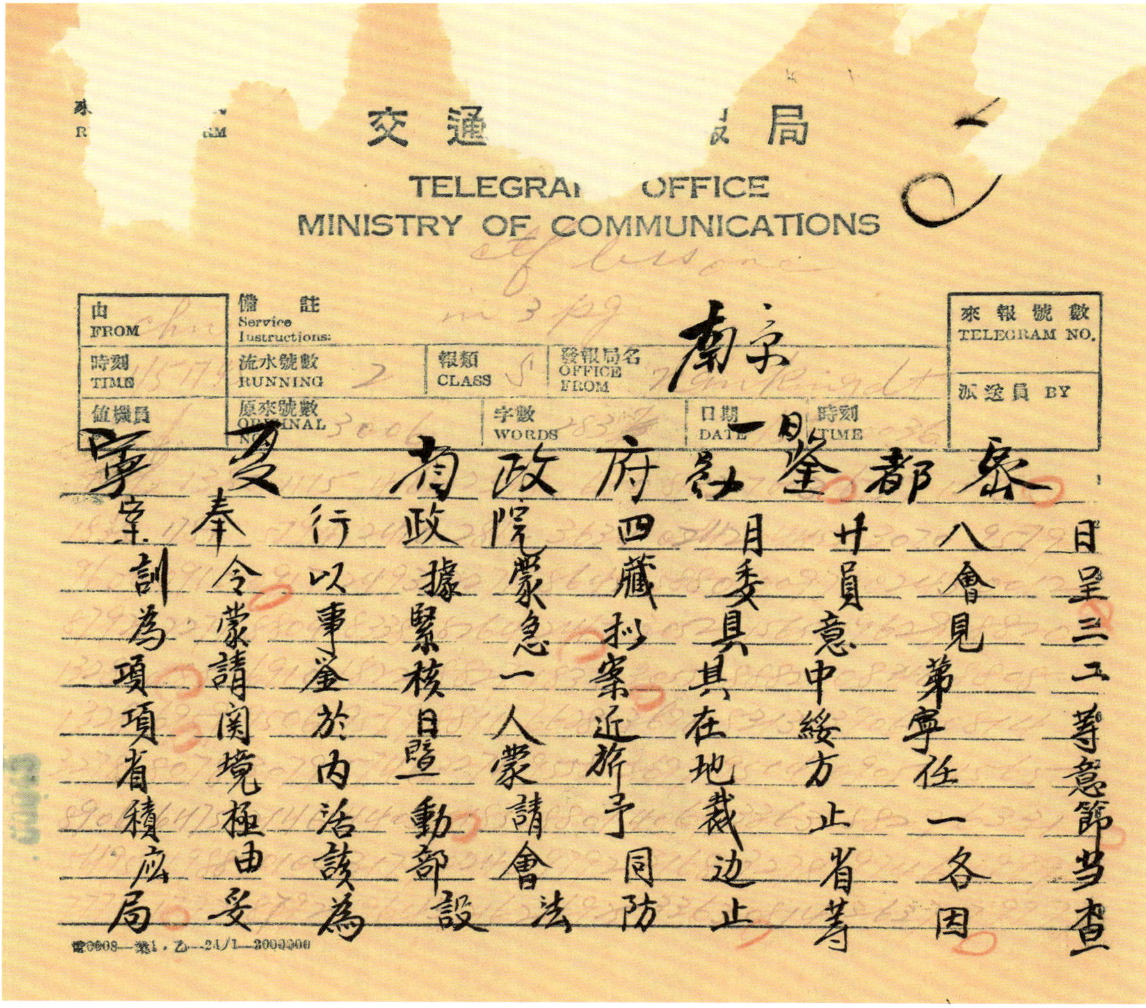
交通部電報局
TELEGRAPH OFFICE
MINISTRY OF COMMUNICATIONS

由 FROM	備註 Service Instructions:		來報號數 TELEGRAM NO.
時刻 TIME	流水號數 RUNNING	報類 CLASS	發報局名 OFFICE FROM 南京
值機員	原來號數 ORIGINAL	字數 WORDS	日期 DATE 一日	時刻 TIME	派送員 BY

寧夏省政府鈞鑒都察

日呈三二等意節当查
八會見第寧任一各因
廿員意中綏方止省等
月委具其在地裁边止
四藏抄案近旅予同防
院蒙急一人蒙請會法
政據緊核日暨動部設
行以事鑒於內諮該為
奉令蒙請閱境極由爰
室訓為項項省積应局

電0008—業1，乙—24/1—2000000

來 報 紙
RECEIVING FOR

交通部電報局

TELEGRAPH OFFICE
MINISTRY OF COMMUNICATIONS

由 FROM	備註 Service Instructions: 2nd					來報號數 TELEGRAM NO.
時刻 TIME	流水號數 RUNNING	報類 CLASS	發報局名 OFFICE FROM			派送員 BY
值機員 BY	原來號數 ORIGINAL NO.	字數 WORDS		日期 DATE	時刻 TIME	

頓盟極陲境有歷查御勸往各積源入令遊格即來蒙為乱飛電境嚴務人西尤過擅院入扇照月於策以愿省對政範机政於飭護送各動化防日行對請無許境策分密置經後應偽勿边行行嚴處業此人照境來肆实宜於法外日護出近繁旂允閔辦案之驗令

注意：如有查詢事項請帶此紙
Note: Any enquiry respecting this telegram, please produce this form.

請閱背面
See Back

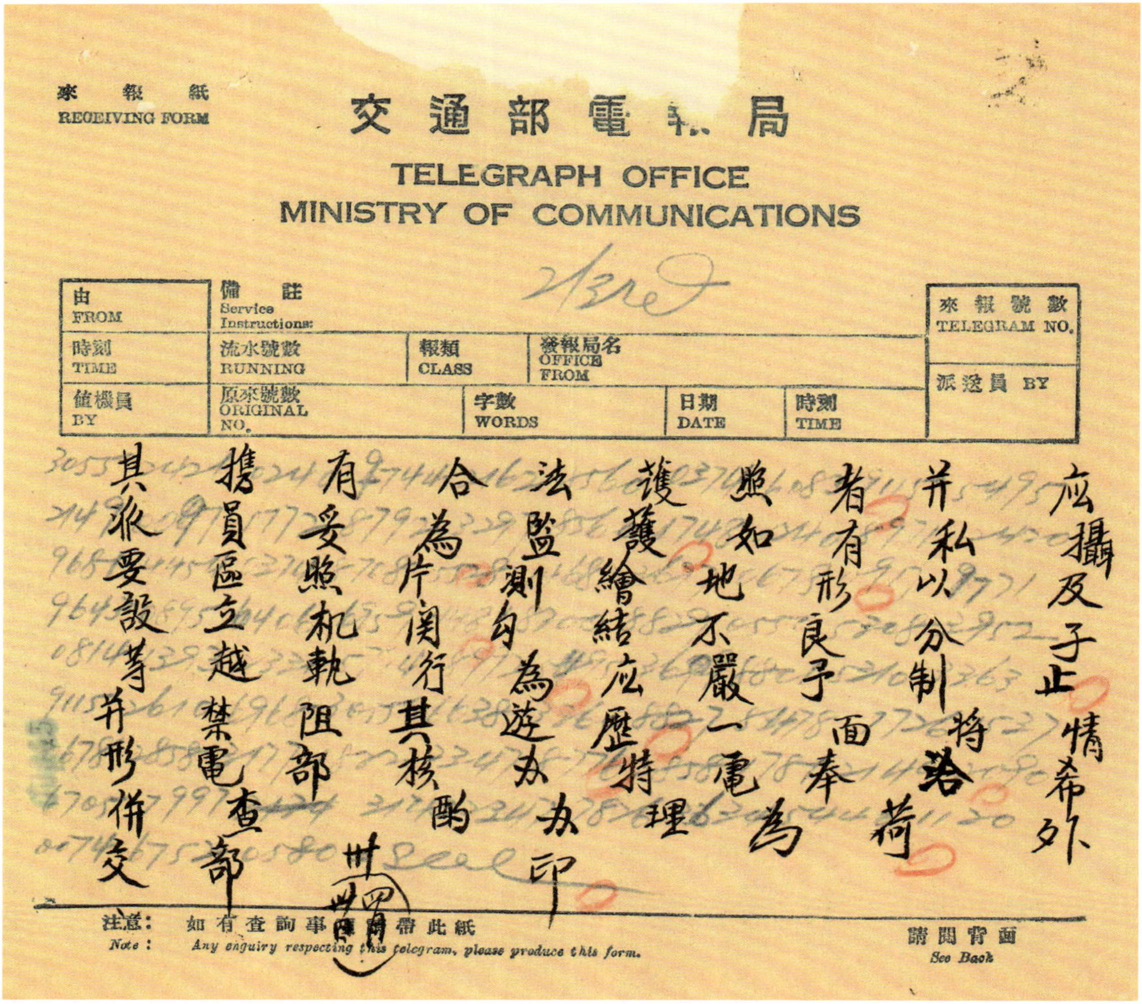

來報紙
RECEIVING FORM

交通部電報局
TELEGRAPH OFFICE
MINISTRY OF COMMUNICATIONS

由 FROM	備註 Service Instructions:				
時刻 TIME	流水號數 RUNNING	報類 CLASS	發報局名 OFFICE FROM		
値機員 BY	原來號數 ORIGINAL NO.	字數 WORDS	日期 DATE	時刻 TIME	

來報號數 TELEGRAM NO.

派送員 BY

应攝及子止情希外
并私以分制将洽荷
者有形良子面奉為
照如地不嚴一電
護護繪結应歷特理
法監測勾為遊办办印
合為片閔行其核酌
有妥照机軌阻部
携員區立越禁電查部
其派要設等并形併交
卅

注意：如有查詢事項請帶此紙
Note: Any enquiry respecting this telegram, please produce this form.

請閱背面
See Back

外交部关于迅即派员密查日本人在阿拉善、额济纳两旗逗留真相并严加制止其继续西进等情致宁夏省政府的密电（一九三六年五月四日）

省秘第251號

來電機關	南京外交部支電
事由	希即密派幹員探查該日人等在阿額兩旂逗留真相一面與該兩旂切實聯絡俾免受日人利用至於該日人等如仍繼續西進應請嚴加制止勿予通過并希電復由
收到日時	民國二五年五月五日下午時
備考	
指示辦法	先譯存

發交

省府秘書處呈

譯

來報紙 RECEIVING FORM

交通部電報局

TELEGRAPH OFFICE MINISTRY OF COMMUNICATIONS

13

由 FROM	備註 Service Instructions:			來報號數 TELEGRAM NO.
時刻 TIME	流水號數 RUNNING	報類 CLASS	發報局名 OFFICE FROM 南京	派送員 BY
值機員 BY	原來號數 ORIGINAL NO. 3196	字數 WORDS	日期 DATE　時刻 TIME	

寧夏省政府勛鑒都察卅日電計達項援報月人組織之新綏考察團兩隊現有一隊抵額济納王府該日人等欲暫斷新綏汽車路自行通車鼓感該旅不准新綏汽車通過若來許可須月給通過費兩萬元援蒙族表示如蒙政會許可亦可照辦該隊內有卸度

注意：如有查詢事項請帶此紙 詳閱背面

Note: Any enquiry respecting this telegram, please produce this form. See Back

來報紙 RECEIVING FORM

交通部電報局

TELEGRAPH OFFICE MINISTRY OF COMMUNICATIONS

由 FROM
備註 Service Instructions: 2 and
時刻 TIME　流水號數 RUNNING　報類 CLASS　發報局名 OFFICE FROM
值機員 BY　原來號數 ORIGINAL NO.　字數 WORDS　日期 DATE　時刻 TIME
來報號數 TELEGRAM NO.
派送員 BY

為熟倉隊逾特員兩離聯
義人報行現情幹額其實
名此密旅形等派阿使切
人作援洽情各密在法旅
僧工又光旅事即等設兩
以務形本兩畢希人相該
者特情山額未日真與
魯在西及阿尚照該留面
奈擔緣保察縣查查逗一
人日習永偵月電探旅境絡

注意：如有查詢事項請帶此紙 請閱背面
Note: Any enquiry respecting this telegram, please produce this form. See Back

來報紙
RECEIVING FORM

交通部電報局

TELEGRAPH OFFICE
MINISTRY OF COMMUNICATIONS

4 3rd

由 FROM	備註 Service Instructions:					來報號數 TELEGRAM NO.
時刻 TIME	流水號數 RUNNING	報類 CLASS	發報局名 OFFICE FROM			派送員 BY
值機員 BY	原來號數 ORIGINAL NO.	字數 WORDS		日期 DATE	時刻 TIME	

日該應并受於進過支免至西通部俾陸續予交害边継加外利患仍止荷情貽如制爲感用等切復以利人嚴電動入日請希

印

晴

注意：如有查詢事項請帶此紙
Note: Any enquiry respecting this telegram, please produce this form.

請閱背面
See Back

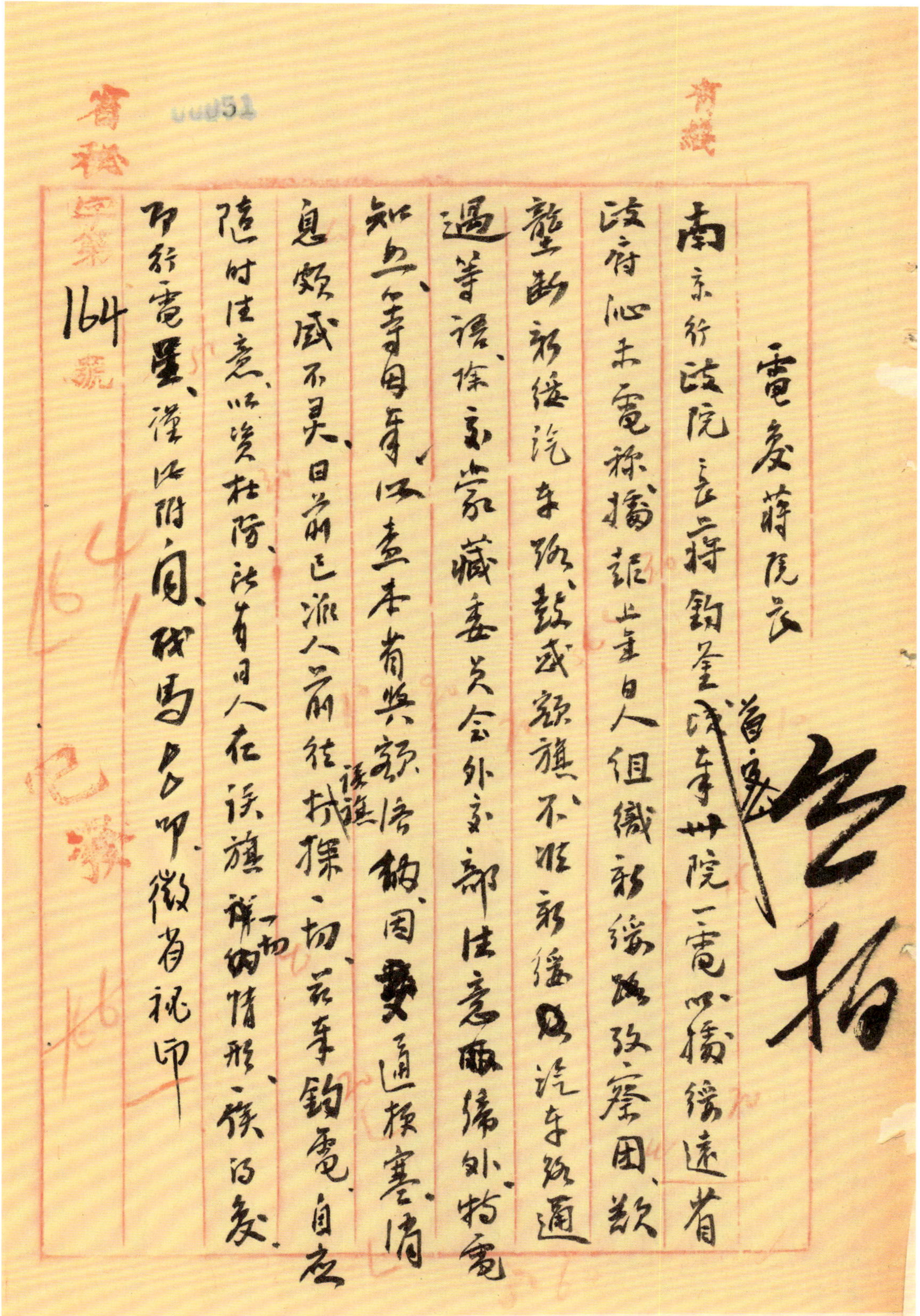

密檔

電委蒋院長

南京行政院長蒋鈞鑒：卅院一電以據綏遠省政府沁未電稱，據報上年日人組織新綏考察團，欲壟斷新綏汽車路，鼓惑額旗不准新綏汽車路通過等語，除交蒙藏委員會、外交部注意嚴備外，特電知照等因。奉此，查本省與額旗接壤，因交通閉塞，消息頗感不靈，日前已派人前往該旗打探一切。茲奉鈞電，自應隨時注意，以資杜防。該旗有日人在該旗一切詳細情形，俟得復即行電呈。謹此附聞。職馬鴻逵叩。微省秘印

首參

存檔

密檔字第164號

已發

马鸿逵关于派人打探日本人组织新绥考察团情形以资杜防之事致蒋介石的密电（一九三六年五月五日）

宁夏省政府关于已派员监视赴额济纳旗日本人仓永保及日本新绥路调查团事致外交部的密电

（一九三六年五月十一日）

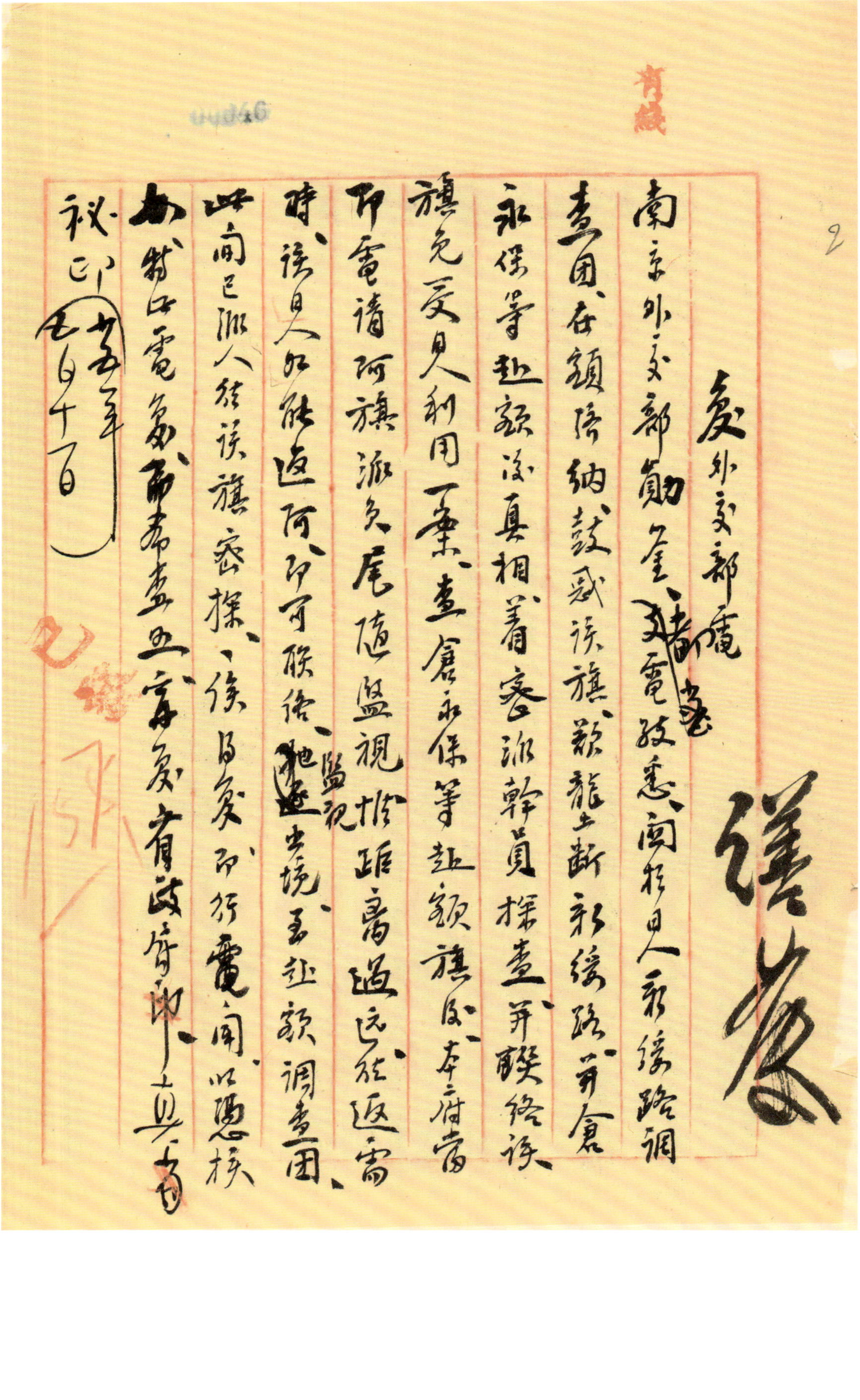

急。外交部鉴：

南京外交部勋鉴：文电敬悉。关于日人新绥路调查团，在额济纳鼓惑该旗，欲垄断新绥路，并仓永保等赴额后，真相着密派干员探查，并联络该旗免受日人利用一案。查仓永保等赴额旗后，本府当即电请阿旗派员尾随监视，于距离过远，于返当时，该日人如能返阿，即可联络，监视出境。至赴额调查团，此间已派人往该旗密探，俟得复即行电闻，以凭核办。特此电复。宁夏省政府叩。真。印

秘印 廿五年五月十日

谨发

叶森关于秘查西北游历团团长李肇勋在宁特设办事处等情致哈尔玉的密电（一九三六年五月十一日）

密

秘 宁第165號

包頭辦公處哈處長爾玉兄台鑒 亟密

西北游歷團團長李肇勛在寧特設辦事

處行蹤詭密恐係漢奸經已艷電請兄

就近秘密偵查在案偵察情形如何

乞併查明示知為荷弟葉森叩

真印

照抄

宁夏省政府关于遵照办理严格查验入境日本人游历护照并制止其越轨行为等情致外交部的密电（一九三六年五月十一日）

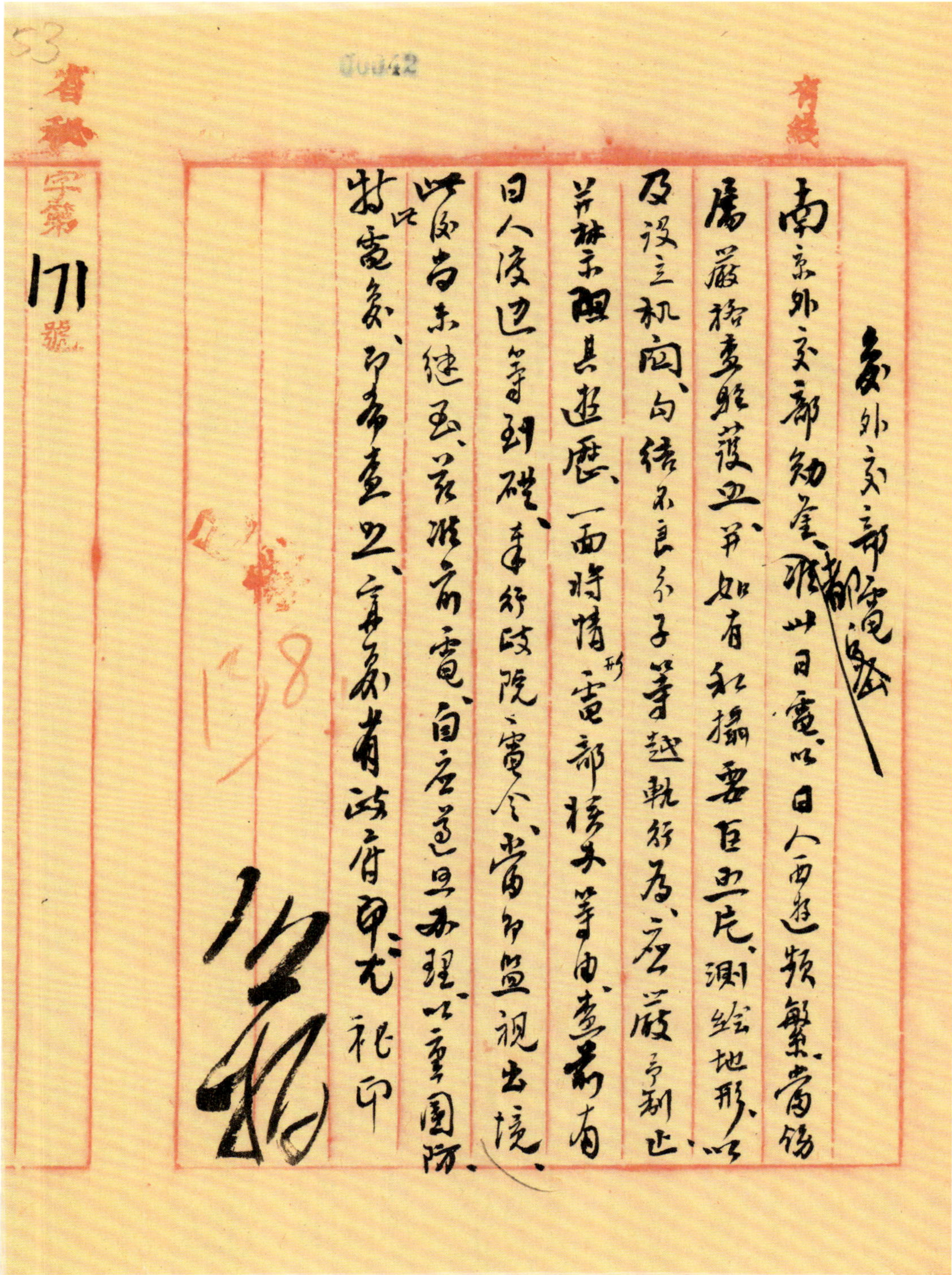

53

省秘字第171號

有線

急外交部密電

南京外交部勋鉴：准卅日電，以日人西游頻繁，當飭屬嚴格查驗護照，并如有私攝要區照片、測繪地形，以及設立机関、勾結不良分子等越軌行為，應嚴予制止，并禁示阻其遊歷，一面將情形電部核奪等由。查前有日人渡邊等到磴，奉行政院電令，當即監視出境，此後尚未繼至。茲准前電，自應遵照辦理，以重國防。特電复，即希查照。寧夏省政府卯尤秘印

蒋介石关于具报日本人渡边等在磴口装设无线电机已否拆除事致马鸿逵的密电（一九三六年六月三日）

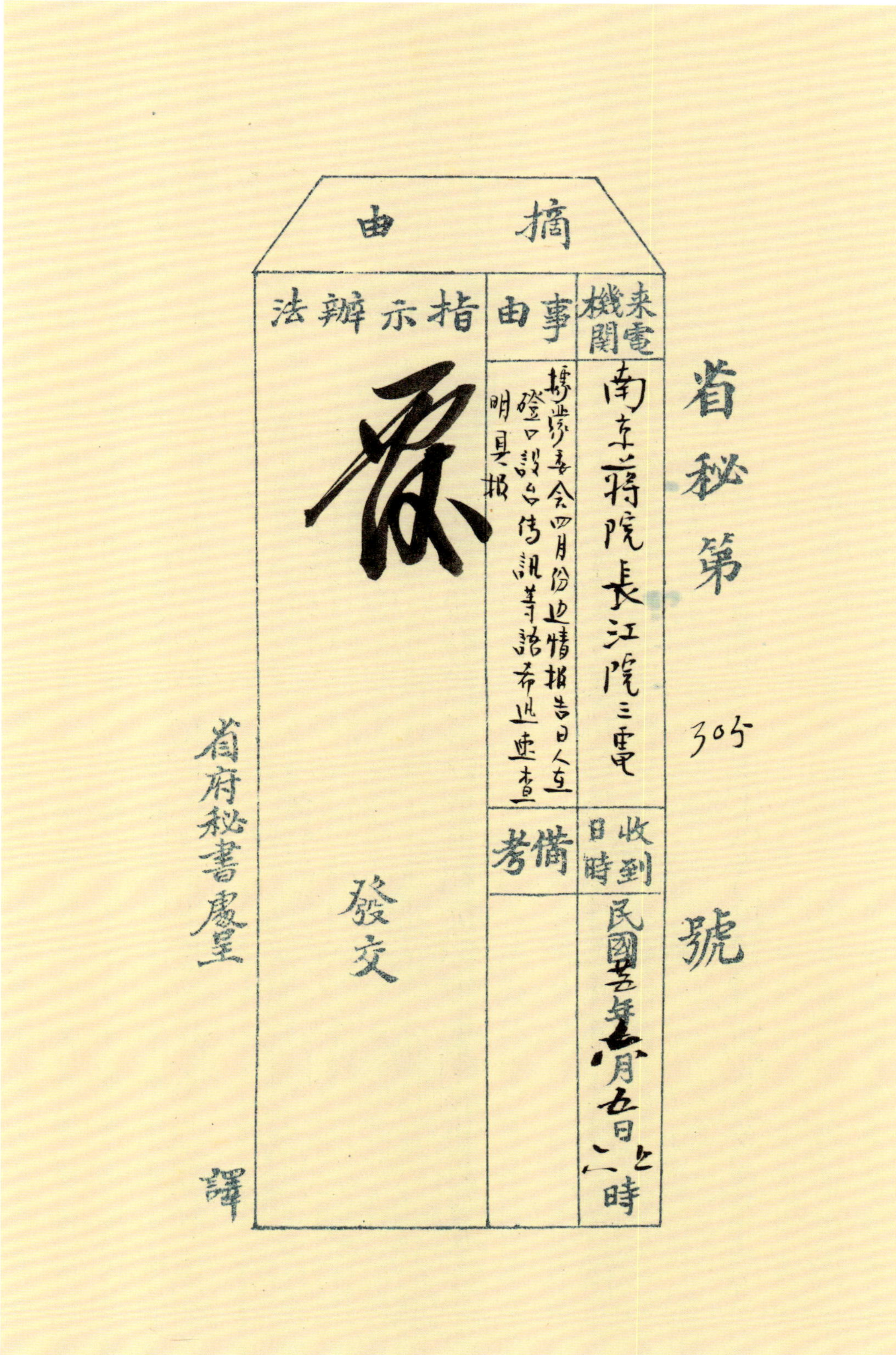

省秘第 305 號

摘由

來電機關	事由	指示辦法
南京蔣院長江院三電	據西蒙委會四月份邊情報告日人在磴口設台傳訊等語希迅速查明具報	原

收到日時	備考
民國廿五年六月五日上午二時	

發交

省府秘書處呈

譯

77

[illegible]

無線電報　　收電紙　　本台號數 80

國民革命軍第十五路軍總指揮部無線電管理處第一台

由	南京	附註			
原來號數	14	等級	[illegible]	字數	200
發報台	[illegible]	日期	4/6	時間	18.30
收報員			Hsing 21.00		

席查等發线经政令無制電監等電撤妻等边載
主蒙边省無院省勒將強擄營人线时在藏呈俗内
馬首渡該設等該印并机旋派日無同情嘗此月吉
蓬人在裝机飭迅境電陳已该境、等據今四報
勅日前口電電府出线折復視出机去蒸負年情

78

無線電報　　收電紙　　本台號數

國民革命軍第十五路軍總指揮部無線電管理處第一台

由		附註	
原來號數		等級	字數
發報台		日期	時間
收報員			

夏架机等人此机柳執事人個電照所該境情中

亭處電息日口電除軍退凡日確綫遵開令出理蔣三

在等綫消竟發綫拆近希如　口無亦強勒等丑報院

人口無通究在無否最設明發該應電并人將其江（六月三日）

日發設傳語前設已後裝香在裝机前陰日并形正

9303	5467	7402	2690	4184
0521	9594	9148	3626	6797
3444	6170	3199	5301	1937
9148	4472	6850	0964	4312
2690	4184	9114	3601	7244
0711	3626	6797	7402	1722
3444	6170	3199	5301	1937
6056	6157	6011	3639	8388
4444	2435	0978	9479	7917
0886	8264	8331	1937	5983
2690	4184	9385	4418	0543
2639	6758	3626	6797	7402
6170	3199	5301	1937	5683
5362	0927	3652	0930	3444
6011	1170	6505	6170	1722
2251	3958	7097	1200	6157
4020	1732	9148	2690	4184
9777	0452	8277	3079	9033
0022	5592	4090	9635	6532
50	0005	7108	3068	2973

马鸿逵关于日本人渡边等被监视出境等情致蒋介石的密电（一九三六年六月七日）

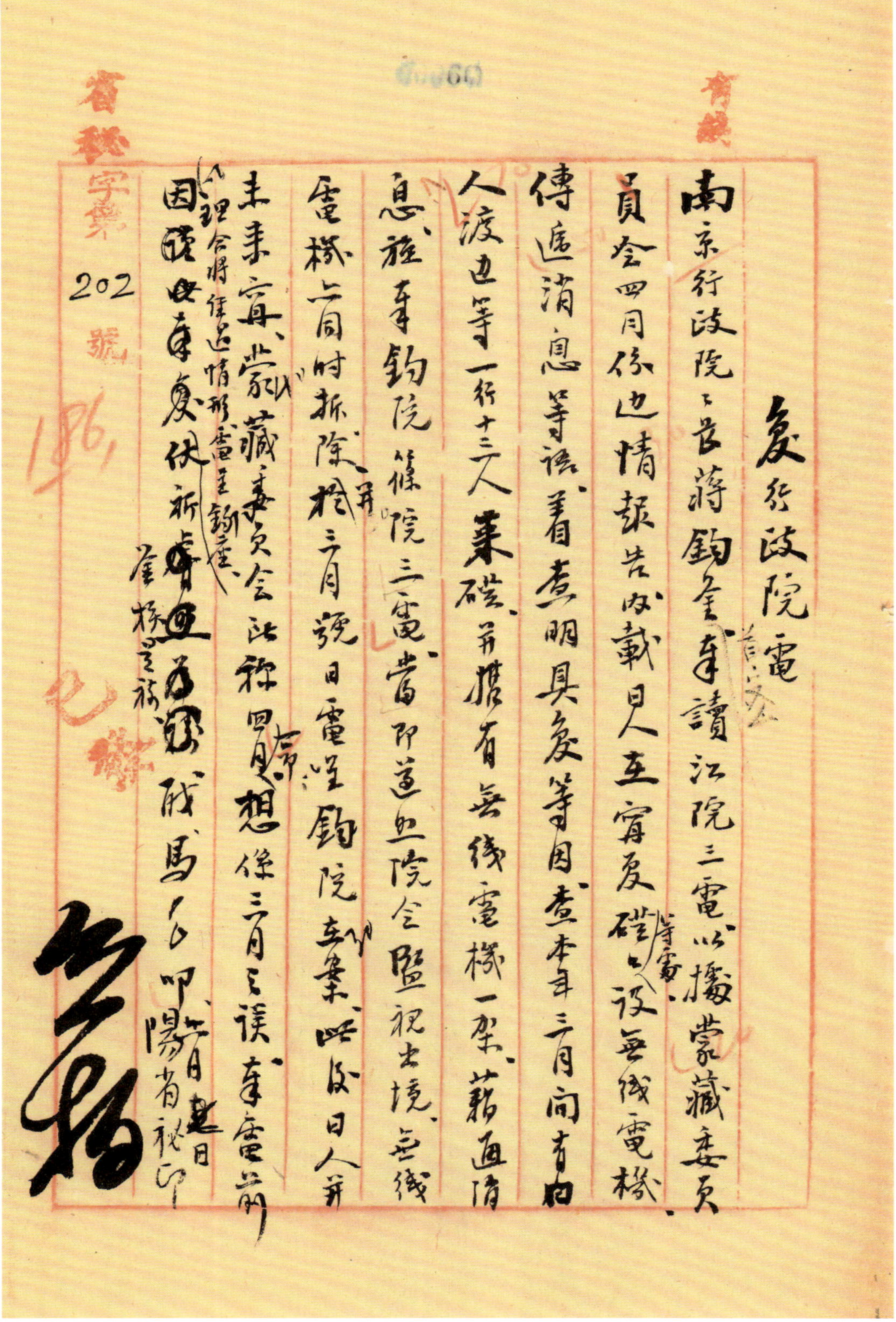

复行政院電

南京行政院院長蔣鈞鑒：奉讀江院三電，以據蒙藏委員會四月份邊情報告內載日人在寧夏磴口設無線電機傳遞消息等語，着查明具復等因。查本年三月間有日人渡邊等一行十三人來磴，並携有無線電機一架，藉通消息，旋奉鈞院篠院三電，當即遵照院令監視出境，無線電機亦同時拆除，並於三月號日電呈鈞院在案。此後日人並未來寧，蒙藏委員會所稱四月份，想係三月之誤。奉電前因，理合將經過情形電呈鈞座。謹此奉復，伏祈垂察。馬鴻逵叩。陽。

蒋介石关于印度人纳罗如到宁夏境内希即饬属驱逐事致马鸿逵的密电（一九三六年六月二十二日）

由

省秘第341號

來電機關	南京蔣院長養院三電
事由	印度人納羅如到寧夏境內希即飭屬驅逐為要由
收到日時	民國廿五年六月廿三日下午時
備考	
指示辦法	查乙

發交

省府秘書處呈

譯

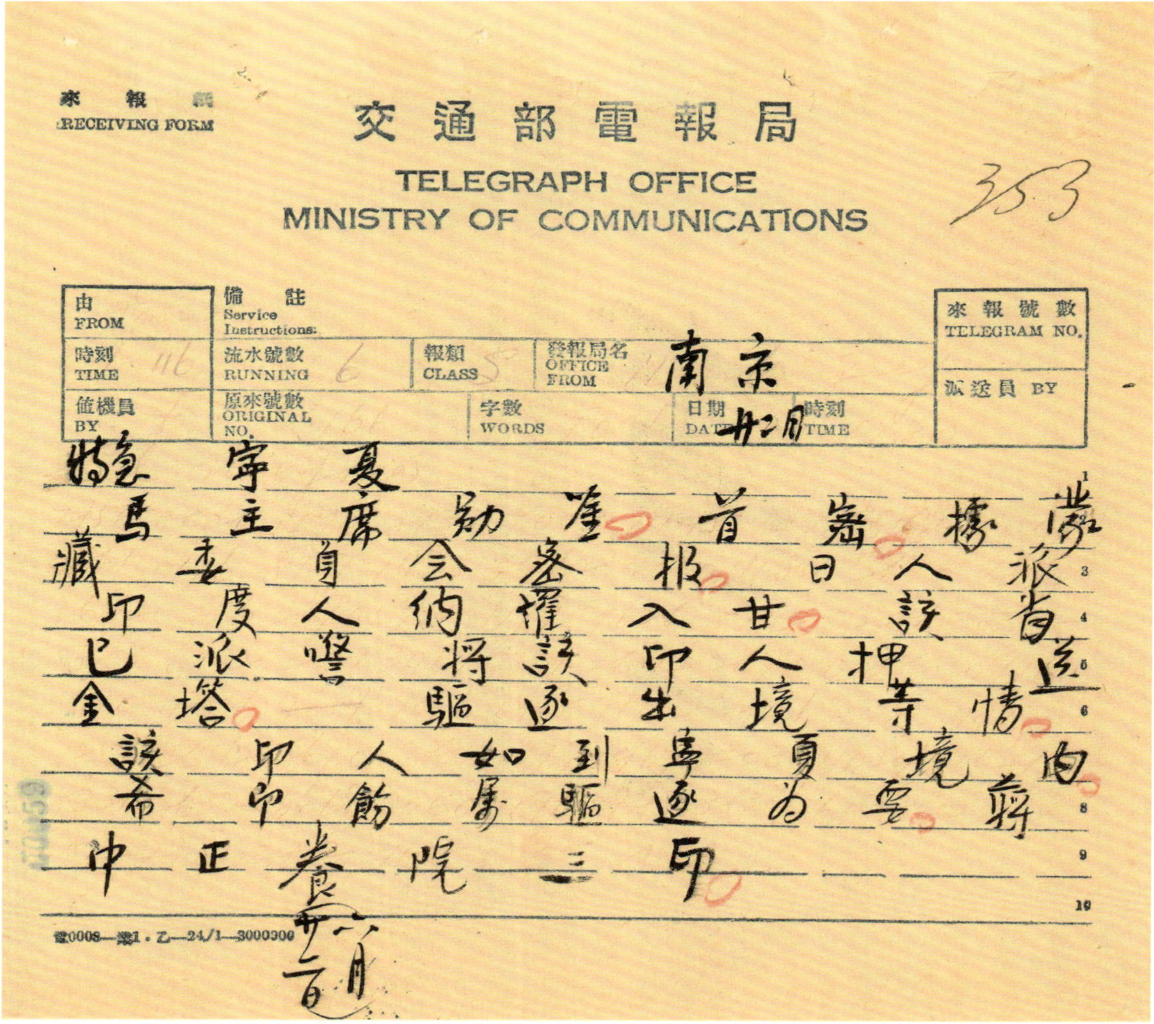

来报纸 RECEIVING FORM

交通部電報局

TELEGRAPH OFFICE

MINISTRY OF COMMUNICATIONS

353

由 FROM	備註 Service Instructions:			來報號數 TELEGRAM NO.
時刻 TIME 116	流水號數 RUNNING 6	報類 CLASS 5	發報局名 OFFICE FROM 南京	派送員 BY
值機員 BY	原來號數 ORIGINAL NO.	字數 WORDS	日期 DATE 廿二日　時刻 TIME	

特急　宁夏

马主席勋鉴：首密。据蒙藏委员会呈报，日人旅印度人纳耀入甘，该省近已派警将该印人押送金塔——驱逐出境等情。该印人如到宁夏境内，希即饬属驱逐为要。蒋中正。养院二印。

六月廿二日

電0008—業1·乙—24/1—3000000

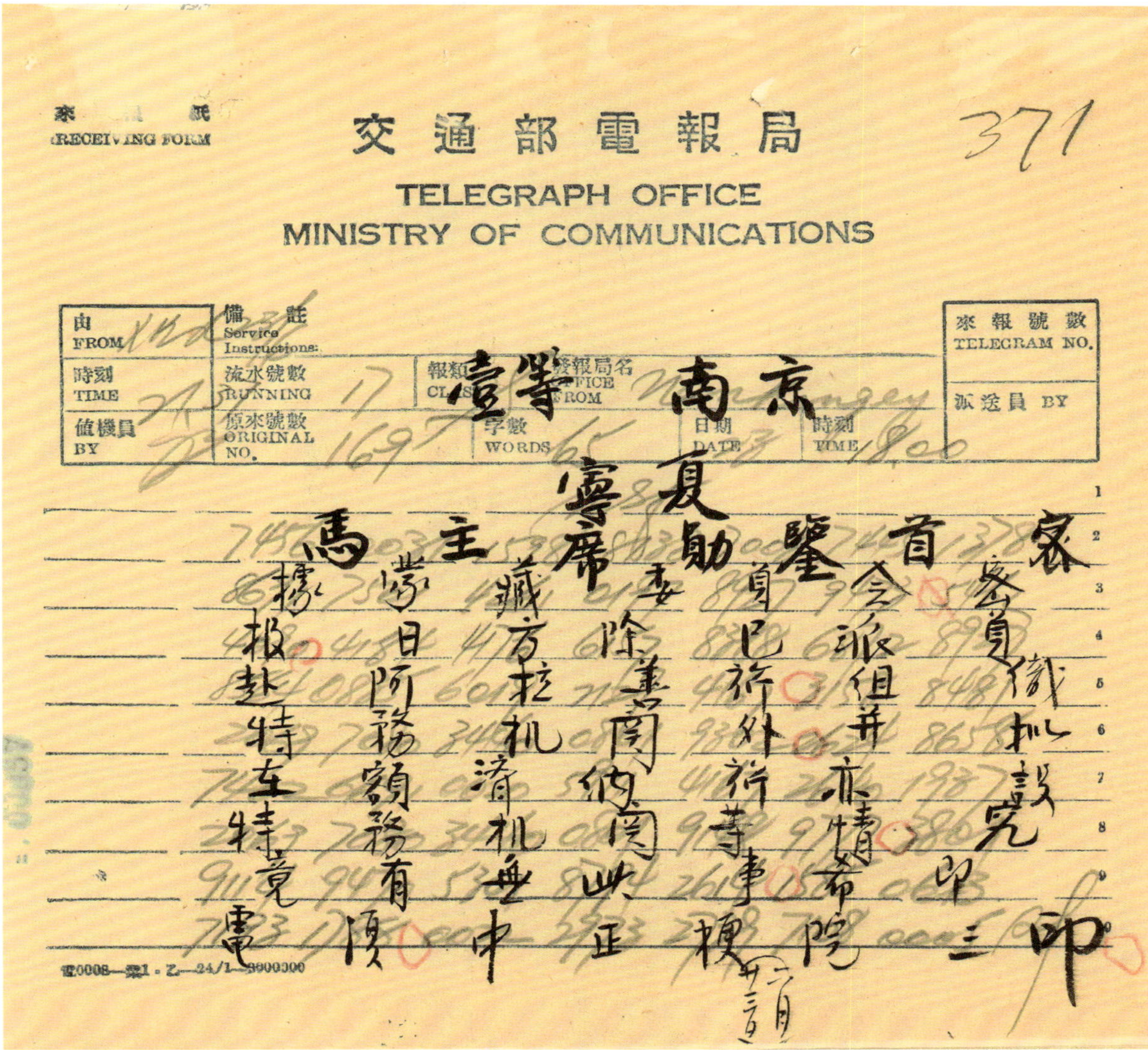

來報紙
RECEIVING FORM

交通部電報局

TELEGRAPH OFFICE
MINISTRY OF COMMUNICATIONS

371

由 FROM	備註 Service Instructions:				來報號數 TELEGRAM NO.
時刻 TIME	流水號數 RUNNING 17	報類 CLASS 壹等	發報局名 OFFICE FROM 南京		
值機員 BY	原來號數 ORIGINAL NO. 169	字數 WORDS 65	日期 DATE	時刻 TIME 18.00	派送員 BY

寧夏

馬主席勛鑒

電0008—榮1．乙—24/1—3000000

蒋介石关于日方有无在阿拉善旗、额济纳旗组织特务机关事致马鸿逵的密电（一九三六年六月二十三日）

马鸿逵关于印度人纳罗尚未来宁境内事致蒋介石的密电（一九三六年六月二十五日）

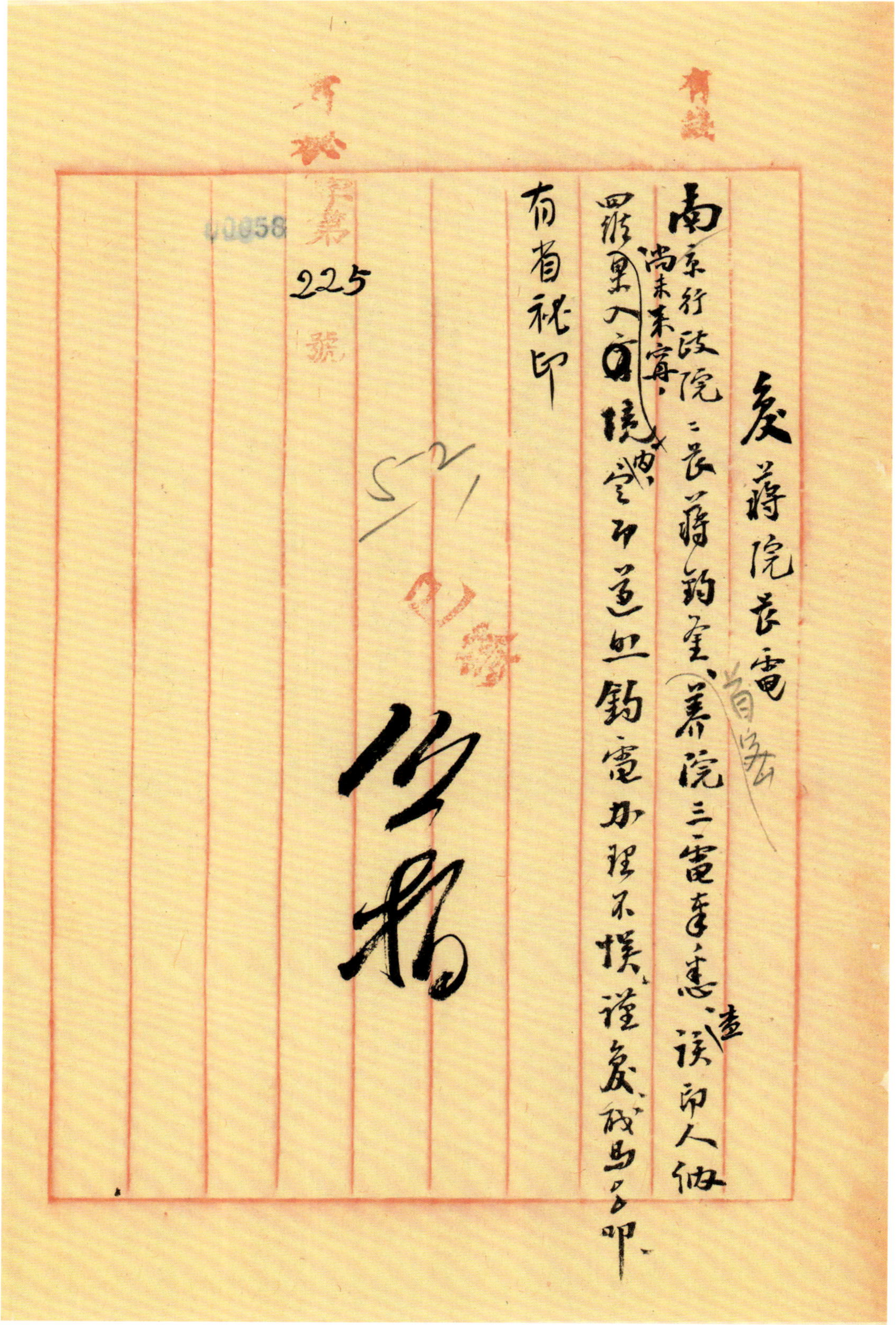
急。蒋院长電
南京行政院長蒋钧鉴：蒋院三電奉悉，該印人納羅尚未来寧境内，當即遵照钧電办理不誤。謹复。職馬○叩。
寧省秘印
225 號

马鸿逵关于日本人仓永保等在阿拉善旗经亲王劝其出境等情致蒋介石的密电（一九三六年六月二十六日）

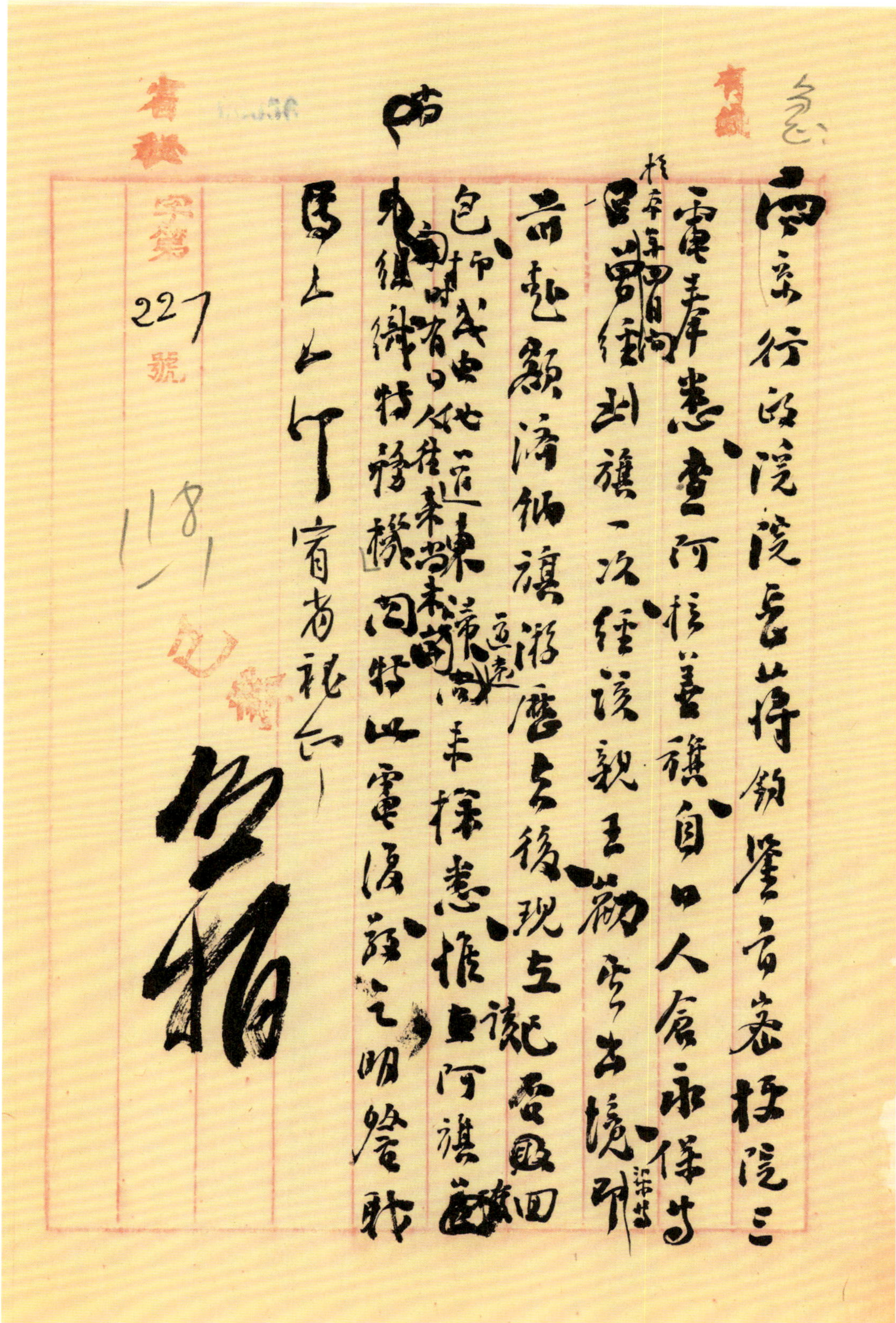
急

密

字第227號

南京行政院院長蔣鈞鑒：育密。接院三霰電奉悉。查阿拉善旗自日人倉永保等於本年四月間曾經出旗一次，經該親王勸令出境，前赴額濟納旗游歷，去後現在是否回包，或由他道東返，尚未探悉。惟查阿拉善旗時有日人往來，尚未組織特務機關。特此電復，藉資明瞭。職馬鴻逵叩。宥省秘印。

蒋介石关于日本人山本光治赴额济纳旗携款分送王公等情致马鸿逵的密电（一九三六年七月十一日）

65

摘由

省秘第 368 號

來電機關：南京蔣院長真院三電

事由：據甘肅省政府密報日人山本光治携款與手提机關槍赴額濟納旂分送王公等情希迅速查明如確有其事應即派員赴該旂曉諭不可受日人煽惑并隨時報告由

收到日時：民國廿五年七月十二日午時

備考

指示辦法

發交

省府秘書處呈

譯

81

0065

無線電報

收電紙

本台號數 115

國民革命軍第十五路軍總指揮部無線電管理處第一台

由		附註			
原來號數	50	等級		字數	106
發報台	XLT	日期	11-7	時間	24.00
收報員	mau				

勛甘密本萬急王半提之迅確即行不煽應該財蔣三

席據蔚山款酉送以手十萬如應該諭人并視隨要院 銷

主席政人撲赴公分及步槍嫌情明事赴之曉日後監動為直之 赴七明

馬文省日治 祈等進圖等查其真實受銷案行吉 正

蔡南報光元約公償機支速並有派切可感嚴行電中

餘

叩

马鸿逵关于办理驱逐阿拉善旗日本人办法致蒋介石、黄慕松的电（一九三六年七月十七日）

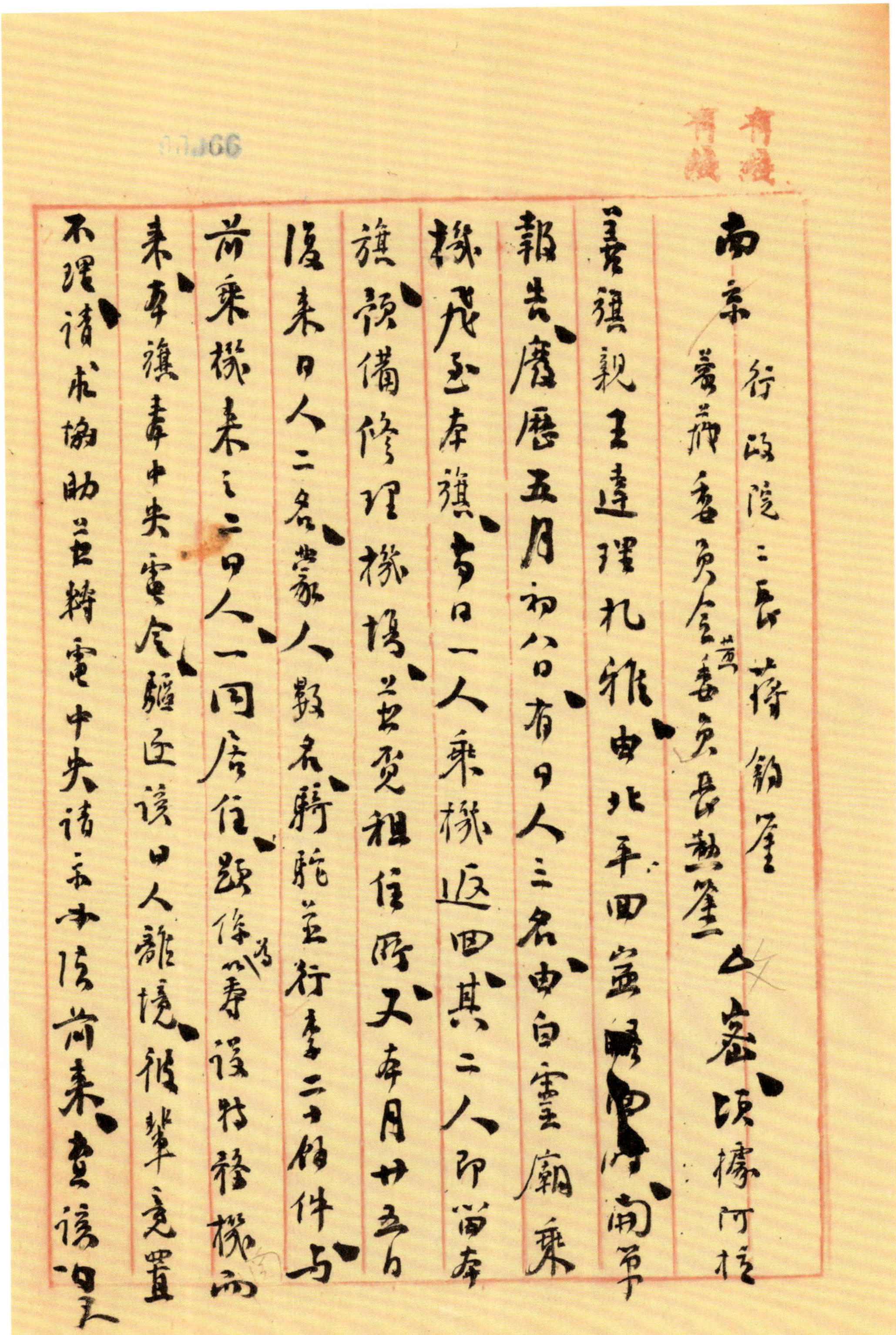

南京
行政院院长蒋钧鉴
蒙藏委员会黄委员长勋鉴：密。顷据阿拉
善旗亲王达理札雅由北平回旗，曾电南京
报告，旧历五月初八日有日人三名由白灵庙乘
飞机飞至本旗，当日一人乘机返回，其二人即留本
旗，预备修理机场，并觅租住所。又本月廿五日
复来日人二名、蒙人数名，骑驼并行李二十余件，与
前乘机来之二日人一同居住，显系为筹设特务机关。
来本旗奉中央电令驱逐该日人离境，彼辈竟置
不理，请求协助，并转电中央，请示办法前来。查该日人

83

省秘 省秘

字第244號 245號

科阿旗等設特務機關、業經呈報立案、[redacted]

[redacted]似、應由貴會 鈞院 特示一省政

府注意、俾便竭力制止、以杜隱患、除派本府參議 貴會顧問

辦事主任劉英橋、即日隨同該親王四旗協助辦理

外、究應如何辦理 應付、仍乞電示指導、實為省政府主

席馬占山叩篠秘印

261

马鸿逵关于已派员在各要口严密缉查日本人致蒋介石的密电（一九三六年七月二十日）

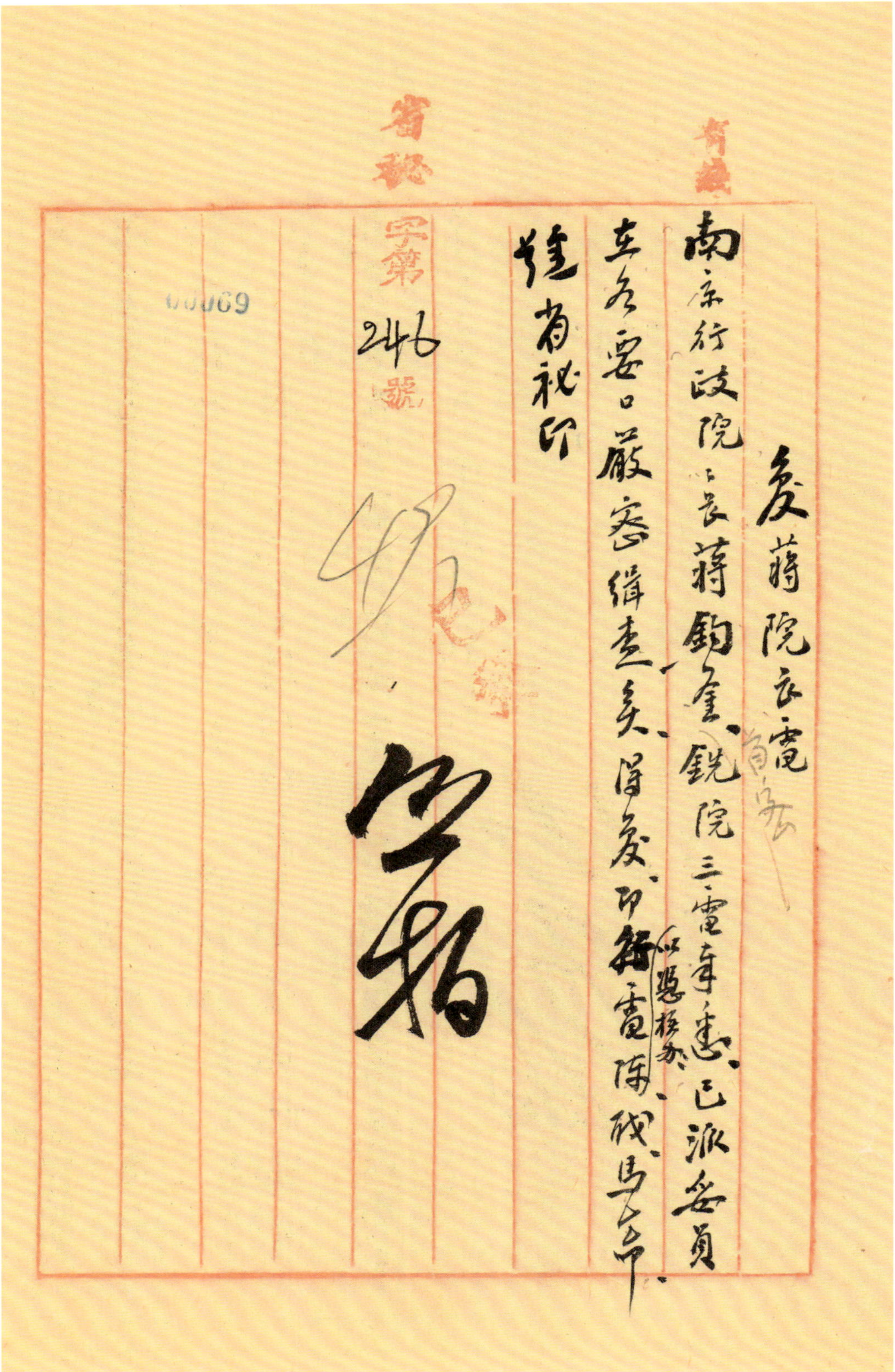
发蒋院长电

南京行政院院长蒋钧鉴、铣院三电奉悉、已派委员
在各要口严密缉查矣、谨复、印衔电陈、代马主席、
谨省秘印

省秘字第246号

00069

蒋介石关于日本人在阿拉善旗修筑机场并设立特务机关希严加阻止并押送出境等情致马鸿逵的密电
（一九三六年七月二十一日）

摘由

省秘第382號

來電機關	南京蔣院長馬院三電
事由	復蔣秘電日人在阿旗修築机場並設特務机関希即切实協助該旗用强制力將該日人等及同來之蒙人押送出境嗣後如有日机飛來并應扣留由
收到日時	民國廿五年七月廿一日下午 時
備考	
指示辦法	分轉

省府秘書處呈

譯

无线电报　收电纸　本台号数

00072

国民革命军第十五路军总指挥部无线电管理处第一台

由	行政院	附註	
原來號數	94-69	等級	3
字數	93		
發報台	OEY	日期	22/7
時間	19.00		
收報員	Wang		

席富查扣禁設实國切旅並將及人嗣机和中印

主秘密　修並阅我即該止力哥蒙境日应蒋三

馬鴻逵　旅場机犯希助阻制人之出有並要院

釜惠人　阿机務侵权協加强日來送如來為馬

勛誦日在飛特屬主实嚴用該同押後飛留正

宁夏省参议会参议刘抡英关于阿拉善旗达王与日本人谈判无果请着力设法攘助以固边防致马鸿逵的电（一九三六年七月二十二日）

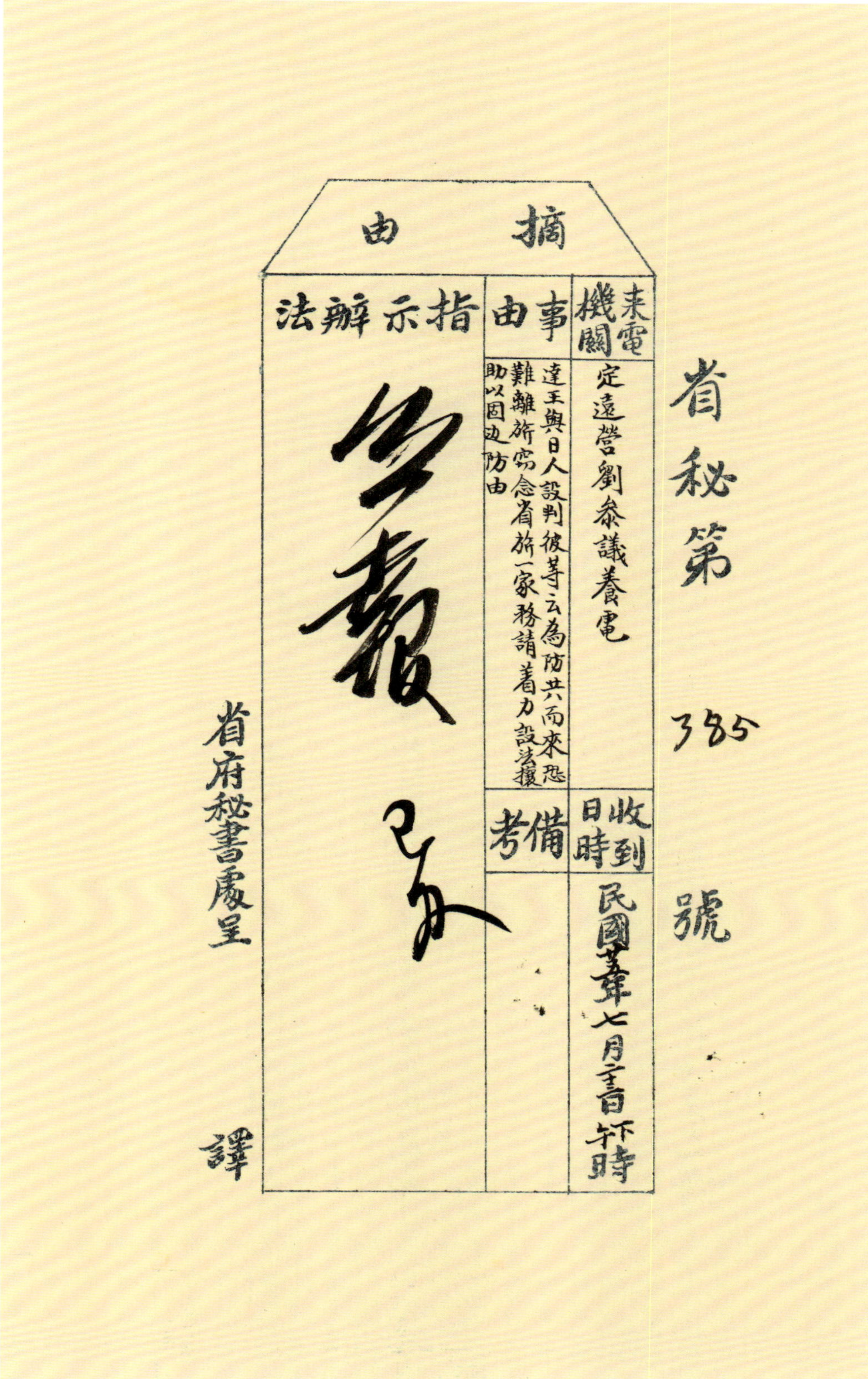

省秘第385號

摘由

來電機關	定遠營劉參議養電
事由	達王與日人設判彼等云為防共而來恐難離旂家念省旂一家務請着力設法攘助以固边防由
收到日時	民國廿五年七月廿二日下午時
備考	
指示辦法	[illegible]

省府秘書處呈

譯

無線電報　收電紙　本台號數

國民革命軍第十五路軍總指揮部無線電管理處第一台

由		附註			
原來號數	25	等級		字數	88
發報台	mgh	日期	22—7	時間	15.17
收報員	Wm				

主王日人未果彼共疑慮恐旅一依設固刘印

馬達與日田效云防必態時旅相力取時養（卅首）

夏釜逆判横無復為何其一　省嵩着助為叩

寧鈞旂談口迄日純來覌滑離念昏请擾防英

席追入藉到今籌而懼狡难窃家務法边揄

马鸿逵关于日本人井田到阿拉善、额济纳两旗组织特务机关修建飞机场且不肯离旗、态度圆滑等情致蒋介石、张群的密电（一九三六年七月）

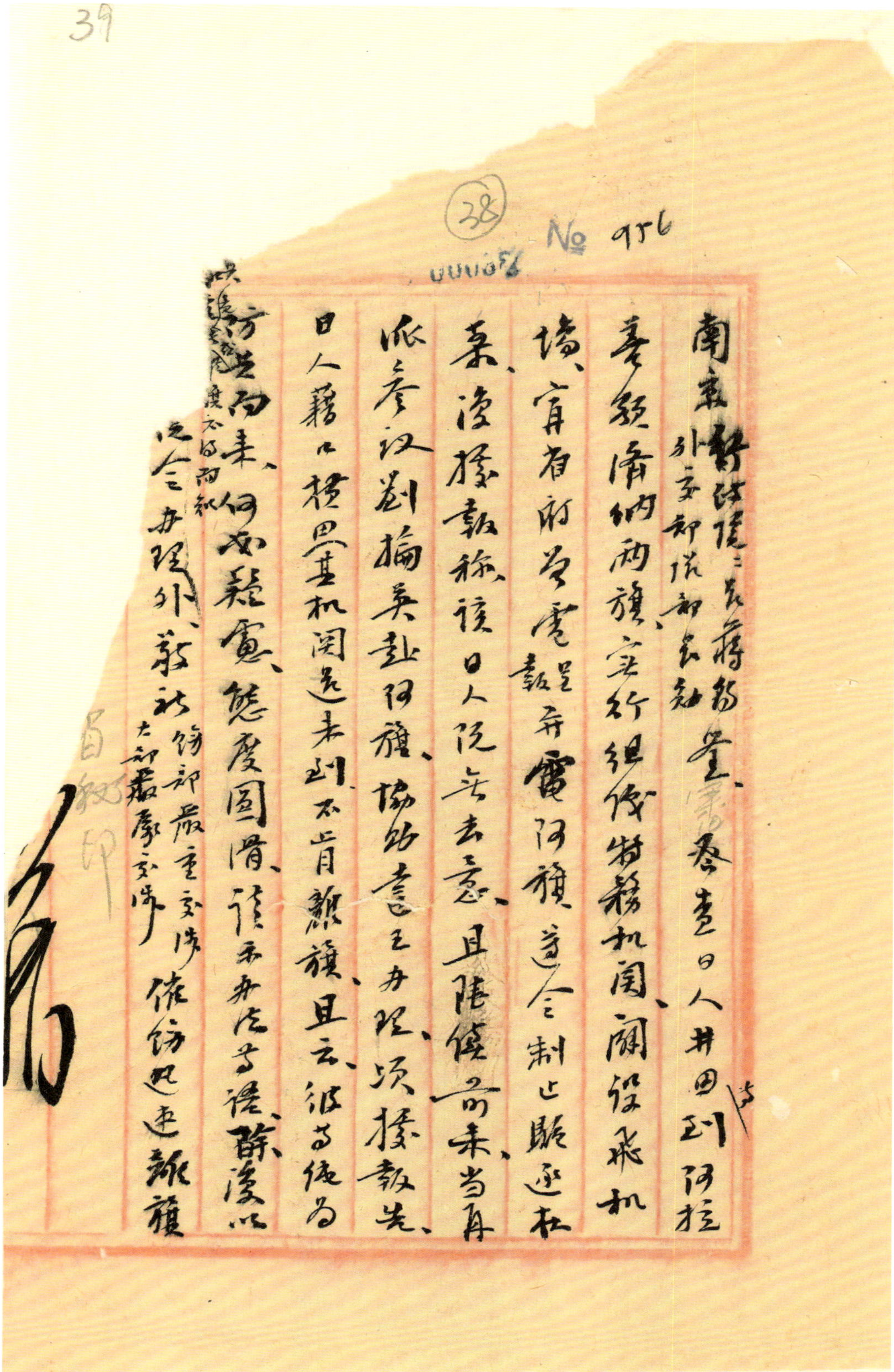

黄慕松关于查明日本人在阿拉善旗行踪一案致马鸿逵的密电（一九三六年七月二十四日）

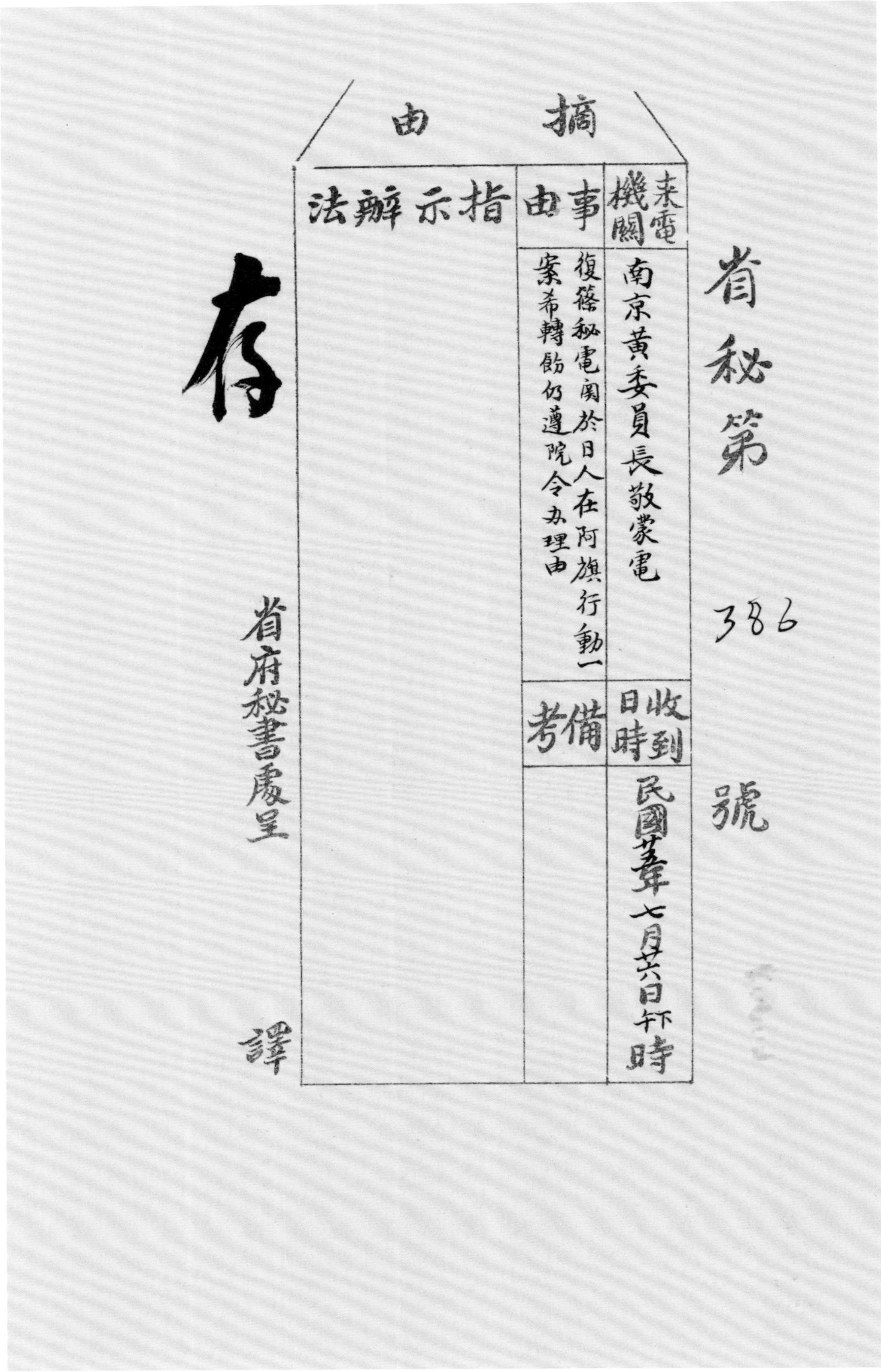
省秘第386號

摘由

來電機關	事由	指示辦法
南京黃委員長敬蒙電	復蒙秘電關於日人在阿旗行動一案希轉飭仍遵院令辦理由	
收到日時	備考	
民國廿五年七月廿六日午下時		

存

省府秘書處呈

譯

來報紙
RECEIVING FORM

交通部電報局
TELEGRAPH OFFICE
MINISTRY OF COMMUNICATIONS

256

由 FROM	NKd 25	備註 Service Instructions:			來報號數 TELEGRAM NO.
時刻 TIME	1072	原來號數 ORIGINAL NO. 4	8 Nanking 南京 報類 CLASS	字數 WORDS 9	派送員
值機員 BY		發報局名 OFFICE FROM 2557 196	日期 DATE 十四日	時刻 TIME 16.45	BY

NKd 416
南政府馬主席勛鑒篠
秘電誦悉查此案前奉行
政院令調據綏遠傅主席
電稱安密日人沃南及紱
瑪尼西二人攜帶駝馬汽
油及軍用品於六月養（廿二）日
由百靈廟經中公旗里沙
渡云赴阿拉善旗王府梗（廿三）
午西行等語降電覆該主
席迅速飭屬查明詳日人

電 0008—業1・乙23.1—2500000

來報紙
RECEIVING FORM

交通部電報局
TELEGRAPH OFFICE
MINISTRY OF COMMUNICATIONS

256

由 FROM	備註 Service instructions:			來報號數 TELEGRAM NO.
時刻 TIME	原來號數 ORIGINAL NO.	報類 CLASS	字數 WORDS	派送員 BY
值機員 BY	發報局名 OFFICE FROM 2nd	日期 DATE	時刻 TIME	

達嚴密知奉主精謹黃
祈應令合令回達希齋長
善祈無盟等及由為員
拉到如境照祈前連委
阿等動態知阿電力、會印
知彼行令御精准令員嘗
通如其勒外電案院委敬
并雅意即部往在遵藏叩
踪札注照交当照仍蒙松
行理發護外此遵飭復慕

七月廿六日

電 0008—業1·乙23.1—2500000

马鸿逵关于按蒋院长电示办理日本人出境事宜致阿拉善旗亲王达理札雅及刘抡英的密电

（一九三六年七月二十四日）

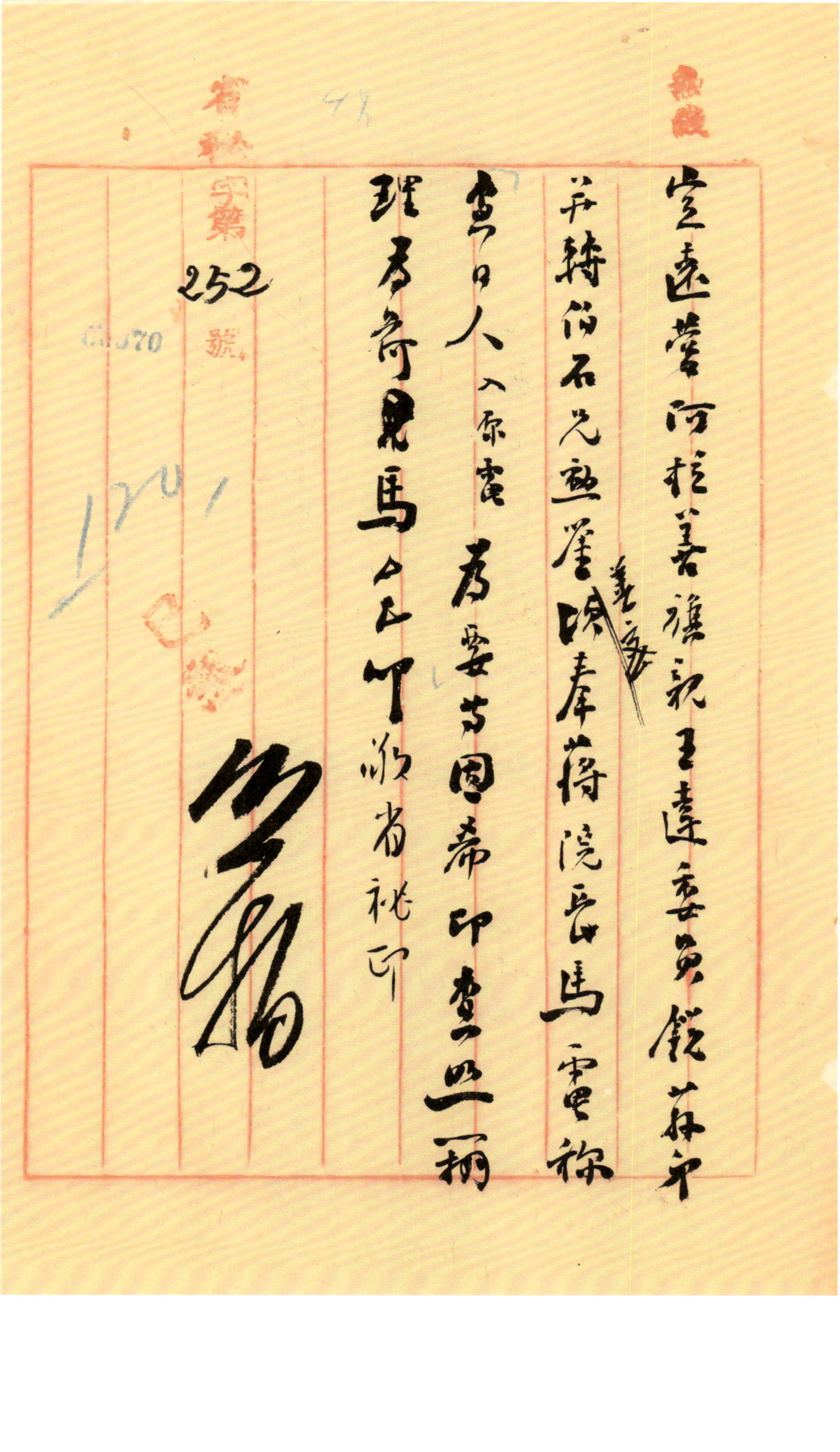
定遠營阿拉善旗親王達委員鈞鑒 [illegible]
並轉[illegible]石兄勛鑒 頃奉蔣院長馬電稱
查日人入[illegible]電 [illegible]
理為荷 [illegible]馬[illegible]叩 [illegible]省秘印

252

交通部甘宁电政管理局关于日本人派汉奸黄斌向我交通机关收买工作人员刺探情报等情致宁夏电报局的代电

（一九三六年七月二十四日）

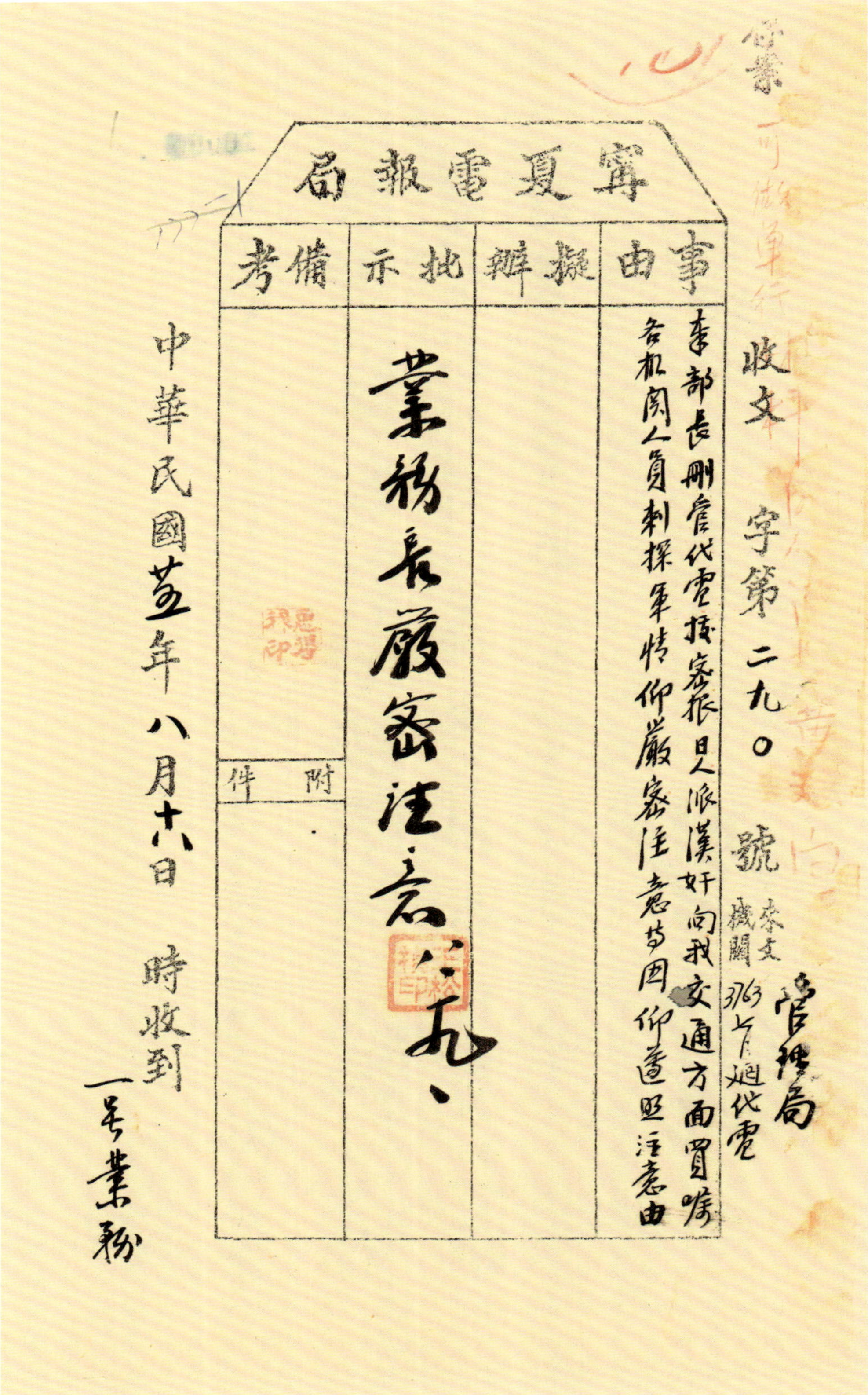

寧夏電報局

事由	擬辦	批示	備考
奉部長刪倉代電據密報日人派漢奸黄斌向我交通方面買收各機關人員刺探軍情仰嚴密注意等因仰遵照注意由		業務長嚴密注意 六、九	附件

收文 字第二九〇號

管理局 來文 機關 3763 七月廿四日 代電

中華民國廿五年八月十六日 時收到

一号業務

代電 三七六三ノ

各局處均覽奉部長俞刪曾代電開「准軍委會陽代電開「據密報日方近派漢奸黃越向我各交通機關活動收買各機關工作人員刺探我軍事設備及運輸狀況等情希飭屬嚴密注意為要等因仰轉飭所屬一體嚴密注意為要等因奉此仰各嚴密注意為要詹局長壽天章過

中華民國二十五年六月 日

監印 陳漢卿
校對

马鸿逵关于派人协同阿拉善旗办理日本人出境事宜致蒋介石的密电（一九三六年七月二十五日）

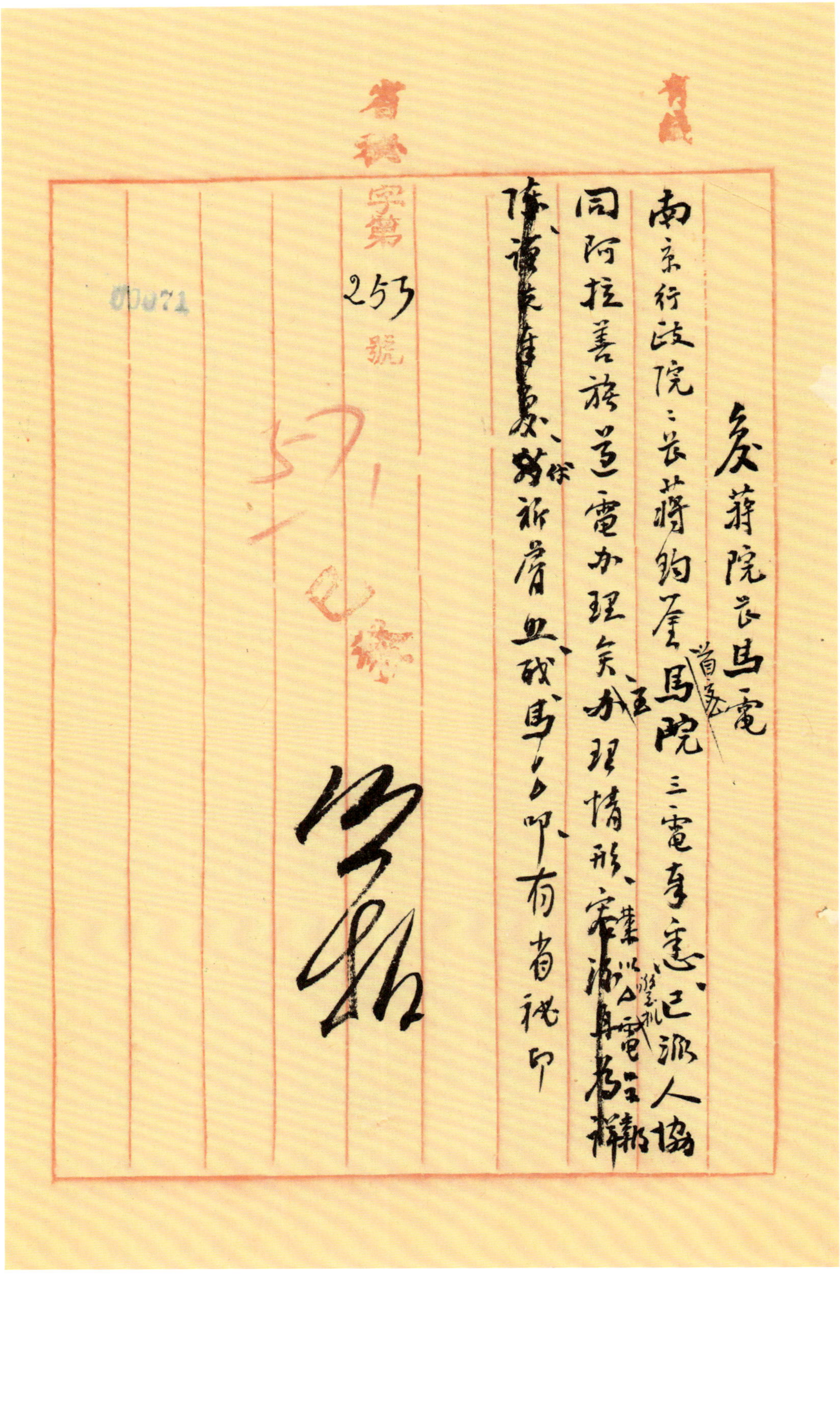
急 蒋院长 马電
南京行政院院長蒋钧鉴：马院三電奉悉，已派人協同阿拉善旗遵電办理矣。并办理情形，業以電詳報，伏祈鉴核。職馬鸿逵叩。有省秘印
省秘字第253號

甘肃省政府关于日本人仓永保、广田正等由酒泉往凉州取道民勤赴宁夏等情致宁夏省政府的密电（一九三六年七月二十七日）

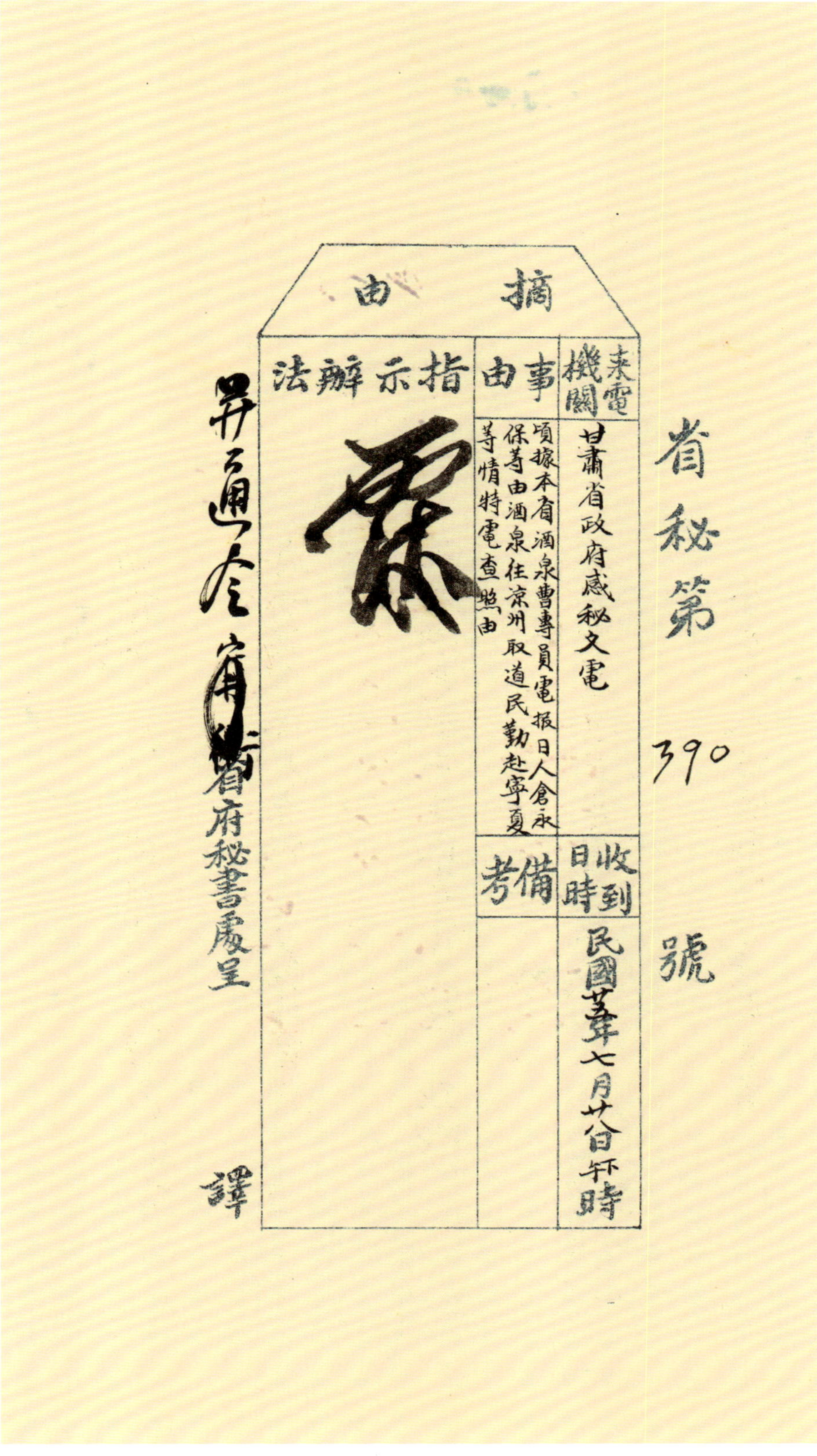
省秘第390號

摘由

來電機關　甘肅省政府感秘文電

事由　頃據本省酒泉曹專員電報日人倉永保等由酒泉往涼州取道民勤赴寧夏等情特電查照由

收到日時　民國廿五年七月廿八日午時

備考

指示辦法　[illegible]

昇通參
寧省府秘書處呈

譯

96

無線電報 00976

收電紙

本台號數 199

國民革命軍第十五路軍總指揮部無線電管理處第二台

由		附註			
原來號數	1202	等級		字數	72
發報台	ap	日期		時間	1418
收報員			ming		14R30

勛據曹回日廣由州赴陈電西特甘感（廿一日）

府頃泉報保人凉勤情分勤外照府

政寧酒電永二往民著并民照政印

省肖省員倉正泉道夏復威知查肖文（廿一日）

釜本尊人田酒取甯電武縣電肅秘

哈赓黼、刘健一关于与日本人石川等交涉情形致马鸿逵的密电（一九三六年七月二十七日）

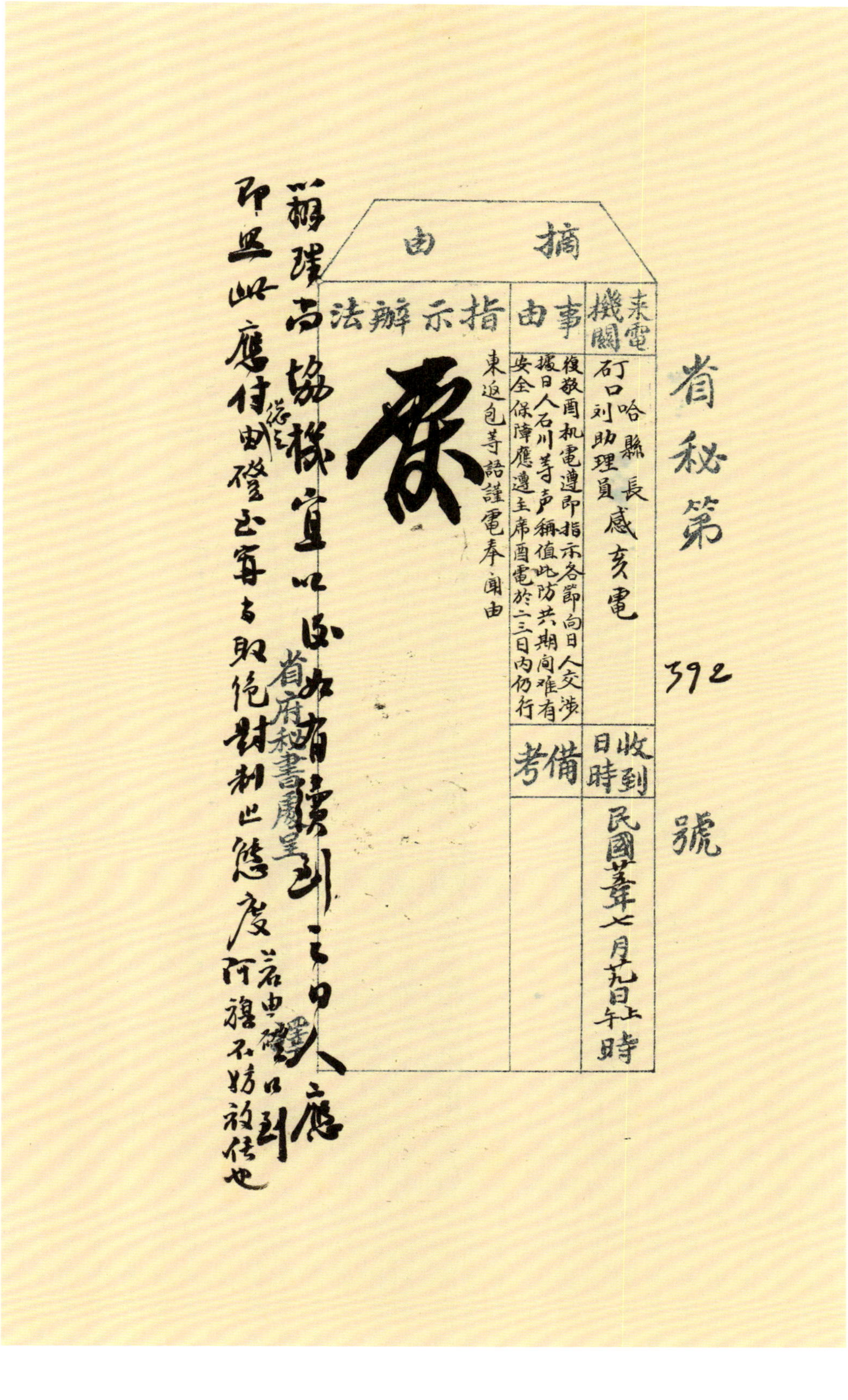
省秘第392號

摘由

來電機關：石口哈縣長 刘助理員 感亥電

事由：復敬酉机電遵即指示各節向日人交涉據日人石川等声稱值此防共期间難有安全保障應遵主席酉電於二三日內仍行東返包等語謹電奉闻由

收到日時：民國廿五年七月廿九日上午 時

備考

指示辦法：原

辦理尚協機宜以後如有續到之日人應即照此應付從速由嚴正寄言取締制止態度若再強口到何須不妨設法也

省府秘書處呈

4

00081

寧夏省政府
秘書處
電話收报紙

發报地点	石口	附註		收报地点
字数	142	號数		年　月　日收

主秋机即各該安回等言近日此难障碍二行僕時

府鉴西遵示向川车停婉停該值商仔虑於仍頭之

7

7587

0

政鈞政悉指理石嘴木斧其據福期全主允内包也共八

省馬鉴奉諸據人助赤涉止里声丗安尊遠裏日返劉

94

24

席保電東節日之郎交勸结等防有应酉三東过

寧發

07

寧夏省政府
秘書處
電話收報紙

發報地点		附註		收報地点	
字数		號數	年	月	日收

阿吉所寧夏省主席鈞鑒

亭語等密電備悉一 6342

來等人暗謹之取傳 63155

再業日取寔伏請鈞示、 7028 2

後營許陳屬前為黏感（七月）（卅七日）— 0282 55 4

蒋介石关于希饬刘抡英协助阿拉善、额济纳两旗强制日本人出境事致马鸿逵的密电（一九三六年七月二十九日）

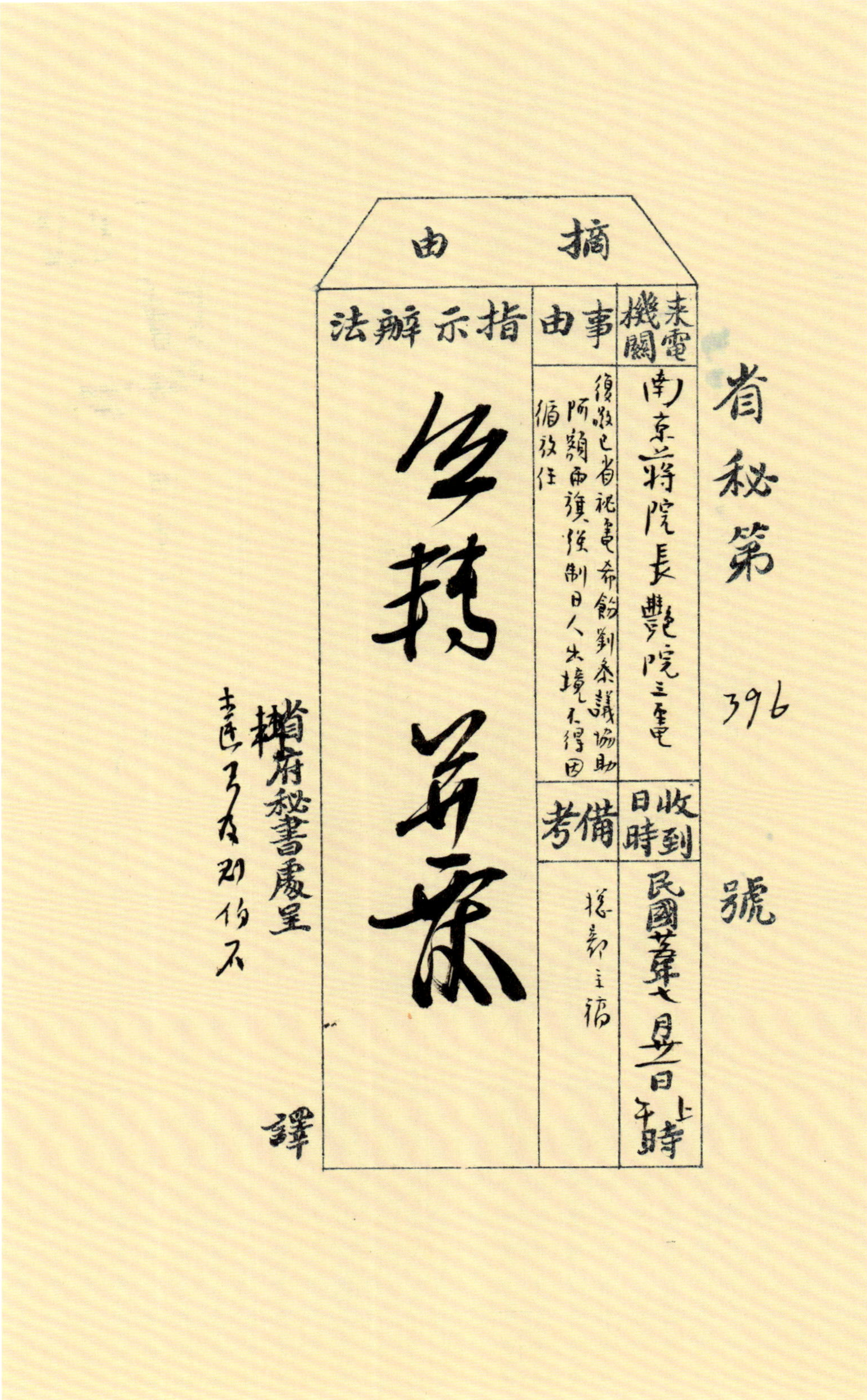
摘由

省秘第396號

來電機關：南京蔣院長艷院三電

事由：復徵已省秘電希飭劉參議協助阿額兩旗強制日人出境不得因循放任

收到日時：民國廿五年七月卅日上午時

備考：總部主稿

指示辦法：[illegible]

省府秘書處呈

譯

108

227

無線電報　　收電紙　　本台號數

國民革命軍第十五路軍總指揮部無線電管理處第一台

由	南京	附註	Via [illegible]		
原來號數	1208-80	等級		字數	60
發報台	Xay	日期	1	時間	1930
收報員	[illegible]				

勳祕密飭法辦人因若自責正

席省都轄設類日得行設鄉負中印

主已患即議所制不任糾史蔣三

馬敬論迅參助隱境放生中法院

逢電布劉協祖、出繒發有文艷（七月廿九日）

6880

哈赓黼、刘健一关于日本人山本囱朗等三人已离磴返包等情致马鸿逵的密电（一九三六年七月三十日）

摘由

省秘第399號

來電機關	磴口哈縣長、刘助理員陷電
事由	復卅省秘電日人山本囱郎等於卅日乘船返包尚留中國入办事人安秉權俟該日人到包再電伊回或就近赴阿旅由
收到日時	民國廿五年七月卅一日午時
備考	[illegible]
指示辦法	[illegible]

省府秘書處呈

譯

寧夏省政府

秘書處

電話收报紙

發报地点	石口	附註		收报地点
字数	135	號数		年 月 日 收

主席秘查拘入石赤已何此一人該自或赴該包集

府鉴省委北日郎助入由包有事僚到回近闻返天

政鈞卅謹艸司自之三日返當办攉莠[illegible]就並莠條

省馬峯

練公本寓莠卅船尚國私人電其旅人有

席保電調

山川終於乘间中安日再令阿日後

寧发

寧夏省政府

秘書處

電話收報紙

發報地点		附註		收报地点
字数		號数	年 月 日收	

道由旂闽為蔺陷

取再阿覆查覆叩

抓庙赶電備哈一

涼旲後謹祈戝健

稍百山說伏禱刘印

七月廿一日

马鸿逵关于绝对制止日本人由磴口到宁夏事致哈赓黼的密电（一九三六年七月三十日）

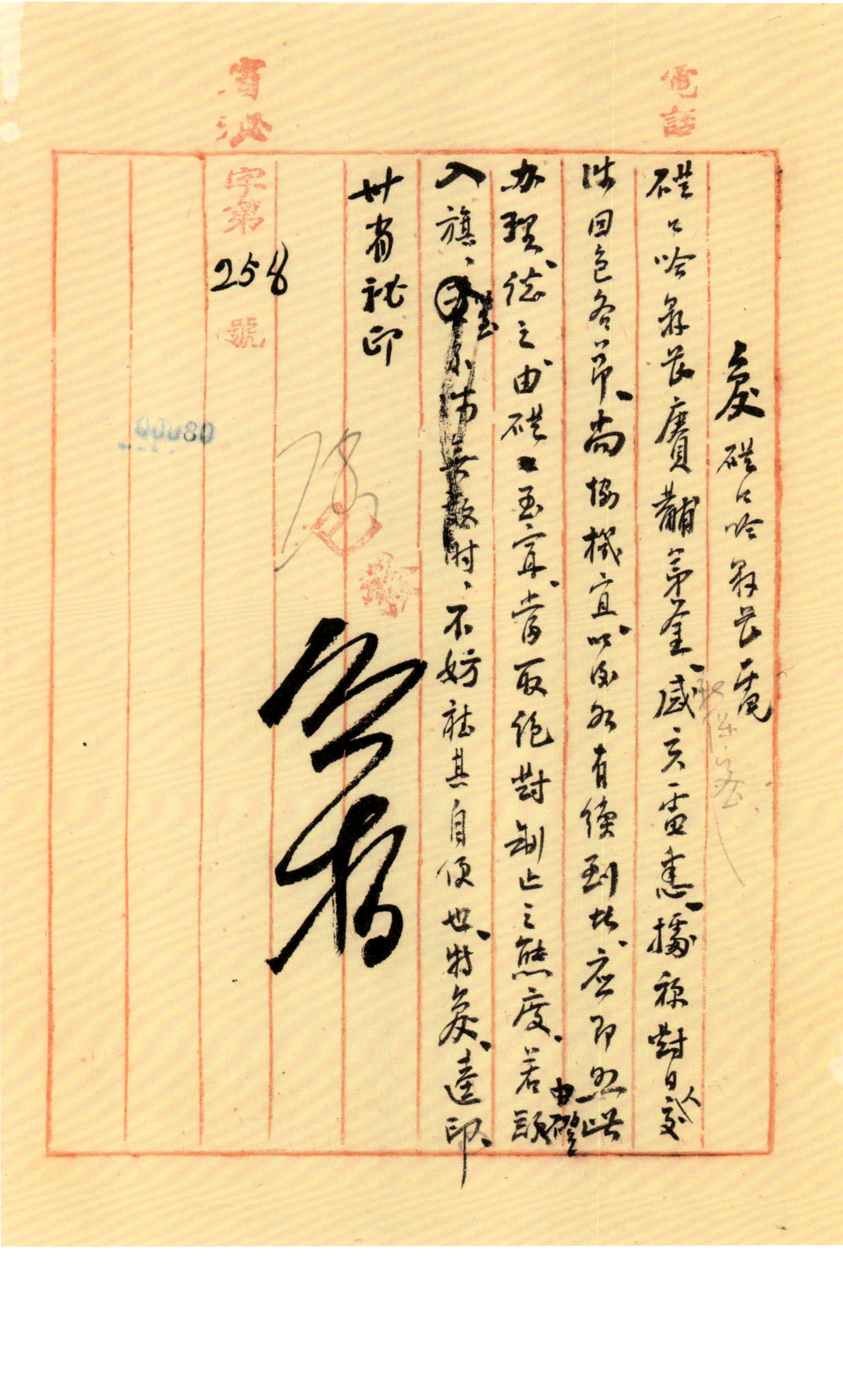

急
磴口哈科长亲电
磴口哈科长赓黼弟鉴：感亥一电悉。据称对日人交
涉因乌审旗尚协议宜以原处所有债到此，应即照此
办理，俟其由磴口至宁夏，当取绝对制止之态度，若由磴口
入旗，则不妨任其自便也。特复。逵印。
卅有秘印

马鸿逵关于强制日本人出境致阿拉善旗达亲王及刘抡英的密电（一九三六年八月一日）

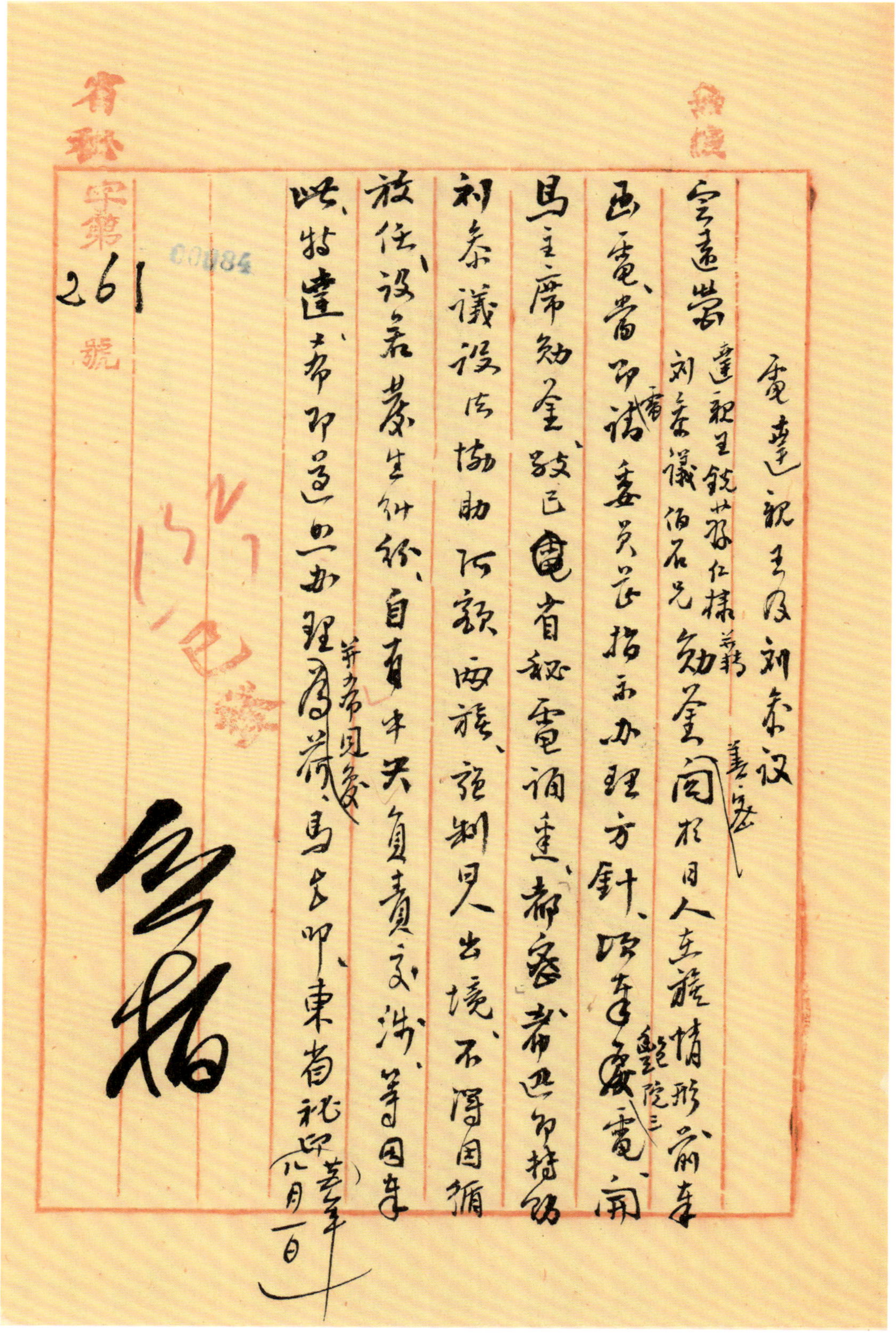
電達親王及劉參議
定遠營達親王鈞鑒、劉參議伯石兄勛鑒：關於日人在旗情形，前奉
西電，當即請委員長指示辦理方針，頃奉委員長電開：
馬主席勛鑒，致區電、省秘電誦悉，都密，希迅即轉知
劉參議設法協助阿額兩旗，強制日人出境，不得因循
放任，設若發生糾紛，自有中央負責交涉等因。奉
此，特達，希即遵照辦理為荷。馬鴻逵叩。東省秘印
廿五年八月一日
字第261號

蒋介石关于日本人矴川安之助护照等情致马鸿逵的密电（一九三六年八月三日）

省秘第405號

摘由

來電機關	南京蔣院長江院一電
事由	接天津張市長電本市公安局填發日人矴川安之助護照上并註明寧省奉令暫停遊歷字樣再石崑宴之助恐係矴川安之助之誤等語是否有誤該日人已否出境希即電復由
收到日時	民國廿五年八月四日上午時
備考	石崑宴之助按查電碼恐係矴川安之助之誤、再該、日人等據矴口哈縣長報告于七月廿日乘船返榆[illegible]當中國[illegible]人安東權云
指示辦法	查原

省府秘書處呈

譯

26

無線電報　　收電紙　　本台號數

國民革命軍第十五路軍總指揮部無線電管理處第二台

由		附註		Via XUF	
原來號數	11-21	等級		字數	136
發報台	XAY	日期		時間	
收報員					

席艷達張季鎮川照地晉甘湘巴明奉廣局崑徐

衛濮

主處諒津福局石丁護廣豫役鄂惟註省游達諒、人石恐

2690、4330

馬當毫天毫安人助游達冀陝皖省上全停再日無助

夏

進三接長公日之求係零浙等照夏贛桂發并之

寧助院蔡市市務等請占晉蘇寧於寧人今字所照宴

無線電報　　　收電紙　　　本台號數

國民革命軍第十五路軍總指揮部無線電管理處第二台

由		附註	
原來號數		等級	字數
發報台		日期	時間
收報員			

1471 矸	8376 川	5146 安	4674 之	7046 助
4674 之	7446 誤、	9146 等	7444 語	3460 究
0114 竟	9456 是	3639 否	9410 有	7446 誤、
及 4609 誤、	7451	4144 日	4090 人	4326 已
3639 否	1732 出	4044 境	4331 希	3665 即
6170 電	6594 復	4044 為	1959 望	5594 將
0044 中	4973 正	3064 江	7104 院	0000 一

印

三九月自

马鸿逵关于日本人矸川安之助等到磴口后经劝阻已回包头致蒋介石的密电（一九三六年八月七日）

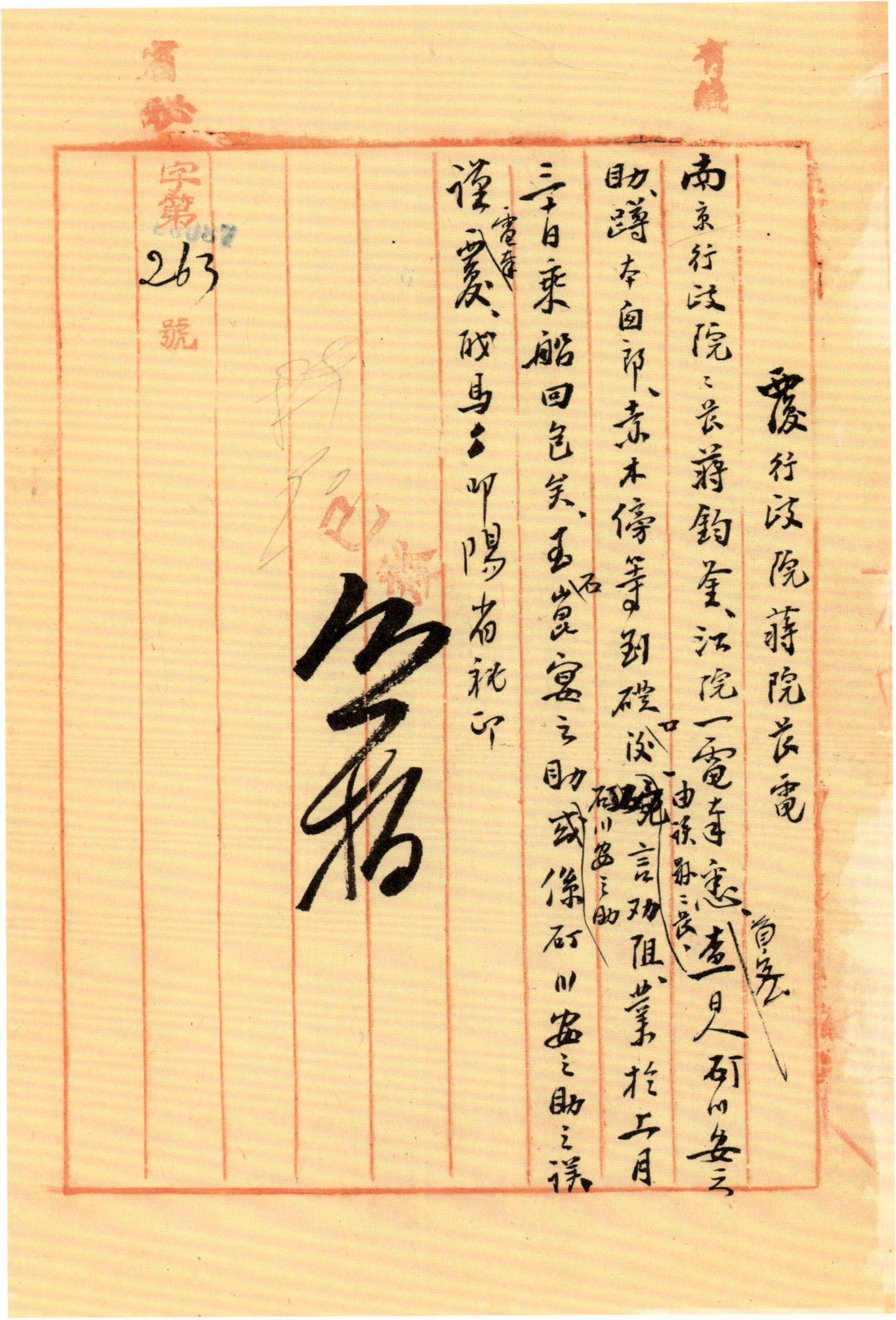
重慶行政院蔣院長電
南京行政院院長蔣鈞鑒、江院一電奉悉、查日人矸川安之助、蹲本白郎、京木僚等到磴口後、經言勸阻、業於上月三十日乘船回包矣、至崑寰之助、或係矸川安之助之誤
謹覆、職馬鴻逵叩陽省秘印

蒋介石关于由宁夏省或阿拉善旗派员直接解送日本人到绥事致马鸿逵的密电（一九三六年十月二十一日）

省秘第533號

摘由

來電機關	南京蔣院長馬院三電
事由	駐阿日人由省旗解交臨河綏軍轉送平張一案茲據綏遠傅主席電称擬懇仍由寧省或阿旗派員直接解送一入綏境即由綏省派警归該派員指揮押解平張等情應准照辦仰即遵照由
收到日時	民國廿五年十月廿二日下午時
備考	
指示辦法	存

省府秘書處呈

譯

無線電報　　收電紙　　本台號數

279

國民革命軍第十五路軍總指揮部無線電管理處第二台

由	XEY	附註		VIA XuF	
原來號數	98	等級	S	字數	131
發報台	南京	日期	11-10	時間	16800
收報員				pong · 18.00	

奎阿旗綏張綏電人張時人庶寅抄省員一由警攝指

席駐省河平撥席日平館案涉事服常派送即派員

主查由臨送茲主旗北領辦交悉折由旗解境派

馬密人交轉案傳阿交日原與孰其仍阿接綏省該

鬥日解軍一遠秘解坦須面期使恳或直入綏归揮

無線電報　　　　收電紙　　　　本台號數

國民革命軍第十五路軍總指揮部無線電管理處第二台

由		附註	
原來號數		等級	字數
發報台		日期　七.	時間
收報員			

9861	沿	2871	途	0701	保	0637	護	8733	押
4046	解	0412	平	9181	張	6087	以	9210	免
8984	糾	8976	紛	1165	蒋	6113	情	1238	應
2650	准	9430	照	8066	丞	6003	仰	4948	即
8079	轉	1833	飭	2880	遵	9430	照	1192	將
0022	中	2973	工	7456	馬	2108	完	0005	三
	三卩			5			十六 廿 百		

哈赓黼关于监送日本人佐木龙雄等二人出境返包事致马鸿逵的密电（一九三六年十月二十二日）

省秘第536號

摘由

來電機關	磴口哈縣長養亥電
事由	前由臨河縣於解抵磴之日人已於養晨監送出境東返伏乞垂鑒由
收到日時	民國廿五年十月廿四日上午時
備考	奉諭存查
指示辦法	存

省府秘書處呈

譯

58

寧夏省政府
秘書處
電話收報紙

發報地点	石丁口	附註	收報日期	月 日收
發報字數	字数	91	收報時刻	

主係省部(晋)人有其友其曾呈查確住送包呈鑒賡

府釜鄰於日雄郎面止情事項等長監及電車哈之人

政鈞由縣之龍三企制詳方案人眷食返東謹之戰眷臣廿日(十月)

省馬前河直木姜羅進（磴）進部(晋)在日於飭境央伏禱叩

席秦臨抵佐馬西戰西以報詳已戰出須前為輔

亟發

4
5

蒋介石关于日本人组织特务机关怂恿图王与东庙喇嘛脱离中央、希交涉制止使其出境等情致马鸿逵的密电

（一九三七年五月三十一日）

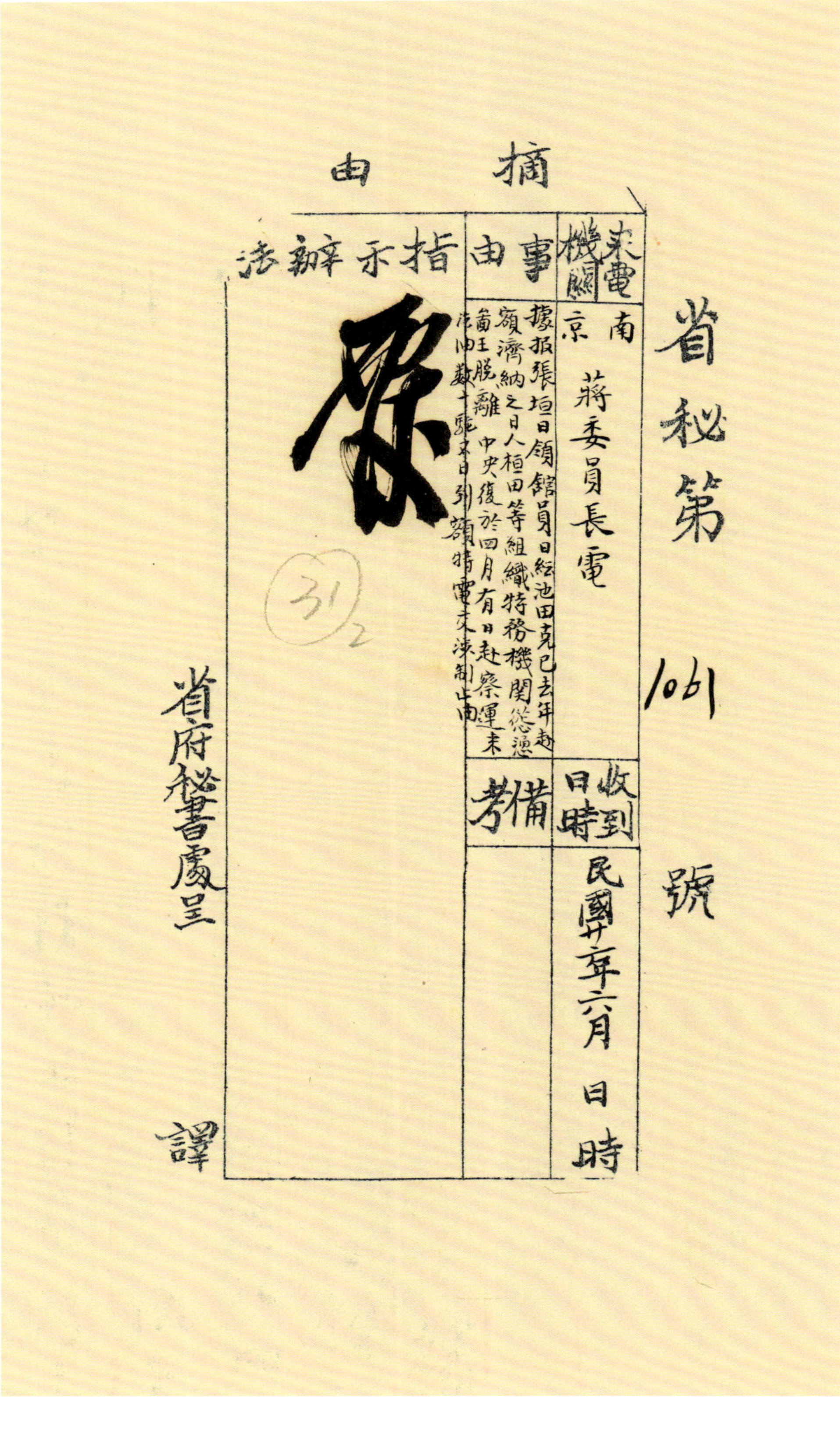

摘由

省秘第1061號

來電機關：南京 蔣委員長電

事由：據报張垣日領館員日紅池田克己去年赴額濟納之日人桓田等組織特務機関慫恿德王脫離中央，復於四月有日赴察運来汽油數十驍，來日到額特電交涉制止由

收到日時：民國廿六年六月　日　時

備考

指示辦法

省府秘書處呈

譯

146

交通部電報局

TELEGRAPH OFFICE
MINISTRY OF COMMUNICATIONS

由 FROM	備註 Service Instructions:	來報號數 TELEGRAM NO.
時刻 TIME 2150	原來號數 ORIGINAL NO. 9 S	字數 WORDS
値機員 BY 45003	發報局名 OFFICE FROM 3670 15 日期 DATE 1158 時刻 TIME 1150	派送員 BY

南京

張克之西田原在桓廟権
報田許大池知并架東政
據池顯们負卅閱一鳴樹
密纸赴人察官札台王独、
治日逊日視武務處畲央、
蓬剪塘及省單特线遁中
席館由田務東織無逖羅
王鎮羊桓外閡組設帶脱
馬日去人三疏等廟等嘛
鏆垣已日俊克池東田喇

注意：如有查詢事項請帶此紙
Note: Any enquiry respecting this telegram, please produce this form.

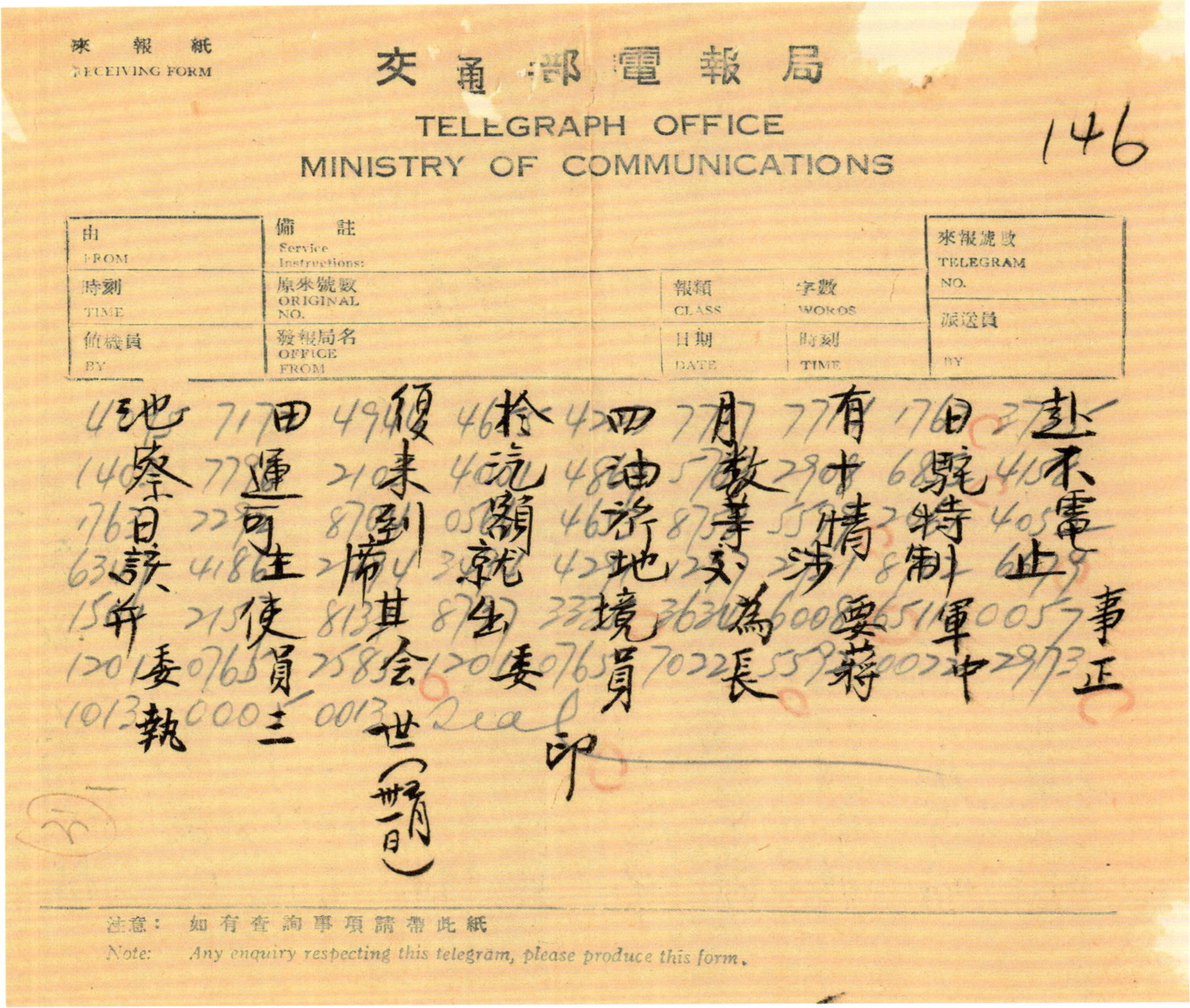

來報紙
RECEIVING FORM

交通部電報局
TELEGRAPH OFFICE
MINISTRY OF COMMUNICATIONS

146

由 FROM	備註 Service Instructions:			來報號數 TELEGRAM NO.
時刻 TIME	原來號數 ORIGINAL NO.	報類 CLASS	字數 WORDS	派送員 BY
値機員 BY	發報局名 OFFICE FROM	日期 DATE	時刻 TIME	

池田復於四月有日赴
察運来汽油数十駝不
日可到額於事情特電
談主席就地交涉制止
并使其出境為要軍事
委員会委員長蔣中正
執三世印（卅日）

注意：如有查詢事項請帶此紙
Note: Any enquiry respecting this telegram, please produce this form.

马鸿逵关于派遣民政厅厅长李翰园前往额济纳旗办理日人在额旗行动等情致蒋介石的密电（一九三七年六月七日）

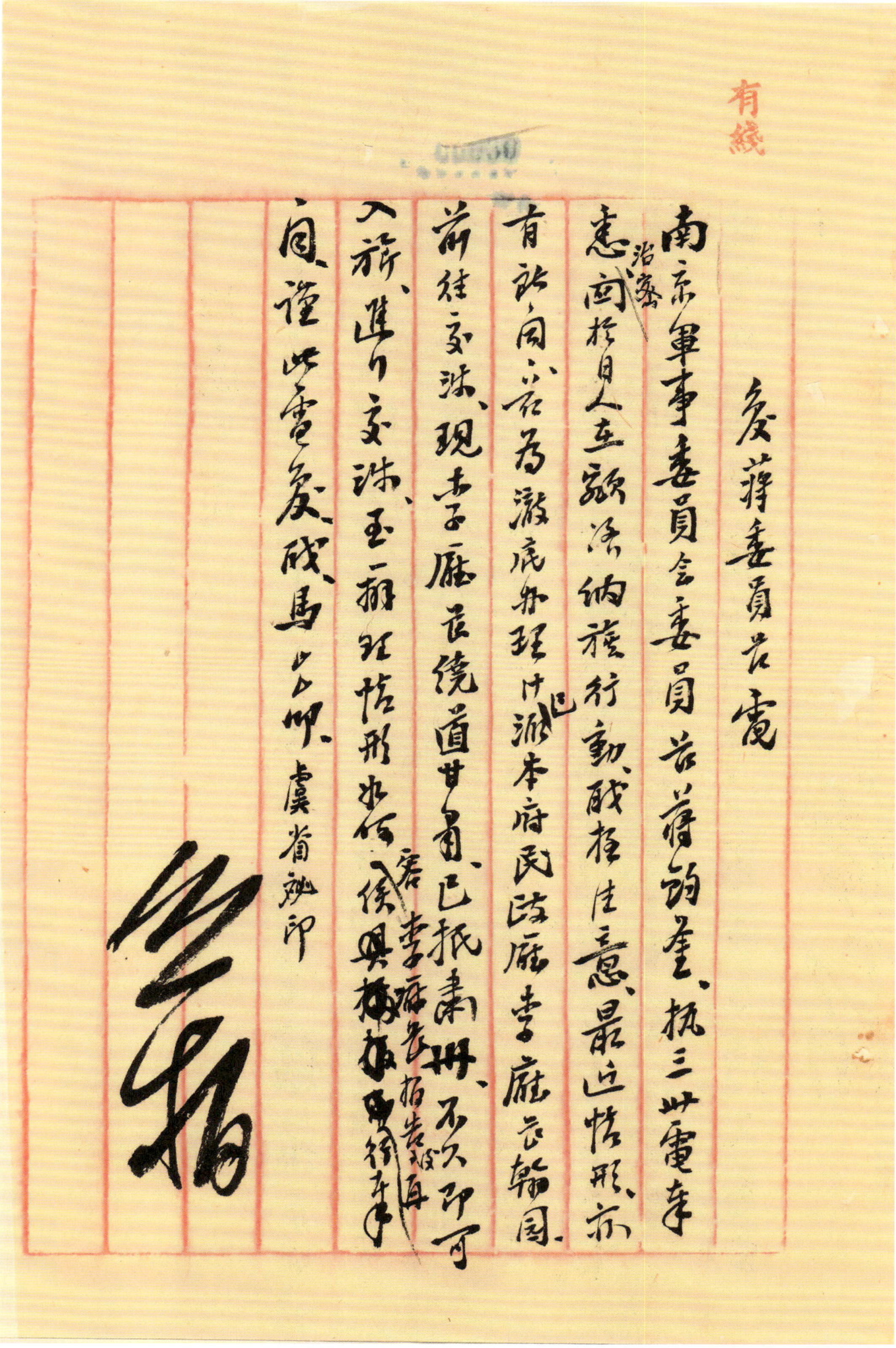
有綫

急。蔣委員長鈞鑒

南京軍事委員會委員長蔣鈞鑒、執三卅電奉

悉。洽密。關於日人在額濟納旗行動、殊極注意、最近情形、亦

有所聞。茲為澈底辦理計、已派本府民政廳李廳長翰園

前往交涉、現李廳長繞道甘肅、已抵肅州、不久即可

入旗、進行交涉、至一切詳情、俟李廳長抵旗後再行奉

聞。謹此電覆。職馬鴻逵叩。虞省秘印

马鸿逵关于有多名日本人押运军用品直赴额济纳旗等情致阿拉善旗达亲王的密电（一九三七年六月十八日）

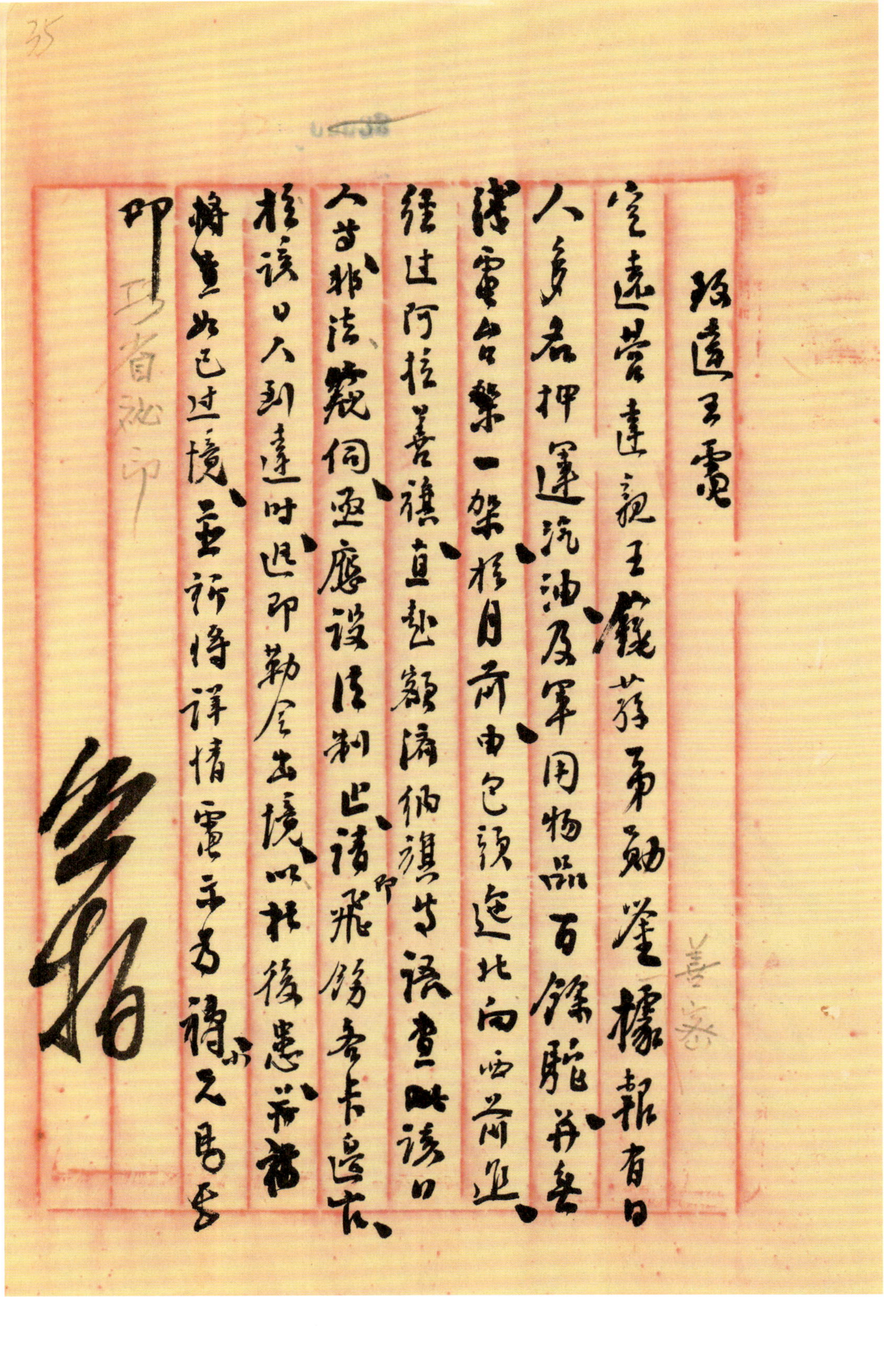
35

致達王電

定遠營達親王巍蘇弟勛鑒：據報有日人多名押運汽油及軍用物品百餘駝，并各帶電台一架，於日前由包頭邊北向西前進，經過阿拉善旗，直赴額濟納旗等語。查該日人等非法竊伺，亟應設法制止，請飛飭各卡邊防，於該日人到達時，迅即勒令出境，以杜後患，并請將其如已過境，並祈將詳情電示為禱。弟馬鴻逵印

省秘字第541號

阿拉善旗达亲王关于各卡严防日本人逗留事致马鸿逵的密电（一九三七年六月二十日）

省秘第1089號

摘由

來電機關	定遠營達親王哿電
事由	覆巧電日人有西來之訊已傳知各卡嚴防矣復派稽查前往偵探如得確報再行電知由
收到日時	民國廿六年六月廿日上午九時
備考	

指示辦法

省府秘書處呈

譯

無線電報　　收電紙　　本台號數 189

國民革命軍第十五路軍總指揮部無線電管理處第　台

由		附註			
原來號數	77	等級		字數	181
發報台		日期	10-29	時間	
收報員					

席鑒秘接有處當卡電赴飭隊日即准得如速速便後往

主勛江前人沆各邊切嚴官有應不不留阻以助前

馬兄省悉目之知矣兵卡帶如過止並逕勸告往查一

巧

省雲盜车闲来傳防派防管等經　進爲服報兵稽

夏少善電　電西已嚴又各總長人禁　前梢不爲派派偵

寧

無線電報　　收電紙　　本台號數

國民革命軍第十五路軍總指揮部無線電管理處第　台

由	附註	
原來號數	等級	字數
發報台	日期	時間
收報員		

報此札秘

確告理府

得報達督（十六日）

如電弟叩

探再覆雅

卭

苏宝丰关于晋谒马鸿逵及宁夏省奉命驱逐额旗日本人等情致额济纳旗图郡王的密电（一九三七年六月二十四日）

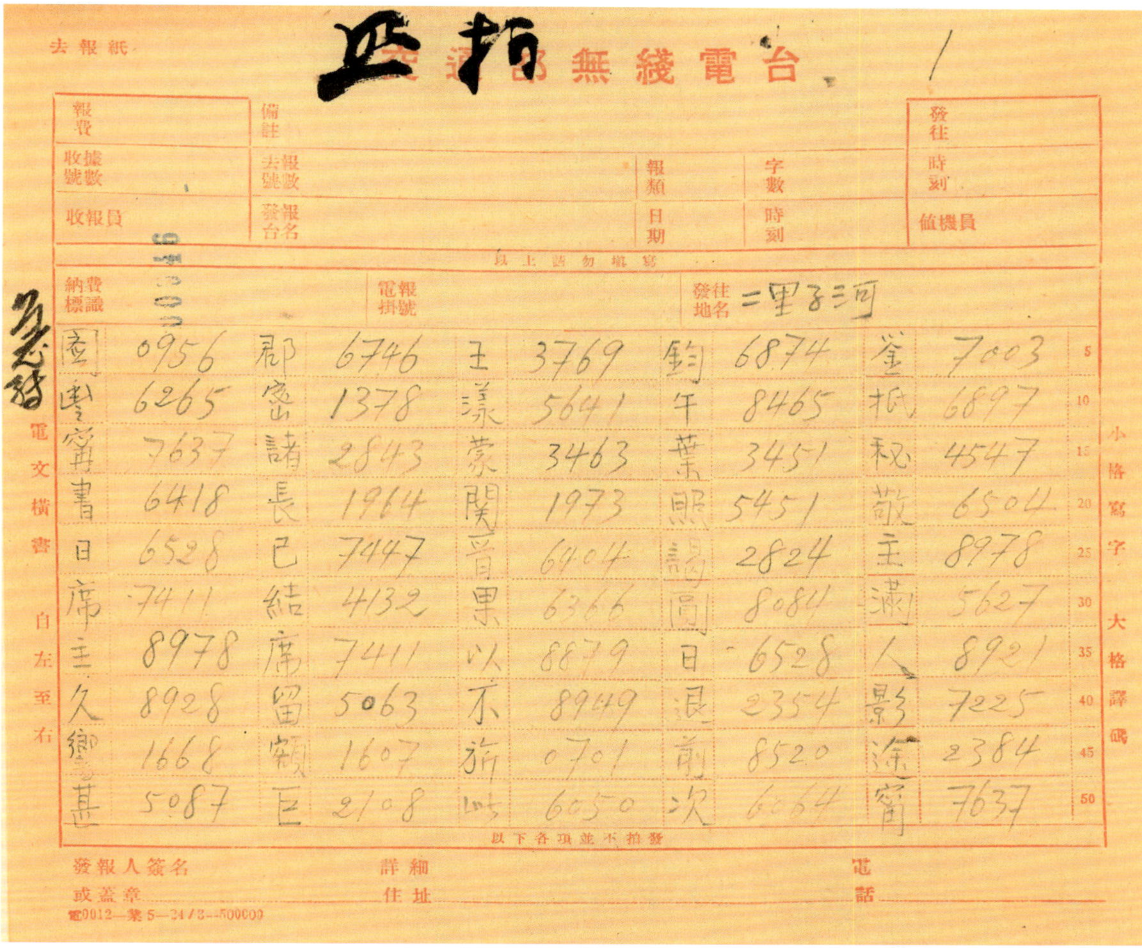

照拍　　1

去報紙

交通部無綫電台

報費 | 備註 | 發往
收據號數 | 去報號數 | 報類 | 字數 | 時刻
收報員 | 發報台名 | 日期 | 時刻 | 值機員

以上請勿塡寫

納費標識 | 電報掛號 | 發往地名 二里子河

電文橫書自左至右 | 小格寫字大格譯碼

圖	0956	郡	6746	王	3769	鈞	6874	鑒	7003	5
[illegible]	6265	密	1378	漾	5641	午	8465	抵	6897	10
寧	7637	諸	2843	蒙	3463	葉	3451	秘	4547	15
書	6418	長	1964	閔	1973	熙	5451	敬	6504	20
日	6528	已	7447	晉	6404	謁	2824	主	8978	25
席	7411	結	4132	果	6366	圓	8084	滿	5627	30
主	8978	席	7411	以	8879	日	6528	人	8921	35
久	8928	留	5063	不	8949	退	2354	影	7225	40
響	1668	額	1607	旂	0701	前	8520	途	2384	45
甚	5087	巨	2108	此	6050	次	6064	寧	7637	50

以下各項並不拍發

發報人簽名或蓋章　　詳細住址　　電話

電0012—業5—24/3—500000

去報紙

交通部無綫電台

2

報費		備註		發往	
收據號數		去報號數	報類	字數	時刻
收報員		發報台名	日期	時刻	值機員

以上請勿填寫

納費標識　　電報掛號　　發往地名

電文橫書自左至右

省	4844	奉	7865	中	8983	央	7878	之	8938	5
命	8242	代	8899	替	6455	額	1607	旗	0701	10
驅	1486	逐	2354	日	6528	人	8921	李	6334	15
廳	7324	長	6418	奉	7865	主	8978	席	7411	20
命	8242	初	8576	次	6050	來	8867	旗	0701	25
恭	7157	候	8706	王	5293	座	7375	聯	3831	30
絡	4192	地	8091	方	6576	罩	1750	周	8067	35
息	2237	謳	7283	惟	7024	以	8879	事	8932	40
先	8656	不	8949	明	6562	駐	1521	肅	3892	45
青	1772	軍	2423	與	3786	額	1607	旗	0701	50

小格寫字　大格譯碼

以下各項並不拍發

發報人簽名或蓋章　　詳細住址　　電話

電0012—業5—24/3—500000

去報紙

交通部無綫電台 3

報費		備註				發往	
收據號數		去報號數		報類	字數	時刻	
收報員		發報台名		日期	時刻	值機員	

以上請勿填寫

納費標識 8700 | 電報掛號 | 發往地名

電文橫書自左至右

之	8938	情	7097	感	7026	故	6612	擬	6643	5
借	8783	用	5086	現	5179	決	5936	電	1893	10
李	6334	廳	7324	長	6418	不	8949	借	8783	15
駐	1521	軍	2423	由	5055	額	1607	旗	0701	20
保	8760	安	7665	隊	1872	在	8051	李	6334	25
廳	7324	長	6418	指	6848	導	7516	下	8939	30
自	3717	行	3197	嚴	8018	密	7617	迅	2431	35
速	2305	辦	2440	理	5119	兩	3987	解	2981	40
中	8983	央	7878	疑	5021	慮	4407	將	7556	45
來	8867	額	1607	旗	0701	事	8932	宜	7670	50

小格寫字 大格譯碼

以下各項並不拍發

發報人簽名或蓋章 詳細住址 電話

電0012—業5—24/3—500000

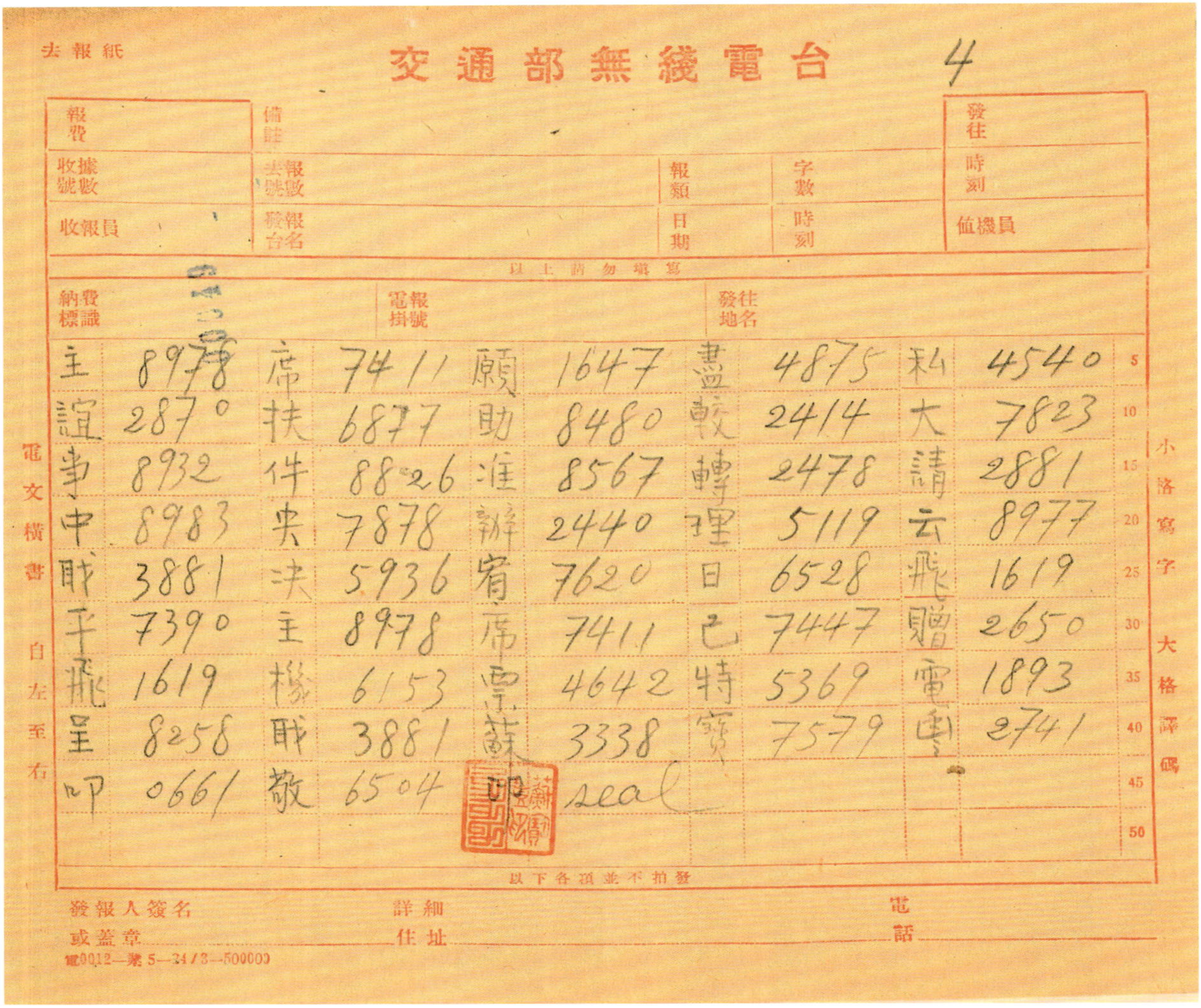

去報紙

交通部無綫電台

4

報費		備註					發往時刻	
收據號數		去報號數		報類		字數	時刻	
收報員		發報台名		日期		時刻	值機員	

以上請勿填寫

納費標識		電報掛號		發往地名	

電文横書自左至右

主	8978	席	7411	顧	1647	盡	4875	私	4540
誼	2870	扶	6877	助	8480	較	2414	大	7823
事	8932	件	8826	准	8567	轉	2478	請	2881
中	8983	央	7878	辦	2440	理	5119	云	8977
戢	3881	決	5936	省	7620	日	6528	飛	1619
于	7390	主	8978	席	7411	已	7447	贈	2650
飛	1619	機	6153	票	4642	特	5369	電	1893
呈	8258	戢	3881	蘇	3338	寶	7579	粵	2741
叩	0661	敬	6504	叩	seal				

小格寫字大格譯碼

以下各項並不拍發

發報人簽名或蓋章　詳細住址　電話

電0012—業5—34/3—500000

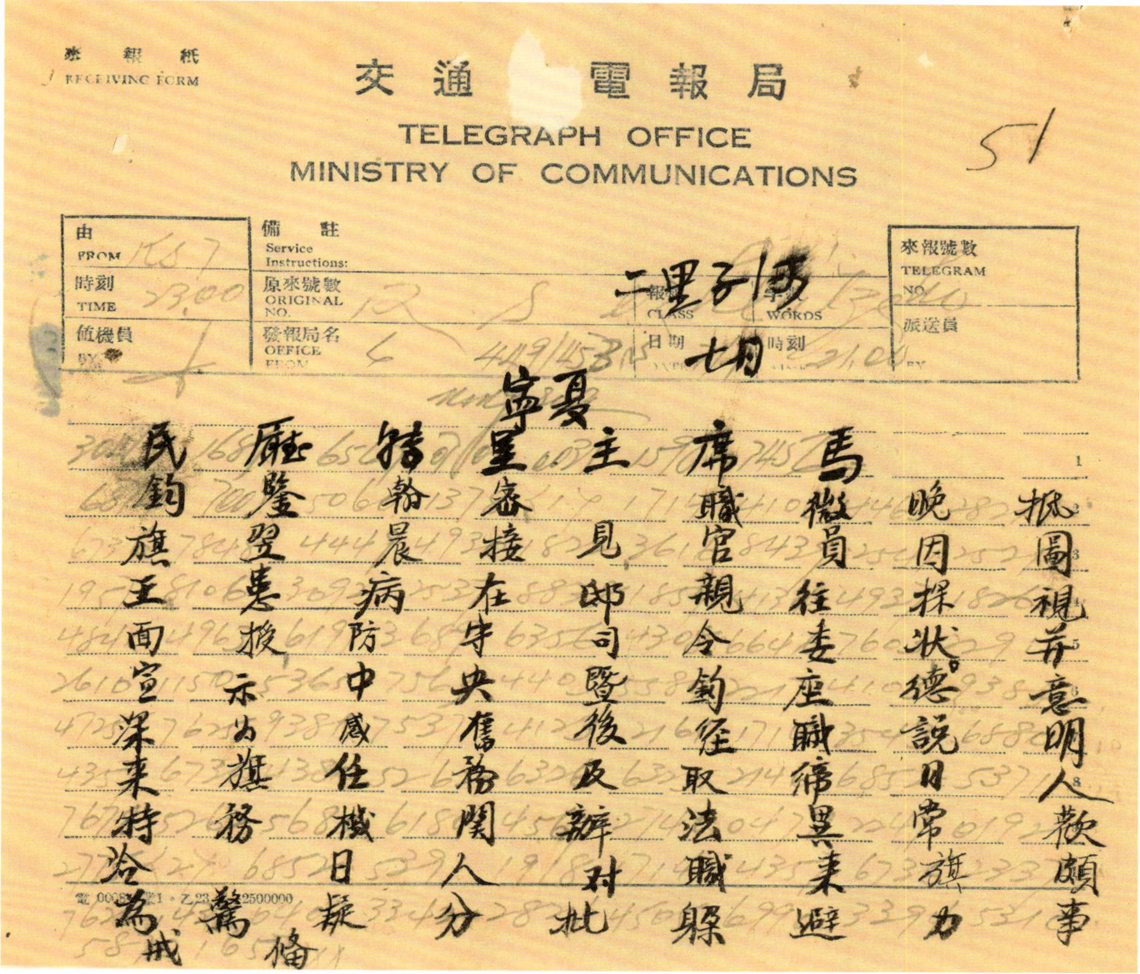

來報紙 RECEIVING FORM

交通 電報局

TELEGRAPH OFFICE

MINISTRY OF COMMUNICATIONS

51

由 FROM：KS7

時刻 TIME：23.00

值機員 BY

備註 Service Instructions:

原來號數 ORIGINAL NO.

發報局名 OFFICE FROM

報類 CLASS

字數 WORDS

日期 DATE：七月

時刻 TIME：21.00

來報號數 TELEGRAM NO.

派送員 BY

二星巧孫

寧夏

馬 微員往套座職綿異來避

席 職官親令鈞經取法職躲

主 見即司暨後及辦对批

呈 審接在中央舊務関人分

特 翰晨病防中感任機日疑

歷 鑒翌患拔示由旗務驚 倫

民 鈞旗王面宣深來特洽為 戒

據圖視并意明人欵頗事

晚因採狀德說日常旗力

李翰园及五九六团团副韩永泰关于图王与日驻额旗特务机关长江崎交涉离境事致马鸿逵的密电（一九三七年七月六日）

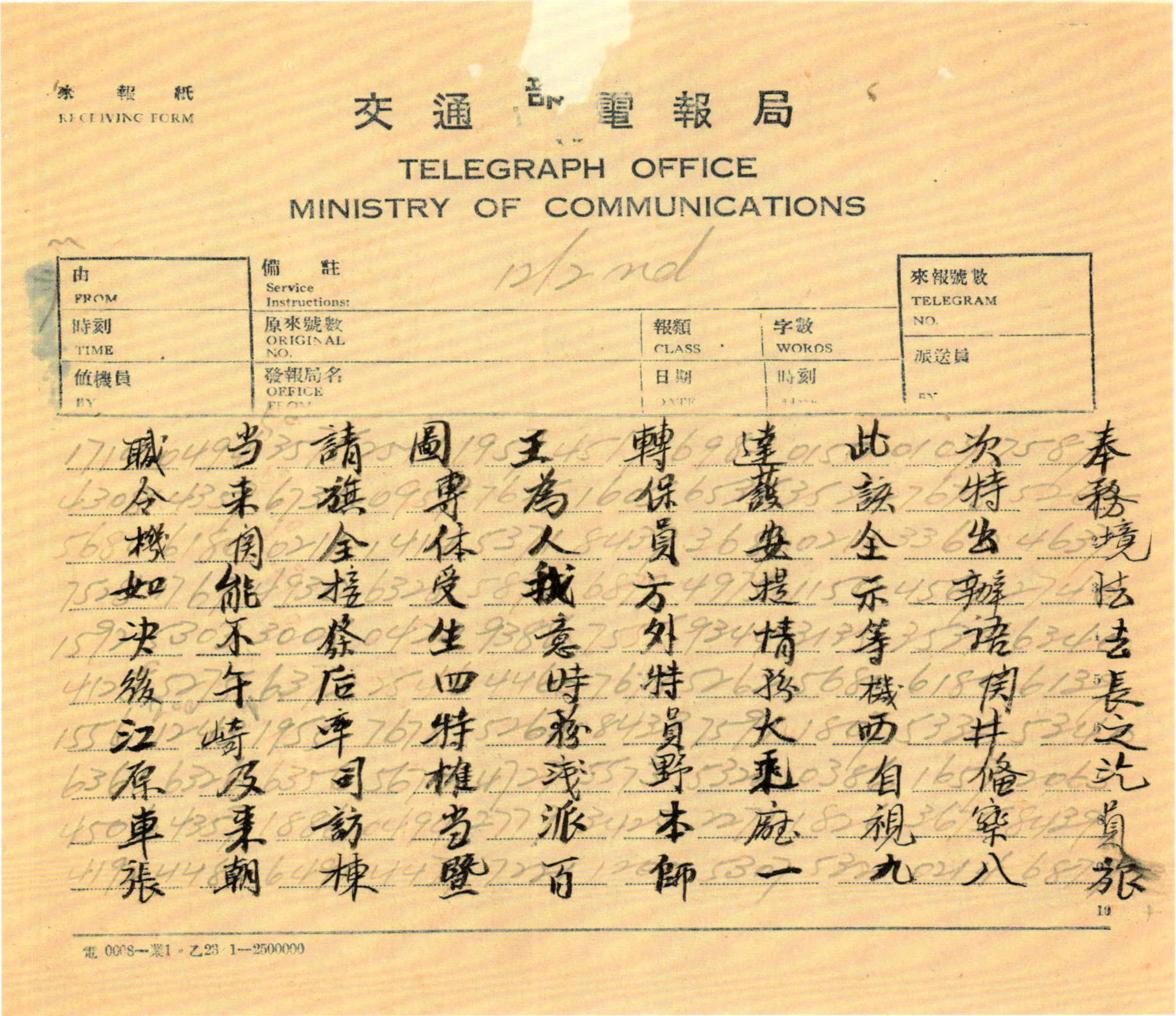

來報紙
RECEIVING FORM

交通部電報局
TELEGRAPH OFFICE
MINISTRY OF COMMUNICATIONS

由 FROM	備註 Service Instructions: 12/2nd			來報號數 TELEGRAM NO.
時刻 TIME	原來號數 ORIGINAL NO.	報類 CLASS	字數 WORDS	派送員 BY
值機員 BY	發報局名 OFFICE FROM	日期 DATE	時刻 TIME	

奉務境怯吉長之沆員旅
次特出辦語閔井倫寧八
此該全示等機西自視九
達藏安提情務大乘庭一
轉保員方外特員野本師
王為人我意時務淺派百
圖專体受生四特權當暨
請旗全控蔡后寧司訪棟
当来閔能不午崎及来朝
職令機如決後江原車張

10

電 0008—業1・乙23 1—2500000

來報紙
RECEIVING FORM

交通部電報局

TELEGRAPH OFFICE
MINISTRY OF COMMUNICATIONS

由 FROM	備註 Service Instructions: 12/32d			來報號數 TELEGRAM NO.
時刻 TIME	原來號數 ORIGINAL NO.	報類 CLASS	字數 WORDS	派送員 BY
值機員 BY	發報局名 OFFICE FROM	日期 DATE	時刻 TIME	

先告訴禎樹村伊辭由譯
泰面表是部野談理時通
永見等避呼小面處談極
韓接伊回公藤来平榛志
附職旨接地加前和在周
園由意車里村人日慰長
團継境派八中五本感鼎
六待出並站之由職表塔
九枱護肯東内柴對極金
五為保首府林上等法前

10

電 0008—業1・乙23 1—2500000

來報紙
RECEIVING FORM

交通部電報局

TELEGRAPH OFFICE
MINISTRY OF COMMUNICATIONS

由 FROM	備註 Service Instructions:			來報號數 TELEGRAM NO.
時刻 TIME	原來號數 ORIGINAL NO.	報類 CLASS	字數 WORDS	派送員 BY
值機員 BY	發報局名 OFFICE FROM	日期 DATE	時刻 TIME	

深待山阿日随江三車輛
夜款共管採後並檢單一
因爲朗總密查面隻綏車
後優經蹤山梧日駝新汽
辦內藏安來經昨署道備
瞭帳日係交名於感取自
極宿卅旅日一飞位返等
意留月額京木旗時東抄
達体上由章松来等行
傳全、時木人、同2伊木难

電 0008—業1・乙23・1—2500000

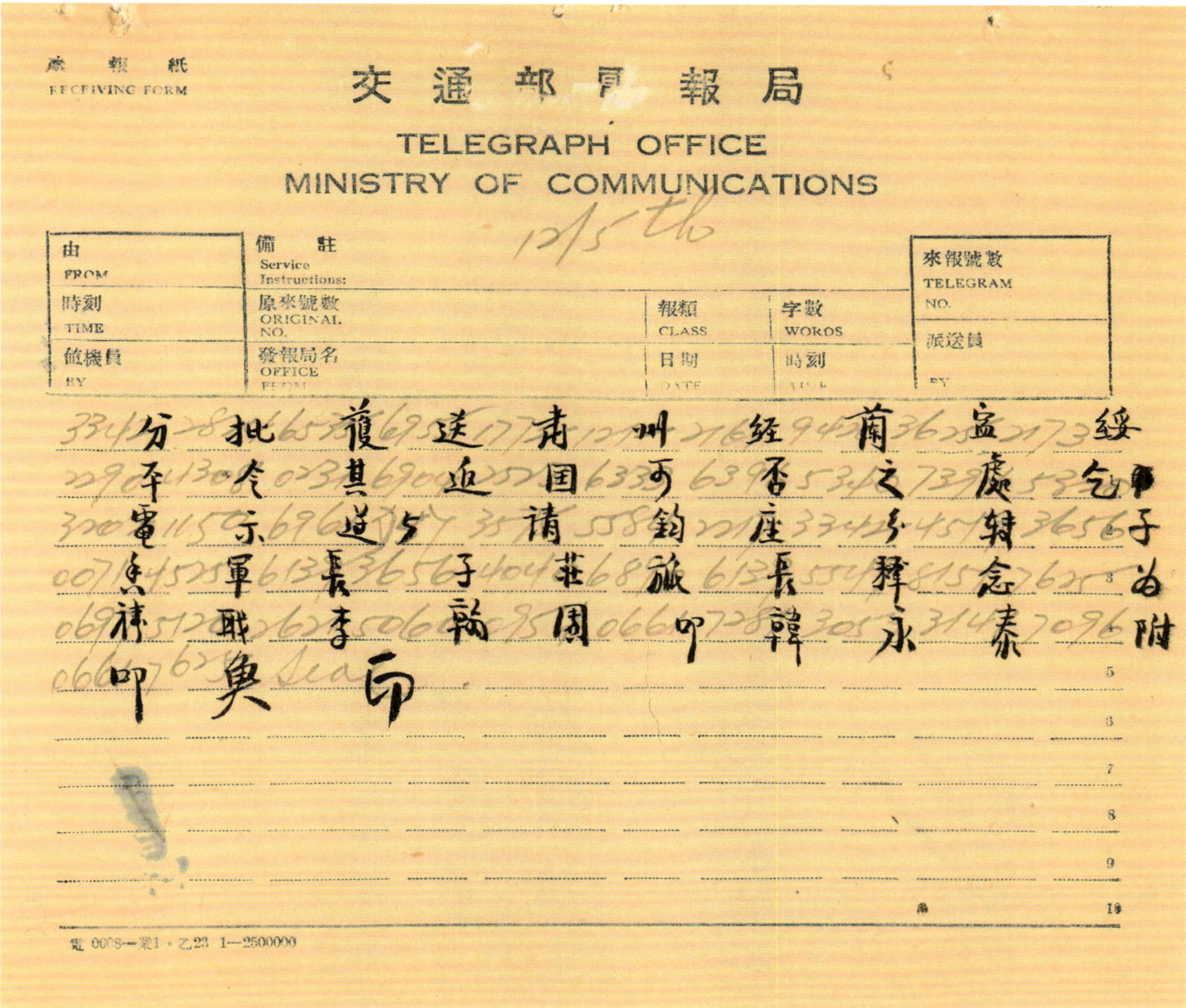

來報紙
RECEIVING FORM

交通部電報局

TELEGRAPH OFFICE
MINISTRY OF COMMUNICATIONS

12/5 th

由 FROM	備註 Service Instructions:			來報號數 TELEGRAM NO.
時刻 TIME	原來號數 ORIGINAL NO.	報類 CLASS	字數 WORDS	派送員 BY
值機員 BY	發報局名 OFFICE FROM	日期 DATE	時刻 TIME	

綏[illegible]子苗附
盈處轉念泰
蘭之分釋永
經香座長韓
州可鈞旅叩
肅国請莊周
送返ら子赖
覆其道長李
批令示單戰
分平電氣祥叩

奥印

題 0008—業1・乙23 1—2500000

马鸿逵关于在最短期间将日本人驱逐出境事致李翰园的密电（一九三七年七月九日）

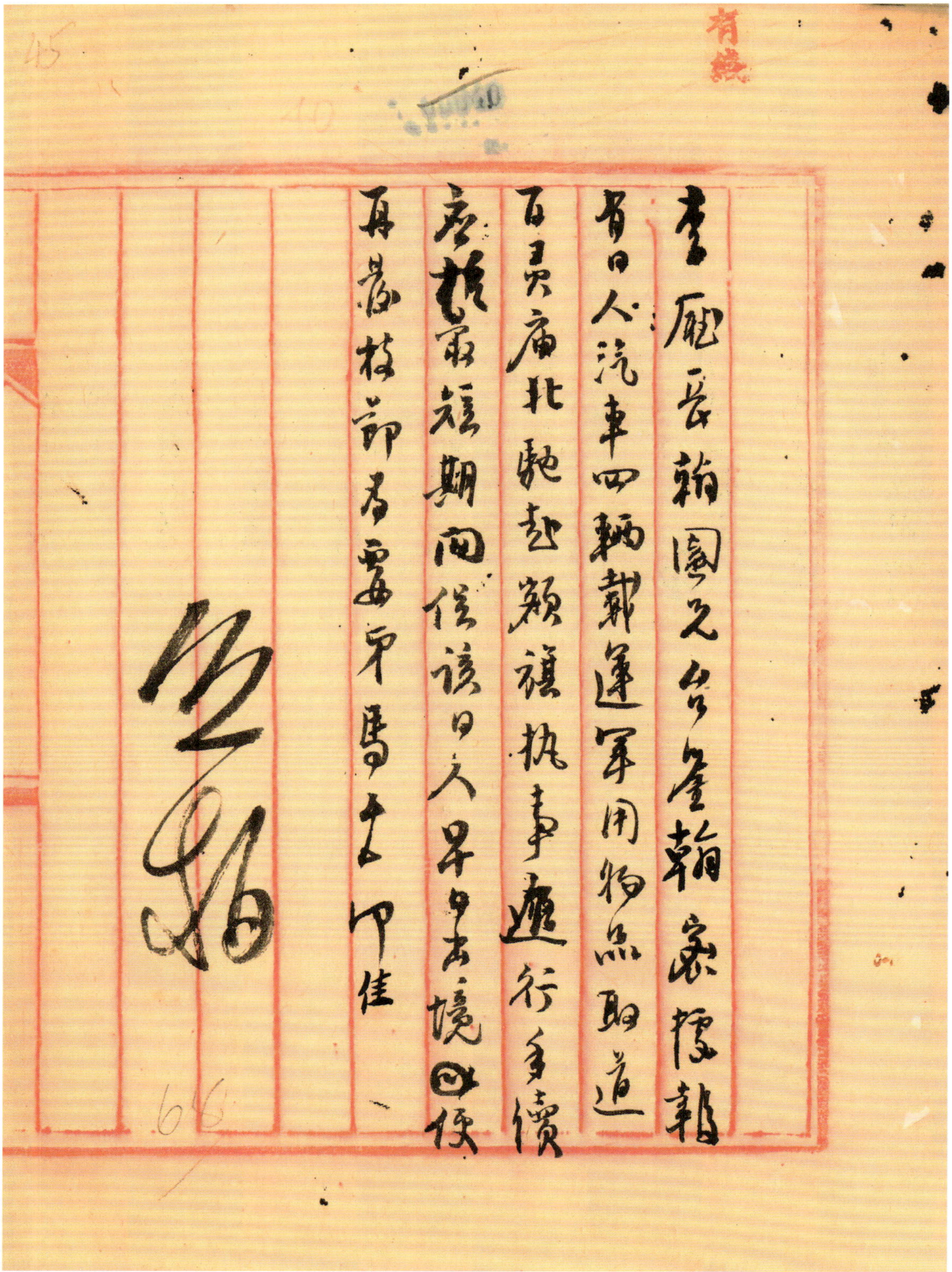

李廳長翰園兄台鑒 翰密

有日人汽車四輛載運軍用物品取道

百靈廟北馳赴額旗 執事遣行手續

應請就最短期間促該日人早日出境以免

再發枝節為要 弟馬鴻逵 印佳

省秘字第564號

马鸿逵关于请饬交通部拨调汽车运送驻额旗日本人出境事致蒋介石的密电（一九三七年七月九日）

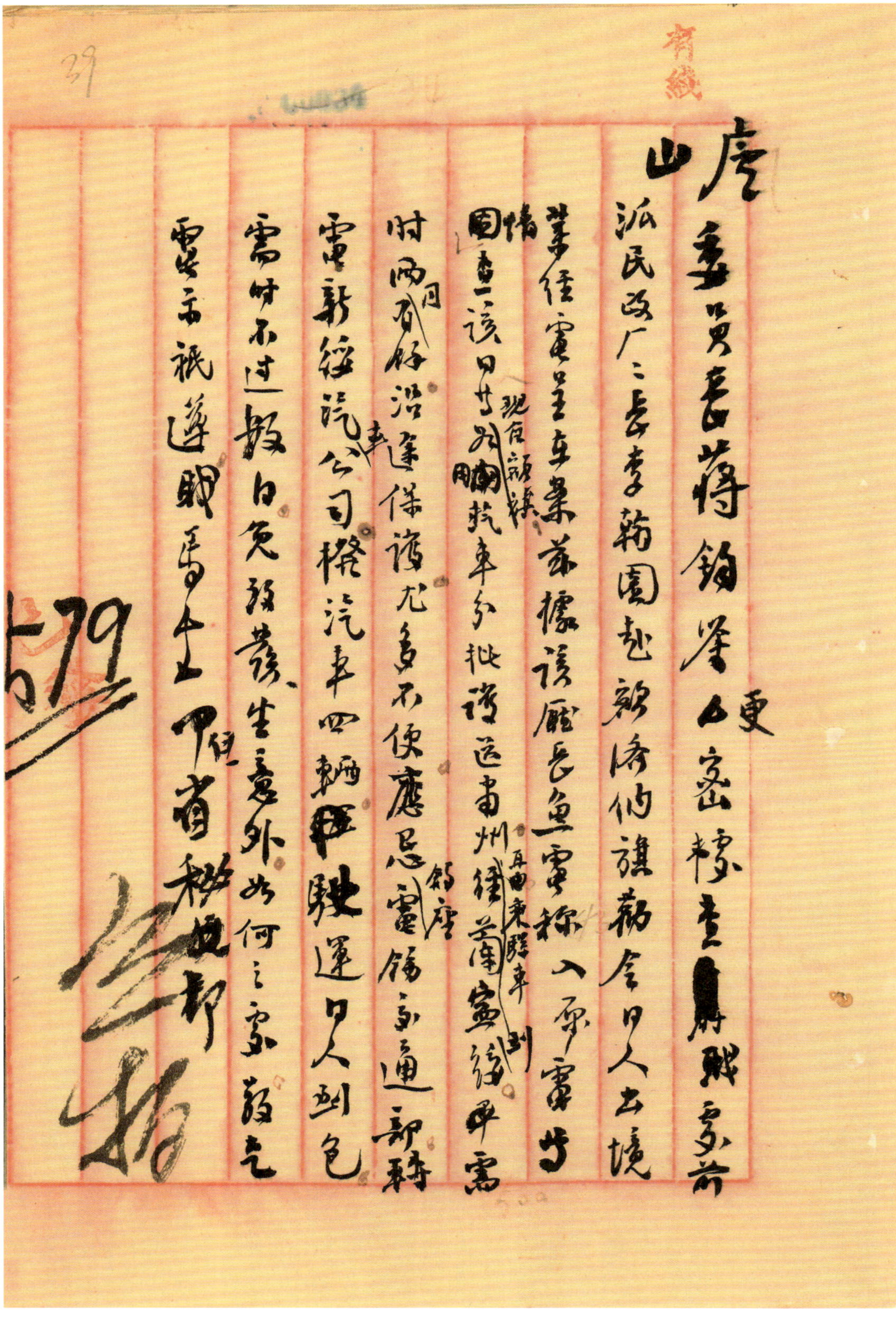

马鸿逵关于李翰园取缔日本特务机关、运送日本人江崎等出境情形致蒋介石的密电（一九三七年七月十一日）

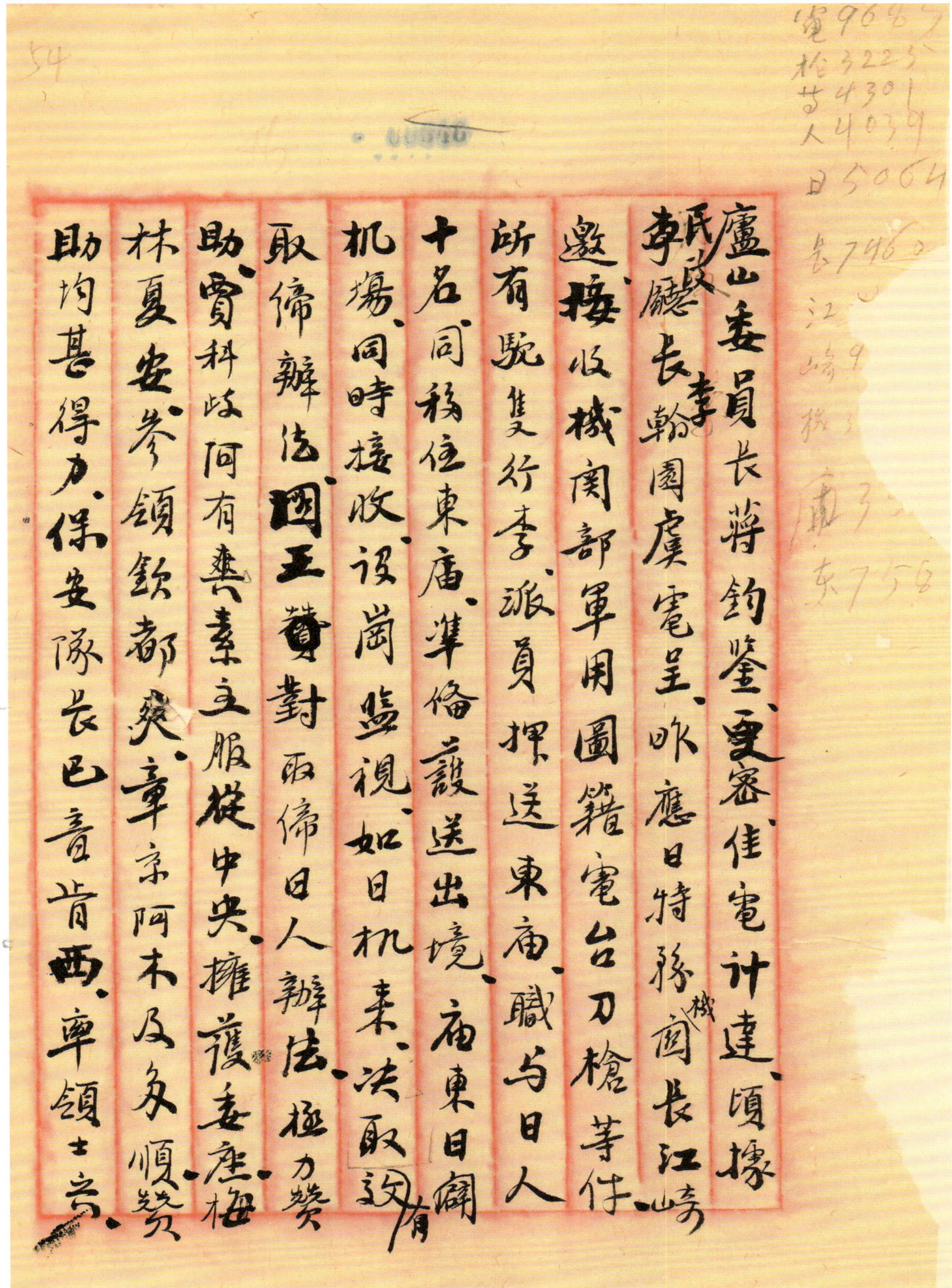

廬山委員長蔣鈞鑒：叓密。佳電計達。頃據
民政廳長李翰園虞電呈：昨應日特務機關長江崎
邀，接收機關部軍用圖籍、電台、刀槍等件。
所有駝隻、行李，派員押送東廟，職與日人
十名同移住東廟，準備護送出境。廟東日闢
機場，同時接收，設崗監視，如日机來，決取致有
取締辦法。國王贊對取締日人辦法極力贊
助。賈科岐阿有棠文服從中央，擁護委座。梅
林夏安、參領欽都爽、章京阿木及多順贊
助，均甚得力。保安隊長巴音肯西，率領士兵，

聽職調遣，異常出力，請轉呈委座傳令嘉獎等情。又據該廠長佳電称，是日午前十時職會同江崎、檢查行李，當即接收手提機兩架、自来得一支、勃朗寧三支、各種子彈三百三十二粒、二十瓦特電機二部、十瓦特電機一部，并軍用地圖、報告書、日記簿及重要文件多份，載重汽車二輛、汽油二十五箱，其餘概係私人用品，均行李還職，恐夜長夢多，於午后四時，乘汽車繞到洞南，行九時到二里子河，適新绥車東来西安，曾停站內，共有十七輛，現已商得宋站長

省秘 字第 367 號 已發

有線

493 發

維周同意、臨時讓撥新車二輛，連同舊車二輛，將江崍等十人並重要文件、圖籍、先行親自護送赴肅，餘由駝隻押送等語、查該旗圖王深明大義，應請由中央酌給獎章，並予以物質之賞賜、以資激勸，其餘出力官員，亦請准予按級酌給獎章，以資鼓勵，再佳電請飭交通部飭另撥新綏汽車，由肅州經蘭州寧夏接運日人出境一節，並祈核准，以利進行，戰馬。叩真印

省秘

额济纳旗图郡王关于日本人焚毁本旗拉卜楞寺损失如何赔偿事致马鸿逵的电（一九三七年七月十三日）

摘由

省秘第1351號

來電機關	額濟納旗圖郡王元電
事由	日人焚拉卜楞寺損失約一萬二千元此項損失如何賠償請電示由
收到日時	民國廿六年七月十三日下午一時
備考	
指示辦法	[illegible]

[illegible]

省府秘書處呈

譯

來報紙 RECEIVING FORM

交通部電報局

TELEGRAPH OFFICE

MINISTRY OF COMMUNICATIONS

150

由 FROM		備註 Service Instructions:				來報號數 TELEGRAM NO.
時刻 TIME		原來號數 ORIGINAL NO.		報類 CLASS	字數 WORDS	
值機員 BY		發報局名 OFFICE FROM	二里子河	日期 DATE 十五	時刻 TIME	派送員 BY

寗夏主席馬鈞鑒本旗日人強佔拉卜楞寺院於去歲十一月間燒毀罄盡此寺院建築費工料共洋六千元工人吃糧共洋二千元內設備佛像供器物品等共洋四千元統共損失洋一萬二千元之譜此項如何賠償請鈞奪電示以便遵循特電奉聞額濟納旗札薩克郡王圖佈陞巴雅尔叩元印（七月十三日）

额济纳旗图郡王关于感谢宁夏省派李翰园驱逐日本人出境事致马鸿逵的电（一九三七年七月十三日）

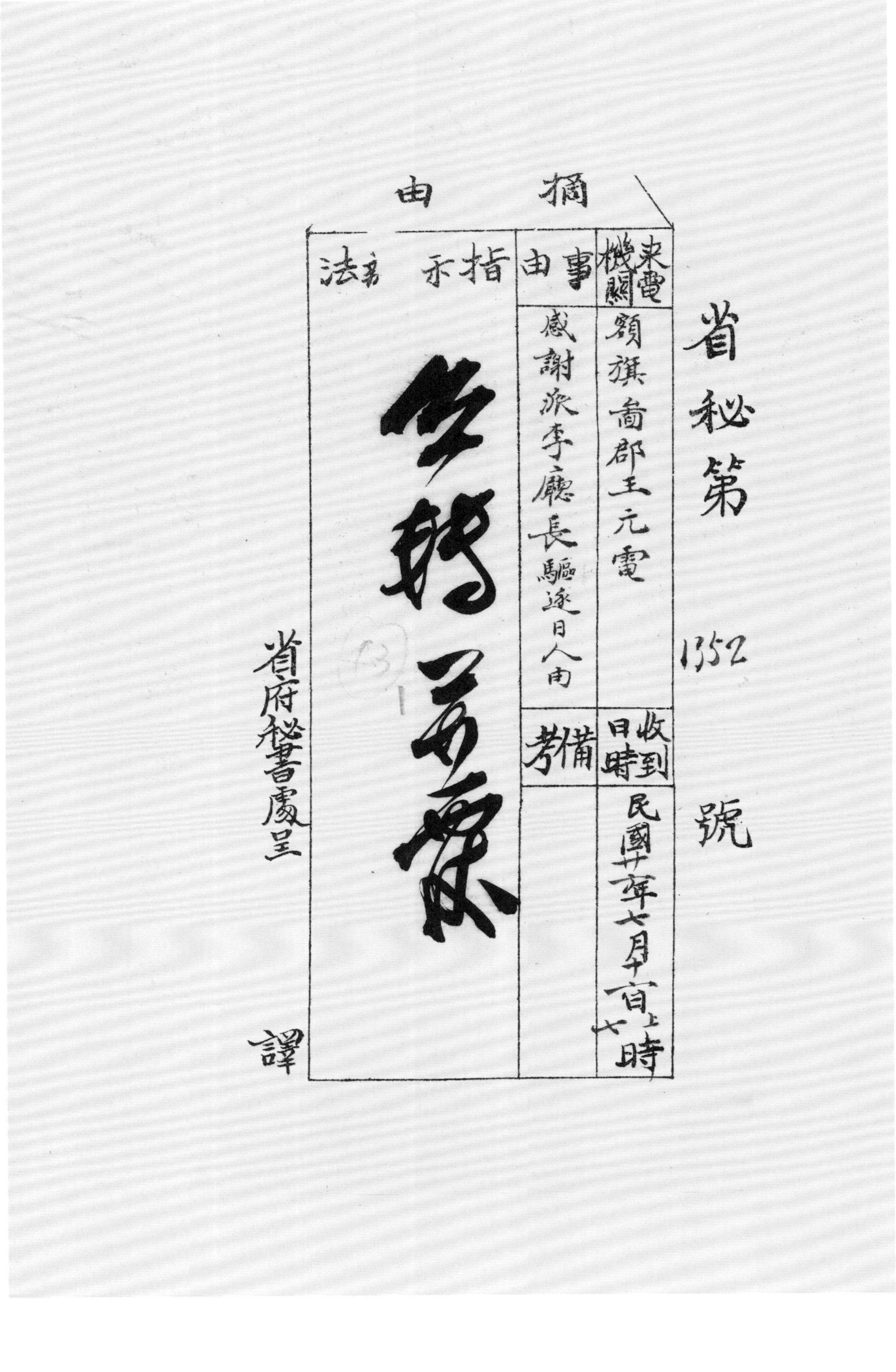
摘由

省秘第1352號

來電機關	額旗图郡王元電
事由	感謝派李廳長驅逐日人由
收到日時	民國廿六年七月十三日上七時
備考	
指示辦法	

省府秘書處呈

譯

來報紙 RECEIVING FORM

交……報局 151

TELEGRAPH OFFICE

MINISTRY OF COMMUNICATIONS

由 FROM	KS	備註 Service Instructions:	二里子河來官電			來報號數 TELEGRAM NO.
時刻 TIME	2216	原來號數 ORIGINAL NO.	14-29	報類 CLASS 5	字數 WORDS 171	派送員
值機員 BY	15801	發報局名 OFFICE FROM	Erhlizeho	日期 DATE 十五日	時刻 TIME 2100	BY

ning 宁夏

額感機強秩燈離札力
据族闘甯乱民公書於此
盤民擅地擾國王难限日
人撥央绘火辱迫竹因今
日挑中私軍侮誘釁逐於
筆載離台運文寺惡驅逆
鈎二脱電潛婦楞罪歆聲
马歷癒设字淫卜種久吞
席已慫架庙奸拉耘尅氣
主旅情場佔序殿旗薩忍

10

電 0008—業1·乙23 1—2500000

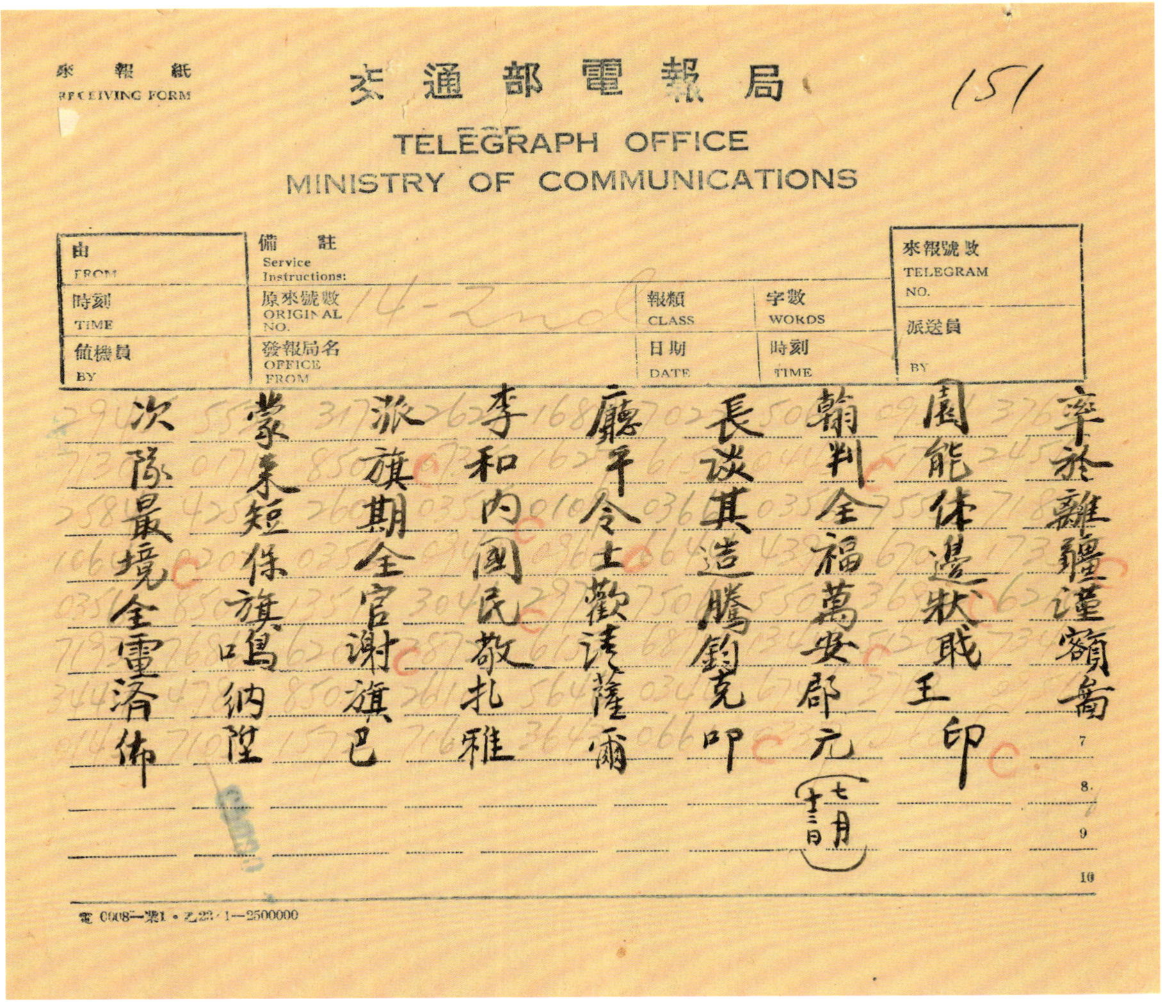

來報紙
RECEIVING FORM

交通部電報局

151

TELEGRAPH OFFICE
MINISTRY OF COMMUNICATIONS

由 FROM	備註 Service Instructions:		來報號數 TELEGRAM NO.
時刻 TIME	原來號數 ORIGINAL NO. 14-2nd	報類 CLASS / 字數 WORDS	派送員 BY
值機員 BY	發報局名 OFFICE FROM	日期 DATE / 時刻 TIME	

寧夏離疆謹額禽
園能休邊狀戢王印
翰判全福萬安郡元（十二月七日）
長談其造騰鈞克叩
廳平令土歡諸薩爾
李和內國民敬扎雅
派旗期全官謝旗巴
蒙來短係旗鳴口納陞
次隊最境全靈濟佈

電 0008—業1 • 乙23 / 1—2500000

马鸿逵关于额济纳旗图王电谢驱逐日人离境及日人焚毁寺院损失等情致蒋介石的密电（一九三七年七月十九日）

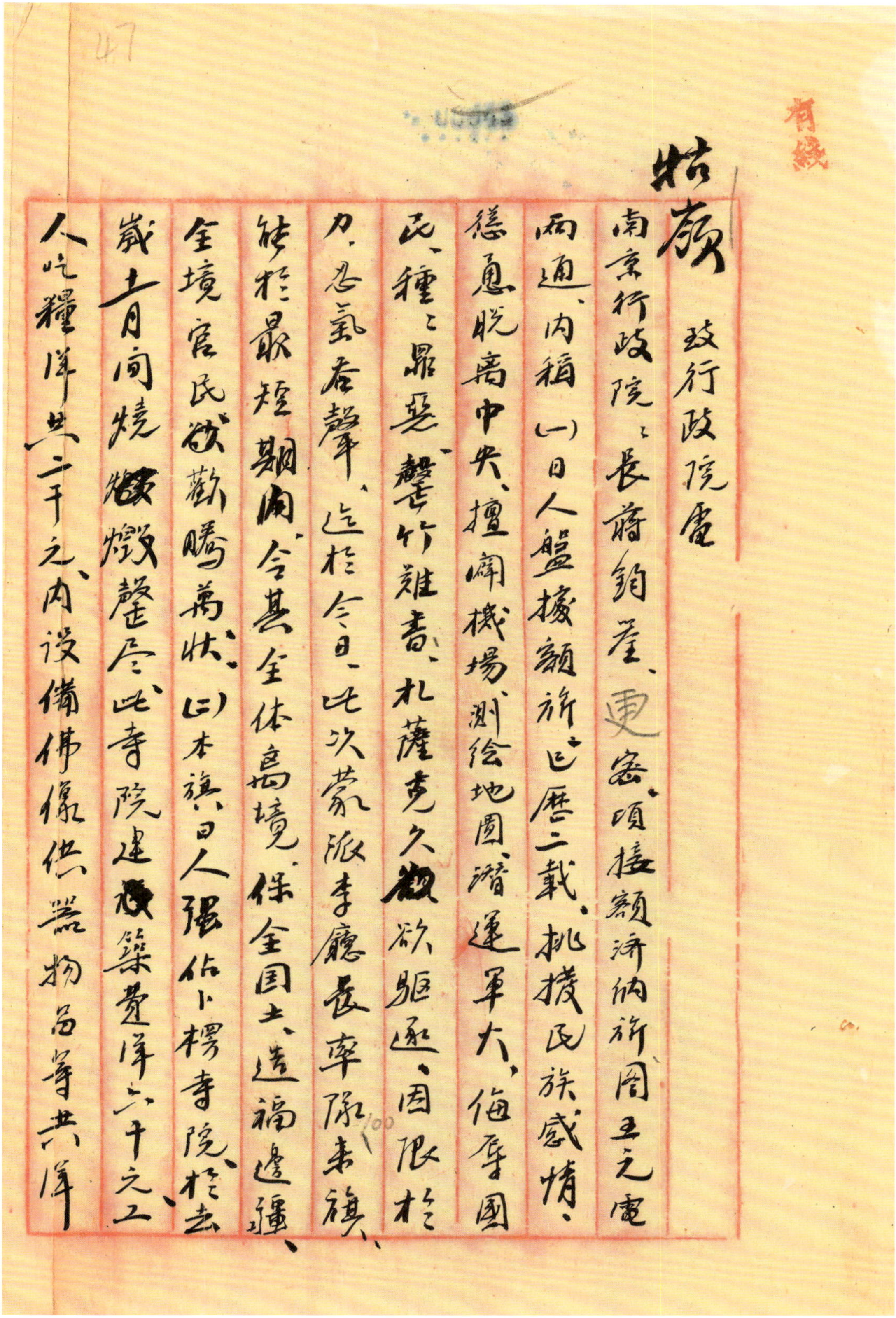

特急　致行政院處

南京行政院院長蔣鈞鑒：更密。頃接額濟納旗圖王元電兩通，內稱（一）日人盤據額旗已歷二載，挑撥民族感情，慫恿脫離中央，擅闢機場，測繪地圖，潛運軍火，侮辱國民，種種罪惡，罄竹難書。札薩克久欲驅逐，因限於力，忍氣吞聲。近於今日，比次蒙派李廳長率隊來旗，能於最短期間，令其全体离境，保全国土，造福邊疆，全境官民欣歡騰萬狀。（二）本旗日人張佑卜楞寺院，於去歲十一月間燒燬罄盡。此寺院建築費洋六千之工，人吃糧洋共二千之，內設備佛像供器物品等共洋

四千元，统计损失一万二千元之谱。此项如何赔偿，请酌
夺电示，以便遵循等语。职已复电温慰族属美，查此事烧毁
原因，据李厅长报告，日人在该寺内储藏军火甚多，寺内
概由日人负责看守，旅人不准接近，一般孰知该寺不善隐殃，自己失火不慎
失，诡有物品全付一炬，此为被焚真相。再查回教际此国家多故，惟此协助
该镇既谒询，抚允宜予以接济，中央须既有电指示，请怀柔，可否予以物质上之
安慰，使彼心诚服，以免西顾之忧。谨此电陈，伏候示遵。职马○印。
皓肯秘印

密秘 字第 616 号

已发

签

马鸿逵关于额济纳旗拉卜楞寺被烧一事已呈行政院致额济纳旗札萨克郡王的电（一九三七年七月十九日）

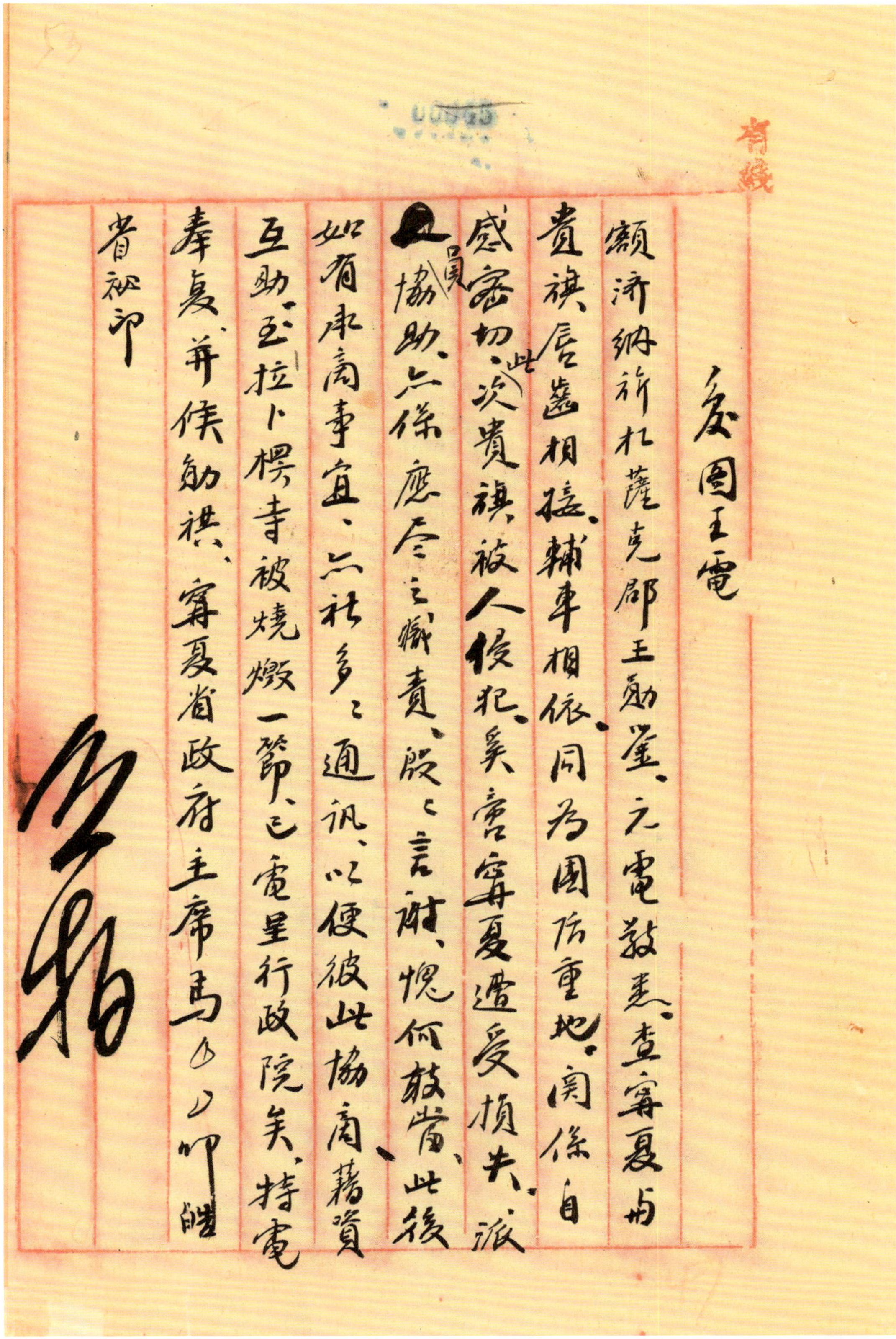
發圖王電

額濟納旗札薩克郡王勳鑒：元電敬悉。查寧夏與貴旗，唇齒相依，輔車相依，同為國防重地，關係自感密切。此次貴旗被人侵犯，奚啻寧夏遭受損失，派員協助，亦係應盡之職責，殷殷之言謝，愧何敢當。此後如有未商事宜，亦祈多多通訊，以便彼此協商籌資互助。至拉卜楞寺被燒燬一節，已電呈行政院矣。特電奉復，並候勛祺。寧夏省政府主席馬鴻逵叩。皓

省秘印

外交部关于运送额济纳旗日本人江崎等出境事宜致宁夏省政府的密电（一九三七年七月二十二日）

省秘第1233號

摘由

來電機關	南京外交部養電
事由	復真電運送日人江崎等出境事電准交通部復稱奉委座文電業已照办用特電覆由
收到日時	民國廿六年七月廿四日上午八時
備考	
指示辦法	存

省府秘書處呈

譯

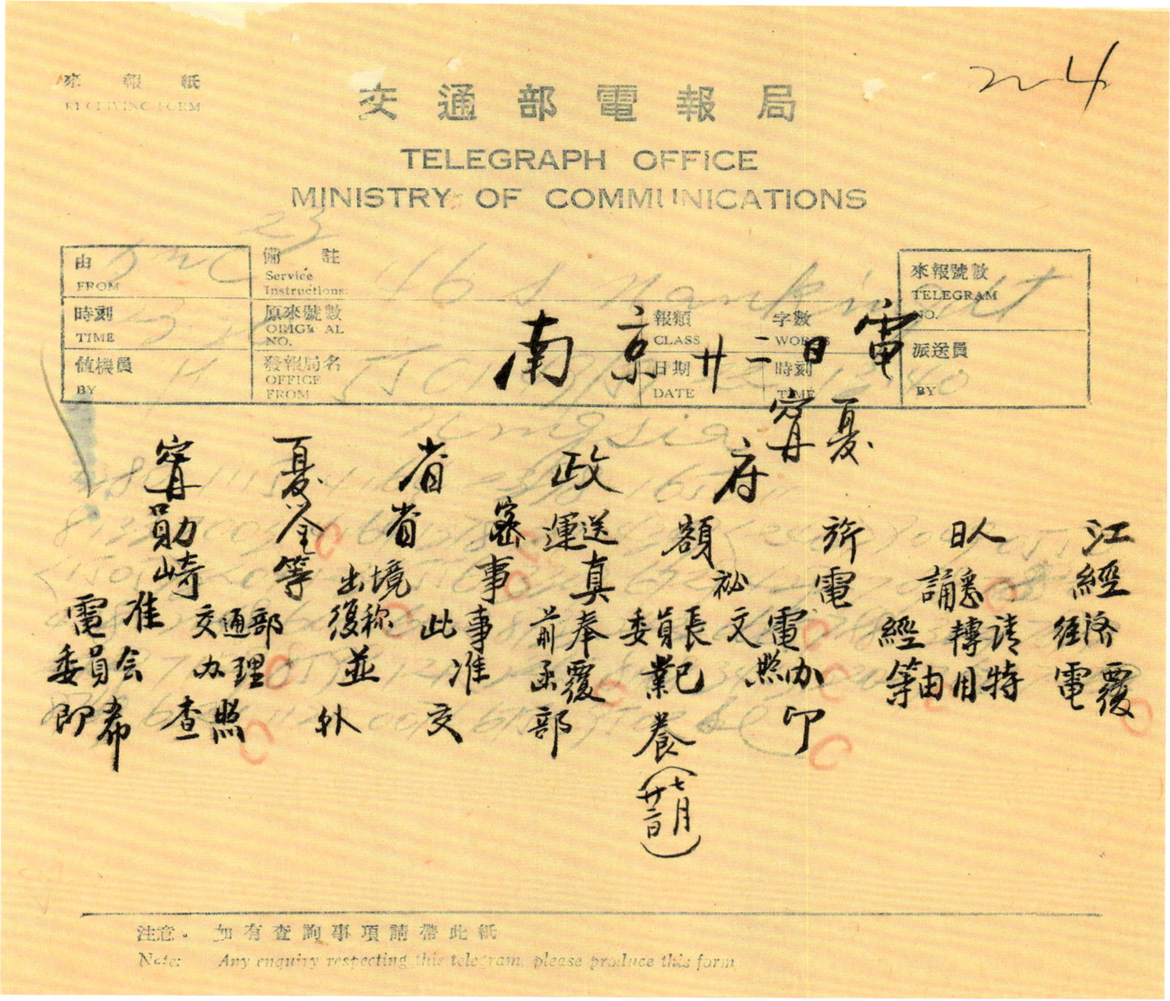

來報紙 RECEIVING FORM

交通部電報局

TELEGRAPH OFFICE

MINISTRY OF COMMUNICATIONS

由 FROM	備註 Service Instructions:		來報號數 TELEGRAM NO.
時刻 TIME	原來號數 ORIGINAL NO.	報類 CLASS 字數 WORDS	
值機員 BY	發報局名 OFFICE FROM	日期 DATE 時刻 TIME	派送員 BY

南京廿二日電

寧夏

省政府

江經濟電覆

日人請議特用轉由經等

旂電電照辦了

額祕文長委員範養（廿七月廿二日）

政送運真奉覆前函部

寀事此事準交

省境出復稱並外

夏全等交通部辦理查照

寧勛崎准電委員會即希

注意：如有查詢事項請帶此紙

Note: Any enquiry respecting this telegram, please produce this form

马鸿逵关于驻额济纳旗日本人吸烟焚毁寺庙申请赈济致蒋介石的电稿（一九三七年七月二十七日）

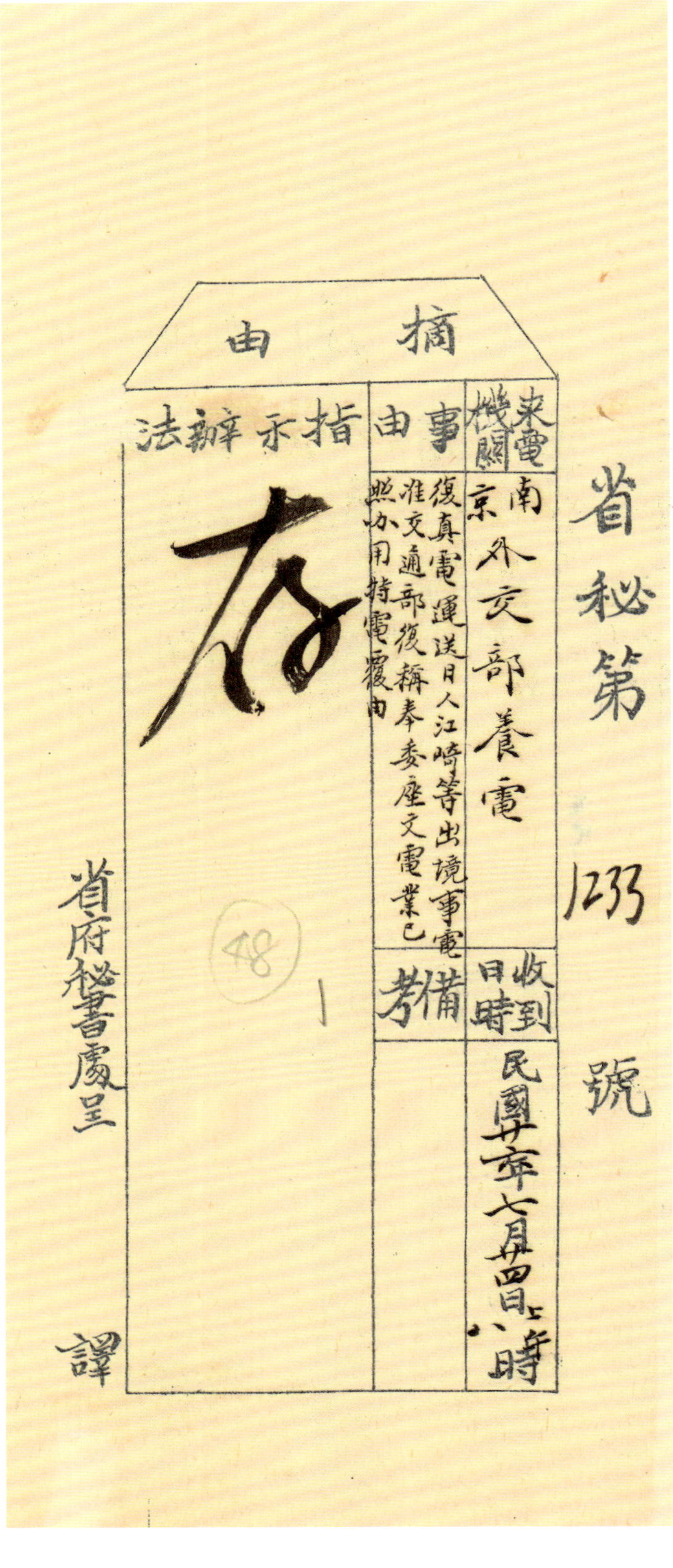

省秘第1233號

摘由

來電機關	南京外交部養電
事由	復真電運送日人江崎等出境事電准交通部復稱奉委座文電業已照办用特電覆由
收到日時	民國廿六年七月廿四日上午八時
備考	
指示辦法	存

省府秘書處呈　譯

南京行政院院長蔣鈞鑒：△密。頃據駐府
民政廳廳長李翰園由甘州來電稱：此次奉命到
額濟納旗，飭令該日人江崎等十餘人即日離旗回國，往
承蒙該旗郡王深明大義，竭力協助，得以押護
該日人出境，殊堪嘉許。惟該旗素稱瘠苦，此次日人離旗
該西強佔拉卜楞寺為儲藏軍用物品之所，竟因看守之日
人私吸紙烟不戒於火，全寺延燒盡淨，蒙人因信仰
宗教極深，痛惜，該旗財力有限，急切又難修復，擬行函
懇電請鈞座轉電中央，准予賑濟，前來，合即電達，
並請查一案。前准該郡王元電，當經據情轉請鈞座

盼冀结其章，至并以予物质上之安慰，俾库（？）文侍祭祜，宽舒忠已

至令核办矣。惟查额旗僻处西陲，为往新疆孔道，国防西省之平时

本省最远，与中央鲜通声息，最易为外人利用，致经事历长（拟派向中央陇西路）

宜切实宣慰，仍应时加以照济，俾该寺内以后尤足以团（早日）

结蒙人心理，尽感钧座远市卓裁，俾核旗（使国防之军事得缓解）（早得恩施蒙[illegible]）

无任祷切。职马[illegible]叩

感省秘印

省秘字第596号

已办

南京行政院院長蔣鈞鑒：更密。頃據職府民政廳廳長李楠園由肅州來電稱：此次奉命到額濟納旗，勸令該日人江崎等十餘人即日離旗回國，幾經交涉，幸賴該旗郡王深明大義，竭力協助，得以護送日人出境，殊堪嘉許。惟該旗素稱瘠苦，此次日人強佔該旗拉卜楞寺為儲藏軍用物品之所，竟因看守之日人私吸紙烟不戒於火，全寺延燒盡淨，蒙人因信仰宗教極深痛惜，而該旗財力有限，急切又難修復，瀕行面懇電請鈞座轉電中央准予賑濟，前來合亟電達。並請查本案前准該郡王元電，嵩經據情轉請鈞座酌給獎章並予以物質上之安

慰旋奉文侍參枯電敬悉已交會核辦矣惟查額
旗僻處西陲為杭綏新兩省之孔道平時因離本省過
遠與中央聲息最易為外人利用前經李廳長切
實宣慰既已竭誠傾向中央倘及時加以懷柔俾該寺得
以早日修復尤足以團結蒙人心理值此國防吃緊之
際應懇鈞座迅予卓裁早沛恩施惠無任禱切職
馬々々叩咸省秘印

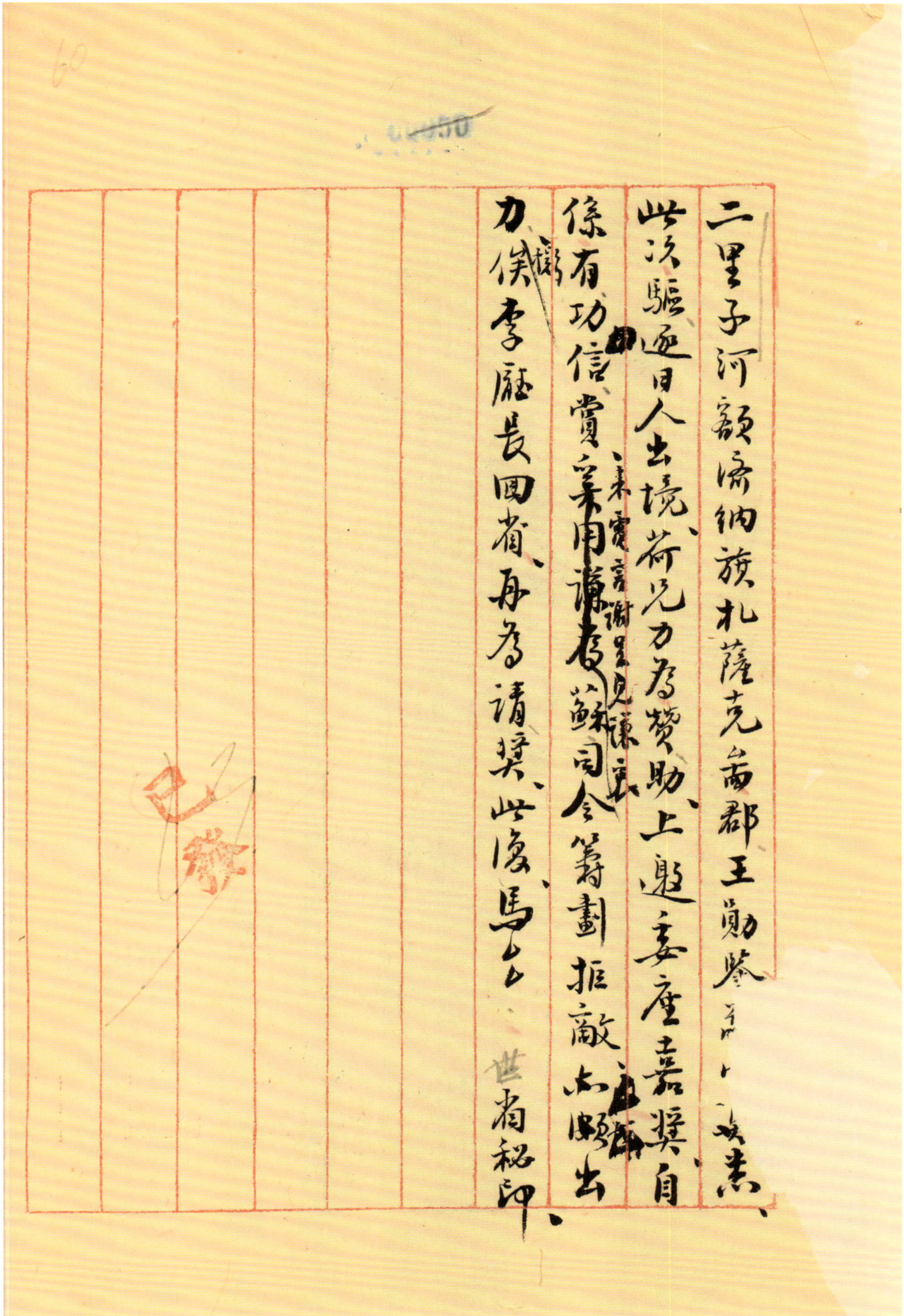
二里子河額濟納旗札薩克圖郡王勛鑒：二十八文電悉。
此次驅逐日人出境，荷兄力為贊助，上邀委座嘉獎，自
係有功。來電言謝，足見謙衷。蘇司令籌劃拒敵，出
力，俟李廳長回省，再為請獎。此復。馬鴻逵 世 省秘印。

外交部关于停止签发日人游历内地护照事致宁夏省政府的密电（一九三七年八月三日）

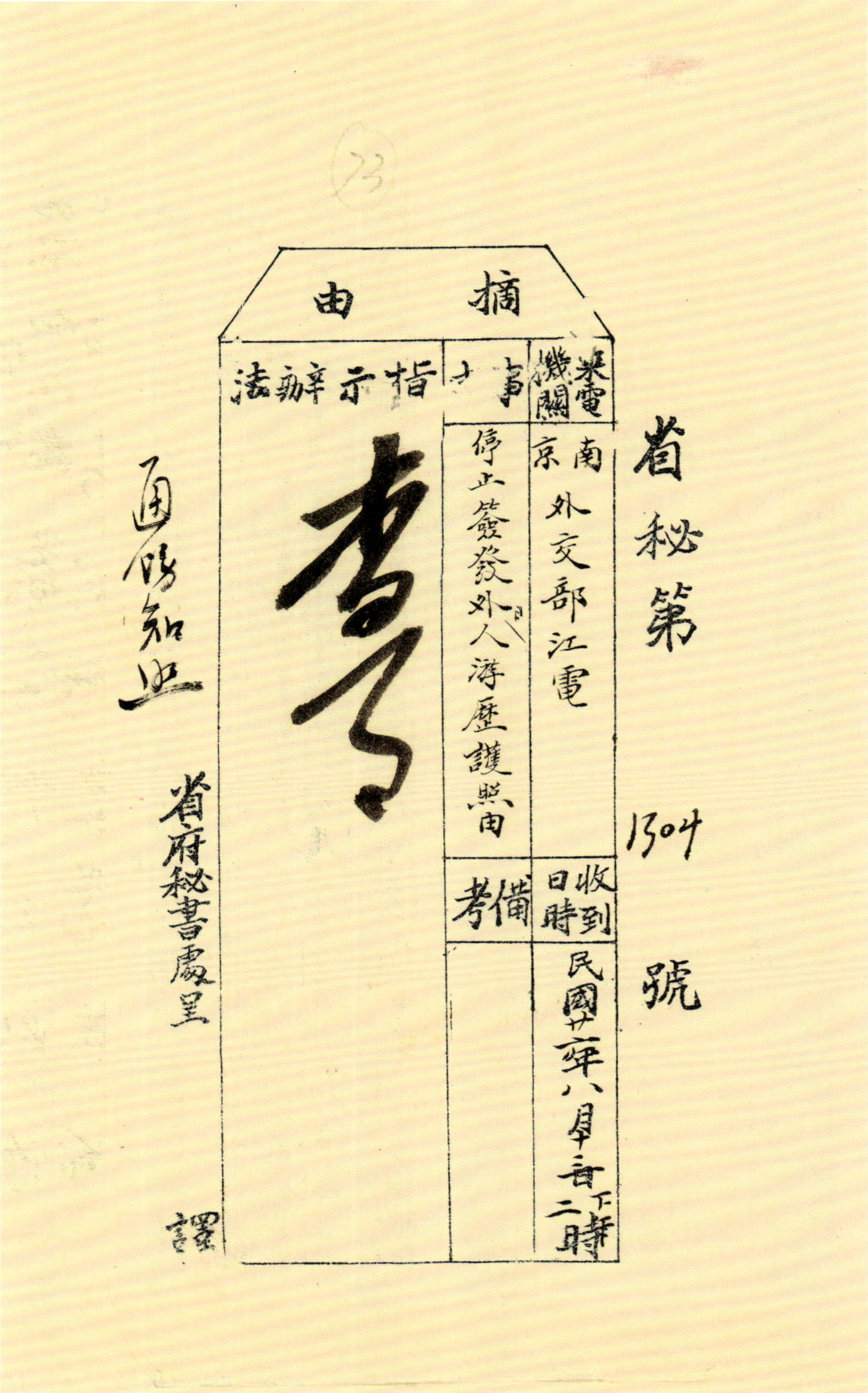
73

省秘第1304號

摘由

來電機關	事由	指示辦法
南京外交部江電	停止簽發外（日）人游歷護照由	存
收到日時	備考	
民國廿六年八月三日下午二時		

通飭知照

省府秘書處呈

譯

來紙
TELEGRAPH FORM

交通部電報局
TELEGRAPH OFFICE
MINISTRY OF COMMUNICATIONS

75

由 FROM	備註 Service Instructions:			來報號數 TELEGRAM NO.
時刻 TIME	原來號數 ORIGINAL NO.	南京	字數 WORDS	派送員
值機員 BY	發報局名 OFFICE FROM 3134	日期 D 四月	時刻 TIME	BY

本部三現不游歷應部
內地二十在案已日人相交
游歷於查照法如發外發外
日人如法政府訂停心電際蔣詹
府查護名省市所起處遵照
寧夏政府監通電該電即日疏所屬
省省有三日際要自以免轉
夏暨訂七月於形勢並護照查照印
寧夏勵曾年崖用適內地電請江
（六月三日）

注意：如有查詢事項請帶此紙
Note: Any enquiry respecting this telegram, please produce this form.

二、侵华日军飞机轰炸宁夏

磴口县县长香生藻关于日机轰炸磴口情形致马鸿逵的电（一九三八年十二月二十三日）

寧夏 電 紙

發報處	石丁口	附註	收報處
發報時刻		等級	收報時刻
收報號數		字數 129 廿七年十二月廿三日下八時5分	

[illegible]

死傷百姓數

收電紙

處事

發報處		附註	收報處	
發報時刻		等級	收報時刻	
收報號數		字數	年 月 日 時 分收	

1x10	[illegible]	2817	[illegible]	363x	[illegible]	03x3	[illegible]	2552	吳[illegible]
0357	[illegible]	1775	[illegible]	0613	[illegible]	0680	[illegible]	2639	[illegible]
7378	[illegible]	0634	[illegible]	7110	[illegible]	0502	加	x869	際
7089	[illegible]	x500	空	1120	外	6210	謹	7193	電
11xx	防	5113	閒	5120	職	9xx8	香	3932	生
5679	奉	0661	叩	2739	授	39x7	申		評
	藻				（廿三日）				

J0064

急

重慶行政院〻長孔：密。敵機卅架今日午十时由鄂托克旗侵入寧省上空，於石咀山渡河，經沿途在李岡堡、通貴堡、黃渠橋、楊家大湖等地濫施轟炸，十时四十分侵入省垣，投重量炸彈一二百枚，死平民廿餘人，傷平民卅餘人，毀房六九六間，經予射擊，敵逃後向東南一帶去。謹先電聞，至省外各處損失情況，另電奉呈。職馬鴻逵。戌銑機印

發

124

營

此稿由行營送來原稿 倣奚行

宁夏电报局关于敌机二十九架分两批轰炸宁夏造成房屋破坏情形致交通部甘宁电政管理局的电

（一九三九年九月十五日）

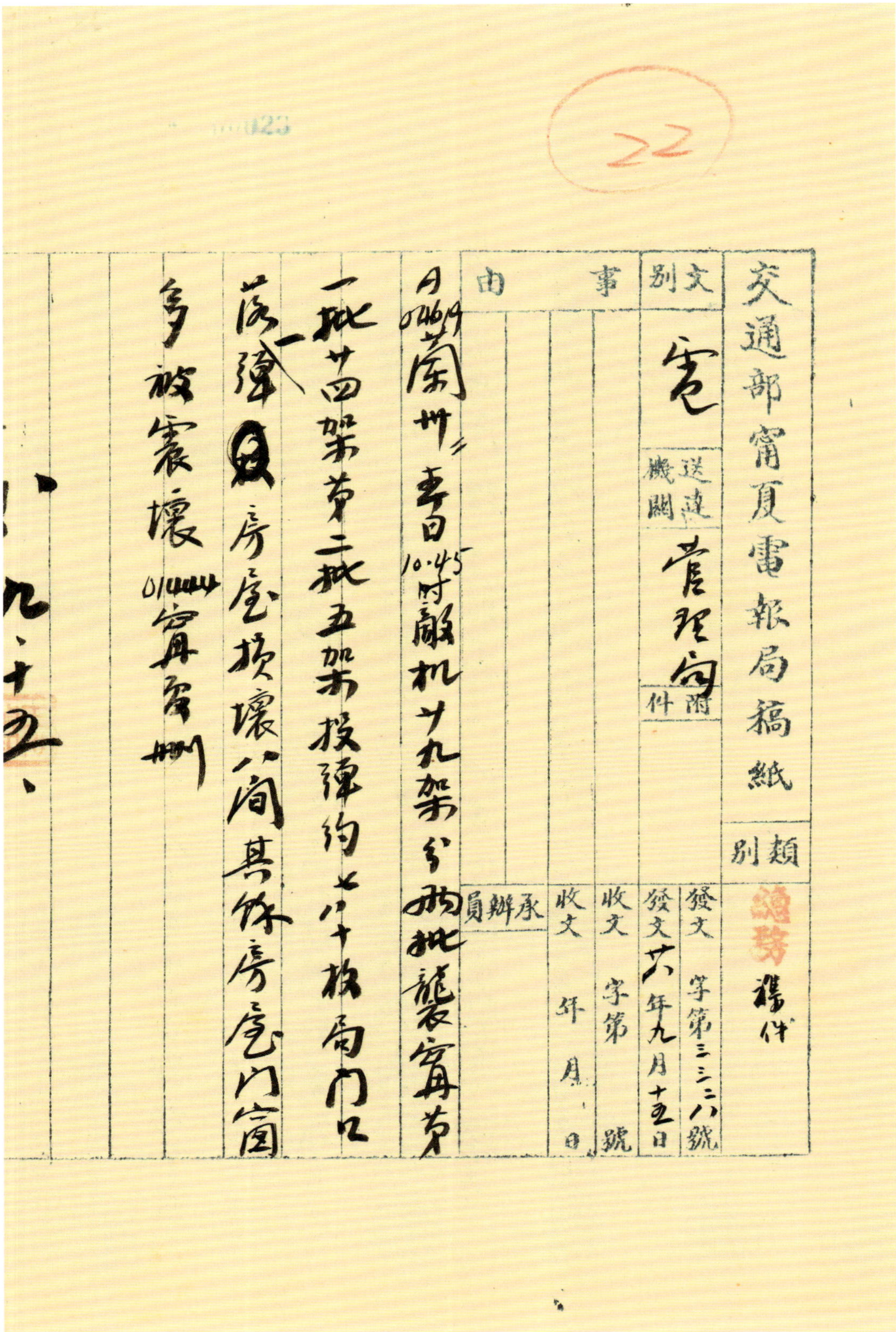

中華民國卅八年九月十五日

蒋介石关于日机轰炸宁夏要求详报民间损失并代抚慰致马鸿逵的电（一九三九年九月十八日）

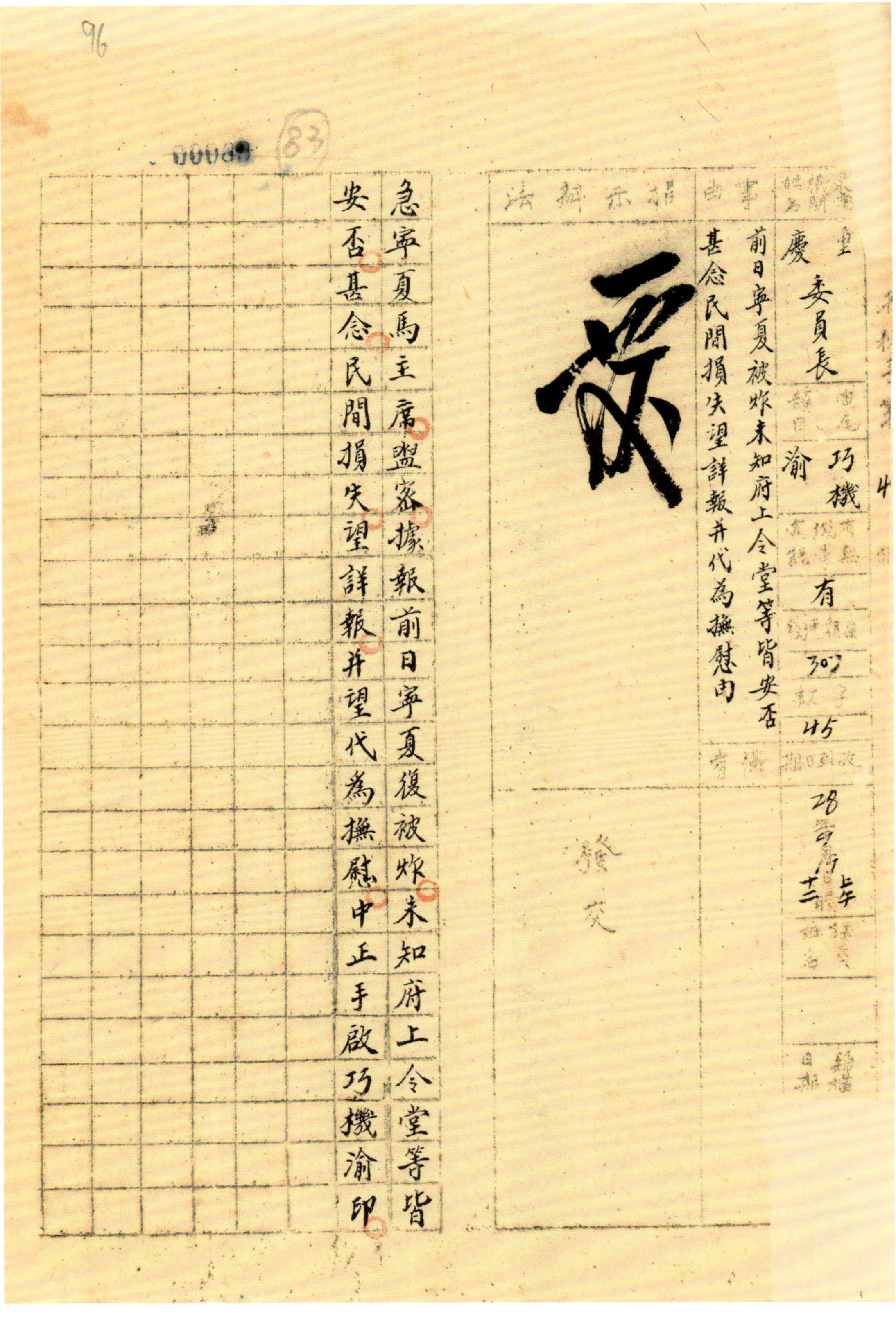

重慶 委員長 巧機 渝 有

前日寧夏被炸未知府上令堂等皆安否甚念民間損失望詳報并代為撫慰由

急 寧夏馬主席鴻逵：據報前日寧夏復被炸，未知府上令堂等皆安否？甚念。民間損失望詳報，并望代為撫慰。中正手啟。巧機渝印

三、宁夏省政府与各军政长官的往来电报

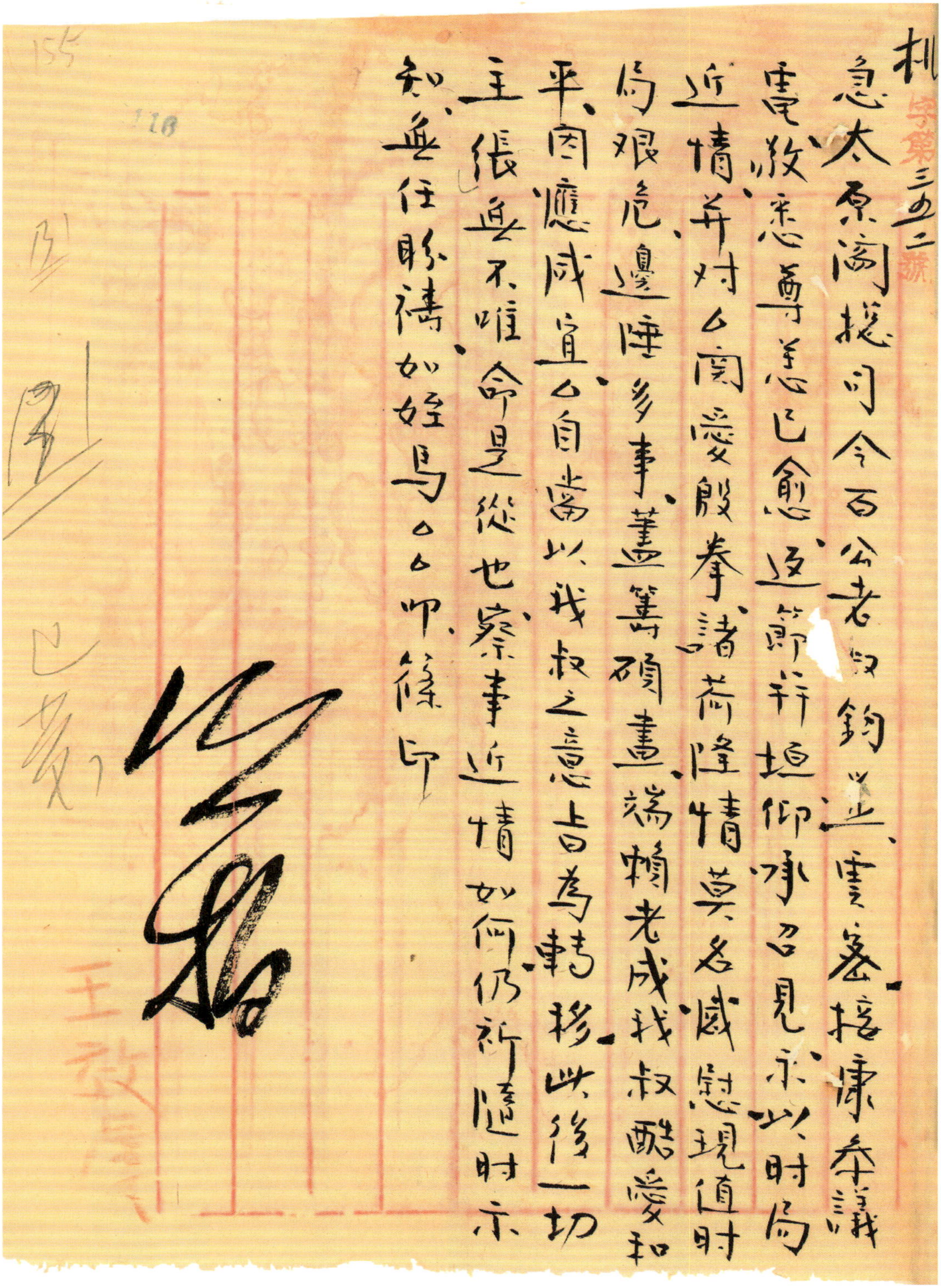
机
急。太原阎总司令百公老叔钧鉴：雲密。据康参议
电微悉尊恙已愈，近节行垣，仰承召见，示以时局
近情，并对ム关爱殷拳，诸荷隆情，莫名感慰。现值时
局艰危，边陲多事，尽筹硕画，端赖老成。我叔酷爱和
平，因应咸宜，ム自当以我叔之意旨为转移。此后一切
主张，无不唯命是从也。察事近情如何，仍祈随时示
知，无任盼祷。如姪马ムム叩。篠印。

马鸿逵关于察哈尔事件致阎锡山的密电（一九三五年一月十七日）

马鸿逵关于日军逼近平津、晋绥布防等情致阎锡山的密电（一九三五年一月二十四日）

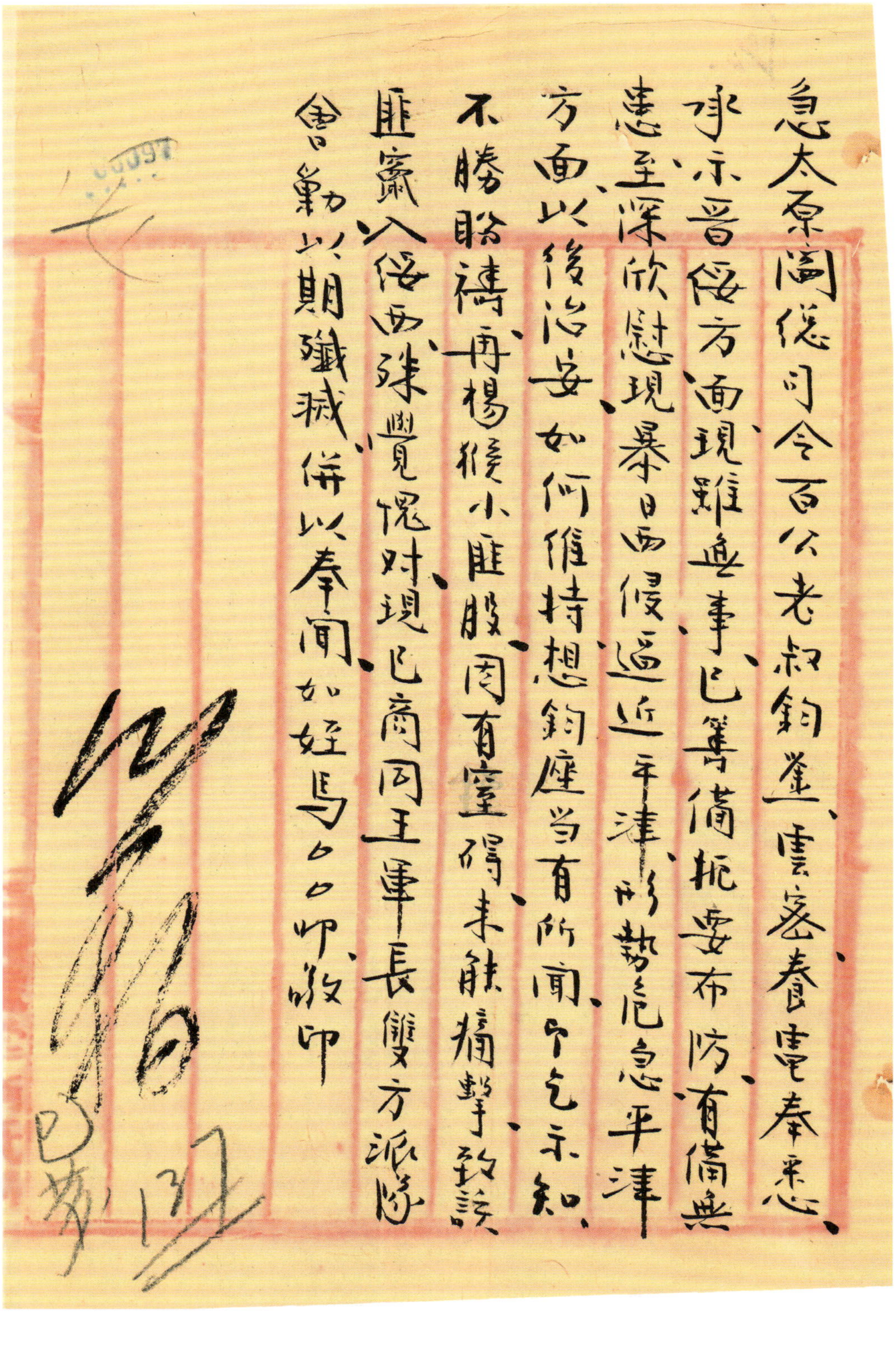
急太原閻總司令百公老叔鈞鑒、雲密。寒電奉悉、
承示晉綏方面現雖無事、已籌備扼要布防、有備無
患、至深欣慰。現暴日西侵、逼近平津、形勢已急。平津
方面以後治安如何維持、想鈞座當有所聞、乞示知、
不勝盼禱。再楊猴小匪股、因有窒礙、未能痛擊、致該
匪竄入綏西、殊覺愧對。現已商同王軍長雙方派隊
會剿、以期殲滅、併以奉聞。如姪馬〇〇叩敬印

马鸿逵关于希望察事早日和平解决致何应钦的密电（一九三五年六月十八日）

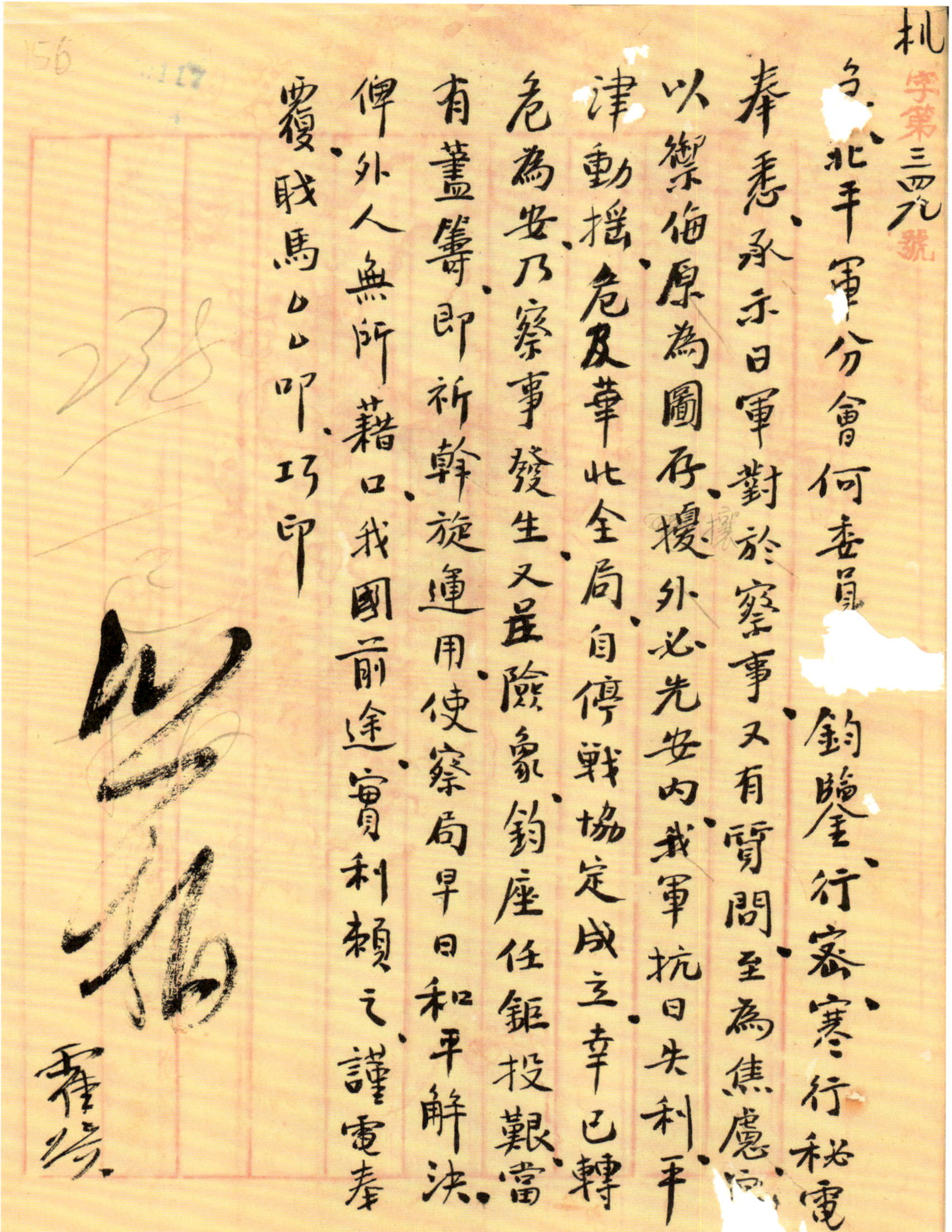
札 字第三四九號

急、北平軍分會何委員鈞鑒、行密、寒行秘電

奉悉、承示日軍對於察事又有質問、至為焦慮、

以鄰偪原為圖存、擾外必先安內、我軍抗日失利、平

津動搖、危及華北全局、自停戰協定成立、幸已轉

危為安、乃察事發生、又呈險象、鈞座任鉅投艱、當

有藎籌、即祈斡旋運用、使察局早日和平解決、

俾外人無所藉口、我國前途、實利賴之、謹電奉

覆、職馬鴻逵叩、巧印

北平卫戍司令宋哲元关于日军进攻沽源、宝昌两县情形致宁夏省政府主席马鸿逵的密电（一九三五年十二月十一日）

省秘第七一一九號

來電機關	北平 宋衛戍司令真電
事由	日軍進攻沽源於我保安隊在激戰中由
收到日時	民國廿四年十二月十二日下午五時
備考	

摘由

指示辦法

原

發交

省府秘書處呈

譯

交通部無綫電台 CHINESE GOVERNMENT RADIO STATION

來報紙 RECEIVING FORM

無綫電報 RADIOGRAM

本台號數 JOURNAL NO.

67

由 FROM 1K25	原來號數 ORIGINAL NO. 1S	交 TO
日期 DATE 12/12	等級 CLASS　字數 WORDS 133	日期 DATE
時刻 TIME 10.23	發報台 STATION FROM 110U　日期 DATE 11/12　時刻 TIME 23.58	時刻 TIME
簽名 BY	附註 REMARKS	簽名 BY

北平　十一日

電報掛號 REGISTERED ADDRESS

收報地名 PLACE OF DESTINATION　寧夏

據以攻安長陣激團真
迭日進保隊已隊在（團）叩
察連車之大下安仍元
興軍克昌抗之保城哲
釜偽坦宝抵搏之縣宋
勛日機駐死相源重弟
光之飛縣失肉沽極閘
雲倫及兩城血駐亡電
少多兵昌縣於兩傷此
席駐砲宝守昌難日特
主告騎源固克殉數中
馬報步沽隊李亡戰固
印

卅二日　明

無C2—1

外交部部长张群关于日本「二二六」东京事变起因致马鸿逵的密电（一九三六年二月二十八日）

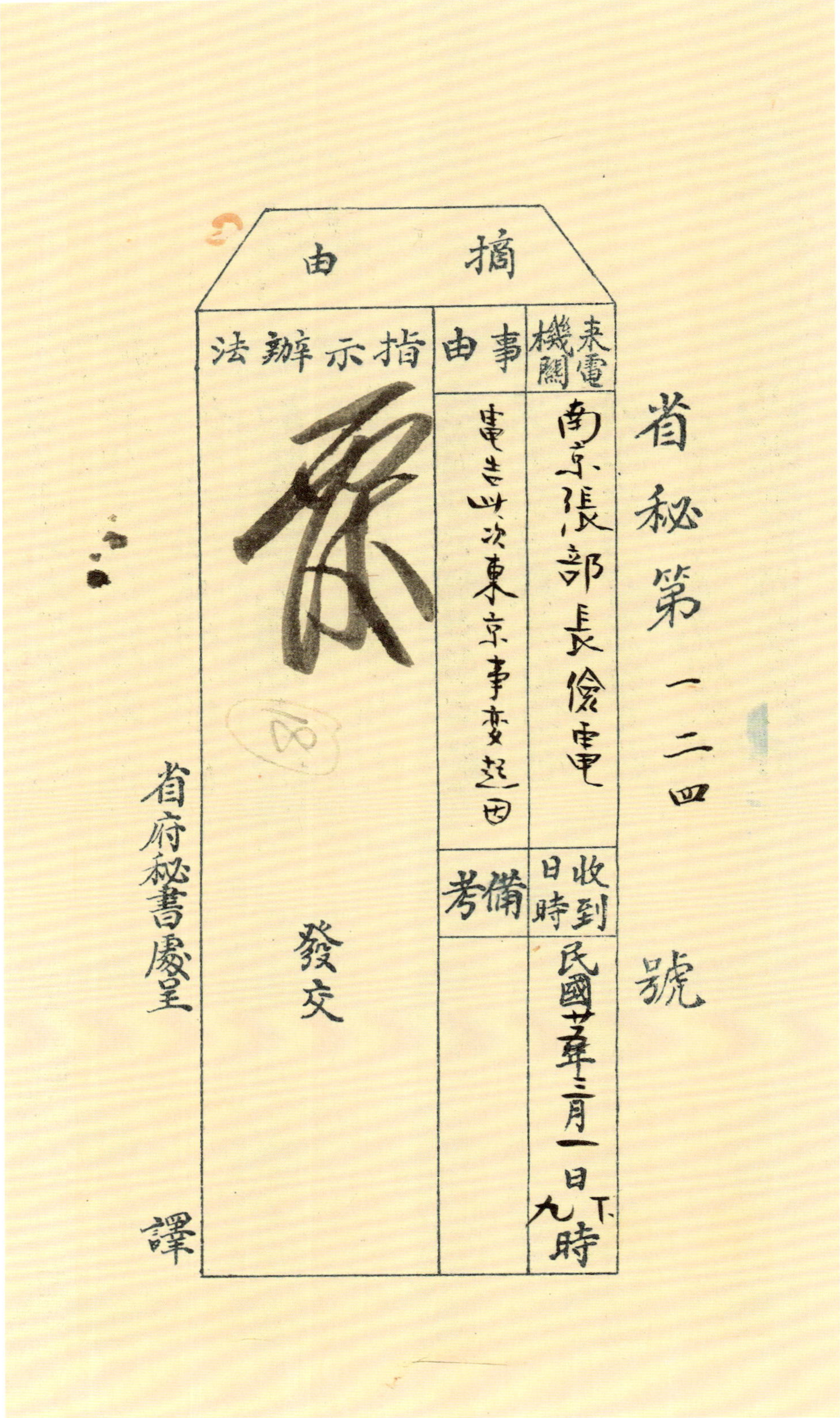
省秘第一二四號

摘由

來電機關	南京張部長儉電
事由	電告此次東京事變起因
收到日時	民國廿五年三月一日九時 T.
備考	
指示辦法	存

發交

省府秘書處呈

譯

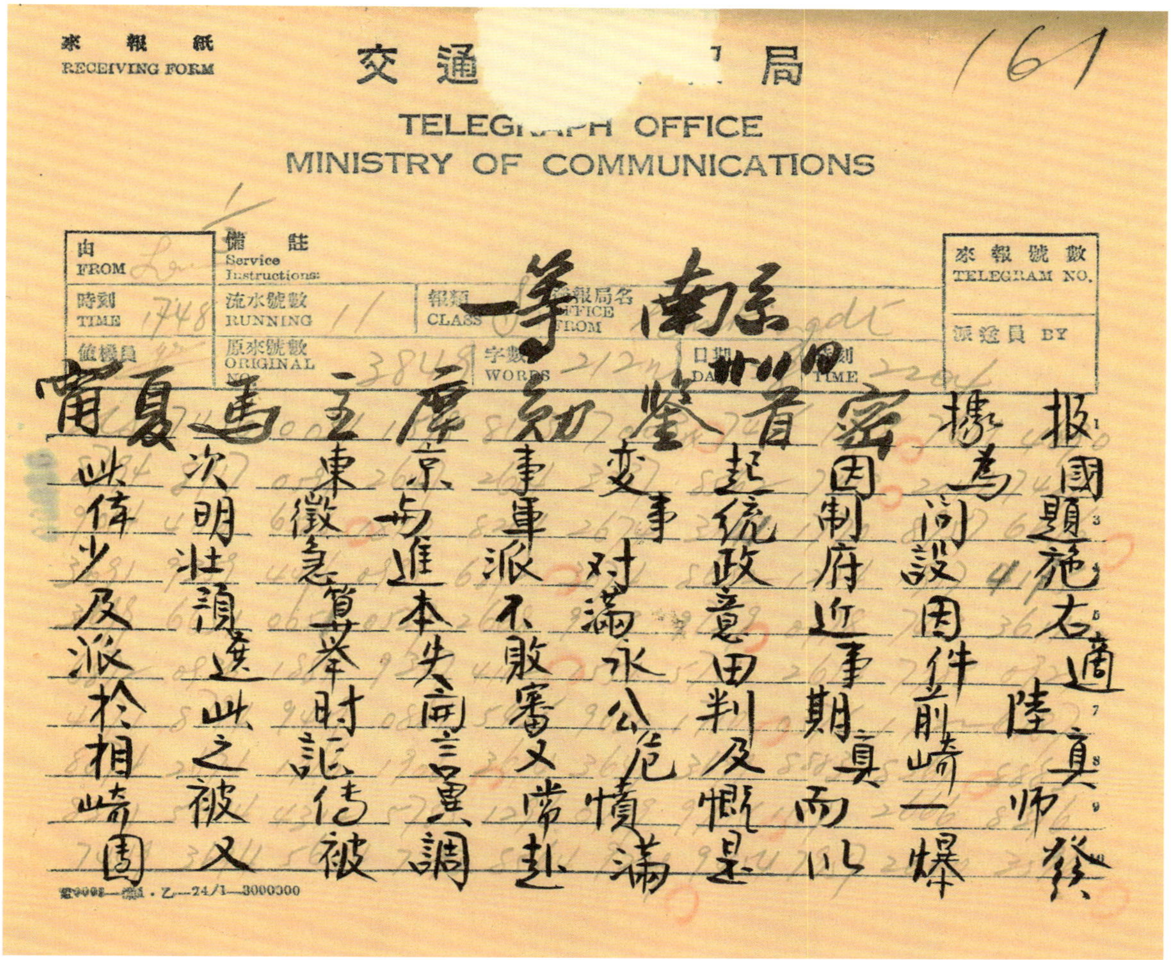

來報紙 RECEIVING FORM

交通[illegible]局 161

TELEGRAPH OFFICE
MINISTRY OF COMMUNICATIONS

由 FROM | 備註 Service Instructions:

時刻 TIME 1748 | 流水號數 RUNNING 11 | 報類 CLASS | 發報局名 OFFICE FROM 南京

值機員 | 原來號數 ORIGINAL NO. 3848 | 字數 WORDS 212 | 日期 DATE 卅一日 | 時刻 TIME 2204

來報號數 TELEGRAM NO. | 派送員 BY

一等

寧夏馬主席鈞鑒着密據報

國題施右適陸真帥發
為問設因件前崎一爆
因制府近事期真而以
起統政意田判及慨是
變事對滿永公危憤滿
事軍派不敢審又常赴
京與進本失向言異調
東徵急算舉時詎傳被
次明壯須遂此之被又
此倖少及派於相崎園

電9008—潔1·乙—24/1—3000000

來報紙
RECEIVING FORM

交通部電報局
TELEGRAPH OFFICE
MINISTRY OF COMMUNICATIONS

由 FROM	備註 Service Instructions:				來報號數 TELEGRAM NO.
時刻 TIME	流水號數 RUNNING	報類 CLASS	發報局名 OFFICE FROM		派送員 BY
值機員 BY	原來號數 ORIGINAL NO.	字數 WORDS	日期 DATE	時刻 TIME	

秘
閲止西崎年当表表政
日札不九松前子發發臣
朝府的約藤山分曾更重
臣政目隊長亦謀敗次老
重據新中中尉同失此元
老佔華大野大件動書許
元并達凡為七事暴見攻
擊外不者袖等月萬意書
襲社言加領野一企事意
除閣聲叅人河十时南主

電9008—類1·乙—24?—2000000

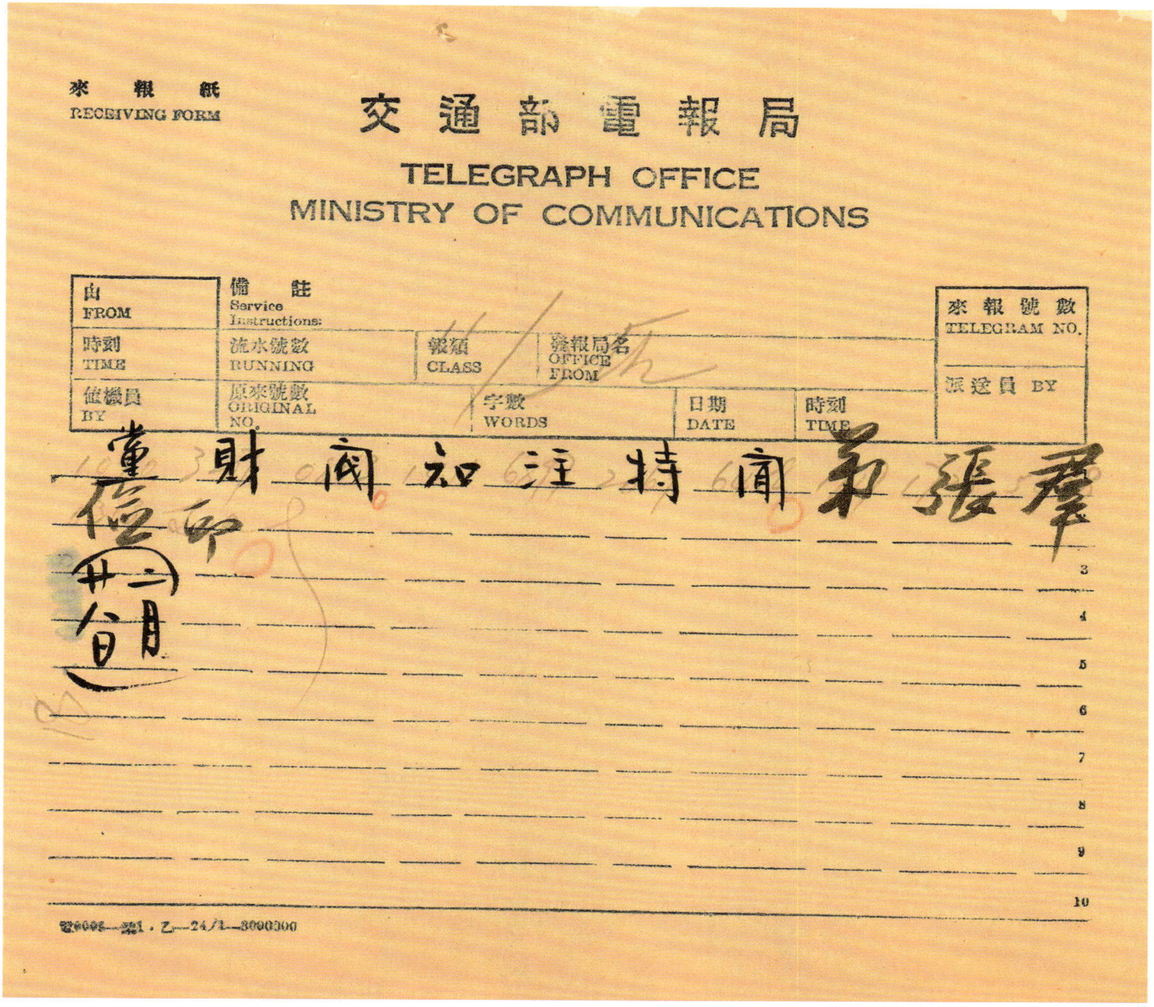

來報紙
RECEIVING FORM

交通部電報局

TELEGRAPH OFFICE
MINISTRY OF COMMUNICATIONS

由 FROM	備註 Service Instructions:					來報號數 TELEGRAM NO.
時刻 TIME	流水號數 RUNNING	報類 CLASS	發報局名 OFFICE FROM			
值機員 BY	原來號數 ORIGINAL NO.	字數 WORDS		日期 DATE	時刻 TIME	派送員 BY

董 財 閩 知 注 特 閘 弟 張 摩
信 印
廿二
日 月
道

3
4
5
6
7
8
9
10

電0005—第1.乙—24/1—3000300

马鸿逵关于收到日本东京事变电示致张群的密电（一九三六年三月三日）

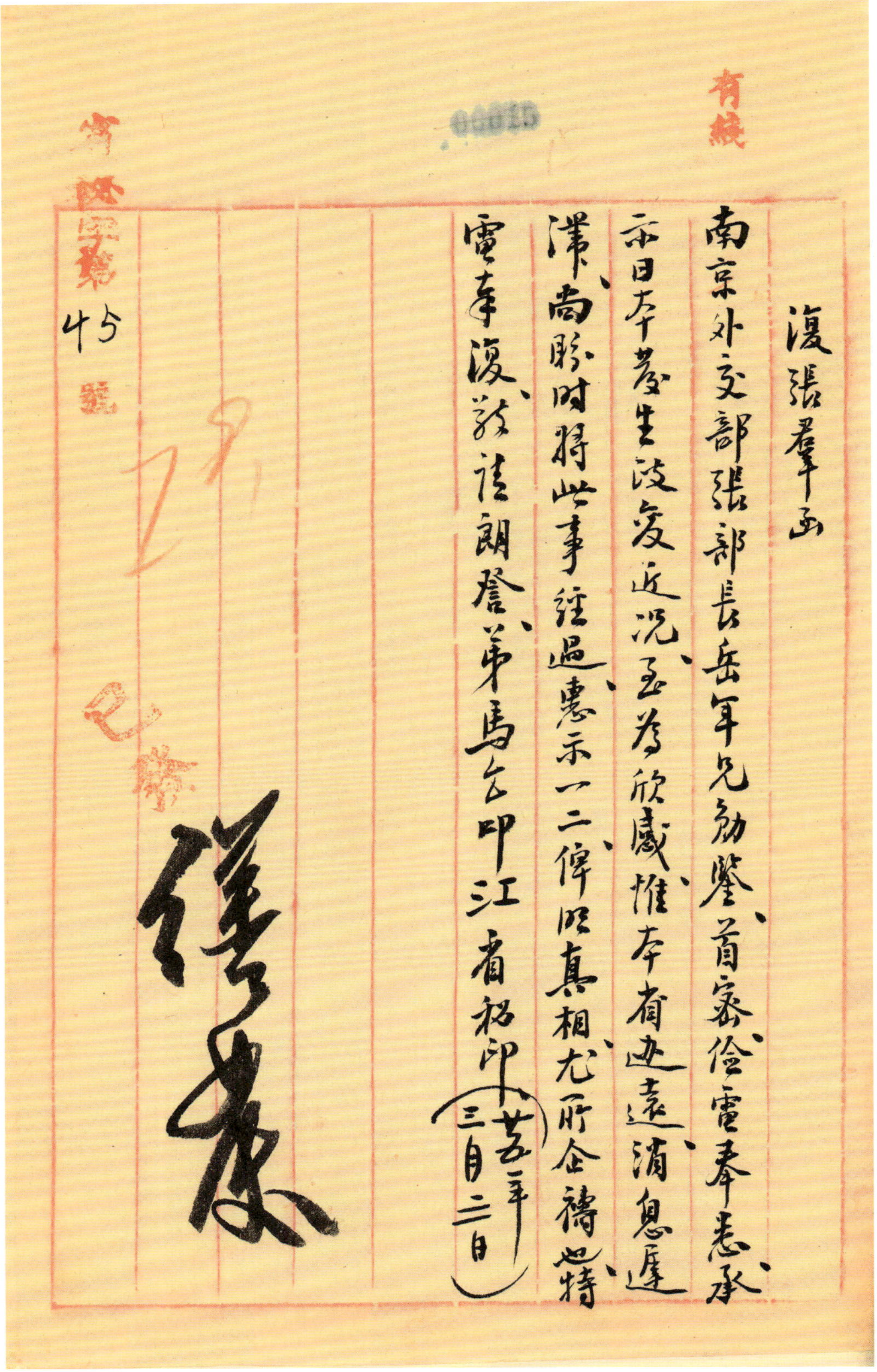

復張羣函

南京外交部張部長岳軍兄勛鑒、首密、儉電奉悉、承示日本發生政變近況、至為欣感、惟本省邊遠、消息遲滯、尚盼時將此事經過惠示一二、俾明真相、尤所企禱也、特電奉復、敬請朗詧、弟馬云叩江省秘印（廿五年三月二日）

45號

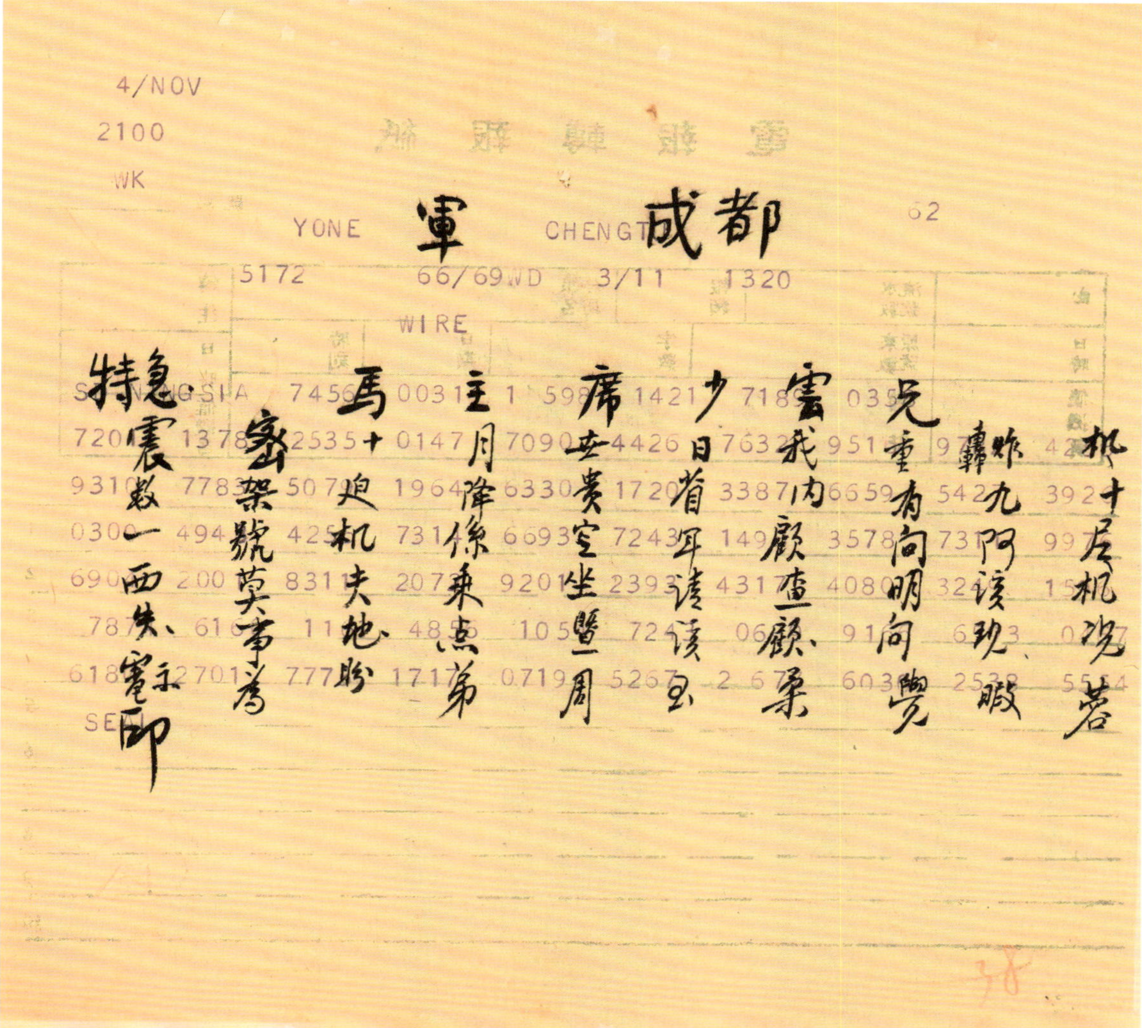

4/NOV
2100
WK

YONE 軍 CHENGT 成都 62

5172 66/69WD 3/11 1320
WIRE

机、十层机况若
炸轰九阿该玖、暇
兄重有向明向觉
雲我内顾查顾、系
少日首耳请该至
席安贵宝坐暨周
主月降係乘忠弟
馬十迫机失地盼
密架號莫事為
特急震数一西失、電示印

SENT

周至柔关于调查轰炸机迫降宁夏情形致马鸿逵的密电（一九三七年十一月三日）

湖南省政府主席张治中关于日机侵袭长沙情形致宁夏省政府的电（一九三八年四月十一日）

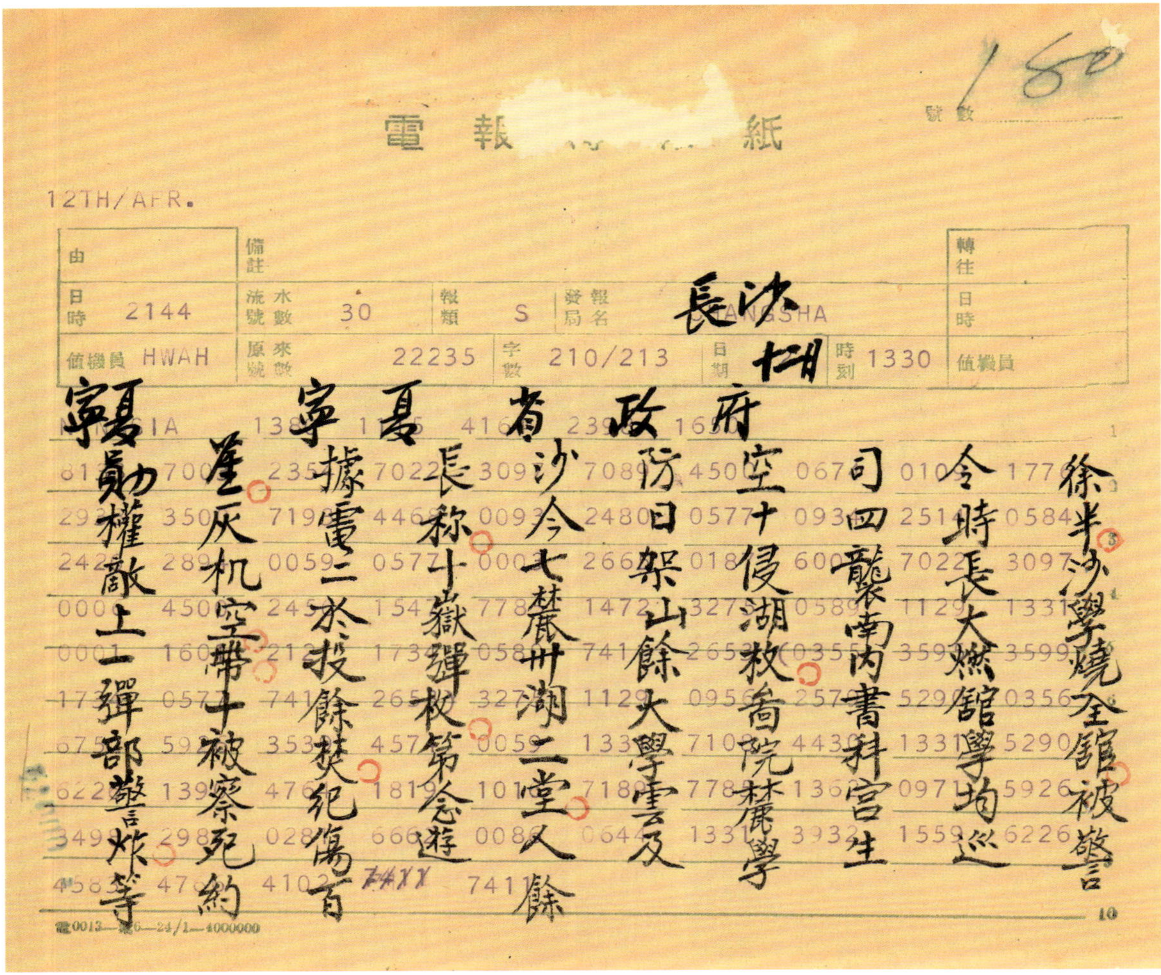
180

電報[illegible]紙　號數

12TH/AFR.

由　備註　轉往

日時 2144　流水號數 30　報類 S　發報局名 CHANGSHA 長沙　日時

值機員 HWAH　原來號數 22235　字數 210/213　日期 十一日　時刻 1330　值機員

寧夏省政府勛鑒：據長沙防空司令徐權灰電称今日十四時半敵机三十七架侵襲長沙上空於嶽麓山湖南大學一帶投彈卅餘枚內燃燒彈十餘枚湖大圖書館全部被焚第二學院科學館警察紀念堂雲麓宮均被炸死傷遊人及學生迄警等約百餘

電0013—26—24/1—4000000

電報 紙　號數

由	備註 PGE2/30			轉往
日時	流水號數	報類	發報局名	日時
值機員	原來號數	字數	日期 時刻	值機員

最本殺重文除以及特肴
肴人慘以為府復着外南
本敵及加實本帙傷奉湖
為善閔業行敵謀死寄昝
大較机政綦公迅慰行台
湖備化貫種類力撫另希
查設文一此人努並片敬
情府壞之滅魔大化照達
等學破民毀惡最文攝奉
人顧其乎大化以維術電

電0013—號6—24/1—4000000

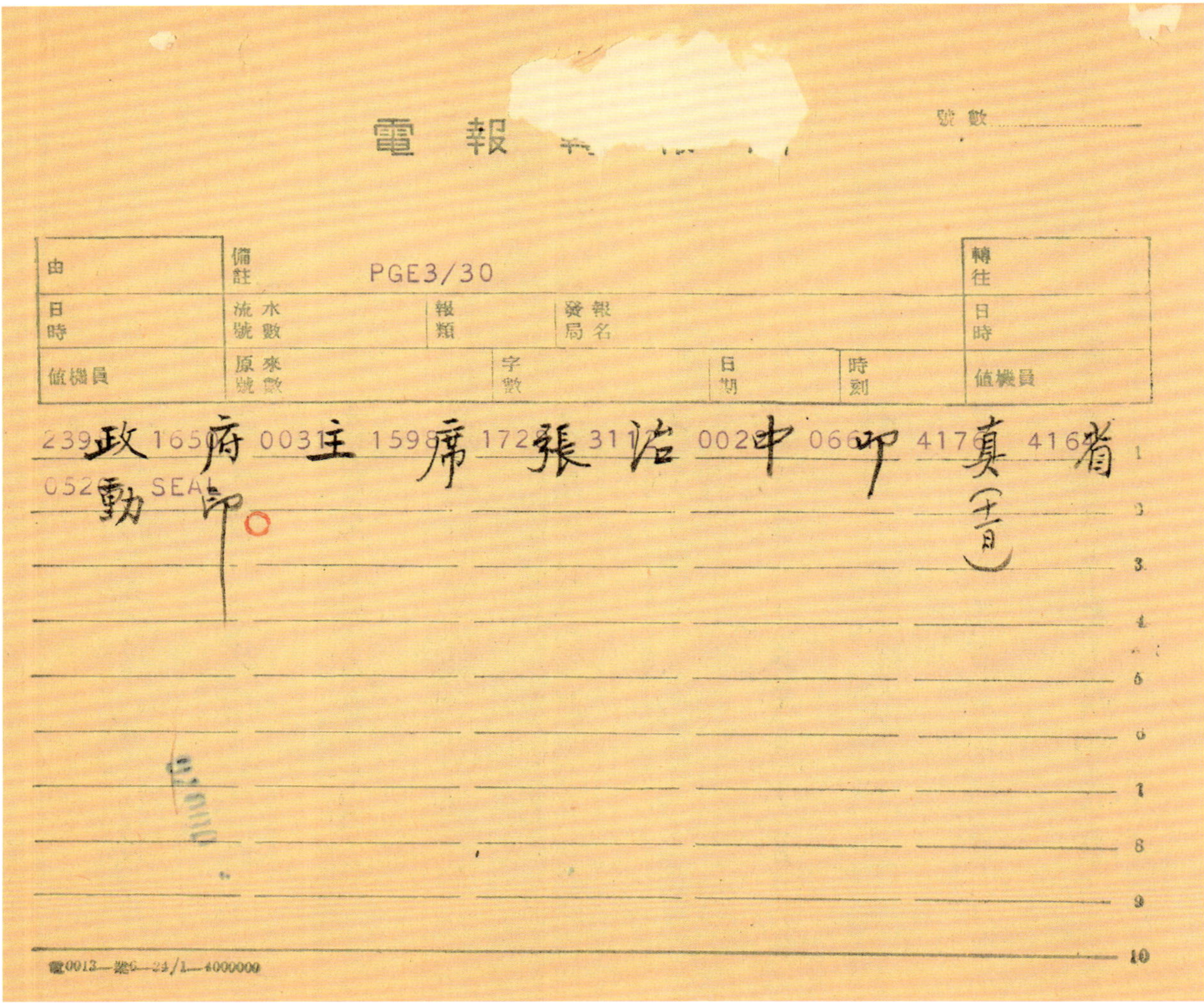

電報

號數

由	備註 PGE3/30					轉往
日時	流水號數	報類	發報局名			日時
值機員	原來號數		字數	日期	時刻	值機員

239 政 165 府 0031 主 1598 席 172 張 311 治 002 中 066 叩 4176 真 416 省

052 勳 SEAL 印

（十一日）

電0013—器G—24/1—4000000

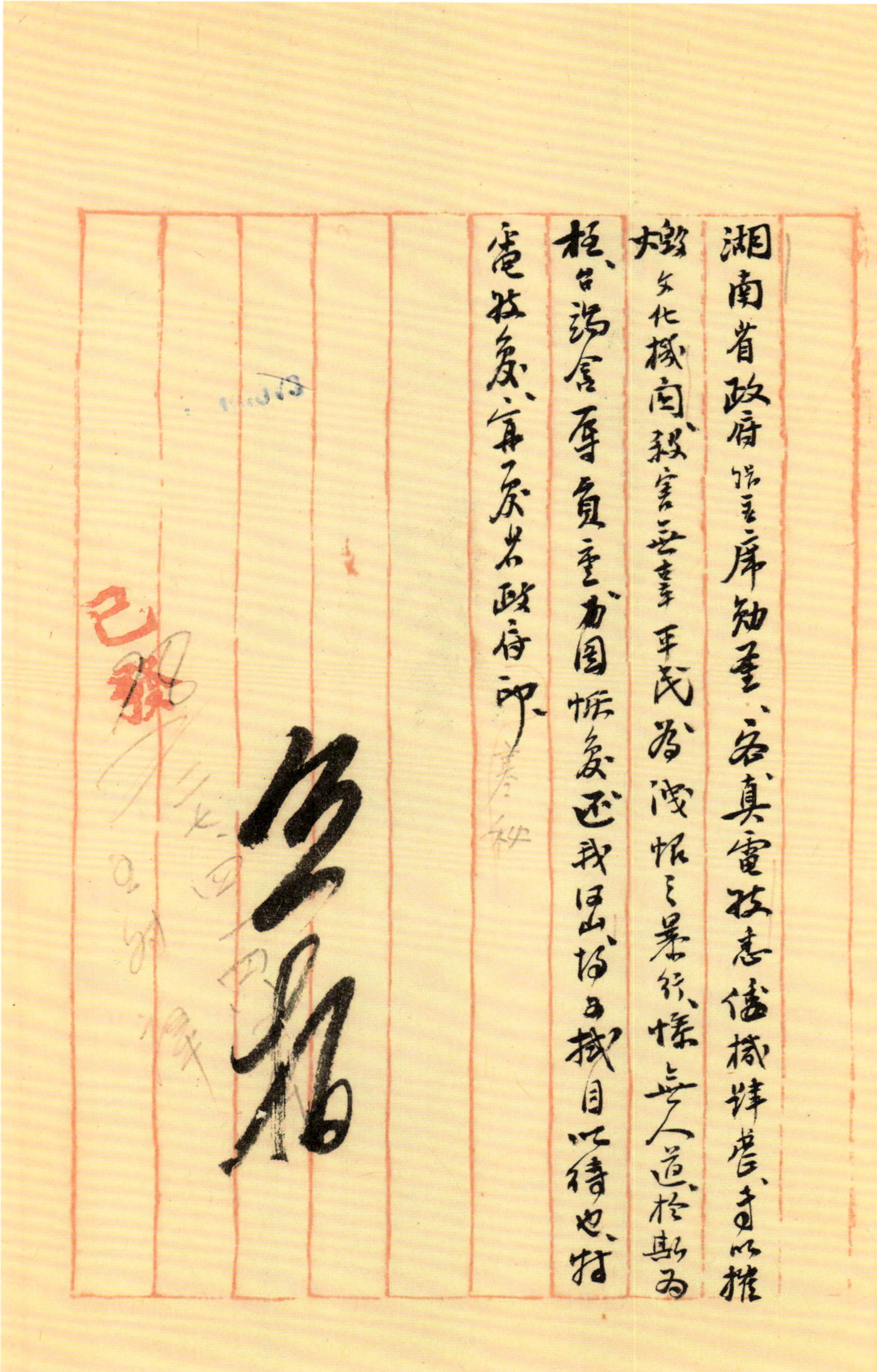
湖南省政府张主席勋鉴：密真電敬悉。倭機肆虐，专以摧燬文化機関，殺害無辜平民為洩恨之暴行，蔑無人道，於斯為極。台端含辛負重，為國恢復，還我河山，指日以待也。特電敬復。寧夏省政府印。

宁夏省政府关于收悉日机侵袭长沙电报致张治中的电文（一九三八年四月十四日）

军事委员会政治部关于查明训练救护人员总数及分派情况致宁夏省政府的密电（一九三八年九月六日）

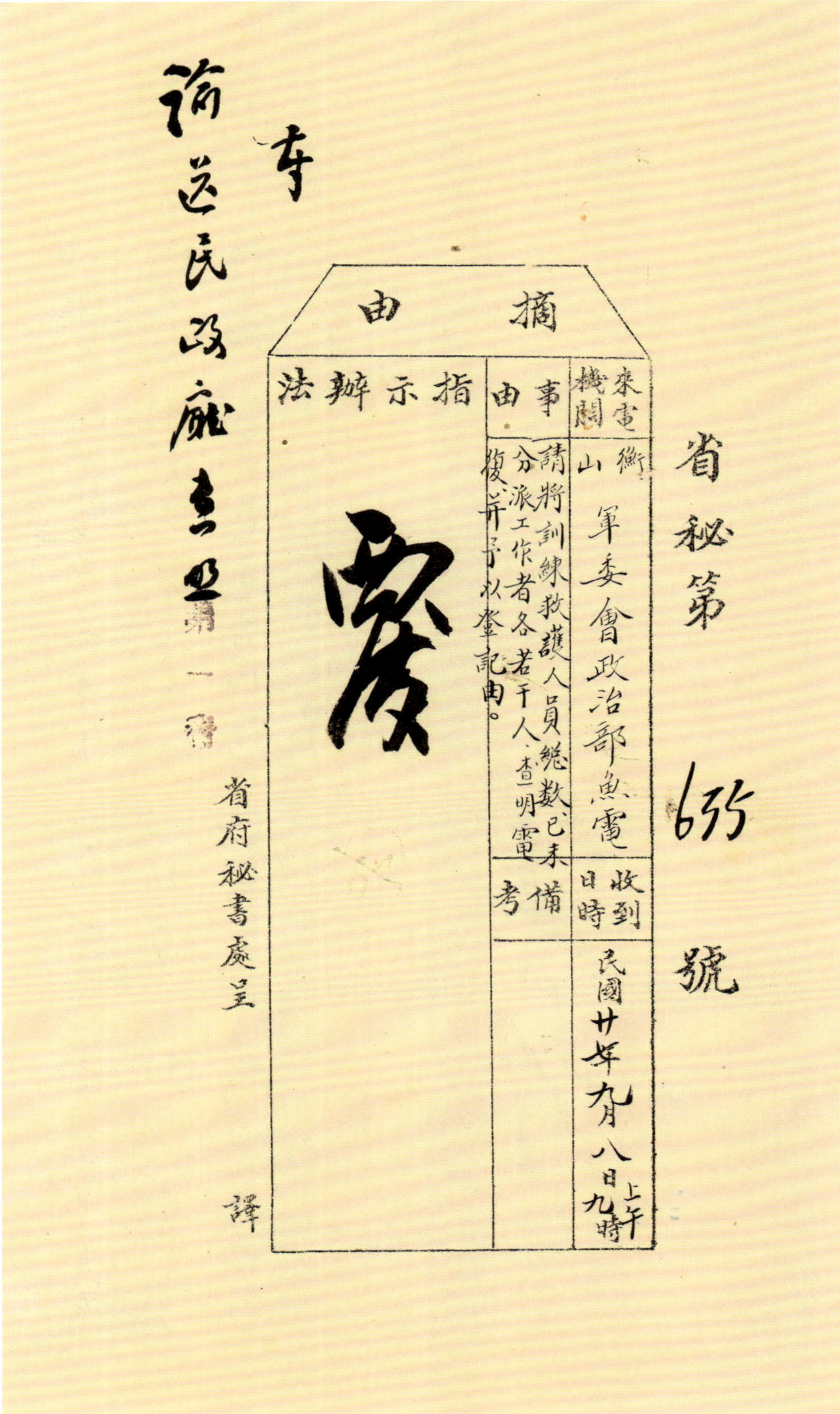

省秘第635號

摘由

來電機關：衡山 軍委會政治部魚電

收到日時：民國廿七年九月八日上午九時

事由：請將訓練救護人員總數已未分派工作者各若干人，查明電復，并予以登記由。

備考

指示辦法：密

省府秘書處呈

譯

李

請送民政廳查照

來報紙 交通部電報局

1114

由	流水號數 24	報類 軍	發報局名 衡山		來報號數
時刻	原來號數 1288	字數 79W	日期 16	時刻 330	
值機員	備註				派送員

寧夏

護部人訓者復会

救六護共工作電委

查第救省派明軍印

長前辦貴分查荷一

務要與當未即為親

府需省未已祈記治

政感各班人人登魚(六日)

省極請練千千以部

夏員電訓若若予治

寧人曾員練各并政

马鸿逵关于救护人员训练情况致军事委员会政治部的密电（一九三八年十月十三日）

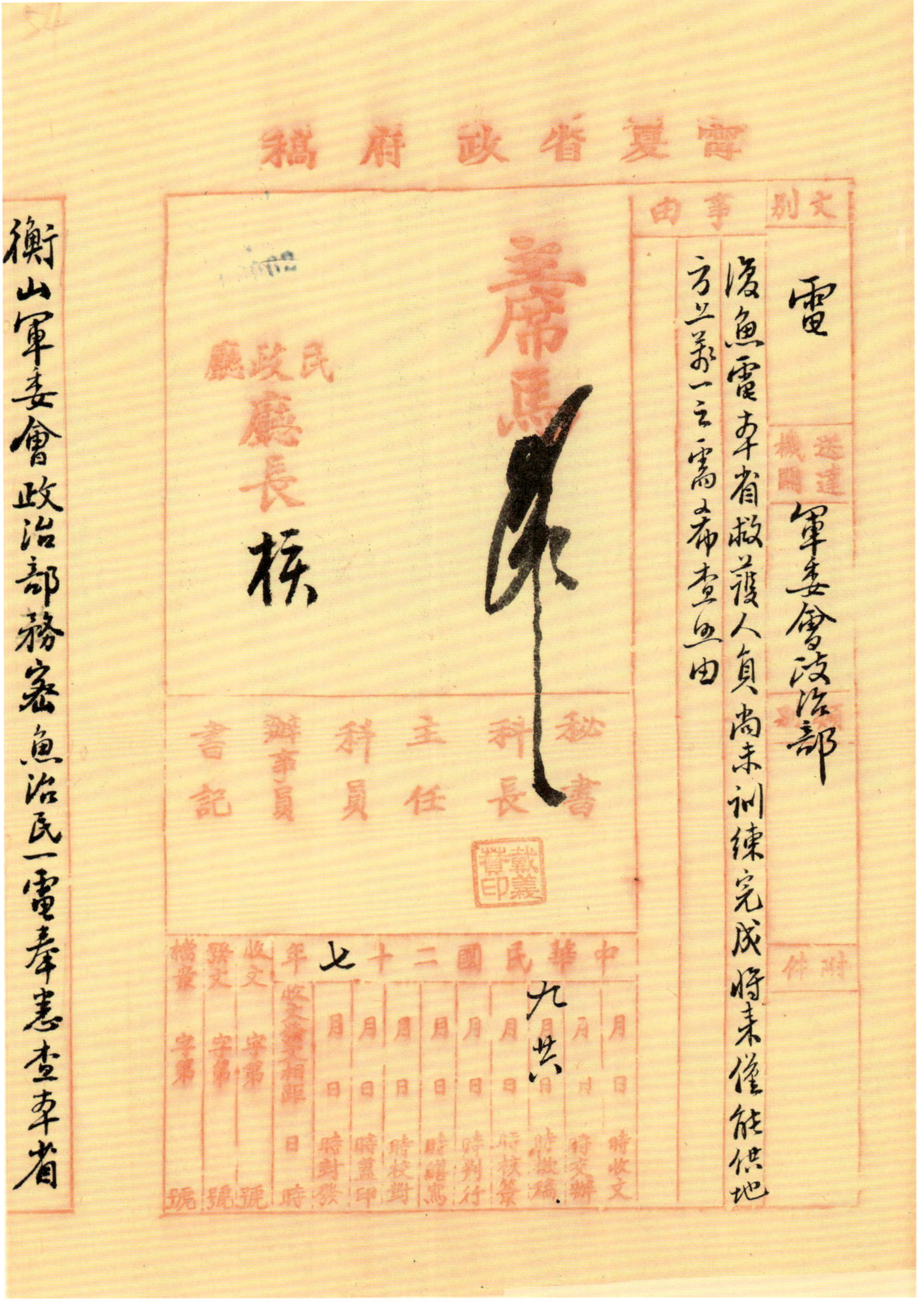

寧夏省政府稿

文別：電

送達機關：軍委會政治部

事由：渝魚電奉本省救護人員尚未訓練完成將來僅能供地方上第一之需要查照由

附件

主席 馬

民政廳廳長 核

秘書 科長 主任 科員 辦事員 書記

戴義賢印

中華民國二十七年 九 廿六

收文 月 日 時　交辦 月 日 時　擬稿 月 日 時　核簽 月 日 時　判行 月 日 時　繕寫 月 日 時　校對 月 日 時　蓋印 月 日 時　封發 月 日 時

收文 字第 號　發文 字第 號　歸檔 字第 號

衡山軍委會政治部務密魚治民一電奉悉查本省

救護人員訓練班業經舉辦祇以人民知識欠缺諸感困難不得已由省垣各學校成年學生編班施以消極之訓練計共二百餘人現在尚未訓練完成此項人材將來訓練完成僅能供地方上萬一之需要特此電復希即查照寧夏省政府主席馬〇〇民元印

寧秘字第330號

已發

113

廿七、十、十三、

蒋介石关于日军抓取壮丁以华制华阴谋等情致宁夏省政府的密电（一九三九年四月二十日）

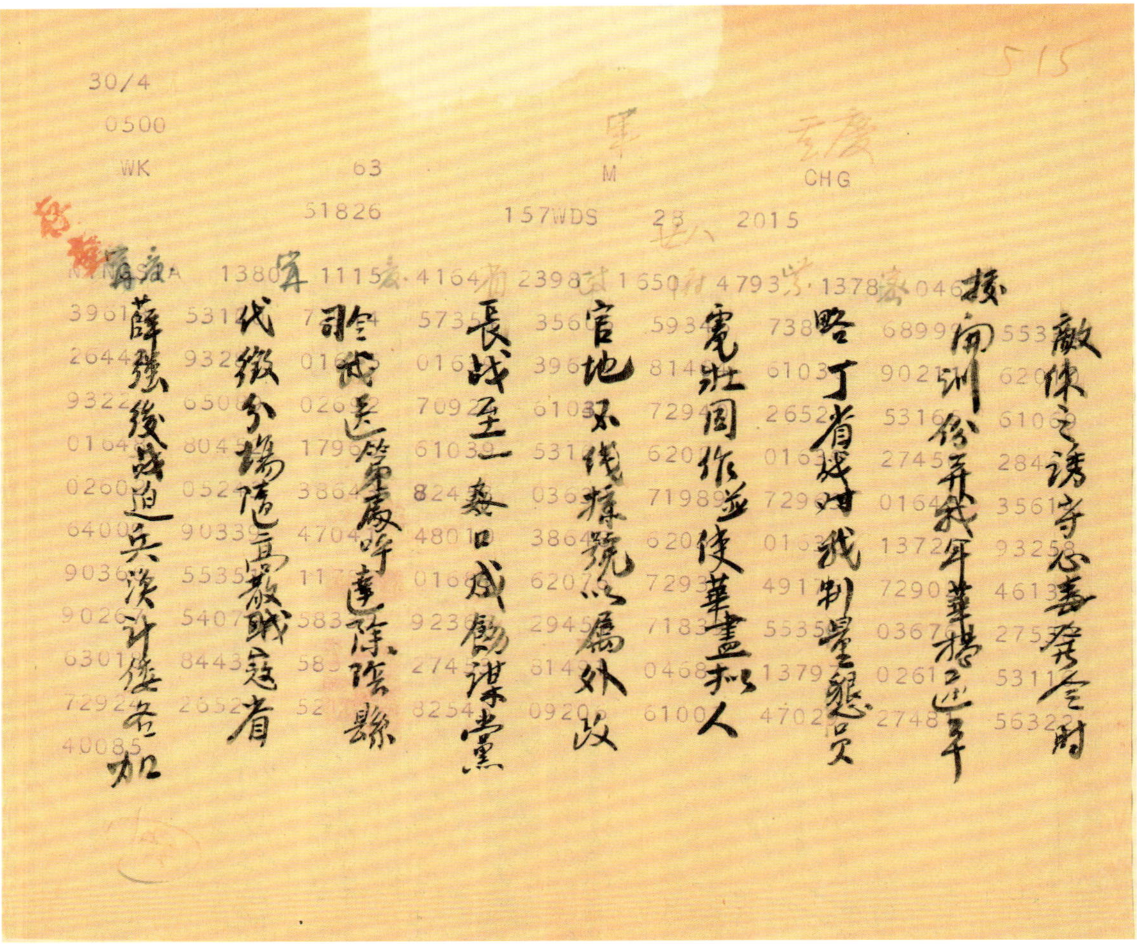

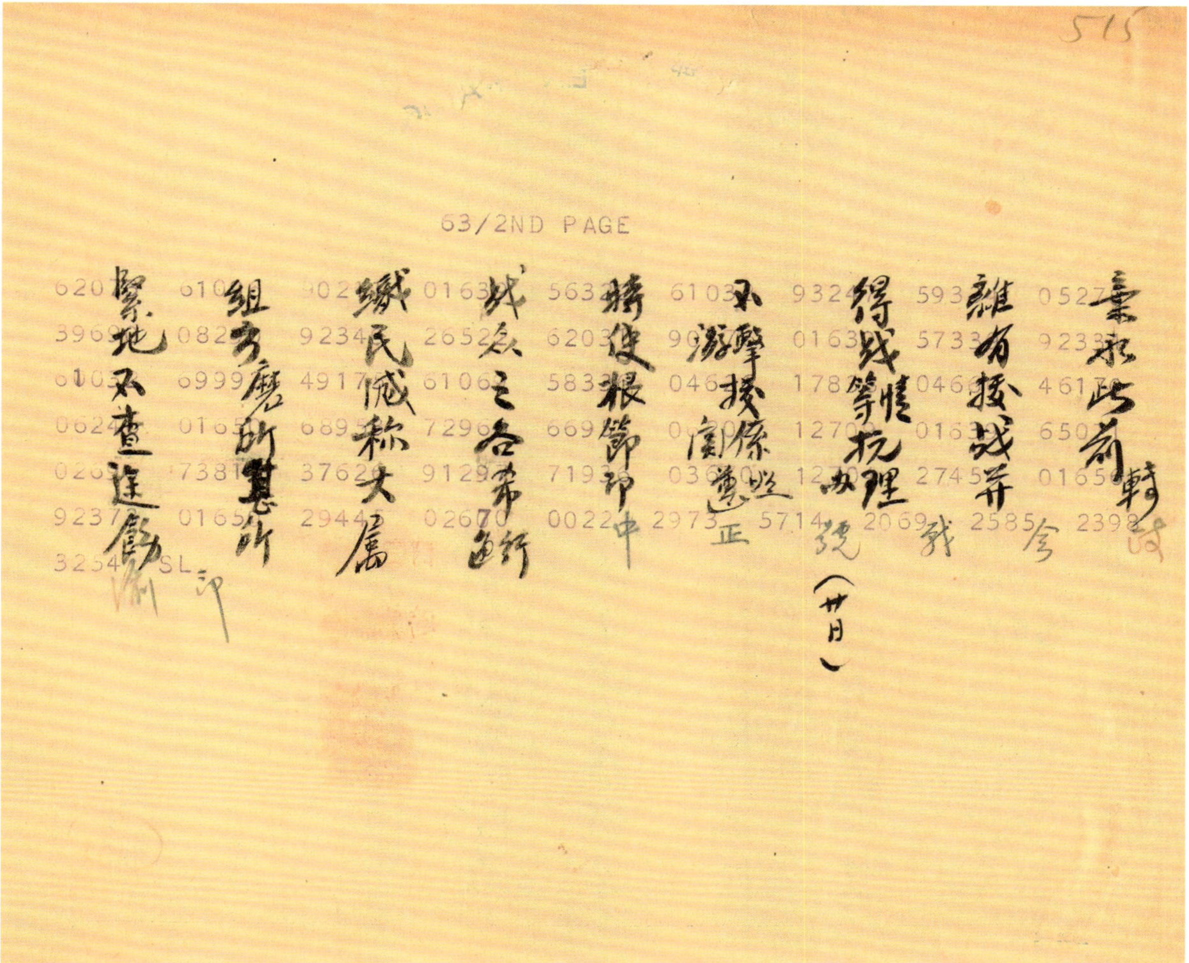
515
63/2ND PAGE

徐永昌关于各战区情报致马鸿逵的密电（一九三九年五月五日）

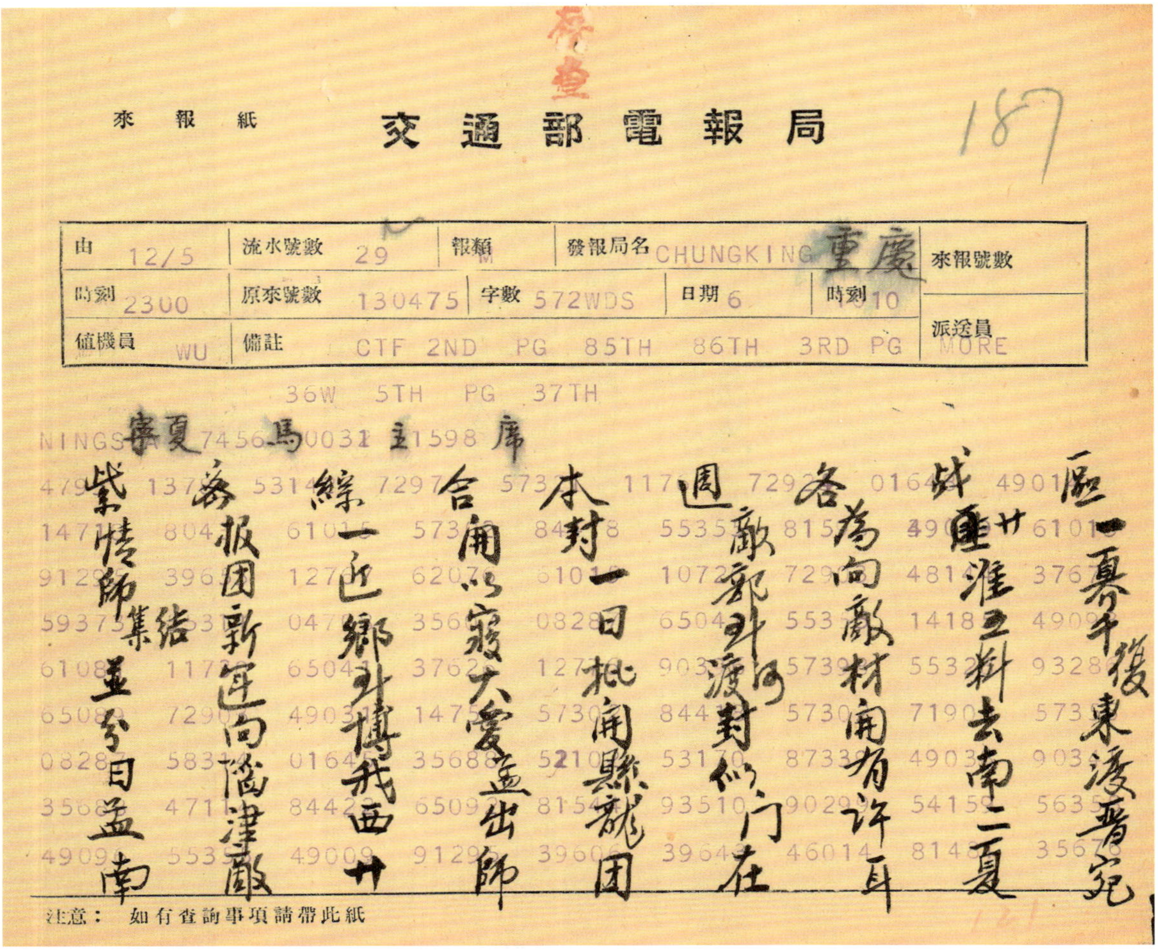

來報紙　交通部電報局　187

由 12/5	流水號數 29	報類 M	發報局名 CHUNGKING 重慶	來報號數
時刻 2300	原來號數 130475	字數 572WDS 日期 6	時刻 1010	派送員
值機員 WU	備註 CTF 2ND PG 85TH 86TH 3RD PG			MORE

36W 5TH PG 37TH

NINGSIA 寧夏 7456 馬 0031 主 1598 席

區一萬千復東渡晉宛
戰匪廿淮三料去南二夏
各為向敵材角有許耳
週敵部斗渡封似门在
本封一日机角縣龍团
合角以寢大雯孟出師
綠一近鄉斗博我西卄
務报团新迕向临津敵
紧情師集结孟介日孟南

注意：如有查詢事項請帶此紙

來報紙

交通部電報局

由	流水號數	報類	發報局名		來報號數
時刻	原來號數	字數	日期	時刻	
值機員	備註 29/2ND PGE				派送員

向增萬師一白大在敵[illegible]壇師

近帶渡入接觸沿現高宗部全七

後一津零有郭聲部三一十

圍包渡等時一年一中有五敵

我陵犯敵我之我次激戰似在西

被風再中南因經補近因仍帶

帶及有晉附近師以向敵師動一

一宜似模要九公退水五北水

運夏援城沥寒晉部分十鄭深

注意：如有查詢本項請帶此紙

來報紙　　**交通部電報局**

由	流水號數	報類	發報局名		來報號數
時刻	原來號數	字數	日期	時刻	
值機員	備註	29/3RD PGE			派送員

3960	5317	5733	6101	1072	5730	5416	620	922
5219	5737	55355	4900	5415	91295	3960	531	04
3564	5733	46025	8443	05264	61015	9129	7493	3867
39663	553	81593	4900	6400	9129	39606	5415	49001
6108	5502	5207	6101	107	1172	3873	1983	4816
9021	5314	0164	046	8459	7483	37626	10726	1684
7492	92263	2841	5110	47144	6101	9129	74924	3866
3966	5533	81593	49001	64008	9129	3960	54159	49001
61088	5502	6207	71015	107	1172	3873	1983	4816
9021	5314	0164	0467	8459	7483	37626	1072	16843
7493	9226	28413	511	47144	6101	37625	05211	04560

警接增十浮竄撻十浮竄授
任仍四二羅部四二羅部隊
東团帮团犯大部团犯大部
南師一師進現一師進現一
郭二陽八郭潰餘八郭潰餘
一廿富十一擊僅十一惠僅
有敵嘉為路我州為路令州
似杭有敵瞬經廣敵聯經廣
固備守城三处固城三处回

注意：　如有查詢事項請帶此紙

來報紙　交通部電報

由	流水號數	報類	發報局名			來報號數
時刻	原來號數	字數		日期	時刻	
值機員	備註	29/4TH PGE				派送員

三敵師峒日僉門帶卸增援南團攻
會參鶴迎擊江一旦乘犯在師友
新一隊武年回支十敵進圍一我
內及西日經竄歷及粹有企零經
口旅寢台後水三鍾似陽一張
又灣部六艳廣十部餘襄敵一
城台一朱攻岨五加一千取匪南零
增為之鶴江增各旦略以一
半似团日感退九敵团秉錶之

注意 如有查詢事項請帶此紙

來報紙　　交通部電報局

由	流水號數	報類	發報局名	來報號數
時刻	原來號數	字數	日期	時刻
値機員	備註	29/5TH PGE		派送員

處中帶帶為六凰原之在
一
等以鄧一敵三鳳一綫帶似
潛激高城帶一之一潯一鄱
埠附近在大一之南抵興江一
沙塘旅向宛团新效殺九团
塘蓮二東痛静師奉陽已綫師
向在零戒新六在攻似潯六
復刻一遭奉零刻附近旅南一
克其附近渼退一旅峴一國防一

125

注意：　如有查詢事項請帶此紙

來報紙

交通部電報局

由	流水號數	報類	發報局名		來報號數
時刻	原來號數	字數	日期	時刻	
值機員	備註	29/6TH PGE			派送員

六一比為奪領城大艦林永

第一西敵爭佔遇丹湖萬徐

為其、其間橋我及增加庭愛沒

敵旅及陽林為南陽洞山出

寧六新棠南府橋峙守月居艦

武二陽城團里橋中偽躍敵淪

中之移道師十南线為活處乘智

用團似匡九次在激似敵等繳

積師旅地第數刻南部係浩昌

SEAL 印

注意：如有查詢須請帶來此紙

蒋介石关于通令抗战转入第二阶段各军政机关注意事项的电文（一九三九年五月六日）

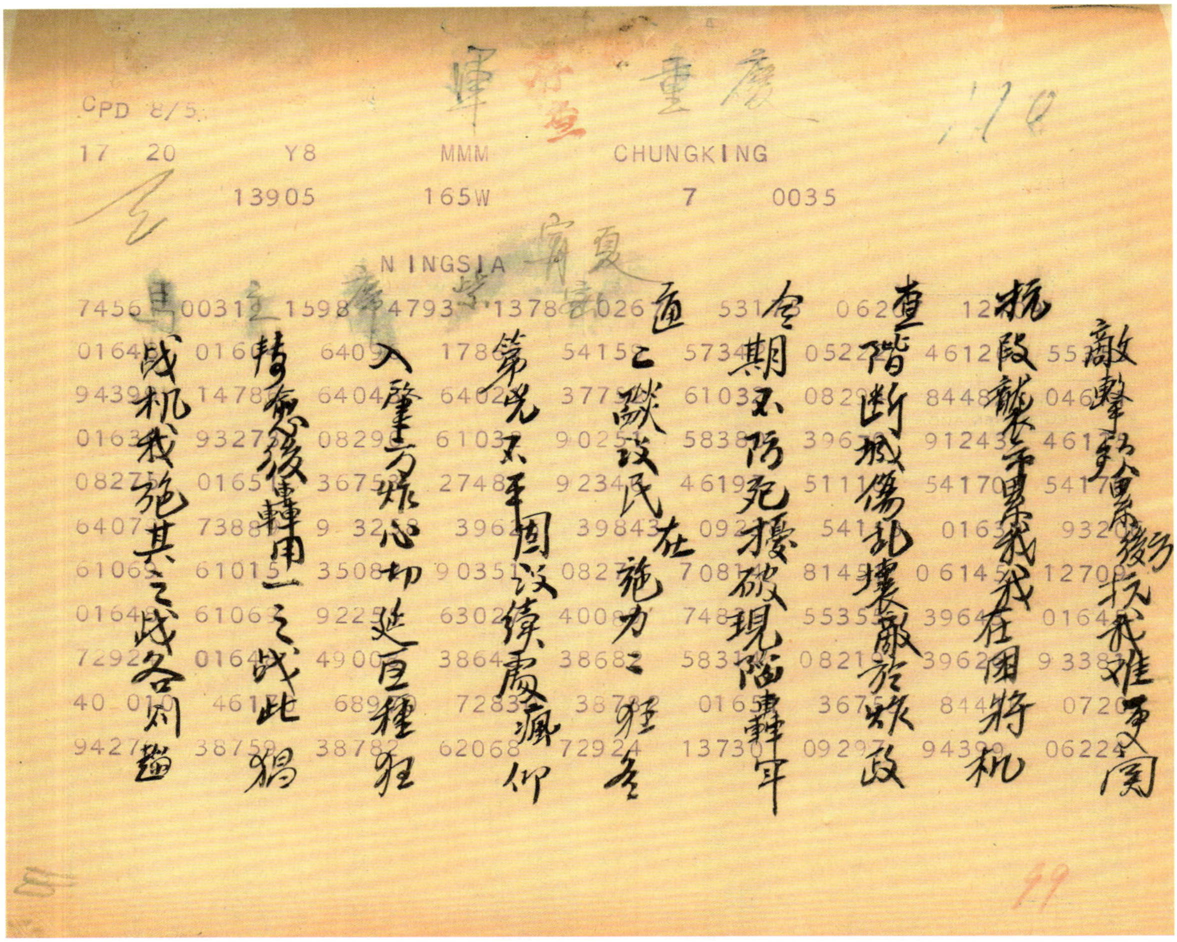

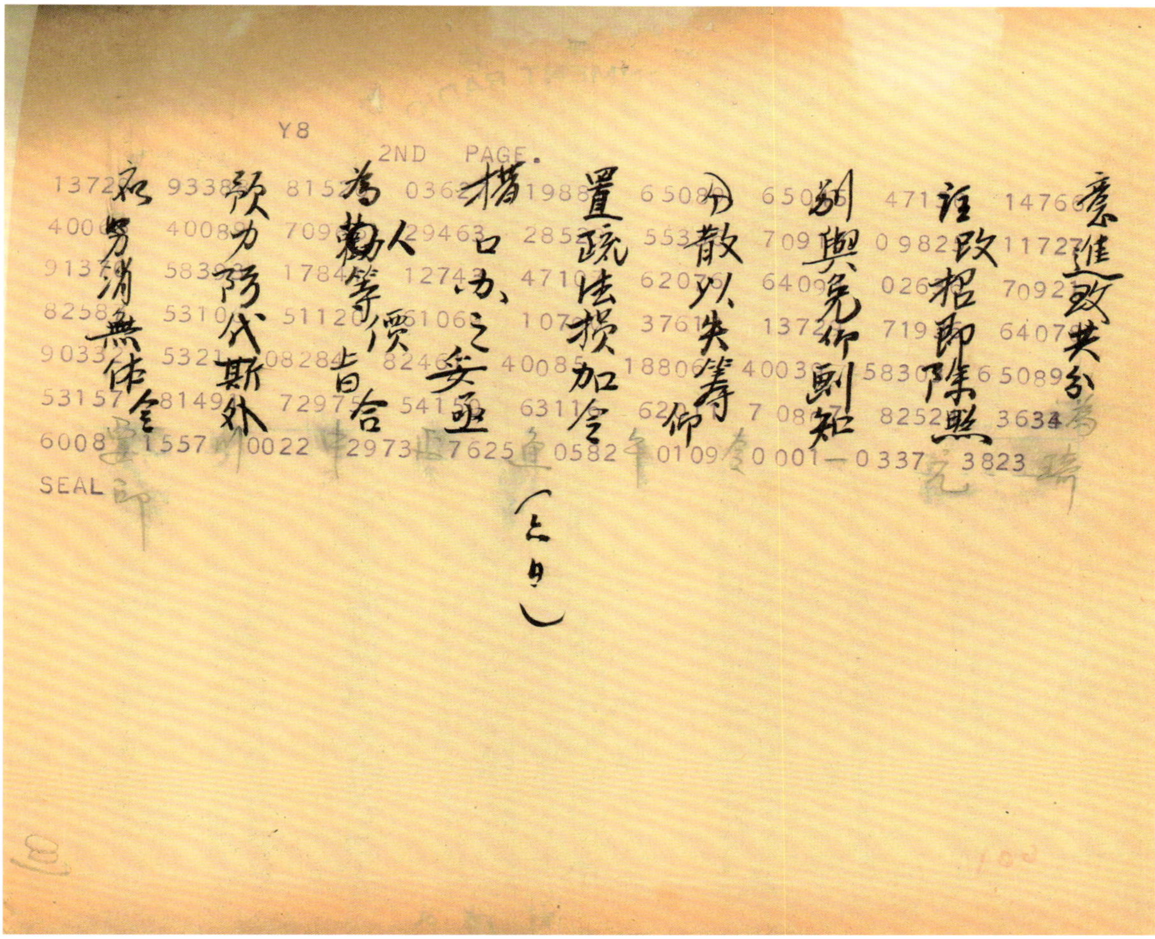
Y8
2ND PAGE.
SEAL

徐永昌关于各战区综合敌情致马鸿逵的密电（一九三九年五月十三日）

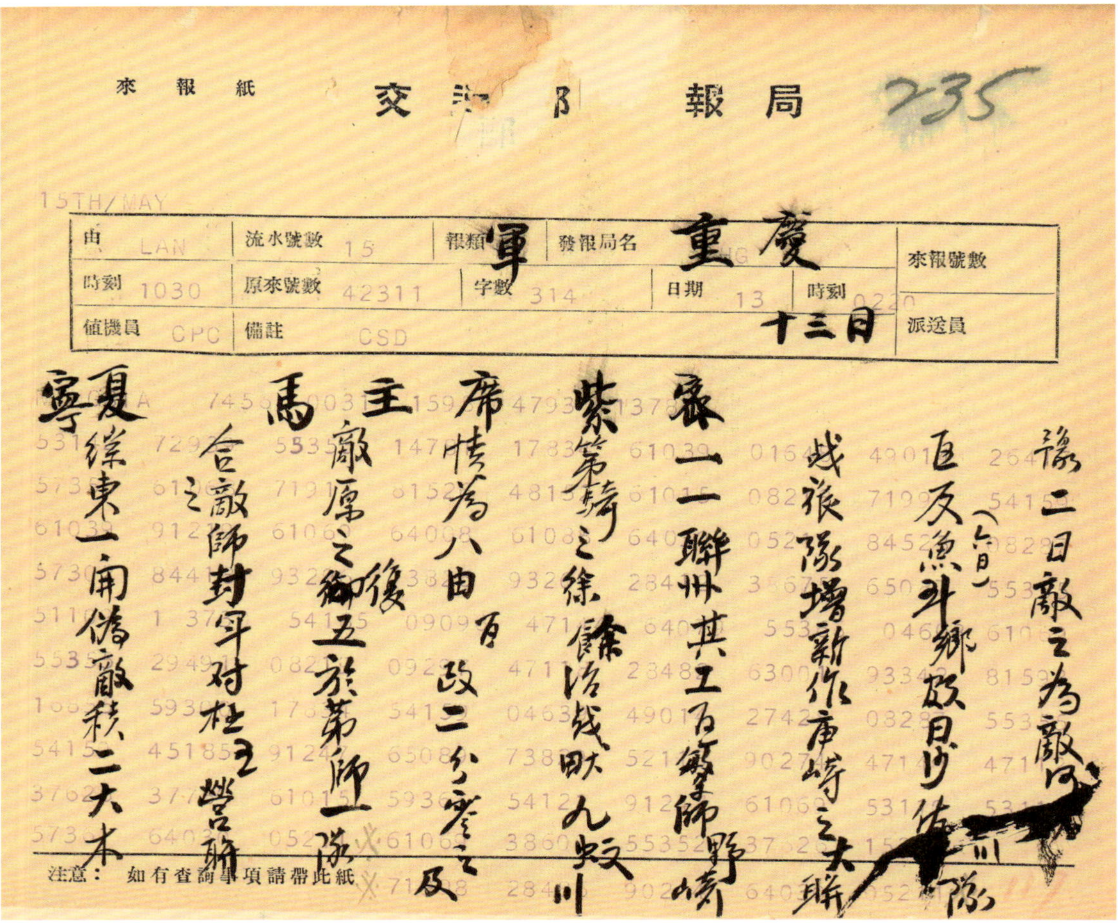

來報紙　　交通部　電報局　　235

15TH/MAY

由 LAN	流水號數 15	報類 軍	發報局名 重慶				來報號數
時刻 1030	原來號數 42311	字數 314		日期 13	時刻 0220		
值機員 CPC	備註 CSD			十三日			派送員

豫二日敵之為敵
亘反（旨）魚斗鄉敗日沙徐
战張隊增新作庚崎之大聯
家一一聯卅其工百餘師野崎
紫第崎之徐餘洛线畈九蚊川
席情為八由百政二分零之及
主敵原之衛後五旅第師一隊
馬合敵師封守対杜之營部
寧夏綏東一甬偽敵稜二大本

注意：如有查詢事項請帶此紙

來報紙　　通部電報局

由	流水號數	報類	發報局名			來報號數
時刻	原來號數	字數		日期	時刻	
值機員	備註　2ND PGE/15					派送員

反師我敘積柱岷現竄徽縣淅

岷八不附近之敵竄新後訪隨在

台一竹潭嵩犯所多收之向我敵

主敵長派神前師我第北部

我區陳在莊訓練四日直東至

向我聯日手丁零集徽我岷犯

台四六抱太莊一寨主應進

主第五師發援為東第由側河

由因攻主真車柚之敵已岷日北

注意：　如有查詢事項請帶此紙

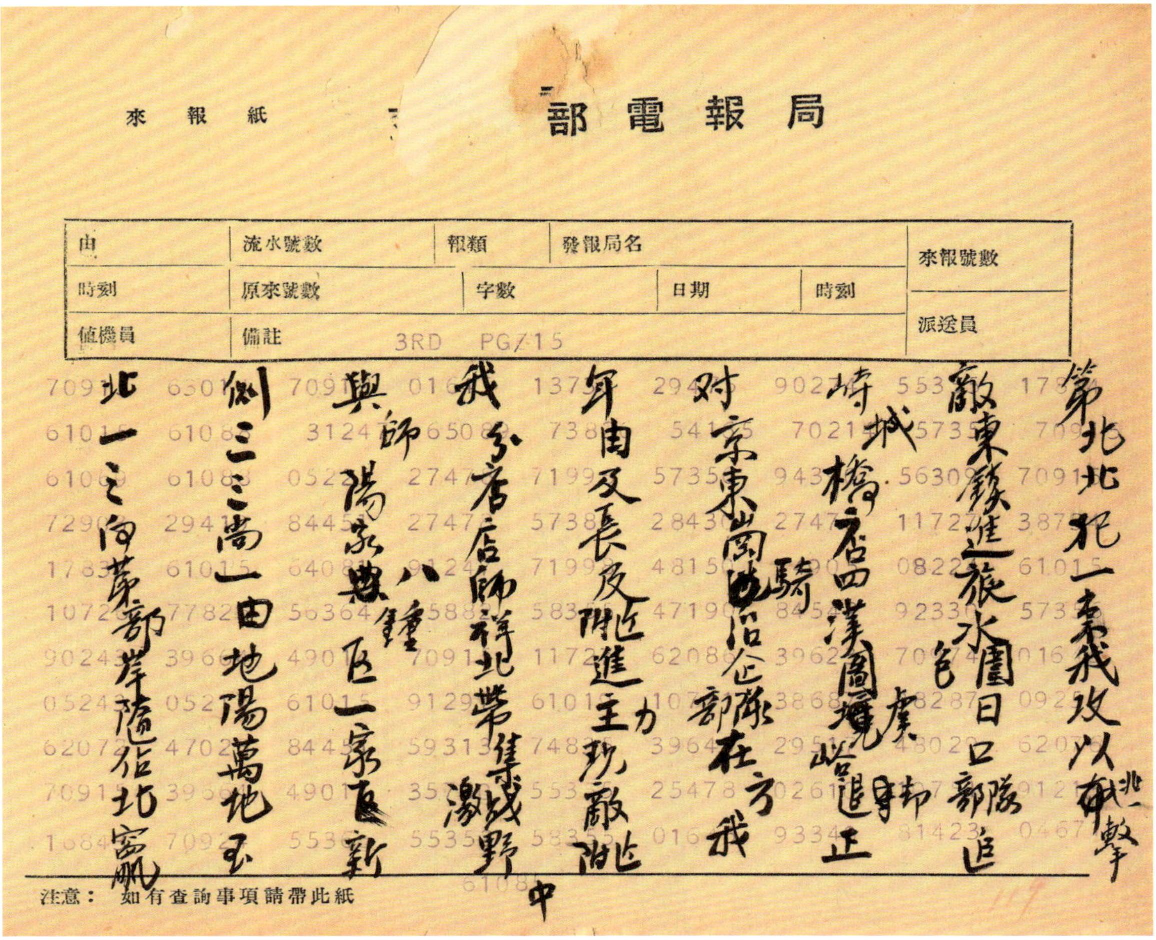

來報紙　　　部電報局

由	流水號數	報類	發報局名		來報號數
時刻	原來號數	字數	日期	時刻	
值機員	備註　3RD　PGZ15				派送員

第北北犯一來我攻以北一軍擊
敵東竄進之旅水園日口部隊追
崎城橋店四漢圖壩峪虞部追擊止
对京東崗山騎沿途部隊在方我
午由及長皮附近進主力攻敵附近
我分店店師祥北帶集激戰野中
與師陽家燉八鐘區一家店新
側三三尚一田地陽萬地玉
北一之向蒙部岸隨伯北寧飛

注意：　如有查詢事項請帶此紙

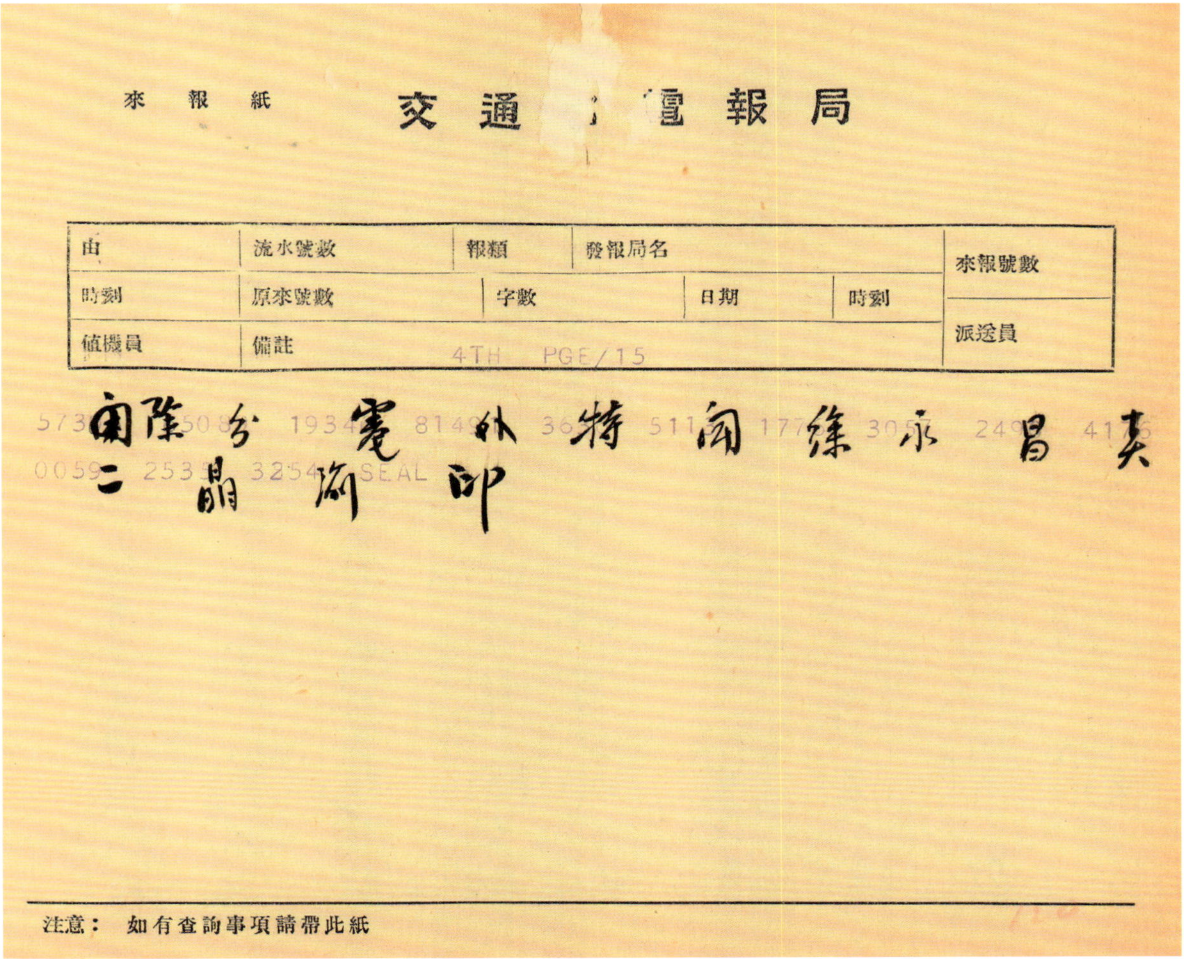

來報紙　　交通部電報局

由	流水號數	報類	發報局名	來報號數
時刻	原來號數	字數	日期　　時刻	
值機員	備註　4TH PGE/15			派送員

南陳分電外特閩緣永昌表
二晶渝印

注意：如有查詢事項請帶此紙

阎锡山关于日军在天津集结情形致马鸿逵的密电（一九三九年五月二十二日）

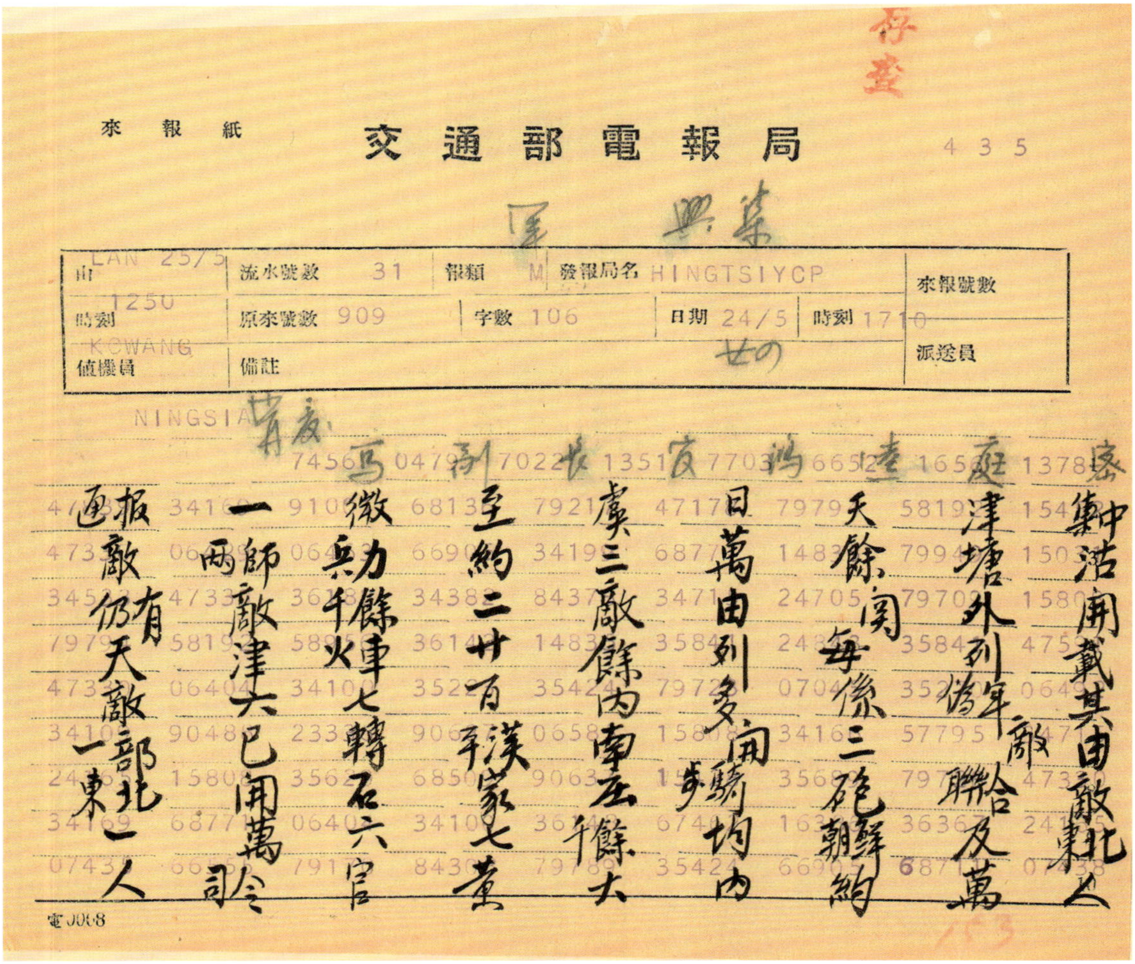
来報紙　交通部電報局　435

存查

軍與業

由 LAN 25/5	流水號數 31	報類 M	發報局名 HINGTSIYCP	來報號數
時刻 1250	原來號數 909	字數 106	日期 24/5　時刻 1710	
值機員 KOWANG	備註 廿四			派送員

NINGSIA 寧夏 馬副長官鸿逵庭 密

集中沽開載其由敵北人津塘外列偽年敵聯合及萬天餘閱每係三砲朝鮮約日萬由列多開騎步均內虞三敵餘內南左千餘大至約二卅百平漢家七萬徽兵千火勳餘車七轉石六官一師兩敵津六已開萬司令報有敵仍天敵部北一人通一東

電J008

435

來報紙　　**交通部電報局**

由	流水號數	等類	發報局名		來報號數
時刻	原來號數	字數	日期	時刻	
值機員	備註 31/2ND PG				派送員

7921 虞 3471 由 2495 正 7970 大 4815 西 1580 開 063 等情 091 謹 7051 聞
6932 楊 1472 山 7402 叢 0075 亥 0640 參 6183 謀 SEAL 部

（廿二日）

電0008

154

阎锡山关于山西之战况致马鸿逵的密电（一九三九年五月二十二日）

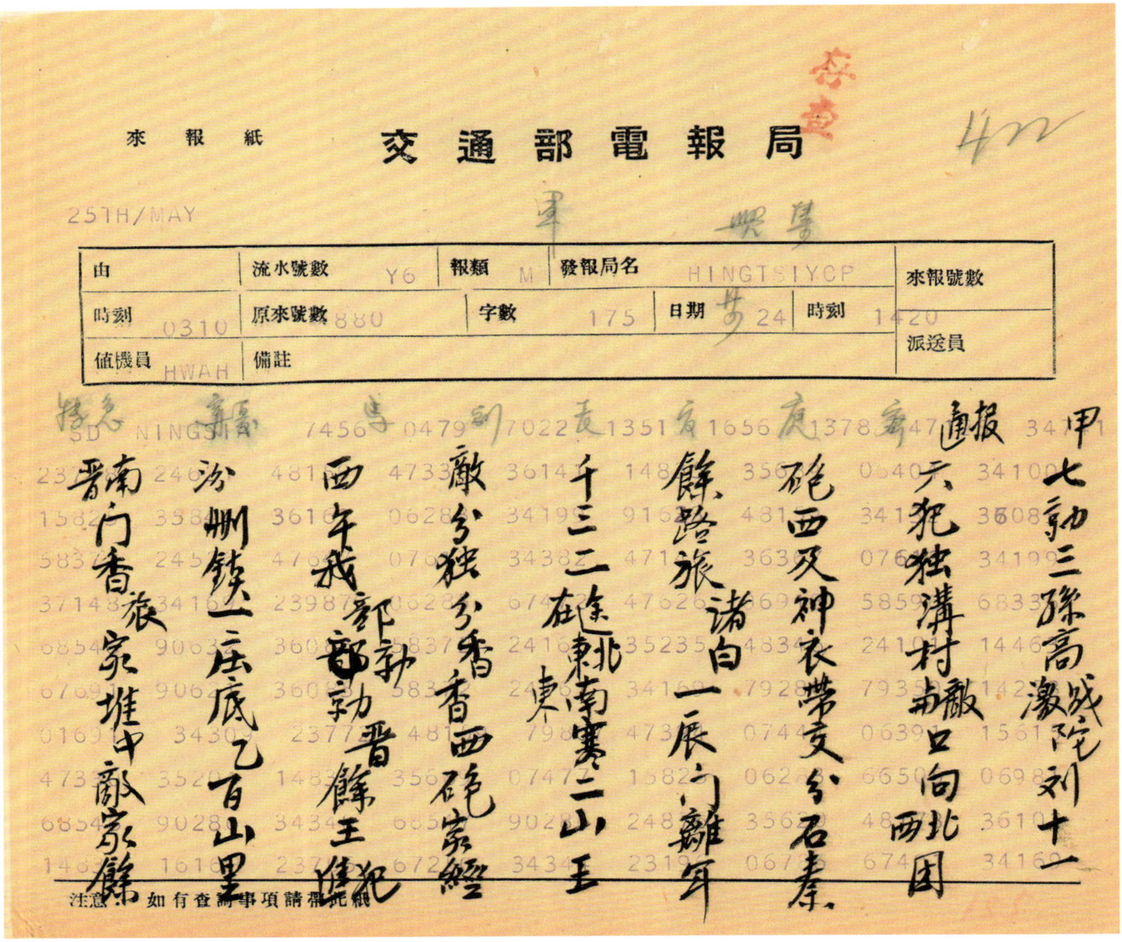

來報紙　交通部電報局

25TH/MAY

由	流水號數 Y6	報類 M	發報局名 HINGTSIYCP	來報號數
時刻 0310	原來號數 880	字數 175	日期 24 時刻 1420	派送員
値機員 HWAH	備註			

SD NINGSIA 7456 0479 7022 1351 1656 1378

注意　如有查詢事項請帶此紙

來報紙　　交通部電報局

由	流水號數	報類	發報局名		來報號數
時刻	原來號數	字數	日期	時刻	
值機員	備註				派送員

PGE2/Y6

蕘真四靜範蕘四
潰竄北砲溝續擊退官兵
不支西餘会我奮勇傷亡（廿二日）
敵晉百扶里守我
申丙四河餘被我餘
迄餘敵西十龍袋十
夾擊卅乘向北進五特南
猛烈敵靜分西一部敵餘
部傷拂曉門業亭傷十

SEAL

注意：　如有查詢事項請帶此紙

行政院关于日军有计划轰炸我资源城市等情致宁夏省政府的密电（一九三九年五月二十四日）

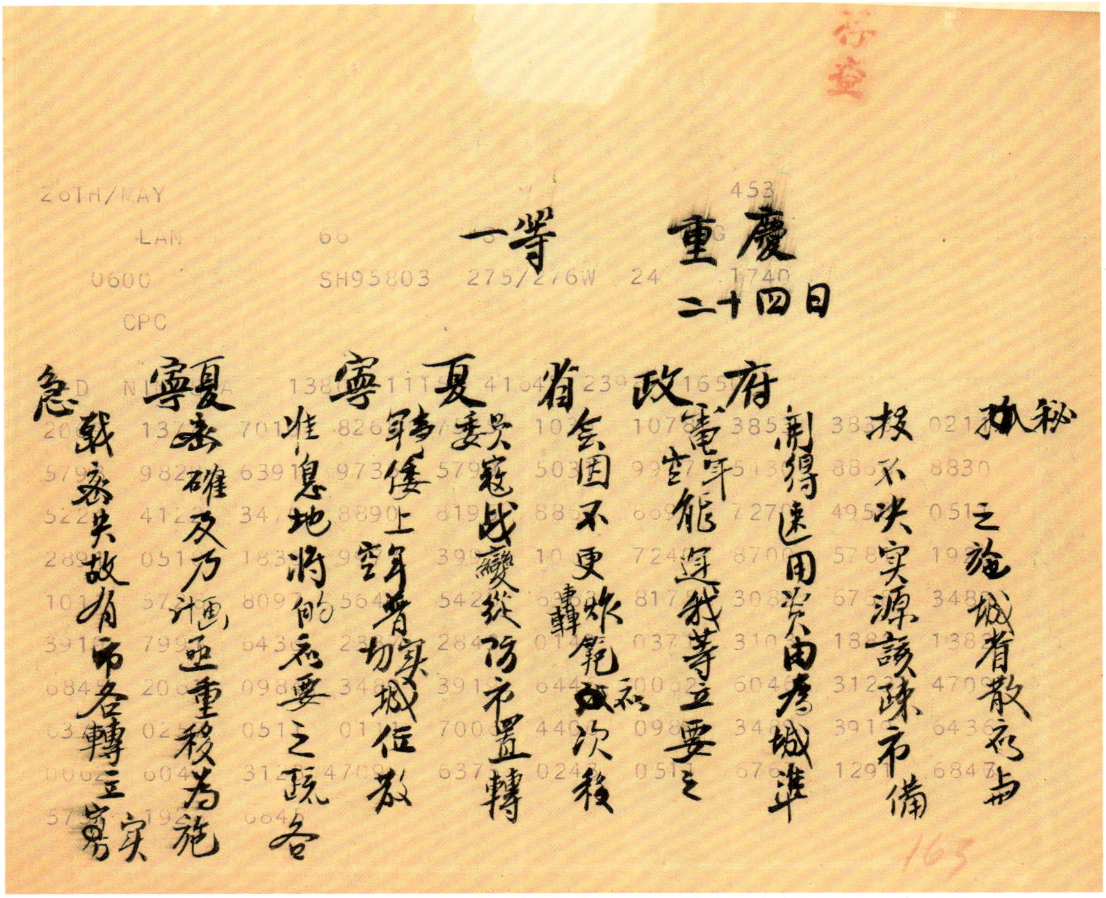

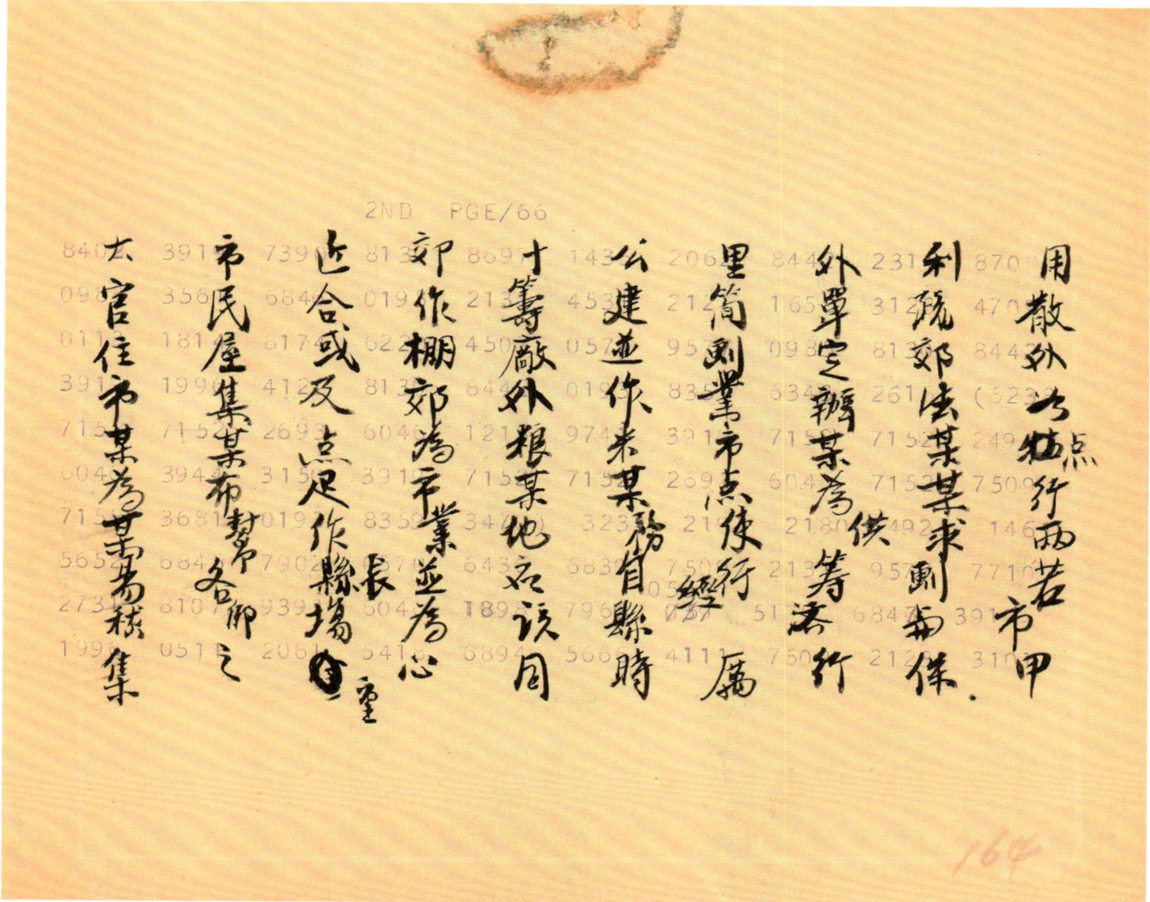

2ND PGE/66

用散外[illegible]点行兩若市甲
利疏郊區某某求劃出係.
外單定辦某為供籌落行
里簡劃業市点條行經屬
公建並作米某務自縣時
十籌廠外糧某地名該區
郊作棚郊為市業並為心
近合或及点足作縣場長重
市民屋集某布劃各鄉之
太官住市某為甘某為栽集

164

未敢稍涉虚浮具

练勤数须程碓办理

训堃低所施之遴

之政声频实纲物实

人员村粗耳核披纹 印

甲鄉鎮道考登務一 SEAL

保進城仰时防警散 （王書）

憂推通益随縣開院

度用普事法剕事故

制任于機办並性行

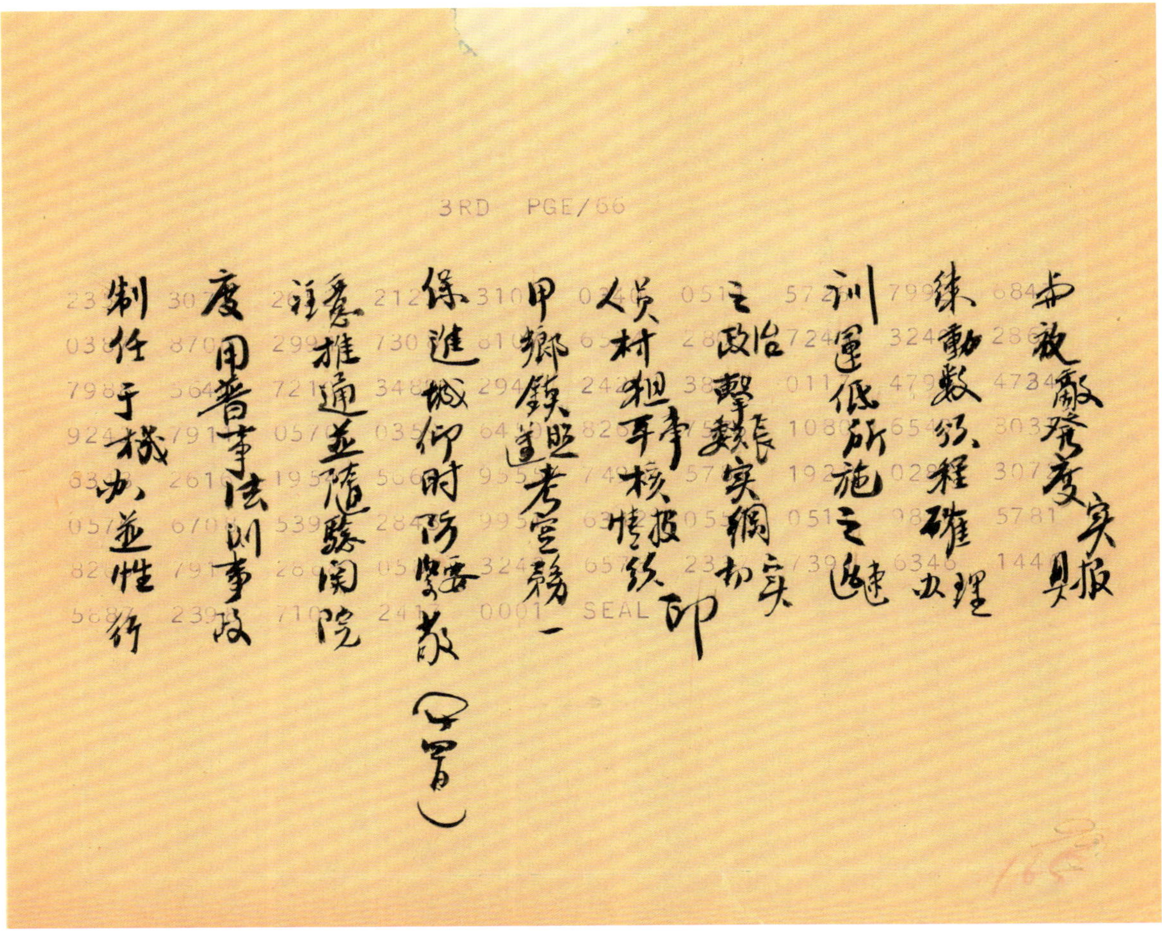

徐永昌关于通报敌情致马鸿逵的密电（一九三九年五月二十五日）

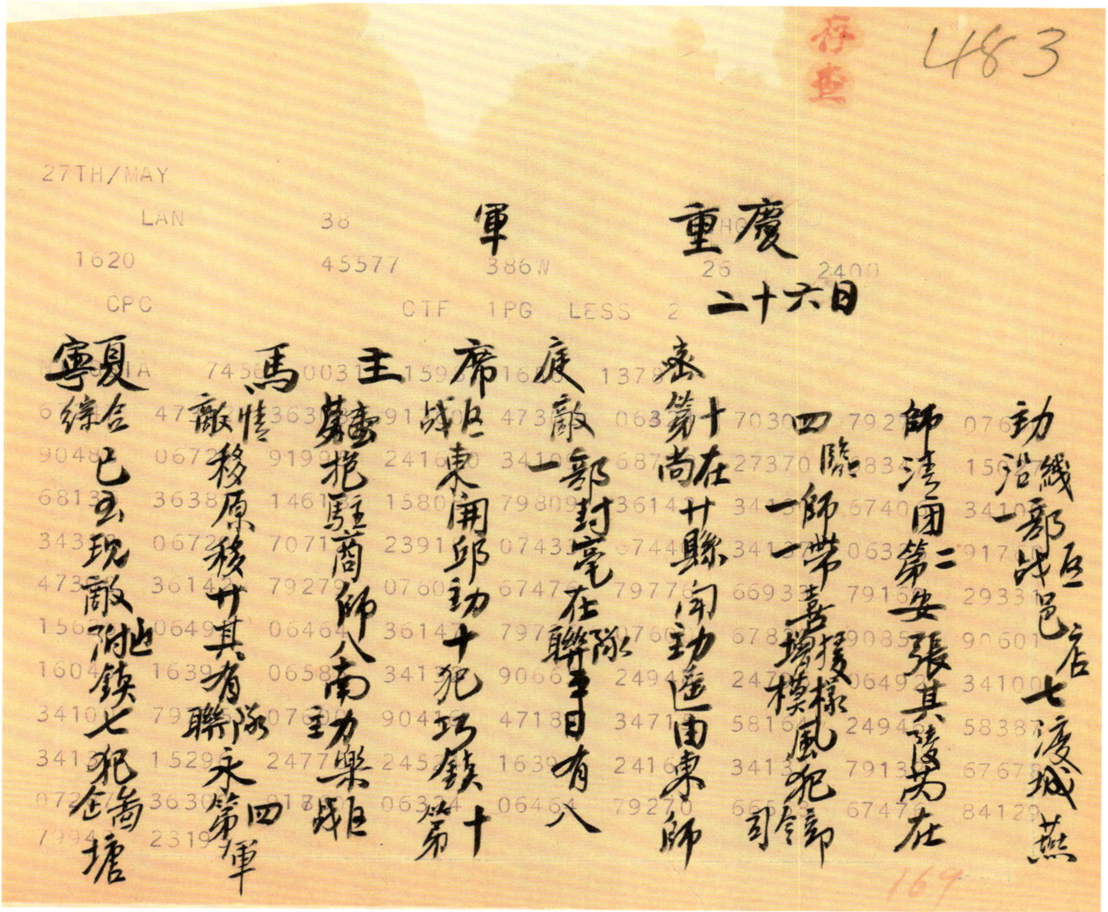

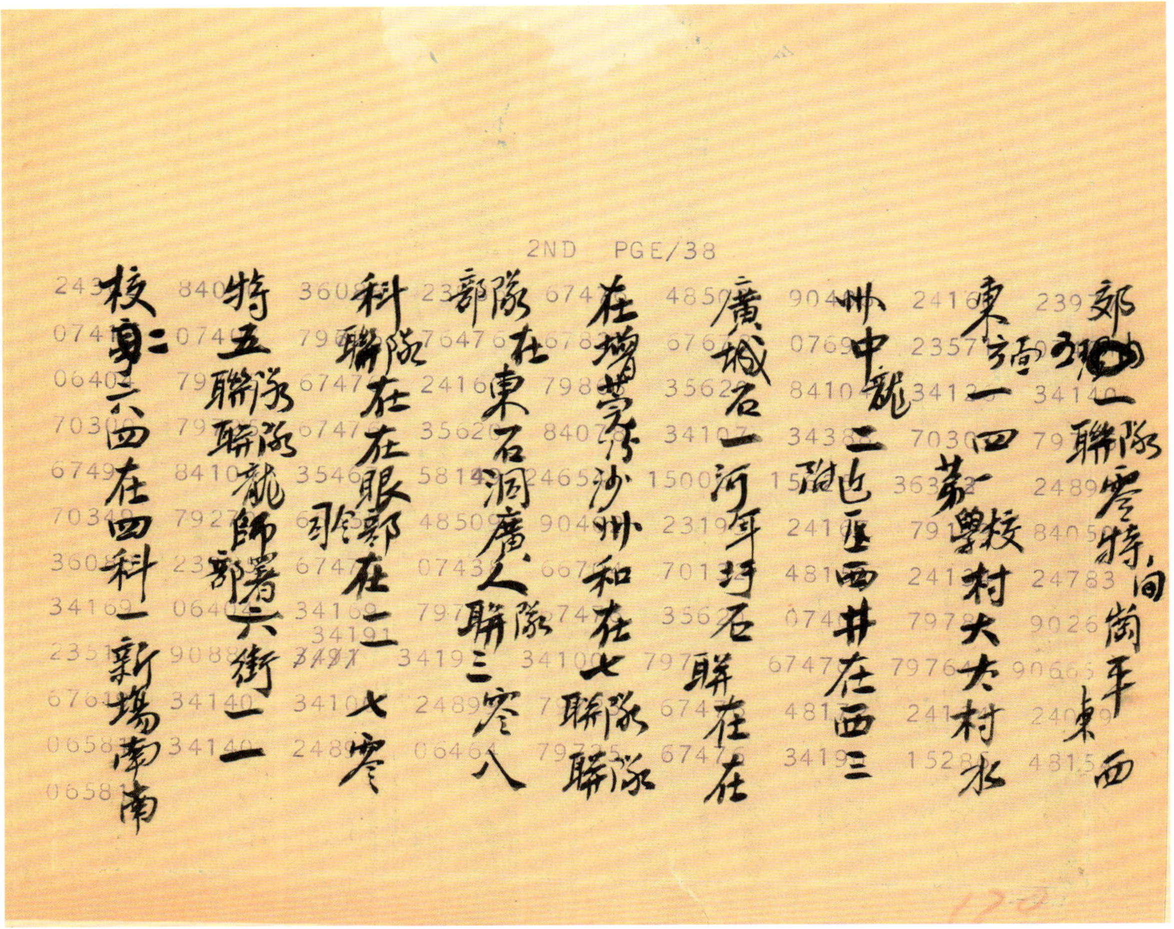

2ND PGE/38

郊外一聯隊零特，向崗平東西
東涌南一四第一學校村大大村水
卅中龍二附近亞西井在西三
廣城石一河年圩石群在在
在增營行沙卅和在七聯隊聯隊
部隊在東石洞廣人聯隊三零八
科聯隊在在眼鄉司令部在二七零
特五聯隊聯隊龍師部署六衛一一
校第二六四在四科一新塲南南

120

3RD PGE/38

卅阪會島田日角店始屬永隆東兵

大新敵灣之敵條日家由東以獲陽

之內為台西當重敵動擊我來

兵團江仍為我在奇由陽隆日由

灣江門仍在第一據失部信贏淡被動

台九虎島陸戰隊改師撤退方西互師

一帶在于南及平彩巨縣地三

圩聯隊至海動經我其地隱以北第十

新戶附近師團之來撤退北方山小縣撤

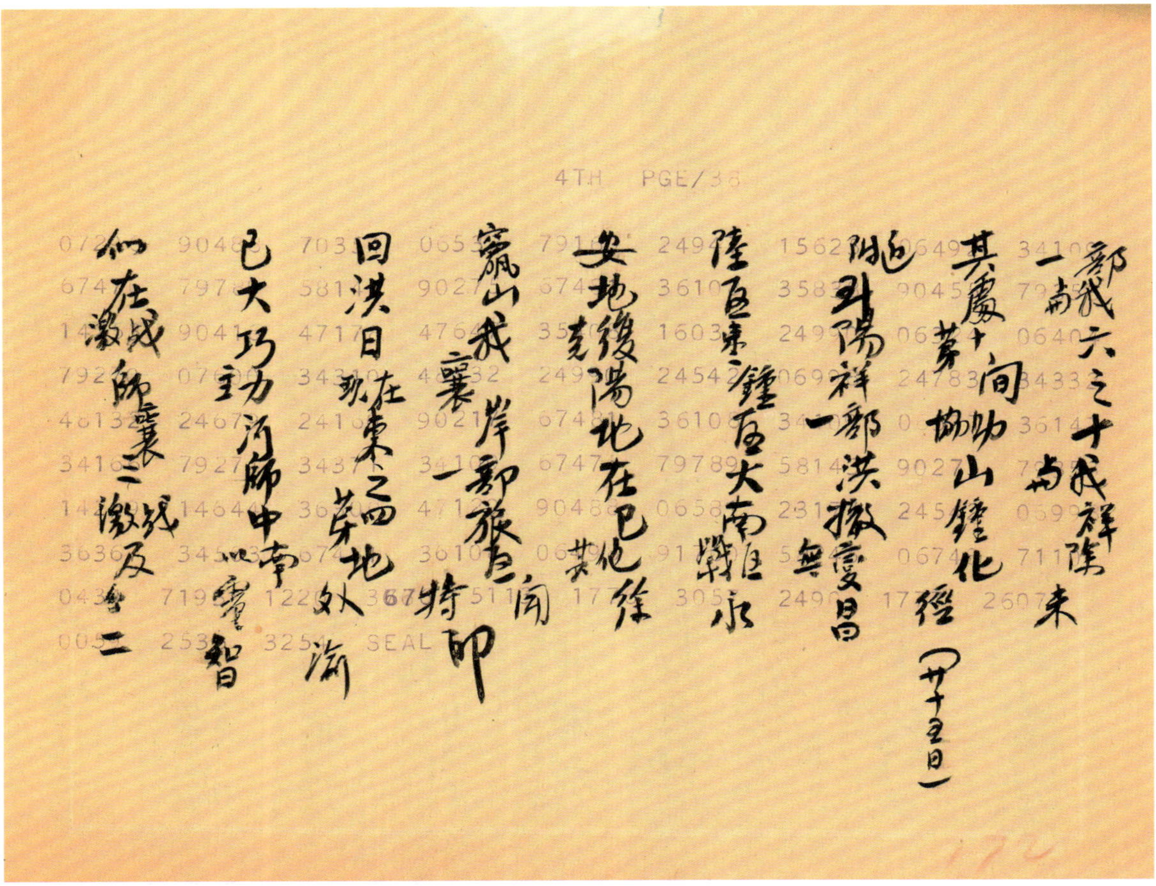

4TH PGE/38

鄧我六之十我祥隊来
一南南
其處十募向協助山鐘化經（廿十五日）
附近到陽祥一部洪撤無豐昌
陸良東之鍾百大南戰良永
安地後陽地在巴他往
克其
竊山我襄岸郭旅長間
一特印
回洪日现在東之四荣地奴漸
已大巧主力河師中南以電智
仰在激戰師裏三徼戰及會二

SEAL

172

蒋介石、程潜关于日机轰炸城市民众疏散等情致宁夏省政府的密电（一九三九年五月二十八日）

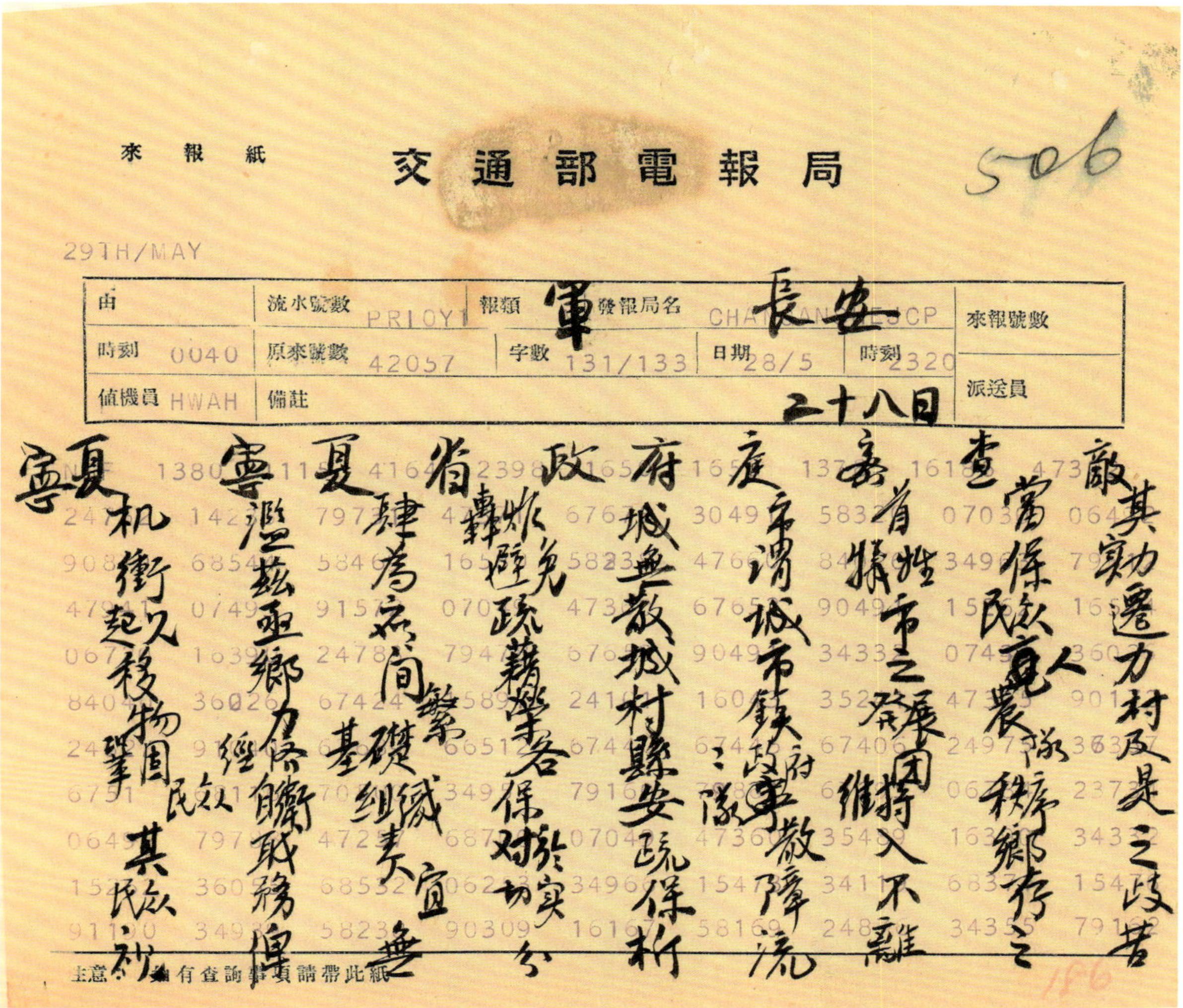

来報紙　交通部電報局　506

29TH/MAY

由		流水號數	PRIOY1	報類	軍	發報局名	CHANGAN/SCP 長安	來報號數
時刻	0040	原來號數	42057	字數	131/133	日期 28/5	時刻 2320	派送員
值機員	HWAH	備註				二十八日		

敵其窮勦邊力村及是之政者

查當保民眾竟人農隊秩序鄉存之

參首姓市之發展困維持入不離

庭市滑城市鎮政府軍三隊散障流

府城無散城村縣安疏保析

政轟炸免避疏藉學各保對於切實令

省建為宏間繁基礎組織素宜無

夏懲茲亟鄉力除自衛職務經傳

寧機衛起又移物圍擊民眾其民眾於

寧夏

主意：如有查詢事項請帶此紙

186

來報紙　　交　　報局

由	流水號數	報類	發報局名		來報號數
時刻	原來號數	字數	日期	時刻	
值機員	備註				派送員

PGE2/YONE

79859　5844　67　791　0612　06　4805　3419　3435
91155　360　24　7970　840　161　9067　23　9
34139　1445　16542　584　5592　0022　297　4453　33　0103
0313　5887　4545　0059　SEAL

之属代
所潘
一转饬
程
惟并
飞
前瞩照查中
吏特电蒋印
官外为要
电照之
地方除道章
为务依行
实要一傚

主意：　如有查詢事項請帶此紙

187

省秘字第1440號

來電機關姓名	重慶 委座
電碼韻目	州 侍秘
有無電線電話	有
原報號數	694
字數	434
收到日期	30年11月2日
譯員姓名	
歸檔日期	月 日
事由	關於美國對日本提出之各項條件請查之
指示辦法	存
備考	
發交	

馬主席孟逵：極密。本日午後三時半，美大使向我外交部口頭密報稱：美國對日本所提出之遠東及太平洋問題解決辦法，按照國務卿赫爾本月二十六日向日代表所提出大畧如下：甲、基本原則：一、不以武力推行國策，國際問題應以和平方法解決；二、領土完整與主權之不得侵犯；三、不得干涉他國內政；四、機會均等。乙、經濟原則：一、國際財政機構之建立（其內容待詳）；二、商業待遇之不歧視；三、對於原料之取得不得有歧視用以待；四、放棄商業之極端國家主義（如取締海空運

不侵犯條約玄由泰日荷印中國蘇联美英等國家共同訂定互不侵犯條約丁、一、美日與任何第三國家所訂任何條約不得為與本協定有衝突之解釋二、日日日本在越南不得享受商業上经済上及原料不得之优先權或特殊權利三、担保越南之領土完整戦、日本須撤退在中国及越南所有海陸空軍及警察三、取消在華領事裁判權以美日訂新商約取消封存資金平衡準滙兑庚、承認現在重慶之國民政府為中国惟一合法之政府玄撤消被佔領區内各種不法之政治組織等語特電知照（注意此為美国對中國我政府秘密通告故美日兩当事国未發表以前不得洩露為要特及）中正卅侍秘印

103

00102

省秘字第1739號

來電機關姓名	渝委座
電尾韻目	元侍秘
有無電話	有
電報號數	382
字數	1932
收到日期	31年3月23日 時
譯員姓名	
歸檔日期	月 日
事由摘示辦法	續印度現在之抗戰情形
備考	續元侍秘三先
	發交

馬主席并轉省党部主任委员寿年因文因部学密现在菲律宾的首都馬尼拉雖然失淪但法律可斷言菲律宾的战事是不會了结的其原因就是由美國实实在在扶助菲律宾独立而且最近你们美國軍队長官又一再表示美國将来绝对保证其独立自由因此菲律宾人民為自己的自由平等而战所發挥的力量自非英美兩國殖民地的人民可比這是我在太平洋战事爆發开始時对于我们决战那所請進的忠告现在事实证明菲律宾的首都雖然失淪菲律宾的战事雖已三月之久而麥克瑟將軍

现在著菲律宾全体军民在坚强的抗战但英属马来新嘉坡和荷属爪哇各地却先後都沦陷了我对于我们并肩作战的盟友是知无不言言无不忠而且言无不诚的过去我对于南洋一带殖民的主张是如此如果英國能够以美國菲律宾者来待印度那印度将来对英國不僅可以做今日的菲律宾效忠美國同到底而且我相信他们必能会做今日的美國对英國一樣的为之同生死共存亡更不願意完全脱离圈外与英國政治上的國体这是必然的趋势如此我们同盟國会能对德对日作战印度一定可以作我们同盟國胜利的基本力量之一一定可以在地中海印度洋与太平洋上发挥反侵略最大的功效现在再要講到新嘉坡和爪哇失守之後我们同盟國抗战的形势现在西南太平洋上重要的島屿除了菲律宾还在继续抗战之外其他英属荷属各地多已沦陷此以战局之演变如何发展我也可以引徵此次在印度和一位印度友人的谈话作为各位的参考新嘉坡已经失陷的时候我和他讨论到以後战局的变化人虽是文人而不是軍事家但他对于今後战局和世界大势分析非常清楚可見印度这個國家实在是有人才能其眼光之远大思

想之保錢并不在英美一般政治家之下他說日本和德國將來
定会來進攻印度這塊肥肉他們一定要來吃的但要知道如果
日本和德國不來侵略印度那他們崩潰之狀況還不至那樣迅
速如要他們軸心自然失敗就非要使他們快到印度來不可他
又說西方人到現在還沒有覺悟我們東方民族的精神力量他
們還是大夢未醒以為要鞏固國家國防打倒敵人政府要化錢千
錢萬錢鑄金鑄和許多年的时间築許多堅固而不易攻下的要塞
造許多飛機大砲和兵艦就以為金城湯池可以高枕無憂了我
們固然應該知道科學是戰爭決勝的重要因素但是最重要的
一個因素就是精神的力量因為一切物力和科學都得要有人
的精神才能發勝作用和他的功效兩方人都始終沒有認識這
一点所以他們還在迷信物質只在戰艦要塞上來想办法殊不
知世界上這一次戰爭就是精神和物質兩种力量的決定而今
後一定精神戰勝物質物質被精神打倒的他又說即以我
們中國抗戰的情形知道我們中國在五年前根本沒有新嘉坡
那樣堅強的要塞也沒有許多飛機戰艦尤其是我們丟了不平
等的束縛年時都不許設防的但是我們不設防的地方竟能抵

抗。海陸空全力進攻到三個月之久，上海戰役以後我們更能艱苦支持在四年以上，這種歷史上的奇績完全是精神力量所造成的。因為我們中國有民族革命偉大的精神，所以才能使日本深陷泥淖，反而不能自拔。日本在我們中國消耗了五年之久，他念雖收捨泥肥已經陷入了泥淖不能自拔了，如果他再到印度，我相信他絕不能像在中國那樣能夠苟延五年，他就一定會迅速崩潰的。他又說我們將來之所以必能使日本和德國崩潰，決不是如同英美那樣單靠什麼堅固的要塞和精良的武器物質的力量，而是要靠我們不合作主義我們精神的力量，這種力量現在也許還沒不出到了最後一定可以表現出來。這是他當時所我談話的大意，各位不要以為他這一段話是隨便說的，我們只細研究起來，其中實在含有不易的真理。我們根據這位印度友人的談話，檢討今後的戰局，可以得到如下的結論：東方的民族、有東方特殊的環境和傳統的精神力量。我國太平洋戰事爆發兩週之久，電告英美友邦，就是秉此信念。到了現在，我這個信念格外堅強了。我認為我們同盟各國助戰達到反侵略戰事的勝利，必須發揚我們的精神力量，尤其是對於日本這個強盜更非運用东方各民族全副精神力量是不能解决的所以自從太平洋战事爆發以後各位同志必須認識我們中國在东方的地位及其所負的責任是格外重大我更希望英美各盟邦对于新考慮其態度俾速決定其方畧這是兄弟此次訪印歸來的感想以及對觀察今後太平洋戰事的一点意見希知照並酌予密為印發不必登報中正之侍秘定

四、宁夏省政府颁发的抗战训令

第九十六、九十七期　　公文

●財政廳訓令各縣長令飭國民軍訓經費據各縣民衆紛紛呈請暫緩徵收等情本年應准暫緩徵收以恤民艱令遵辦

寧夏省政府財政廳訓令 字第　號 二六、七、三。

令各縣縣長

案查前奉

行政院迭次電飭，着將國民軍事訓練經費特別注意，列入概算等因，遵經按最少數目，於寧夏等七縣五等地以上附征此項經費洋一十八萬八千餘元，經本府財字第二九號訓令飭遵并布告週知在案。近據各縣民衆紛紛呈爲地方凋敝，民不聊生，懇請暫緩征收，以恤民艱各等情到府，查該民等所稱各節，尚屬實在，茲爲顧念民艱起見，所有已派之此項民訓經費，本廳准暫緩征收，俾各縣民衆得以蘇息，其訓練國民謹遵稱令減少團隊，撙節開支，以顧國防，除分行并布告外，合行令仰該縣長遵照辦理。切切此令。

廳長楊鴻壽

宁夏省政府关于抗战时期应执行卫生实验处组织条例第三条的训令（一九三九年一月二十八日）

訓令各機關據衛生實驗處呈爲適應抗戰時期之需要，呈請准予遵照本處組織條例第三條執行職務，俾資工作併請通飭遵照等情令仰知照。

寧夏省政府訓令秘二字第一〇三八四號 二八，一，二八。

令各機關

主席馬鴻逵

案據本省衛生實驗處二十八年十二月呈稱：「查本處組織條例第三條（二）項一目：文載，關於公私立之醫療機關及醫藥團體之管理，及指導改進事項，七目：關於全省醫師藥師牙醫師助產士藥劑生護士等之監督管理及註册給照等事項，八目：關於公私之醫院診所及醫藥團體之許可取締監督等項，九目：關於成藥之管理及取締事項等，各省衛生處率多遵照中央通令，執行右例各項。惟本省在職處未成立之先，即由省會警察局代爲管理，相沿多年，成績尚佳，確值此抗戰之期，本處職司全省衛生行政之責，確有迅即執行右例各項之必要。茲簡略呈報如下：一、本省年來各病時常流行，省垣及各市縣之中西醫士，亟應加以甄別，以免草菅人命。二、值此全面抗戰本省適當要衝之地，中西醫士亦應分別加以救護訓練，以應必要時，協助抗戰力量，增加戰士殺敵勇氣。三、各市縣醫院，向無病案記錄，而處方格式亦多參差不一，更無存根，每月工作向無報告，本處即無法統計疾病及死亡人數，以致預防工作難收成效。四、從前因管理之系統關係，各市縣醫院遇有急性傳染病向不呈報本處，致使病勢蔓衍，殘害人命。五、即如去歲本省各縣因傳染病而死者共計二千餘人，本處每月呈報衛生署者只計十餘人，（因省立醫院僅診治傳染病十餘人，）數目如此懸殊，實覺矛盾。六、亟應遵照中央法令實行藥品之統制，及民衆之公共衛生，亦爲我抗戰階段中不可或缺之工作，所有以上緣由理合具文呈請鈞座鑒核准予執行右例條例併通飭遵照，俾資工作，實爲公便」等情；據此。應准照辦。除指令並分令外，合行令仰遵照。此令。

主席馬鴻逵

宁夏省政府关于查禁日本银行所发钞票及军用手票的训令（一九三九年十月）

財政

●訓令各機關准財政部代電以敵偽銀行所發鈔票及軍用手票無論任何地方不准收受行使務須嚴行查禁等由并轉飭所屬一體遵照辦理

寧夏省政府訓令 財字第 二八、一〇、 號

令各機關

案准

財政部渝錢代電開：

「案奉軍事委員會渝四渝字第八零三二號篠代電開准第四戰區張代司令長官本年七月二十九日代電轉據潮安縣府報稱敵人所到區域即使用一種軍用手票正面橫印有大日本帝國政府軍用手票下橫印有大日本帝國內閣印刷局製造等字樣兩票面印有西瓜花現龍文分爲十錢五十錢一元五元十元五種其價格比率定爲比中中交農各行加三倍算背面印有此票一到即換正面所載日本通貨如有偽造變造仿造或知情行使者即應重罰不貸字樣偽敵軍司令官并出有佈告以推行此票又查敵偽於購物時則使用軍用手票找回時則必須取軍用手票不肯收受中中交農法幣故與之交易者無手票找回時必須向左右張羅兌換等情除分電暨分飭所屬將偽經濟設備狀況詳細續報外謹電察核等情即希注意爲要等因到部查敵偽銀行所發鈔票暨敵人所發軍用手票無論任何地方均不准收受行使經於取締敵偽鈔票辦法內明白規定通行轉飭遵照在案茲奉前因亟應重申禁令一致嚴厲對待除分行外相應電請查照轉飭所屬嚴行查禁認眞究辦並希見復爲荷。」

等因：准此。自應照辦，除分行外，合行令仰該 遵照，務須嚴行查禁，認眞究辦，并轉飭所屬一體遵照辦理爲要！

此令。

主席馬鴻逵

廳長趙文府

宁夏省政府抄发军委会关于取缔非军人身着军衣及参加救亡团体规避兵役办法的训令（一九三九年十二月十五日）

寧夏省政府訓令 秘一字第一零三四七號 二八、十二、一五、

令各機關

案奉

軍事委員會本年八月十一日辦一通字第六五二九號訓令開：

「案據軍風紀第一巡察團主任委員金漢鼎廿八年四月馬電呈稱：『查各省縣黨部各區行政督察專員公署及各縣政府所組織之宣傳隊青工隊抗敵劇團政工隊及各種救亡團體所有男女人員均係穿着軍服與正式部隊無二致且態度儀容亦不正肅取締困難於軍風紀頗多防害又其中因避免兵役而加入亦多殊足影響役政似應分別規定取締以資整飭』等情；據此。查此種團體，既非軍事組織，此項工作人員又未受過軍事訓練，雖便身着軍服殊乖風紀且藉參加此種組織，規避兵役尤為不合，經飭有關部會核議，擬具取締辦法五項除函中央執委會轉飭所屬遵照，并指令及分令外，合行抄附令仰遵照，并轉飭所屬一體遵照為要！此令。」

等因；并附辦法五項，奉此，除分令外，合行抄發原辦法，令仰遵照，并轉飭所屬一體遵照。為要！此令。

附辦法一份。

主席馬鴻逵

各種救亡團體工作人員穿着軍衣及避免兵役取締辦法五項

一、凡非正式軍事機關之公務員役一律不得腰懸皮帶身着黃色及灰色之軍服。

二、凡依政府法令組織之宣傳隊政工隊等須着規定之制服不得隨意着軍服。

三、凡奉令派赴前方服務之工作隊担架隊等如須着軍服時應由主管先行教以着裝法與陸軍禮節。

四、凡人民自動組織之抗敵團體等絕對不准着軍服。

五、凡人民參加無論任何抗敵救國團體須絕對受國民軍訓及兵役等法令之約束不得規避。

宁夏省政府抄发行政院关于战时公务员因公受伤核发医药费暂行办法的训令（一九四〇年一月五日）

第一二四　一二五　一二六　一二七期　公　文

◎訓令各機關奉行政院令發戰時公務員因公受傷核發醫藥費暫行辦法等因令仰知照。

寧夏省政府訓令　祕二字第一〇四〇三號　二九、一、五、

令各機關

——登報代令不另行文——

案奉

行政院廿八年十一月六日呂字第一二二零五號訓令開：

「案奉國民政府廿八年八月二十二日渝字第四七一號訓令開，為令知事：案據考試院廿八年八月十六日第五一號呈稱「現據銓敘部本年八月四日呈稱「案准江西省政府本年七月四日支電開「查雇員公役因公傷亡給卹暫行標準，規定因公受傷未達殘廢或心神喪失程度者得酌給一個月至三個月之一次醫藥費，委任職以上公務人員依照公務員卹金條例無醫藥費之規定，本省迭據戰區各縣呈報委任職以上公務人員，因公受傷，請求發給醫藥費，如予照准，苦無法令依據，概予駁還　似不足獎勵努力奉公，可否比照上項標準，視其負傷輕重，酌給實支薪額一個月至三個月一次醫藥費之處，相應電請核復為荷」等由，准此。查公務員卹金條例第五條規定因公受傷或致病未達殘廢或心神喪失之程度者，得於其退職時酌給一次卹金。至因公受傷毋須退職者，得酌給一次醫藥費，尚無

規定　如此照戰時雇員公役因公傷亡給卹暫行標準辦理，職務既不相同，給卹標準亦難適用，茲擬定戰時公務員因公受傷，核給醫藥費辦法四項，以資救濟是否可行，理合繕具該項辦法二份備文呈請鑒核轉呈核准公佈施行。」等情，計附呈戰時公務員，因公受傷核給醫藥費辦法二份據此，查該部所擬辦法，係爲適應事實以資救濟起見，似尚可行，茲於該項辦法標題加入「暫行」二字各爲「戰時公務員因公受傷核給醫藥費暫行辦法」理合繕同該項辦法一份，備文呈請鈞府鑒核公布施行」等情附戰時公務員因公受傷核給醫藥費暫行辦法一份到府據此，應准通飭施行，除指定並分行外，合行抄發原辦法令仰知照。並轉飭所屬一體知照。等因。奉此除分令外合行抄發原辦法，令仰知照，并轉飭所屬一體知照。此令。

等因，附發戰時公務員因公受傷核給醫藥費暫行辦法一份，奉此除分令外，合行抄發原辦法，令仰知照。此令。

附抄發戰時公務員因公受傷核給醫藥費暫行辦法一份

主席馬鴻逵

——登報代令不另行文——

戰事公務員因公受傷核給醫藥費暫行辦法

一、公務員因公受傷未達殘廢程度除已退職者應依公務員卹金條例第五條給卹外其毋須退職者得由服務機關長官按其受傷輕重依照左列規定酌給一次醫藥費

(甲)薦任以上人員得按其一個月俸額內酌給之

(乙)委任人員得按其兩個月俸額內酌給之

(丙)長警得按其三個月薪額內酌給之

(丁)聘任及派充人員可援照公務員卹金條例給予卹金者得按其月俸數目此照簡薦委任人員酌給

二、前項醫藥費得在各機關原有經費內按照前項辦法支給但原服務機關裁撤或經費困難者得由其上級機關支給均作正報銷

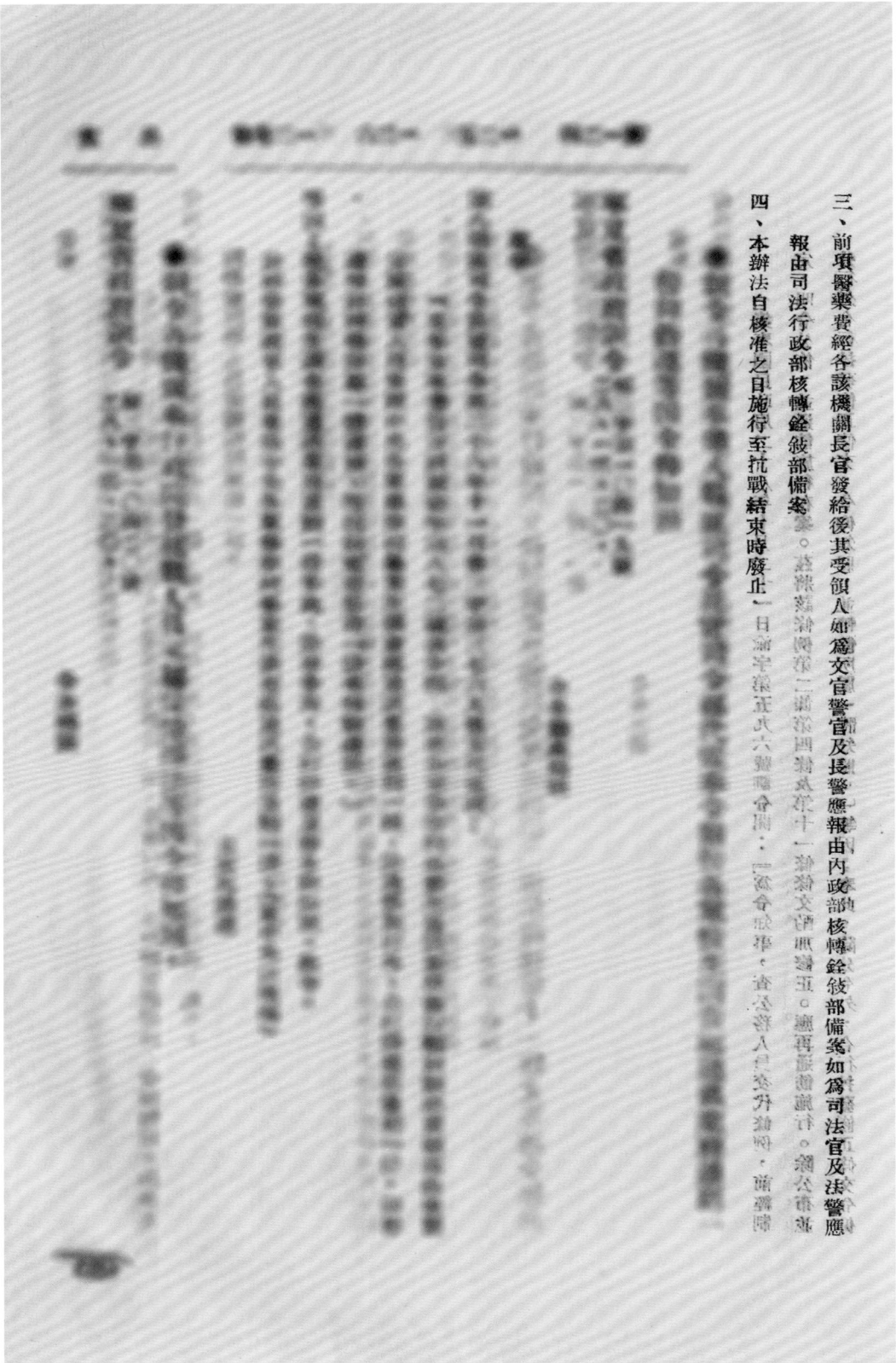

三、前項醫藥費經各該機關長官發給後其受領人如爲文官警官及長警應報由內政部核轉銓敘部備案如爲司法官及法警應報由司法行政部核轉銓敘部備案

四、本辦法自核准之日施行至抗戰結束時廢止

宁夏省政府关于随时以便利军事作战增强抗战军力战力的训令（一九四〇年十二月十日）

◎訓令各機關奉軍委會代電我抗戰已入第四年度務望朝乾夕惕督率所部隨時以便利軍事作戰爲懷並講求增强軍力戰力之道而身體力行之等因令仰遵照由。

寧夏省政府訓令　秘一字第一一三八九號　中華民國廿九年十二月十日

令各機關

案奉

軍事委員會本年九月令一貞字第四五八〇號東代電開：

我抗戰已入第四年度，愈戰愈强之基礎，今已大固，而敵寇則陷入長期作戰之苦悶，泥淖日深，在戰略方面，着着受制於我，加以國際風雲變化不測，更使倭寇惶惑不甯，其賴以彌縫，其政治上與經濟上之矛盾與缺憾者，全在誇張其局部之軍事勝利，以眩惑其民衆，增强其忍耐力與希望心而已，蓋其戰略上之失敗，非一般羣衆所能瞭解，故縱有甚深之矛盾與缺憾，亦難促其爆發普遍之崩潰，必須於軍事上予以顯著之打擊，然後其羣衆之忍耐力與希望心，完全喪失，如前次歐戰中，德國失敗之機始於馬恩河會戰，而其普遍之崩潰，必待四年之久，於興登堡線之突破方始完成，故爲完成我抗戰建國之使命，必須澈底增强我軍之作戰能力，予敵以顯著之打擊，方可速敵之崩潰，而我軍之打擊能力之增强，實賴全國文武上下皆俱有化軍事第一，勝利第一之精神。澈底集中意志，集中力量，視作戰爲凡百首務，力求增進軍隊之攻擊精神，加强軍隊之戰鬥能力，進而擊潰敵人，使敵民衆澈底了解戰爭之失敗，庶能獲最後之勝利，務望仰體此旨，朝乾夕惕，督率所部，隨時以便利軍事作戰爲懷，並講增强軍力戰力之道，而身體力行之爲要。

等因；奉此。除分令外，合行令仰遵照。此令。

主席馬鴻逵

宁夏省政府关于悬赏购缉通敌祸国汉奸汪兆铭的训令（一九四一年二月十七日）

◉訓令各機關奉行政院令為懸賞購緝汪兆銘飭屬遵照等因令仰所屬一體知照

寧夏省政府訓令 祕三字第七五號 民國三十年二月十七日

令各機關

案奉[illegible]

[illegible]

[illegible]

行政院二十九年十月十二日陽字二五零九八號訓令開：八三號函開：

行政院[illegible]案准國民政府文官處[illegible]五八三號函開：

奉國民政府三十年十一月三十日令開「汪精衛即汪兆銘通敵禍國，觸犯懲治漢奸條例，前經明令通緝在案。該逆久匿南京依附敵人組織偽政府，賣國求榮罔知悔悟近更僭稱國民政府主席公然與敵人簽訂喪權辱國條約狂悖行為益見彰著亟應盡法懲治以正觀聽為此重申前令責成各主管機關嚴切拿捕各地軍民人等並應一體協緝如能就獲賞給國幣拾萬元俾元惡歸案伏法用肅紀綱此令等因除由府公布並分函外相應錄令函達查照並飭屬遵照為荷等由准此除分函外合函令仰遵照並轉飭所屬一體遵照。

等因：奉此除分令外合行令仰遵照並轉飭所屬一體遵照。此令。

主席馬鴻逵

宁夏省政府关于通缉汉奸及在逃兵员的训令（节选）（一九四一年二月二十九日）

（上略）

◎訓令省會警察局各縣政府；爲迭奉令咨通緝漢奸及在逃兵員務獲歸案法辦各等因茲經彙列總表令仰遵照飭屬一體協緝由。

寧夏省政府訓令　祕一字第一一號　三十年二月二十九日

令省會警察局
各縣政府

等因：附抄原呈一份。准此。除分令省會警察局、各縣政府外，抄發原件，令仰遵照。此令。

案查本府二月份奉

第八戰區司令長官司令部及內政部先後令咨，通緝漢奸及在逃官兵，務獲歸案法辦各等因：並附年貌表奉此。除分令外，合行彙抄總表令仰遵照幷飭屬一體協緝，務獲歸案法辦爲要！

此令。

附彙抄年籍總表一份。

主席馬鴻逵

通緝在逃官員年籍總表

職級	姓名	性別	年齡	籍貫	特徵	案由	備考
貴州保安幹訓班中尉隊長	萬珂	男	三六	貴州鎮遠	面貌黃色身體肥胖	竊物潛逃	
上尉連長	甄玉振	男	二八	陝西臨潼			
仝	王祿傑	男	二六	陝西武功			
中尉排長	張偉邦	男	三七	陝西臨潼			
少尉排長	韓建功	男	二五	陝西武功			
准尉特務長	范平歧	男	三〇	陝西藍田			

宁夏省政府关于查禁敌寇暗使汉奸携带大宗中国农民银行十元伪币的训令（一九四一年四月十日）

財政

◎准經濟委員會代電准財政部代電以爲敵寇暗使漢奸攜大宗中國農民銀行拾元僞幣顏色暗紅紙質粗劣請予查禁一案令仰遵照注意查禁由

寧夏省政府訓令 財字第三八號 民國三十年四月十日

令各縣政府 寧夏銀行 各警察局

案准

行政院第八戰區經濟委員會寢經蝸代電內開：

「案准財政部二二六一一二三一濟錢幣代電開准軍事委員會辦公廳二十九年十二月渝辦四刪代電開奉交下第二戰區閻司令長官徽申參謀天電一件內稱據朱副指導長官戊艷電稱據報偽聯之敵暗使漢奸攜大宗中國農民銀行十元偽幣顏色暗紅紙劣質粗劣在附近行使請予查禁等情除電復外謹請遵令查禁爲禱等情並奉諭電財政部及四行總處分飭查禁等因奉此除分電四行聯合辦事總處外卽希查照辦理等由到部除令飭中國農民銀行注意防範並分電各戰區經濟委員會暨各戰區貨運稽查處分轉查禁外特電達查照分轉有關各機關一體注意查禁推銷行使仍電部備查等由到會除分行外相應電請貴府督照即煩密令各專員縣長及軍警憲各機關隨時注意查禁如遇上項偽幣發現卽請予以銷毀并希見復爲荷」

等由；准此，除分行并電復外：合亟令仰該長遵辦，并密飭所屬隨時注意查禁爲要！

此令

主席馬鴻逵

財政廳長趙文府

宁夏省政府抄发关于促进民治加强抗战力量办法原议案的训令（一九四一年四月十八日）

◎奉令據國參會二屆二次大會主席團提議關於促進民治加強抗戰力量辦法四條仰即遵照等因，除分令外，合行令仰知照並飭屬知照由。

寧夏省政府訓令　秘二字第一九〇二號　民國卅年四月十八日發

令各機關

案奉

行政院本年二月十八日渝壹字第二八二零號訓令開：

「奉　國民政府三十一年二月九　渝文字第一五一號訓令，爲國民參政會第二屆第二次大會主席團提議，關於促進民治加强抗戰力量辦法四項一案，業經　國防最高委員會第七十六次常務會議決議決議「一二兩項送國民政府注意三四兩項應由國民政府分令各機關遵照」。自應照辦。原提案一二兩項應由各主管機關隨時注意，其第三項今後用人務廣攬各方賢才及第四項人民各種自由，當與以合法保障，各部隊，各機關尤宜遵照國防最高委員會決議意旨，切實辦理，令仰知照，等因；奉此，除分令外，合行抄發原建議案，令仰遵照，並轉飭所屬一體遵照。此令」。

等因；附抄發原建議案一份奉此，除分令外，合行抄發原建議案，令仰知照幷轉飭所屬一體知照爲要！此令。

附抄發原建議案一份

主席馬鴻逵

主席團提案

査憲法之制定與憲政之提前實施原爲政府多年之主張亦全國人民之期望玆參酌本會同人歷來所表示之期望對於民治之促進與抗戰力量之加强謹提出左列四項辦法敬請大會公決

一、請政府依照既定政策在致力抗戰之過程中一面加緊促進地方自治一面確定於抗戰終了之時即召開國民大會制定憲法俾憲政得以早日實現。

二、戰時民意機關之組織與職權應請政府考慮適當方法俾益加充實以樹立憲政基礎。

三、建國工作逐漸開展各方建設需才至殷應請政府明令各機關今後用人務廣攬各方賢才以力踐「天下為公」「選賢與能」之遺訓。

四、人民諸種自由當與以合法之充分保障抗戰建國綱領業已明白規定規應請政府明令各級執行機關特加注意俾人民之一切合法自由均獲維護。

寧夏省政府訓令

秘一字第一四一四號
民國卅一年四月十八日

令各機關

（由）奉 行政院令以竊盜電綫人犯無論竊取多寡一律從嚴處刑仰知照等因令仰遵照由。

宁夏省政府关于后方各地销售报运出口国药应照资敌物品条例办理的训令（一九四一年四月二十二日）

公文　寧夏省政府公報

◎令准財政部代電查當歸大黃嗣後在後方各地銷售准予自由報運惟報運出口仍應照資敵物品條例辦理等由令仰遵照并轉飭所屬一體遵照由

寧夏省政府訓令　財經字第二八一號　民國三十年四月二十二日

令　省會警察局　各縣政府

案准

財政部渝貿匯一（一〇、三〇）印代電內開：

「寧夏省政府公鑒：查當歸大黃爲國藥中人民必須用品嗣後在後方各地銷售准予自由報運，不受轉口限制惟報運出口仍應照結外匯運銷淪陷區及上海租界區域，應照禁運資敵物品條例及禁運資敵物品運滬審核辦法辦理除分電各關貿易專員會中交兩銀行遵照辦理相應電請查照並轉飭所屬爲荷！」

等由：准此，除分行外，合行令仰該　長遵照並轉飭所屬一體遵照辦理爲要！

此令。

主　席馬鴻逵

財政廳長趙文府

宁夏省政府抄发关于修正中华民国战时军律及国军抗战连坐法的训令（一九四一年五月二十二日）

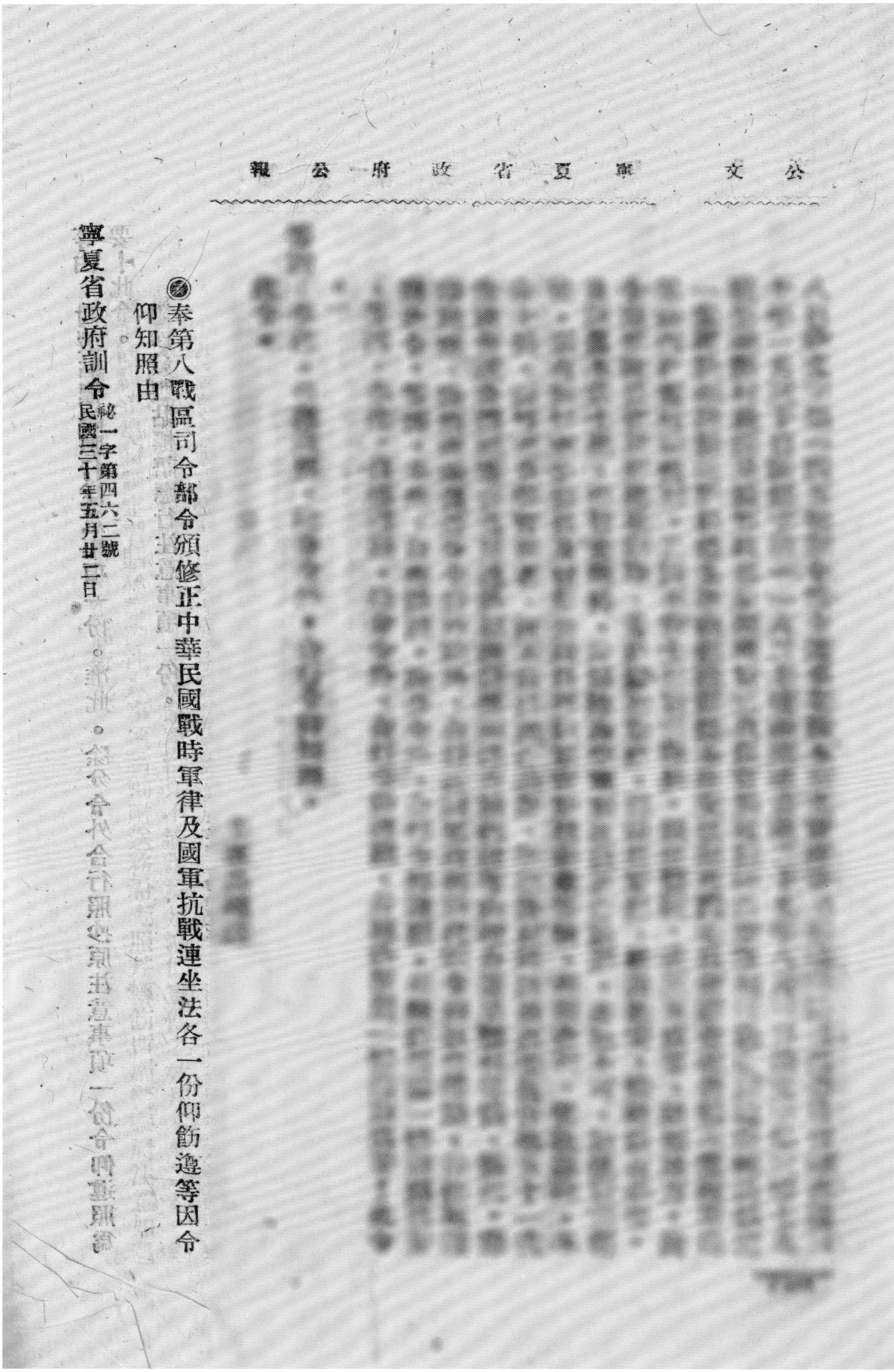
公文　寧夏省政府公報

奉第八戰區司令部令頒修正中華民國戰時軍律及國軍抗戰連坐法各一份仰飭遵等因令仰知照由

寧夏省政府訓令　秘一字第四六二號　民國三十年五月廿二日

令各機關

案奉

第八戰區司令長官司令部三十年四月二十八日法蘭字第一三二八號訓令開：

案奉軍事委員會令一貞字第一零四四號代電開：「本會令一貞字第八三零號訓令所附中華民國戰時軍律及革命軍連坐法兩條文均有修正特隨電頒修正中華民國戰時軍律及國軍抗戰連坐法各一份仰即附入前令一貞字第八三零號訓令轉令遵照并轉飭所屬一體遵照爲要」等因奉此合行印發修正中華民國戰時軍律及國軍抗戰連坐法各一份令仰遵照并轉飭所屬一體遵照爲要。此令

等因，附印發修正中華民國戰時軍律及國軍抗戰連坐法各一份，奉此。自應遵照，除分令外，合行抄發原件，令仰知照。并轉飭所屬一體知照爲要！此令。

附抄發修正中華民國軍律及國軍抗戰連坐法各一份。（見法規欄）

主席馬鴻逵

宁夏省政府关于空军作战全恃通讯灵敏呼出「紧急机动」规定的训令（一九四一年六月十六日）

◎奉行政院電爲空軍作戰全恃通訊靈敏茲規定用「緊急機動」四字呼出後雖重要軍事長官通話亦得暫予拆綫惟有「緊急防空報告」時不在此限等因令仰遵照由

寧夏省政府訓令 秘一字第五三三二號 中華民國三十年六月十六日發

令各機關

案奉

行政院本年五月十七日勇二字七六三三六號代電開：

密准軍事委員會三十年五月三日令一亨字九二二三〇號代電開，查航委會毛總指揮指信辛蓉第八六號呈稱關於詢飛機強迫降蓉情形地點及空軍出發到達或指揮飛機作戰等一切關於我空軍行動之長途電話交通部均視圖防空情報電話立予接轉，並經商定一律先報「機動」二字俾電局知所辨別予以提前接轉在案！惟查是項「機動」二字呼出後僅能提前接轉而不能立即拆線，在警報時間，指揮我機作戰與對空信號班之緊急通話關係至鉅，蓋空軍作戰全恃通信靈敏迅速其時間必須爭取分秒以適應機宜茲規定用「緊急機動」四字呼出後，雖遇重要軍事長官通話，亦得暫予拆線，俟通話完畢後，再行接通談話時間不超過三分鐘，惟遇有「緊急防空」報告時，此項「緊急機動」應規定復接，俟警報解除後，仍用「機動」二字，以示限制，擬請鈞會通飭各軍事機關各戰區長官司令部各省政府及交通部一體遵照等情，除指令照准外，希即查照轉飭所屬一體遵照等由，除分電外仰即遵照等因：奉此，自應遵照，除分令外，合行令仰遵照，並轉飭所屬一體遵照為要！此令。

主席馬鴻逵

宁夏省政府关于规定采购军粮办法的训令（一九四一年）

●規定採購軍糧辦法，仰遵照由。

寧夏省政府訓令財地字第　號

令各縣政府

案奉

委員長蔣文交秘川電節開：「查本年度規定在各省征購之軍糧米麥，純係適應抗戰需要，爭取最後勝利，於國力民力之間，兼籌並顧，苦心籌劃，折衷至當，故無論關於征購之數量價款及運雜費等各項，均必須各就分別商定成案。切實辦理，不容稍有變更，或別有爭議，即使各戰區與各省執行之時，難免不無困難，亦應研究克服困難之道，激勵人民急公救國之誠，以求達成任務，不可動於已定辦法之外，別作要求，否則，不惟中央籌措艱難，而且一省發生枝節，其他各省亦必援例以請，尤必窮於應付，茲為力求此次征購軍粮迅速確實，以赴戎機，並預防各種流弊以節省物力起見，茲特規定數項辦法於次：（一）凡經洽定征購軍粮之戰區司令長官或省政府，其屬於購麥者，仍應遵照已皓粮籌川電之命令，限於本年十月以前，一律照定額全數征足，其屬於征購穀米者，限於本年十一月底以前，一律照定額全數征足，所有征足額之麥穀米，並應一律點交當地軍粮局接收，不得延誤。（二）所有往各戰區各省府業與粮食部議定征購之粮價，並據呈報核定在案。各司令長官各省主席應即趕緊實施，如限辦足，無論正雜各費，均不得再請加價或半途藉端請減，等因；查此案前奉

第八戰區朱長官真粉未熊電：以轉奉委座已皓粮籌川電，寧夏應購國軍麥三十萬大包，每包二百斤，飭於七月底購齊，鴻逵以本省耕田較少，產粮無多，惟恐粮缺，影響民食，曾經財午梗電，請求減購，并增加價格，茲奉朱長官微松昭電略開：一寧夏攤購軍麥業經一再電商粮食部可減購三分之二，應實改購十萬大包，每包。價二十元，共合六十元，以四十元付法幣二十元付粮食庫券，每大包合寧斗五斗，每斗發價八元，庫券四元，并電匯粮價飭速購，本府以事體重大，當即抄案函請本省臨時參議會核議，去後，茲准復函節開：（1）採購粮以地畝為標準、（2）採購時可搭購黃白米，以米一百五十斤，頂麥二百斤，等由，查寧夏乃國家之一部，在此抗戰建國之時，自應本有錢出錢，有力出力之原則，努力輸將，貢獻國家，方為應盡之義務，若以購買粮石定價甚低，民衆不免吃虧，較之戰區同胞，啼飢號寒或淪陷於敵寇鐵蹄之下，受盡人間之慘劇，何嘗天淵，況本省民衆，安居樂業，縱然受一時之困難，須取得最後光榮，且以購國軍粮，關係抗戰要需，既經呈奉核准，減額加價，是中樞邊徼之困苦，體恤備至，更應遵照減定數目，趕速購囤，藉維軍食，茲將採購辦法分列於下：

一、採買軍粮以地畝為標準，根據三十年度地價稅通知書地畝核算：

二、採購粮色以小麥白米黃米為限。

三、一二三等田每畝採購六升，四五六等田每畝採購五升，七八九等田每畝採購四升，

十一十二等田每畝採購三升，十三十四兩等田多屬不毛之地，准予免購。

四、採購軍粮，如以米頂麥者，小麥一斗，准交米（黃白米不分聽其自便）七升五合。

五、奉令每包小麥二百斤，發法幣四十元庫券二十元，在粮食庫券未奉到以前，每小麥一斗，先發價法幣八元，白黃米七升五合，亦發小麥一斗之價法幣八元，庫券奉到後每斗麥再補發庫券四元。

六、採購粮准以寧斗為量器，各縣鄉應儘先借用當地斗行之斗升及工人，如斗升不敷用時，應向財政廳請領。

七、採買粮農民按本人實種地畝數目核算，送交該管縣長指定地點，公家既不付分文脚力。

八、根據地畝核算採買粮，畝以下按四捨五入計算。（即足五分地者按一畝計算，不足五分地者免購。）

九、佃田及租種田人之採買粮應由佃戶及租戶交納。（就是何人種田何人交粮）

十、學田公有田（即升科田）水手田均應按畝照交，不得推諉。

十一、農民交到採買粮後，隨時即照規定（每斗八元）索取價款，并由收粮付款人加蓋名章於交粮通知單上以後憑此通知單領取補發粮食庫券。

十二、採買粮公家因倉廒過少，無處存儲，暫由各該縣長負責按鄉遴選當地品行端政家道殷實之公正士紳三人，以二人管理粮石收入支出及保管責任，粮即存經管人家中，一人專司款項支出事宜。

十三、量收採買粮，由斗行用括板括平斗面，不得稍有多收，倘敢故違，一經查出或被告發，定予從嚴懲辦。

十四、採買粮縣長負督催購齊與監視責任，軍粮分局長倉庫主任負監督責任。

十五、農民送交採買糧，以乾燥無攙雜虫蝕者爲合格，并限每小麥一斗老秤四十二斤，市秤四十九斤四兩，白米一斗老秤四十三斤，市秤五十斤零半，黃米一斗老秤四十四斤，市秤五十一斤十二兩爲標準。

十六、開始採買糧日期臨時以命令定之。

十七、採買糧時，由縣府應按規定式樣，照地畝塡寫人民送交採買糧通知單由鄉保甲長轉發人民，以便遵照限期送交。

十八、採買糧存放於各縣鄉公所士紳家中應由原保管人負責，不得短少，并隨時查驗所存粮石，有無鼠雀虫竊食及潮溼汚壞情事。

十九、各該縣長接到此項命令時。

甲、立刻先將佈告張貼，俾民衆週知。

乙、遵照第十二條規定於該縣每鄉遴選管理存放粮石及經辦收支款項之公正士紳數入單記姓名，聽候集合命令隨帶來府。

丙、再帶預借購粮價款之借據，以便發款購粮，藉免往返誤事。

以上規定辦法，事在必行，凡我民衆，應激發愛國熱誠，按本人實種地畝，計算應交採買粮數目，依限送交本鄉指定地點，勿稍推延，免誤戎機，各該縣長，須遵照規定，隨時考查，認眞督催，依限辦竣，除佈告并分令外，合行令仰該縣長遵照辦理！

此令。

主席馬鴻逵

財政廳長趙文府

宁夏省政府关于日军汉奸刺探军情及文化情况并以电光黑色小板为轰炸目标请注意防范的训令

（一九四一年十二月二十七日）

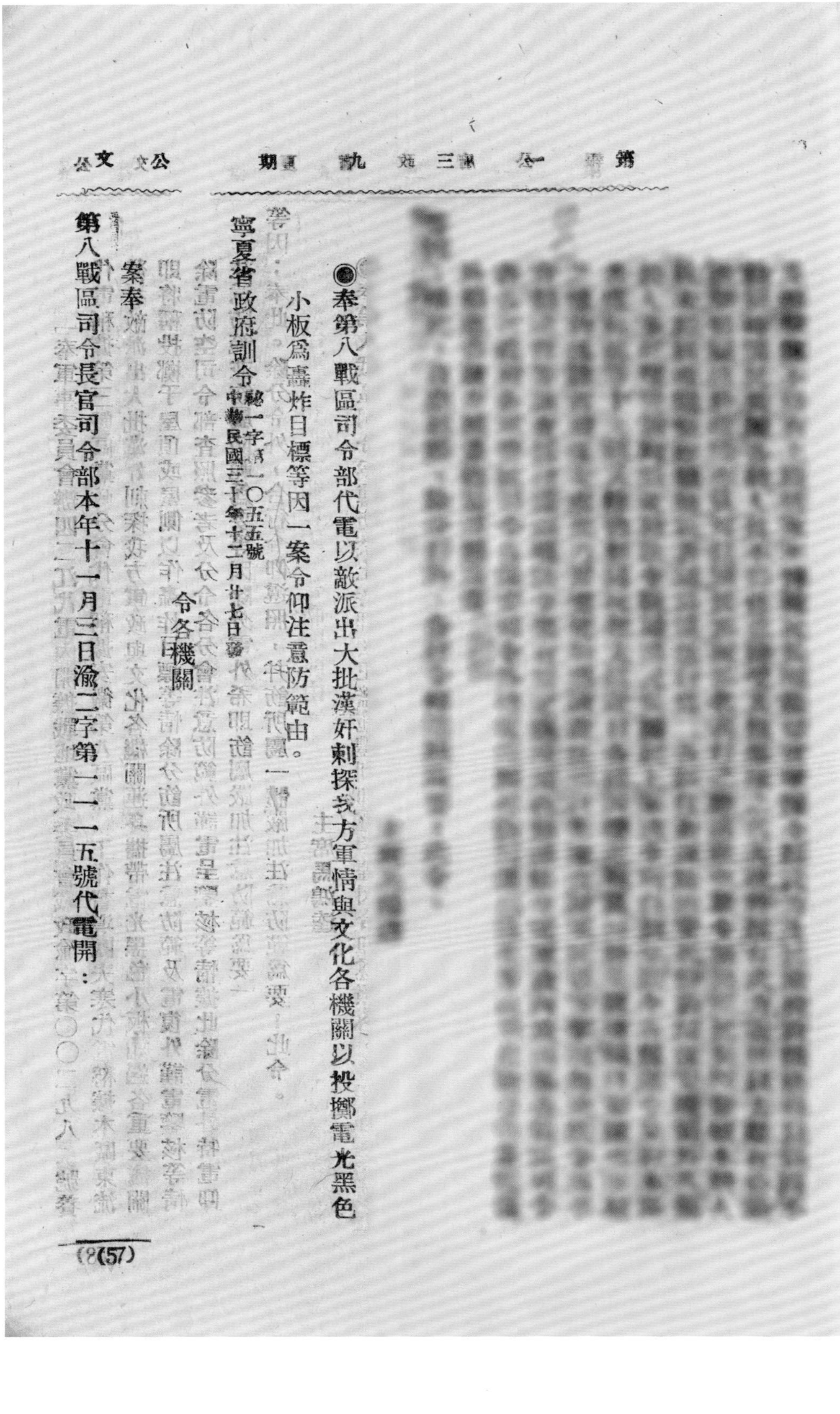

第一卷第三十九期 公文

◉奉第八戰區司令部代電以敵派出大批漢奸刺探我方軍情與文化各機關以投擲電光黑色小板為轟炸目標等因一案令仰注意防範由。

寧夏省政府訓令 秘一字第一〇五五號 中華民國三十年十二月廿七日發

令各機關

案奉

第八戰區司令長官司令部本年十一月三日渝二字第一一一五號代電開：

(57)

「奉軍事委員會辦四二江代電內開據戰地黨政委員會戰政渝字第〇〇二九八二號養代電稱據第三戰區黨政分會代電稱據安徽第八區黨務工作督導團夫寒代電稱據本區東流發現敵派出大批漢奸刺探我方軍政與文化各機關運身攜帶電光黑色小板加遇各重要機關即將稱投擲于屋頂或屋側以作轟炸目標等情除分飭所屬注意防範及電復外謹電鑒核等情除電防空司令部查照參考及分令各分會注意防範外謹電呈鑒核等情據此除分電外特電仰注意防範並飭屬防範爲要等因除分電外希即飭屬嚴加注意防範爲要」

等因；奉此。除分令外，合行令仰遵照，并飭所屬一體嚴加注意防範爲要！此令。

主席馬鴻逵

宁夏省政府关于军政部颁发战时士兵与家属通讯办法、补充办法及士兵调查办法的训令（一九四二年一月三日）

◎奉軍委會代電將重申軍政部所頒戰時士兵與家屬通訊辦法補充辦法及士兵調查辦法仰督飭遵行等因令仰知照由。

寧夏省政府訓令　秘一字第一一四號　民國三十一年元月三日

令各機關

案奉

軍事委員會本年十一月渝仁後宣字第一二三三一號代電開：

「查為激勵士氣及安慰征屬起見曾由本會及軍政部先後頒行戰時士兵與家屬通訊辦法及通信補充辦法兩種責令各部隊及有關機關切實轉飭所屬協助征人征屬辦理嗣恐各部隊與征人原籍縣府缺乏聯繫辦理困難後經軍政部頒訂出征兵士及其家屬調查辦法規定頂名冒籍士兵予以更正轉撥逃亡動態之通知原籍縣府及團管區司令部（現團管區司令部多數裁撤嗣後應改選師管區存查）經通令遵行各在案乃查近來各部隊及地方政府對於征人征屬通信仍多未切實協助遵行致各縣府常以各士兵調查填報單未曾收到無從辦理為辭另一方面各部隊又常報稱士兵累月不得家書經函詢原籍縣府終不見答覆各等情茲特重申前令今後各部隊各級官長及役政人員務宜設身處地為征人征屬解除痛苦對軍政部所頒通信辦法通信補充辦法及士兵調查辦法應層層督飭切實奉行隨時查詢撫問如遇征人家書中斷應即註明原住鄉鎮保甲詳細地點函原籍縣府查詢各縣府接到是項果詢函件應即詳為函復

如征屬不知抗人駐紮何地者即囑其書明詳細番號寄由征人所隸部隊之戰區司令長官部或集團軍總司令部之副官密探轉各該副官處不得拒絕改轉除由軍政部隨時督飭遵辦外各部隊及各縣府未能切實遵行者應視其情節分別懲處并對於主管官亦予以連帶處分再本代電皆到各縣屬鄉鎮及各連隊部後應即另集征屬或征人詳爲講解兩信辦法宣達大委員長軫念下情亦至意并各督率通訊事務人員恫遵法令認眞辦理以慰征屬而勵士氣除分電外特電遵照并飭屬遵照仍將遵辦情形報查爲要！

等因；奉此。自應遵照，除分令外，合行令仰知照并飭屬一體知照爲要！此令。

主席馬鴻逵

宁夏省民政厅关于敌人乔装商贩潜入我防区活动情形请注意防范的训令（一九四二年一月十一日）

公文　寧夏省政府公報

◎為轉奉令以據報敵人化裝商販潛入我等防區活動情形，仰飭屬嚴防等因；令仰遵照由

寧夏省政府民政廳訓令　警字第一五四四號　民民卅一年一十一日

令各縣政府

案奉

省政府祕一字第一零五六號訓令內開：

「奉　第八戰區司令部本年十二月酉柏梯文參二字第二一一四號代電開：「准軍令部陷信渝代電開據報(一)敵凡在新一佔領區域即大肆收買我失意軍人及當地無聊人員擴大其所謂第五縱隊之工作尤長着眼於下層人員並派遣所謂中國通之日人或朝鮮人與漢奸輩潛入我軍防區化裝商販等以與我部隊官長或士兵結識初以酒肉相交繼之為友為親使之各不相猜因此我軍之機密文件與子無意之中被人竊去(二)敵軍近來作戰常用迅雷不及掩耳及偽裝潛伏之行動先破壞我軍之高級司令部之通信及電台其方法即在未作戰前派大批假扮敵人或為鹽販或為剃頭修脚等形形色色使我不防並乘機在挑担內暗藏械彈潛入我軍區活動等語以上二項希飭屬注意嚴防等由除分電外希飭屬嚴防」等因，奉此，查敵寇化裝

商販，潛入我軍防區活動，自應嚴密防範，使其無隙可乘。除分行外，合亟令仰該廳遵照轉飭各縣政府飭屬一體注意防範爲要！此令。

等因；奉此。合行令仰該縣長遵照，飭屬嚴加防範，爲要！

此令。

廳長海　濤

宁夏省政府关于军民切实检点敌军所到之处水井无毒始可饮用的训令（一九四二年一月二十四日）

◎奉委座電令今後凡敵到之處不論軍民對水井須切實檢點無毒始可飲用等因令仰遵照並飭屬防範由

寧夏省政府訓令　秘三字第一一六五號　民國卅一年一月廿四日發

令各機關

頃奉

委座佳午令一亨電開：「×密一據傅作義微電稱敵此次侵犯綏西到處縱火將毒品置於草灘及水井中飲過鼻孔流涕週身發顫對於軍民爲害甚大二據報敵大本營有大板調遣三十一聯隊及三十二聯隊（化學隊）開華中作戰於上年三十一日駛入長江開漢口三〇一聯隊長爲大井操工大爲三十二

聯隊長爲原樺新大每聯隊下有三小隊每大隊人數爲五百名以上仰各地駐軍注意防範並飭屬今後凡敵到之地不論軍民應對水井檢點證明無毒始可飲用爲要！」等因；奉此查敵寇爲滅亡我國家民族，年來凡足以毒害我同胞者，無所不用其極。茲奉前因除分行外，合亟令仰遵照並飭屬切實注意防範爲要！此令。

主席馬鴻逵

宁夏省政府抄发军委会关于检发补送逃亡官兵、现役军人户籍调查表清册的训令（一九四二年一月二十五日）

第一四〇期　公文

寧夏◎奉軍委會令檢發補送逃亡官兵現役軍人戶籍調查表清册格式俾飭屬遵照等因一案令仰遵照由。

寧夏省政府訓令　總一字第一一三五號　民國卅一年一月廿五日

令各機關

案奉

國民政府軍事委員會本年十二月廿五日撫一布渝字第一四零零一號訓令開：

茲據卹委員會轉據駐陝撫卹處呈爲各縣(市)政府乙種請卹書表業已廢止戶籍調查表內示列有死亡官兵事由種類地點日期可否於呈文內呈明以便查辦乞核示等情查撫卹行政系統及業務聯繫辦法內關於戶籍調查業於子項第九至十二各條規定在案在未明令開始實施以前陸軍死亡官兵遺族造送戶籍調查表要求由縣(市)政府請卹者應造具清册載明死亡事由種類時間地點連同戶籍表一並呈送俾各撫卹處得以隨時向部隊考查遇有無法考查時再按照該辦法第十二條二款及請卹須知第十二條日地方政府造具請卹調查表轉請核卹之規定辦理除指令並分行外合行檢發清册格式一份令仰轉飭所屬一體遵照爲要

等因：附發清册格式一份，奉此。自應遵照，除分令外，合行抄發原件，令仰該縣遵照。此令。

附抄發清册格式一份。

主席馬鴻逵

(45)

補送死亡官兵現役軍人戶籍調查表清册

部隊號	職級	姓名	死亡事由	死亡種類	死亡年月日	死亡地點	備考

附記：
一、各縣（市）政府補送死亡官兵現役軍人戶籍調查表時須格式造具清册一併呈送
二、凡補送死亡官兵戶籍調查表之人數較多時本表得酌量延伸之。

中華民國　　年　　月　　日　　縣縣長　　蓋章

宁夏省政府抄发军委会关于敌伪收买战区附近地带粮食拟定对策的训令（一九四二年二月二十一日）

第一四一期　公文

◉奉院令以准軍委會函爲敵僞收買戰區附近地帶粮食擬定對策四項仰參照辦理等因抄發原函令仰遵照由。

寧夏省政府訓令 秘一字第二二〇八
民國三十一年二月廿一日

令各機關

案奉

行政院本年一月二十六日勇三字一九七四七號訓令開：

「准軍事委員會三十年十一月二十一日辦一通字第一八一一九三號公函據政治部呈以敵僞收買戰區附近地帶粮食擬定對策四項請飭屬取締一案轉請核轉等由除函復並分行外，合行抄發原函令仰參照辦理」

(33)

等因；附抄發軍委會原函件，奉此。自應遵辦，除分令外，合行抄發原函，令仰遵照四項對策切實辦理，爲要！此令。

附抄發原函件。

主席馬鴻逵

抄原函

案據政治部治義一字第一八七零號呈稱案據第一七四師政治部副主任孔繁仁申儉電稱一豫南羅山三區信陽三區鄂東禮山治平漢線附近均接敵僞地區，今日秋收之新米登場敵僞乘機高價收買民衆竟有圖利運往者并匪本府人員村倉級二九雲關一帶月初二日內民衆運出白米五六十石往三里城敵方職部經擬訂搶收辦法外各個辦理謹電呈察並請指示對策等情據此除經指示對策第四項（一）嚴密保甲厲行聯保連坐法（二）厲行國民公約嚴禁圖利濟敵之漢奸行爲（三）獎勵檢舉告密加緊經濟游擊小組之祕密活動（四）嚴密偵採組織制運銷電飭各戰區政治部轉飭各級政工人員切實遵辦外查敵僞高價收購粮食其策至爲陰毒而無知民衆竟圖利運售若不嚴加取締危害抗戰茲大擬請轉飭各部隊長官切實注意辦理並轉函行政院飭屬依法嚴加取締以利抗戰是否有當伏乞鑒核示遵等情除分令本會所屬各機關部隊遵照辦理外相應函請查照飭屬遵照爲荷

此致

行政院、

宁夏省建设厅关于解释战时国防军需工矿业技术员工缓服兵役办法所载凭证疑义的训令（一九四二年三月六日）

等因

◎為奉省令關於戰時國防軍需工鑛業技術員工緩服兵役暫行辦法，關於鑛業者，係以部頒執照為憑等因，令仰遵照由。

寧夏省政府建設廳訓令 建二字第三九二五號 民國三十一年三月六日

令各縣政府
各鑛業同業公會

案奉

寧夏省政府三十一年一月二十九日秘一字第二一八零號訓令內開：本省戰時國防軍需工

准經濟部三十年十二月二十六日三十礦字第二五一四三四號咨開：查戰時國防軍需工礦業技術員工緩服兵役暫行辦法前經本部會同軍政部制定并公佈施行在案，關於該暫行辦法第二條內所載之憑證一項，其在礦業方面者，係指本部塡發之採礦業執照暨各省市主管廳局塡發之部頒礦業執照而言，此項部照暨爲法律上之證件即無庸再由部另給憑證此外國營之礦，則以所取得之委託狀租約，或主辦機關證明文件爲憑除分咨軍政部轉行各省軍師管區司令部遵照外，相應咨請貴省政府查照轉飭建設廳遵照等由；准此。除令民政廳外合行令仰遵照！

等因；奉此，除分令外，合行令仰遵照。

此令。

廳長李翰園

宁夏省政府抄发行政院关于调整战区经济机构纲要的训令（一九四二年三月十七日）

◎奉院令抄發調整戰區經濟機構綱要仰知照等因令仰知照由。

寧夏省政府訓令秘一字第一三一燈號
民國三十一年三月十七日

令各機關

案奉

行政院本年二月五日順十一字一一四九號訓令開：

「查戰區經濟機構亟應調整業經本院會商軍事委員會決定將現有之戰區經濟委員會及經濟游擊隊指揮處歸併調整訂定辦法三項一、各戰區設立經濟作戰處隸屬于該戰區司令長官部處長由軍事委員會商同行政院簡派二、戰區經濟作戰處任務爲聯絡地方軍政機關處理在戰區內經濟破壞物資奪取及交通封鎖事務并指導聯絡及監督當地政府機關執行三、戰區經濟作戰處不直接經營業務收購物資惟得由該處商洽有關機關辦理并另定調整綱要提經本院第四十八次經濟會議決議「通過」。應即通飭施行除報請國防最高委員會備案暨分別函令四聯總處各部會署及各關係省政府知照並會同軍事委員會分令戰區司令長官部及各戰區經濟委員會遵照外合行抄發調整綱要令仰知照并轉飭所屬知照。」

等因；附抄發調整戰區經濟機構綱要一份，奉此。除分令外，合行抄發原調整綱要，令仰知照并轉飭知照。此令。

附件 附抄發調整綱要各一份（見法規欄）

籍貫 簡歷 國府任命日期

主席馬鴻逵

宁夏省政府关于糜烂毒气防御应注意事项的训令（一九四二年五月二十一日）

㊂准衛生署代電以准軍政部電送對於糜爛毒氣防禦上應注意事項七條請查照飭知等由；

令仰知照并飭屬一體知照由。

寧夏省政府訓令 秘一字第一五一六號 民國卅一年五月廿一日發

令各機關

准

衛生署本年三十一醫字第五七六七號代電開：

「案准軍政部軍醫署（卅）寅渝字第八〇〇五〇號寅直衛渝代電開據本署第三處案呈准軍政部防毒處情報附抄送對於糜性毒氣防禦上應行注意事項七條（一）對於糜爛性毒劑首應注意防護呼吸器（二）坐下臥倒須檢查地面如發現露狀水珠應即避開彈坑附近如有水點潮印亦不可近（三）皮膚黏染毒液應先用紙片或布條吸乾塗上漂粉可以石灰水或濃肥皂水洗淨（四）如遇敵機洒毒應用油布披身或以斗笠或雨衣軍毯遮蓋（五）染毒衣服應立更換清毒（六）前綫後方應由軍醫人員準備淋浴及毒傷治療設備（七）對於其他一般毒劑之防護應照毒氣各個防禦要則及防毒教範草案切實遵行請查照參考等情據此除分電外相應請查

照轉飭所屬知照等由到署除分電外合行電請查照並轉飭所屬知照爲荷。

等由；准此。除分行外，合行令仰知照，并飭屬一體知照！此令。

主席馬鴻逵

宁夏省政府关于填报抗战损失情形并抄发项目清单的训令（一九四二年五月二十三日）

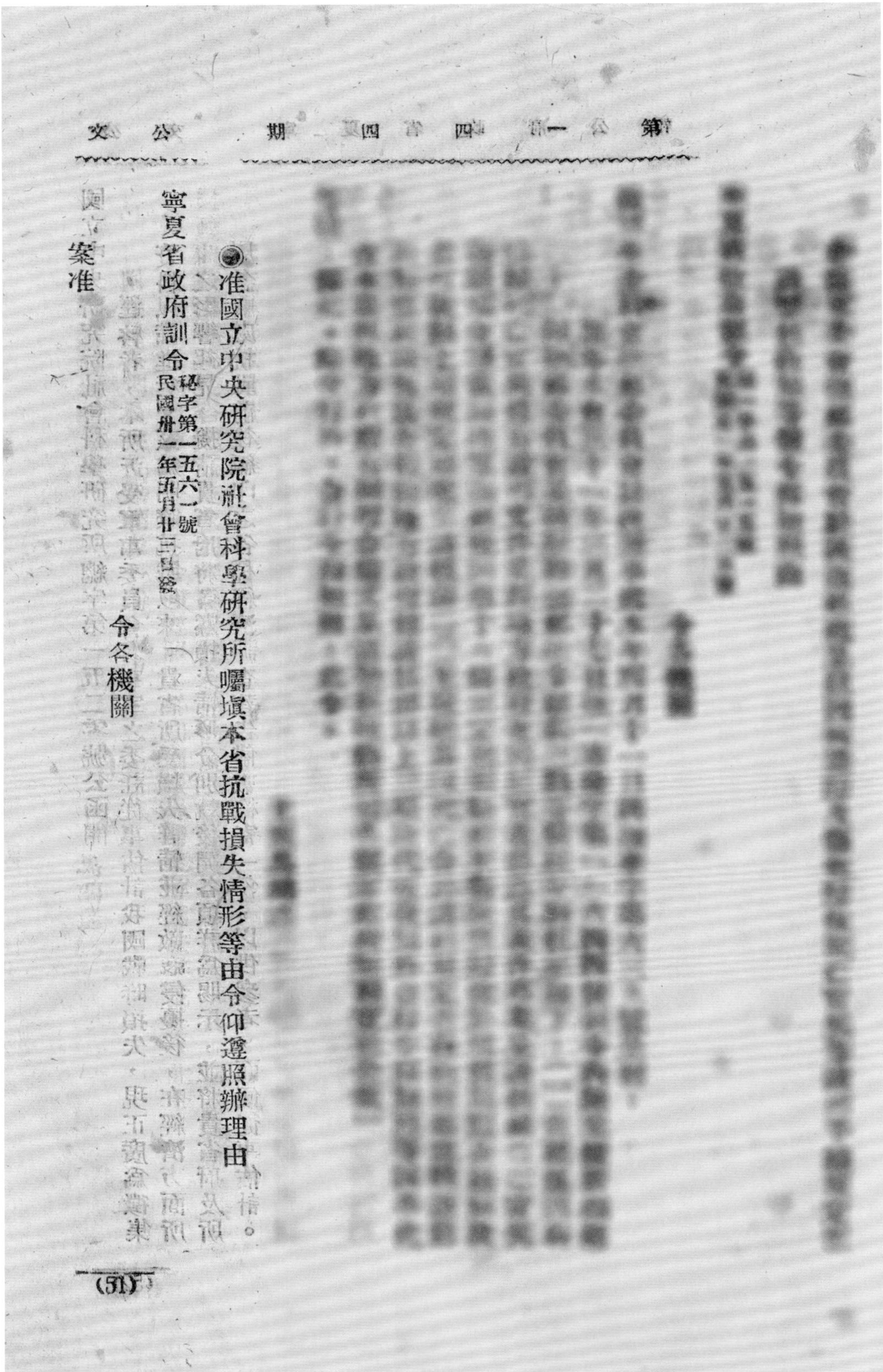
公文

◎准國立中央研究院社會科學研究所囑填本省抗戰損失情形等由令仰遵照辦理由

寧夏省政府訓令 秘字第一五六一號 民國卅一年五月廿三日發

令各機關

案准

(51)

國立中央研究院社會科學研究所總字第一五二零號公函開：

逕啓者，本所近受軍事委員會參事室之委託從事估計我國戰時損失，現正廣爲徵集資料以備進行。茲爲明瞭抗戰以來，貴省所受損失詳情並經敵寇侵擾後，在經濟方面所生之影響起見，擬請貴省府將各縣損失情形分別就後開各項詳爲賜示，並將貴省府及所屬各廳處抗戰前後編印之各種經濟調查報告儘數檢寄一份，以供參考，而便從事估計。相應函達，至希惠予查照辦理，並祈早日見復，無任公感。至再填表估計正確並便分類統計起見，所有開列項目務望貴省府儘量從詳填復，至爲感荷。

等由；附抄發項目清單一份。准此。自應照辦，除分令外，合亟抄發原清單一份，令仰遵照迅予辦理填報以憑彙轉爲要！此令。

附抄發項目清單一份

主席馬鴻逵

計開

1.全省各縣等級表與分級標準（請將實行新縣制以前及以後各等級分別開示）

2.戰區各縣經過戰役次數，每次淪陷之年月，區域，面積，如曾收復，並收復年月及收復之區域（此項請分縣開示）

3.戰區各縣損失分類統計（請最好分縣開示）

A 機關（中央及地方）團體財產損失

B 財政及稅收損失

C 農業損失

D 林業損失

E 漁業損失

F 特產損失
G 鑛產損失
H 鹽產損失
I 工業損失
J 戰時實業損失
K 商業損失
L 金融業損失
M 交通損失
4. 戰區各縣人口傷亡統計
5. 各地空襲損失
6. 各縣最近人口統計土地面積（戰區各縣戰前戰後人口異動情形如有統計或估計情形

◎令發在逃員兵年籍總表仰遵照飭屬嚴緝由。

寧夏省政府訓令 秘一字第一五六㊀號 民國卅一年 月 日發

令各機關

案查本府五月份迭准財政內政兩部先後咨送在逃人犯年籍表請查照飭屬通緝究辦各等由；准此，自應照辦，除分令外，合行抄發年籍總表一份，令仰遵照，并飭屬嚴緝歸案解究法辦爲要！此令。

附抄發在逃員兵年籍總表一份。

主席馬鴻逵

(53)

宁夏省民政厅关于抄发各县地方团队及民众协助国军防敌空军陆战队与便衣队原议案的训令
（一九四二年九月十日）

◉奉令抄發各縣地方團隊及民衆協助國軍防敵空軍陸戰隊與便衣隊一案等因，令仰遵照辦理由。

寧夏省政府民政廳訓令 總字第〇五三六號 民國卅一年九月十日

令各縣政府

案奉

省政府祕二字第一九零七號訓令開：

「案奉

第八戰區司令長官司令部本年八月十三日參（字第三七九八號代電內開：奉

委座政卅之代電開查第三次參謀長會議第四戰區提議發動各縣團隊及民衆協助國軍防禦敵空軍陸戰隊與便衣隊一案，經核尚屬切要，除分電各戰區司令長官部總司令部及各省政府外，合行抄同原提案電仰查酌辦理具報為要等因除分電外希即參酌辦理具報為要等因：附抄原提案一份，奉此，除分令保安處遵照外，合行抄發原提案，令仰該廳參酌辦理並將辦理情形具報，以憑轉報為要。此令。」

等因：抄附原提案一件，奉此，除分令外，合行抄發原提案，令仰該縣遵照辦理，為要！

此令。

附抄發原提案一份。

1.政治

第一案

案由：發動各縣各地方團隊及民衆協助國軍防禦敵空軍陸戰隊與便衣隊案

理由：一、敵兵源缺乏兵力薄弱近來每發動向我進攻莫不先密遣大批便衣隊深入我方担任刺探破壞擾亂響應等工作於戰鬥開始復利用空軍陸戰隊着陸佔領據點遮斷交通敵此種技倆雖屬笨拙惟如不預先計劃防禦整個戰局不無影響

二、對敵空軍陸戰隊及便衣隊之防禦除部隊方面尊整個計劃外如能切實發動地方團隊及民衆協助固可減輕部隊後顧之憂同時亦即增加前綫作戰實力

三、地方團隊及民衆力對敵空軍陸戰隊及便衣隊之防禦必須平時加以組訓行之有素俾一有戰爭可以靈活運用收獲效用

辦法：一、由各戰區會同省府斟酌情形擬定各該地方團隊及民力對敵空軍陸戰隊及便衣隊防禦計劃平時加以組訓戰時沿途用

二、地方團隊及民衆對敵空軍陸戰隊及便衣隊之組織與訓練事宜兼由省政府及保安司令部負責在區由行政督察兼保安司令公署負責在縣由縣政府國民兵團負責在區分設由區鄉鎮公所負責辦理

三、組織機構以與他方原有組織取得密切聯繫為原則

宁夏省政府抄发行政院关于战时后方服务政府机关人员其直系亲属在沦陷区内死亡不能奔丧者拟请事平之后准予公假归葬的训令（一九四二年十二月十日）

奉院令抄發戰時後方服務政府機關人員其直系親屬在淪陷區內死亡不能奔喪成服者擬請於事平之後准予公假歸葬以全

寧夏省政府訓令　府二字第二七八三號　中華民國卅一年十二月十日

令各機關

案奉

行政院本年十一月十一日順人字第二二七九八號訓令開：

案奉　國民政府三十一年十一月十一日渝文字第九九六號訓令開據行政院三十一年十月二十七日順人字第二一五〇二號呈據本院第五八六次會議副院長交議戰時後方服務政府機關人員其直系親屬在淪陷區內死亡不能奔喪成服者擬於事平之後准予公假歸葬以全孝思一案當經決議通過理合抄附原提案呈請鑒核施行等情到府應准照辦除指令外并分行外合行抄發原附件令仰知照并轉飭所屬一體知照此令等因除分令外合行抄發原提案令仰知照

等因：計抄發原提案一件，奉此除分令外！合行抄發原提案，令仰知照！此令。

附抄發原提案一件。

主席馬鴻逵

提案

為戰時後方服務政府機關人員其直系親屬在淪陷區內死亡不能奔喪成服者擬請於事平之後准予公假歸葬以全孝思請公決案

吾國自古以孝治天下

先總理　我民族義德首舉忠孝黨員守則亦以忠孝為愛國齊家之本古人謂求忠臣必於孝子之門是以教忠必須教孝至理名言良有以也抗戰軍興迄今六載政府機關服務人員其家屬之居留淪陷區者無不仍本忠貞愛國之心堅苦撐持不稍卻顧惟如不幸其直系尊親屬死亡於淪陷區內無法奔喪成服者雖移孝作忠古有明訓而罔極之思終惟自已為彌補一般服務人員私情缺憾並表示中央提倡孝道起見擬請明令公布於事平之後准予公假歸葬藉全孝思並請本黨

總裁普賜題詞以資褒揚而昭激勸是否有當敬請

公決

兼財政部部長孔祥熙

宁夏省政府抄发关于战时紧急处置公有物资奖惩条例的训令（一九四三年七月十一日）

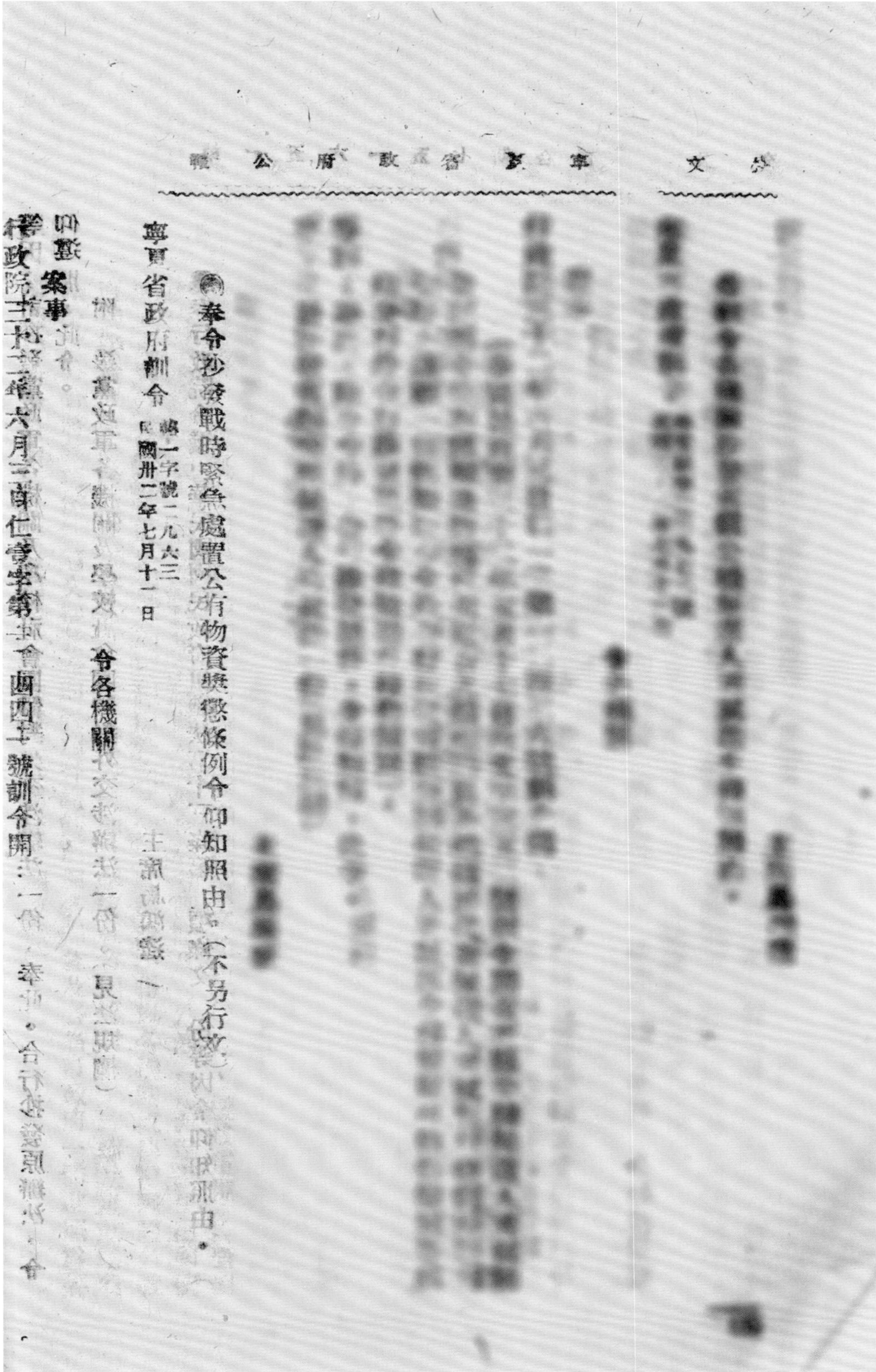

奉令抄發戰時緊急處置公有物資獎懲條例令仰知照由（不另行文）

寧夏省政府訓令 秘一字號二九六三 民國卅二年七月十一日

令各機關

案奉

行政院三十二年六月二[illegible]日仁壹字第[illegible]四四十號訓令開：

案准國民政府三十二年五月二十八日渝字文三八〇號訓令開「查戰時緊急處置公有物資獎懲條例業經制定明令公布應即通飭施行除分令外合行抄發原條例令仰知照并轉飭所屬一體知照」等因奉此。除分令外合行抄發該條例令仰知照并轉飭所屬一體知照。

等因;奉此除分令外合行抄發原條例令仰知照并轉飭知照此令。

計抄發戰時緊急處置公有物資獎懲條例一份。(見法規欄)

主席馬鴻逵

宁夏省政府关于奉行行政院令限期调查搜集日军各种暴行资料的训令（一九四四年）

案奉行政院令飭于[illegible]星期內將日寇各種暴行資料查報[illegible]院等因，[illegible]

寧夏省政府[illegible]字[illegible]本年十一月二十九日[illegible]字第四零四二一號公函開：准

行政院三十二年十一月[illegible]日[illegible]字第[illegible]號訓令內開：

令各機關

案奉

令各機關

行政院三十二年十二月七日伍捌字第二六九三零號訓令內開：

寧夏省政府[illegible]本年機關秘甲第八一八九號手令開：「關於倭寇在南京等地各種暴行

之證據[illegible]前在南京時所攝照片（或存政治部）等以及各種文字應即從事搜集，為要亦可在

[illegible]調查[illegible]以彙辦。」等因，奉此，查[illegible]抗戰以來[illegible]各種[illegible]搜集[illegible]經本院[illegible]飭查[illegible]送[illegible]國

民政府主計處[illegible]應另案繼續遵辦，茲奉前因，除分別函令[illegible]令仰遵照於文到後三星期內

[illegible]各種暴行[illegible]資料調查搜集送院，以憑彙集整理。該項資料之性質及事實摘要，並應

先行編造目錄送院。」等因，合行令仰[illegible]于文到五日內，將抗戰以來日寇各種暴行，[illegible]資料[illegible]

[illegible]

等因；奉此，除分令外，合行令仰，于文到五日内，將抗戰以來日寇各種暴行，證據資料詳細搜集呈府，以憑彙轉，為要！此令。

主席馬鴻逵

宁夏省政府抄发内政部关于日方损毁或没收公私财产表及财产查报原则的训令（一九四四年）

◎准內政部代電，請查據日方毀損，或沒收我國公私財產附表一份等由；令仰遵照查填具報由。

寧夏省政府訓令　秘一字第[illegible]號　民國三十三年九月

令各縣政府
　省警察局

案准

內政部三十三年八月十八日渝統字第零零二九號代電開：

「案准　國民政府主計處三十三年六月十八日渝統字第五三二號公函略開准外交部公函，戰後外交資料整理研究委員會第五次會議決議關於我國公私財產損失調查中之「日方損毀沒收或佔用我國公司企業或財產之損失」及「日方境內我國公私財產被毀沒收或佔用之損失」兩項目之研究辦法及程序由本處召集參加研究機關會商擬定」一案，經本處於本年六月二日函請各有關機關會議決定（一）查報之原則（二）各機關分認調查登記估計之資料（三）擬由外交部委託調查登記，可估計之機關及其資料之範圍（四）各機關於七月底以前將初步報告送外交部并抄寫一份送主計處以備彙編等項紀錄作卷檢閱抗戰損失資料研究辦法及程序討論公第一次會議記錄函請查照辦理」等由准此，查本部所分認調查登記，或估計資料之範圍爲（1）地方政府機關爲縣市政府等財產之被毀損沒收或佔用（2）人民財產之被毀損沒收或佔用（3）內政部及所轄各機關公務員役私人財產之被毀損沒收或佔用，茲根據上項範圍並參照院頒修正抗戰損毀查報須所裝訂表式請祉本年八月底以前依照查報供應將貴省及所屬縣市局直接間接及公務員役私人與人民財產被毀損沒收或佔用之損毀迅速填報以憑核轉爲荷。」

等由；附查報原則一份，表或四份，准行除分令外；合行抄發原附各件，令仰遵照查填報府以憑核轉！此令。

計抄發查報原則一份表式四份。（表略）

主席馬鴻逵

宁夏省政府抄发行政院关于战时紧急处置公有物资奖惩条例施行细则的训令（一九四四年四月十二日）

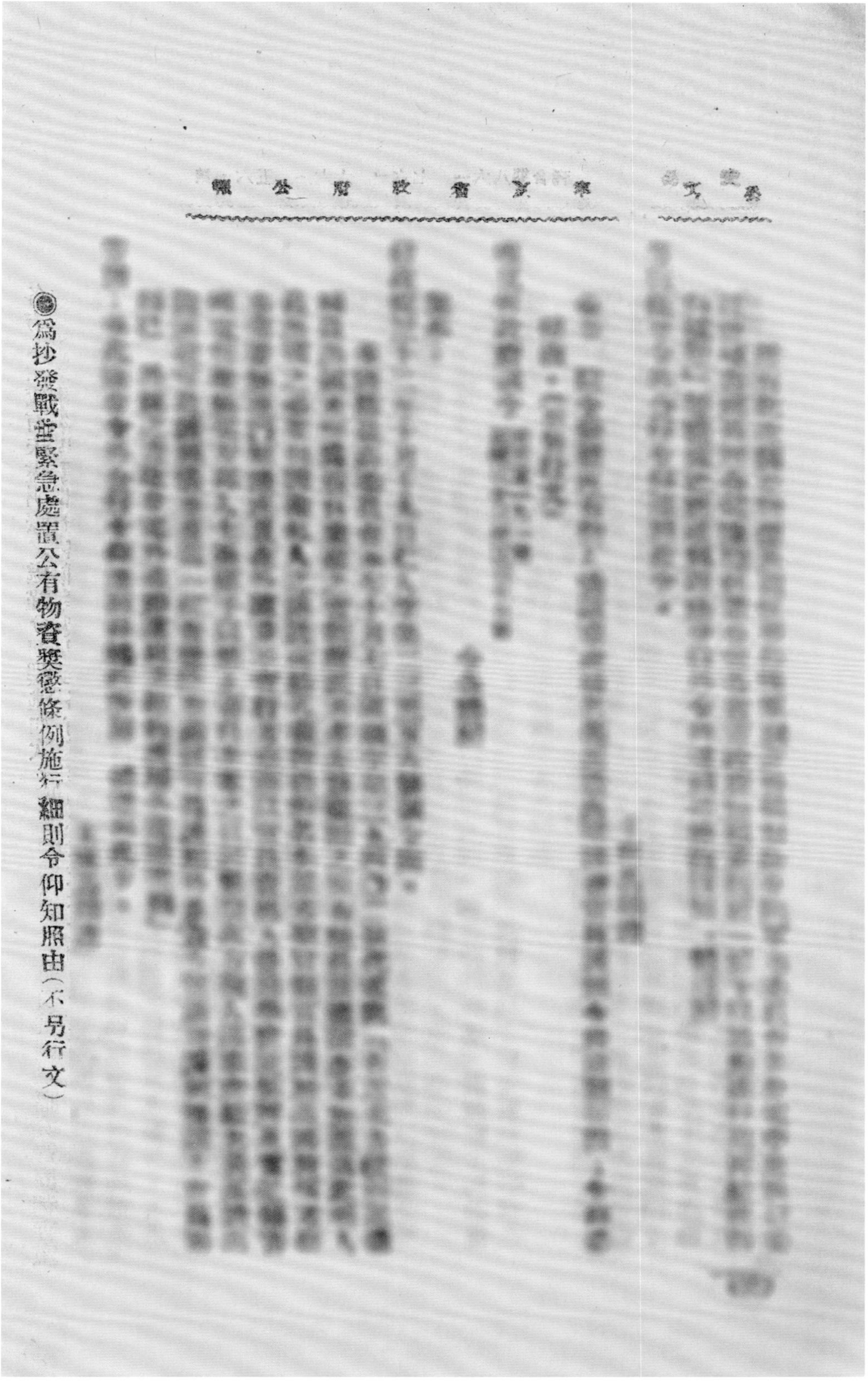

寧夏省政府公報

公文

為抄發戰時緊急處置公有物資獎懲條例施行細則令仰知照由（不另行文）

第一五六一 一六六 一六七 一六八合期　公文

寧夏省政府訓令 秘二字第五〇七二號 民國卅三年四月十二日

令各機關

案奉

考該院秘文一零九三

行政院本年四月七日仁壹字第二四六五二號訓令開：

軍事委員會辦四(二)四四四八零

「戰時緊急處置公有物資獎懲條例施行細則業經制定公布應即通飭施行除分行外合行抄發該細則令仰遵照辦理并轉飭所屬一體知照」等因：計抄發戰時緊急處置公有物資獎懲條例施行細則一份奉此除分令外合行抄發原件令仰知照并飭屬一體知照。

此令。

附發原抄條例施行細則一份。（見法規欄）

主席馬鴻逵

宁夏省政府抄发社会部关于「战时全国技术员工管制条例」的训令（一九四四年五月七日）

㊟准咨為奉戰時全國技術員工管制條例咨請查照轉飭一體遵照等因。令仰知照由。（不另行文）

寧夏省政府訓令　秘一字第四〇三六號　民國三十三年五月七日

寧夏省政府訓令　民國三十[illegible]年[illegible]月[illegible]日　[illegible]字第四〇[illegible]號　令各機關

案准

社會部卅二年十二月廿四日勞字第五八二五零號咨開：

「案奉行政院三十二年七月三十日仁八字第一六五五四號訓令開：「案奉國民政府三十二年十月九日渝文字第四六九號訓令頒發戰時全國技術員工管制條例到院合行抄發該條例令仰知照并轉飭所屬一體知照此令」等因，附抄發戰時全國技術員工管制條例一份

奉此除分別咨函令行外，應檢附該項條例一份咨請查照轉飭所屬一體遵照爲荷。

等因，附抄發戰時全國技術員工管制條例一份准此除分令外合行抄發原件令仰知照。

法規 寧夏省政府公報

(一)戰時全國技術員工管制條例（三十二年七月九日公布）

第一條　本條例依國家總動員法第十條第十二條之規定制定之。

第二條　本條例所稱技術員工係以左列者為限

一、曾在國內外專科以上學校或其高級職業學之理工農醫會計及工商管理等科畢業或對上述學科有專門著作或發明者。

二、曾受前款各學科或其有關學科技訓練合格者

三、曾任前款各科工作或修習前戰各科技術二年以上具有相當經驗者

四、其他合格專門技術人員者考試法所規定之資格者，

第三條　凡合於前條規定之技術員工無論現職非現職開業或未開業均應受本條例之管制。

第四條　技術員工之管制為調查登記分配限制調查整征調格考訓練獎勵事項。

前項事項由社會部勞動局統籌管制分別會同各主管機關辦理之其原屬主管機關辦理者仍由各主管機關辦勞動局負合聯繫之責。

第五條　技術員工由各主管機關分別登記負送勞動局勞動局得就應登記事項予以調查

第六條　全國各機關及公私經營之農礦工商場廠應將現有服務技術員工造具名冊送主管機關登記。

第七條　全國各專科以上學校或高級職業學校修習第二條第一款規定學科滿二年以上之學生應由學校造具名冊送主管機關登記。

第八條　全國各機關及公私經營之農礦工商場廠所辦之技術員工訓練班所合於本條例第二條第二款之規定者應於結業時　受訓人員造具名冊送主管機關登記。

第九條　凡承現職或失業開業或來自戰區或回國僑胞之技術員工應就近報請各該主管機關登記。

第十條　在職之技術員工不得無故離職。

第十一條　各機關場廠雇用技術員工如係現在他機關場廠服務者應得原服務場廠之同意。

第十二條　凡與國家總動員業務有關之現職技術員工有轉業或改業之必要時得由各機關場廠請求勞動主管機關代爲分配適當工作。

第十三條　全國各機關場廠技術員工之待遇應力謀劃一由勞動局會同各有關機關統籌規劃擬訂標準轉呈行政院核定施行。

第十四條　因國家總動員業務之需要勞動局對於已登記技術員工依左列順序徵調之。

一、現無職業及未開業者。

二、自行開業者。

三、與國家總動員業務無關之從業人員

四、與國家總動員業務關係較輕之公營場廠從業人員

五、與國家總動員業務關係較輕之私營場廠從業人員

六、曾受一定期間之特殊技術訓練或修習專門技術滿三年以上之學生。各科分

第十五條　因軍事或行政機關之特殊需要勞動局得商同各主管機關實施緊急徵調。

第十六條　凡奉令征調之技術員工應即遵照限期前往指定地點機關報到。

第十七條　奉令征調技術員工之旅費等必需要費用由征調服務機關發給之。

第十八條　凡調征前方或邊疆服務滿二年之技術員工除本人自願繼續服務外應調回原機關

場廠如原機關裁撤或場廠停閉時勞動局應儘先分配相當工作。

第十九條　被征調之學生應保留其原有學籍。

第二十條　各機關場廠自行從海外或淪陷區招致技術員工時應與勞動局洽商辦理。

第二十一條　某種技術員員特別缺乏或不敷分配時將勞動局得商由主管機關設班訓練之。

第二十二條　凡調征前方或邊疆服務或回國投効僑胞之技術員工滿三十以上著有勞績者除依考績獎勵法規辦理外得由勞動主管機關呈請予以獎勵其回國投効僑胞之技術員工並由服務機關按其成績及服務時間之長短酌給獎金

第二十三條　違反第十六條之規定者依妨害國家總動員懲罰暫行條例懲罰之

第十四條　本條例自公布日施行

五、战时宁夏各项调查统计报告

寧夏省民用車輛調查統計表

縣別	輪別	兩(四)輪大車 大 每車載重量	大 每車價格	大 數量	小 每車載重量	小 每車價格	小 數量	獨輪車 每車載重量	獨輪車 每車價格	獨輪車 數量	轎車 每車載重量	轎車 每車價格	轎車 數量	備考
寧夏縣	兩輪	二六〇〇斤	一八〇元	九九六輛	一五〇〇斤	八〇元	三三輛	斤	元	輛	七二〇斤	二〇〇元	三七輛	大車係鉄腳 小車係木腳
	四輪	無												
寧朔縣	兩輪	一五〇〇	一〇〇	四〇〇							四〇〇	二〇〇	一五	
	四輪	無												
中衛縣	兩輪	三〇〇	三〇	五六〇	一〇〇〇	八〇	二〇	二四〇	二〇	五〇	八〇〇	二四〇	五	
	四輪	無												
平羅縣	兩輪	一六〇〇	六〇	九〇〇										
	四輪	無												
金積縣	兩輪	無			一〇〇〇	八〇	八五	無			四〇〇	一六〇	一五	
	四輪	無												
靈武縣	兩輪	三〇〇	五〇	二三							七〇〇	一五〇	五一	
	四輪	無												
中寧縣	兩輪	三〇〇	四〇	六二〇				二〇〇	一〇	二〇	五〇〇	二〇〇	三〇	
	四輪	無												
鹽池縣	兩輪	八〇〇	四〇	一八五							七〇〇	八〇	三	
	四輪	無												
磴口縣	兩輪	五〇〇	六〇	五〇	三〇〇	二五	三〇				三〇〇	八〇	五	
	四輪													
豫旺縣	兩輪													查本縣境內多係山崗并無車輛無從查填合併聲明
	四輪													

宁夏省民用粮食调查统计表（一九三四年）

寧夏省民用糧食調查統計表

縣別	產額／輸出／輸入	大米	小麥·麥	小麥·粉	大麥	黑豆	高糧	小米	雜糧	備考
寧夏縣	產額	一八八八〇石	二五六五〇石	斤	九七二七石	五五五三石	一二二七〇石	一一八五八石	一七二八二石	查雜糧石數係蕎子為大宗，其荒豆、胡麻次之，青扁各豆又次之
	輸出	九一五〇	一四三三五		三三三二	三〇〇六	六四三八	三八四三	一〇九六〇	
	輸入		三〇三〇		五六三二	四〇二	三一〇	六三七	二六三〇	
寧朔縣	產額	二八七六〇	二九五〇〇	八六〇〇〇〇	一六一〇〇	一三四九〇	二二九〇〇	一一五五〇		
	輸出	四二〇〇	四八五〇	一三五八〇〇	二一〇〇	一七九〇	二七四〇	六三〇		
	輸入	三一五〇	七三〇〇	三二四四〇〇〇	三〇〇〇	三三一〇	二七四〇	一〇〇〇		
中衛縣	產額	一二〇〇〇	一五〇〇〇	三七五〇〇	八四二	四〇〇〇	四二〇〇	二一六〇	一四二二	查糧食除白米輸出十分之一外，其餘糧食本地消費，輸入雜糧蒙人消費十分之七
	輸出	一二〇〇								
	輸入		三二〇〇						八六五〇	
平羅縣	產額	一一八〇	一四五二二		一三七五	一九六七	三九三六	九九三二	一七三二八	查輸出之糧運往綏遠各處，輸入之糧多係由綏遠、陝西等省運入
	輸出	三三二								
	輸入		二五八					三一二	四三七	
金積縣	產額	六三一〇	一六二二〇		四九一〇	四三一〇	五一一〇	二五三〇	五八五〇	查本地產出尚足民用，如遇荒年即由北後套輸入，為數無定，無從查考
	輸出									
	輸入									
靈武縣	產額	二五〇〇〇	二三〇〇〇	三五四二〇〇	三〇〇〇	八一〇	三〇二〇	七五〇〇	三二六〇	查每石均照十八筒斗計算
	輸出		一三〇〇〇							
	輸入									
中寧縣	產額	一五七〇〇	二一〇〇〇	五〇〇〇	四〇〇〇	一八〇〇	三二〇〇	一二〇〇	四二〇〇	
	輸出	一三〇〇	一五〇〇	二〇〇〇	二二〇〇	八〇〇	二一〇〇	九〇〇	二五〇〇	
	輸入	一〇〇〇	一三〇〇	二〇〇〇	二四〇〇	六〇〇	一九〇〇	八〇〇	三六〇〇	
鹽池縣	產額		一二〇					二〇五〇	四六〇〇	
	輸出							三四〇	一八〇〇	
	輸入	五三	四六〇			四〇	三〇	二七〇		
磴口縣	產額		六〇〇	一一〇〇		二〇		三〇		
	輸出									
	輸入									
豫旺縣	產額		三六五三					一五三二〇	七五四七	查本年麥苗肥美，上年地方荒旱，所食之麥均由外運入
	輸出							六一六〇		
	輸入		一七四二							

寧夏省民用騾馬調查統計表

縣別	種類	馬	騾	驢	駱駝	牛	備考
寧夏縣	產額	四二八匹	二五七頭	一九五三五頭	三八〇隻	二五一〇頭	
	輸入	一四六	三一	五四〇	三〇	一〇一七	
	輸出	二四〇	一八	一七六三		三二九二	
寧朔縣	產額	五二〇	一四〇	二三七〇	無	一二四五	
	輸入	二三〇	一〇〇	二四〇	三〇〇	六三〇	
	輸出	無	無	無	無	一五〇	
中衛縣	產額	一〇〇	八〇	六二〇	四〇	八五〇	查本縣輸入馬牛駱駝出產蒙地縣驢出產甘肅省平凉固原一帶
	輸入	五〇	六八	一三〇	七〇	二四〇	
	輸出	無	無	無	無	無	
平羅縣	產額	二〇	二〇	二〇〇	五〇〇	八〇〇	查縣境內輸入騾馬驢牛駱駝等俱多由蒙地輸入至輸出僅及鄰縣合行聲明
	輸入	一二〇	一〇	一〇〇〇	二七〇〇	一〇〇〇	
	輸出	三〇	一五	五〇	一〇〇	四〇	
金積縣	產額	八〇	四五	四二五	三二三	二三五	
	輸入	無	無	無	無	無	
	輸出	無	無	無	無	無	
靈武縣	產額	二五三	二八	五二〇〇	四七〇〇	一四〇八	
	輸入	無	無	無	無	無	
	輸出	無	無	無	無	無	
中寧縣	產額	一九〇	二九〇	一三五〇〇	五五〇	九五〇〇	
	輸入	九〇	一三〇	九〇〇〇	三〇〇	五〇〇〇	
	輸出	八五	一三五	一〇〇〇〇	一六〇	六〇〇〇	
鹽池縣	產額	七〇	無	四八三	二二	一八八	
	輸入	無		一二〇	一〇〇	九〇	
	輸出	無		一五〇	無	六五	
磴口縣	產額	一三〇〇	八五	四五〇	一六二〇	七三〇	
	輸入	七〇	無	二〇	六〇	七〇	
	輸出	六〇〇	無	八〇	八五	三〇	
豫旺縣	產額	三〇	一六	一三七	五六	一三九	
	輸入	四三	六	六七	一七二	一〇四	
	輸出	一三	無	三五	無	無	

宁夏省民众团体组织概况表（一九三九年八月十日）

第 一 期 寧 夏 省 政 府 公 報 統 計

寧夏省民衆團體組織概況表 二十八年八月十日

團體名稱	會員人數	成立日期	歷次改組日期	負責人姓名	組織概況	備考
寧夏市商會	一八三	二十一年六月六日	廿七年十月四日第一次改組	喬森榮	設執行委員十九人互推常委七人主席一人監委五人候補執委七人候補監委三人	
寧夏省回教教長回民教育輔導委員會	一六八	廿七年十二月一日		王彥孝 王振海 虎嵩山	設委員九人互推常務委員二人	
寧夏省佛教居士林	七六〇	廿四年十一月十日		馮圓光 胡維楨	設林長副林長各一人	
寧夏省抗日後援會		二十六年九月	二十七年十月十一日第一次改組	王含章 楊作榮 葉森	設委員廿一人互推常委三人	
寧夏省會皮毛業職工會	一三八	二十五年六月六日	廿七年一月第一次改組廿八年四月第二次改組	張華	設理事五人互推常務理事一人監事三人互推常務監事二人候補理事二人候補監事一人	
寧夏省會木器職業工會	四九	二十五年十二月十二日	廿七年二月第一次改組廿八年六月第二次改組	李培緒	同上	
寧夏省會理髮業職業工會	七三	二十年六月十五日	廿八年三月第一次改組	王成基	同上	
寧夏省會油漆業職業工會	五七	二十五年十一月十一日		丁全德	同上	

(33)

31

寧夏省會泥匠業職業工會	五七	二十五年六月九日	二十八年七月二十日第一次改組	李秀	同上
寧夏省會銅鐵業職業工會	一〇四	廿五年六月十四日	二十八年二月第一次改組	孫義德	同上
寧夏省會製履業工會	五六	二十七年七月二十六日	廿八年三月第一次改組	王儉	同上
寧夏省會縫級業職業工會	一七四	廿四年四月二日	廿六年七月第一次改組廿八年二月第二次改組	康守仁	同上
寧夏縣農會	五〇七	二五、六、一四、	二八、七、〇、第一次改組	納蘭洺 楊兆榮	設幹事五人互推幹事長副幹事長各一人候補幹事三人評議員四人
寧夏縣商會	一六八	二七、五、廿一、	二七、九、八、第一次改組	胡生桂	設執行委員九人互推常委三人主席一人監委三人候補執委三人候補監委一人
寧夏縣教育會	五一	二五、五、二、	二八、七、一六、第一次改組	曹魯春	設幹事五人互推常務幹事一人候補幹事三人
寧夏省回教教長回民教育輔導委員會寧夏縣分會	三三	二八、五、一四		楊[illegible]	設常務幹事五人
寧夏縣抗日後援會	一五	二七、九、一四		蘇效蘇 馬星洲 胡生桂	設委員五人互推三人爲常務委員
寧夏縣李崗小學校青年學生抗戰後方服務團	一三四	二七、六、一五、		徐炳文 楊生華	設團長副團長各一人
寧夏縣新城小學校青年學生抗戰後方服務團	一三七	二七、九、一五、		鄭溶濠 強文明	設團長副團長各一人
寧朔縣農會	六五四	二五、五、一七、	二八、六、二六、第一次改組	王嘉豐 馬金璽	設幹事五人互推幹事長副幹事長各一人候補幹事二人

寧朔縣職業聯合工會	八〇	二五、五、八、	二八、六、二七、第一次改組	楊自榮	設理事五人互推常務理事一人候補理事三人監事三人互推常務監事一人候補監事一人	
寧朔縣商會	八六	二五、五、一〇、	二七、九、七、第一次改組	李世傑	設執行委員九人互推常務委員五人主席一人候補執委二人監委五人候補監委一人	
寧朔縣教育會	六〇	二五、五、三、	二七、七、十一、第一次改組	劉萬福	設幹事五人互推常務幹事一人候補幹事二人	
寧朔縣王洪小學校青年學生抗戰後方服務團	五二	二七、九、八、		李廣森 王世清	設團長副團長各一人	
寧朔縣楊和小學校青年學生抗戰後方服務團	五一	二七、九、一二		郭文彩 馬忠國	設團長副團長各一人	
寧朔縣葉昇小學學青年學生抗戰後方服務團	五七	二七、九，一〇		哈銜 張國耀	設團長副團長各一人	
寧朔縣瞿靖小學校青年學生抗戰後方服務團	七二	二七、九、一四		魏潔 鄭蘭芳	設團長副團長各一人	
寧朔縣李俊小學校青年學生抗戰後方服務團	五七	二七、九、一三		胡宗正 唐振中	設團長副團長各一人	
平羅縣農會	五一三	十九年	二五、五、廿一，第一次改組二八、六、廿四第二次改組	馬壽桃 張光昌	設幹事七人互推幹事長一人副幹事長一人候補幹事三人	
平羅縣產業職聯合工會	四九二	二八、四、廿二	二八、六、一九第一次改組	郭宗儀	設理事九人互推常務理事一人監事五人互推常務監事一人候補理事廿二人候補監事一人	
平羅縣商會	一八〇	十八年	二七、六、一第一次改組	張光先	設執行委員七人互推常務委員三人主席一人監委三人候補執委二人候補監委二人	
平羅縣教育會	一五七	二五、五、廿二、	二七、一〇、廿三，第一次改組	俞占鰲	設幹事七人互推常務幹事一人候補幹事三人	

平羅縣城小學校青年學生抗戰後方服務團	一〇〇	二七、八		王會友 劉廷選	設團長一人副團長一人	
平羅縣黃渠橋第一小學校青年學生抗戰後方服務團	一三九	二七、八		丁富貴 馬贊禮	設團長一人副團長一人	
平羅縣黃渠橋第二小學校青年學生抗戰後方服務團	一五四	二七、八		常鳳翔 梁萬金	設團長一人副團長一人	
平羅縣寶豐小學校青年學生抗戰後方服務團	一九〇	二七、八		楊守明 馬祥義	設團長一人副團長一人	
平羅縣姚伏小學校青年學生抗戰後方服務團	七〇	二七、八		沈懷賢 談尚敬	設團長一人副團長一人	
金積縣農會	五五八	一九、七、	二五、五、十五第一次改組二八、七、五、第二次改組	馬秀章 丁鴻儒	設幹事五人互推幹事長副幹事長各一人候補幹事一人	
金積縣職業聯合工會	六六	二五、五、廿九、	二七、十、十、第一次改組二八、五、十、第二次改組	謝銀喜	設理事五人互推常務理事一人候補理事二人監事三人互推常務監事一人候監事一人	
金積商縣會	四三	二三、十二、廿五、	二五、五、廿六第一次改組二七、九、十三、第二次改組	沈勤業	設執行委員七人互推常務委員三人主席一人候補執委一人監察委員三人	
金積縣教育會	七六	二二、七、	二四、三、二四、第一次改組二八、五、一七、第二次改組	杜學義	設幹事五人互幹常務幹事一人候補幹事三人	

第一二三期統計

金積縣抗日後援會	五八	二六、十、	二七、十、十、第一次改組	賀自正 沈勤業 李廷棟	設委員七人互推常務委員三人	
金積縣第一小學校青年學生抗戰後方服務團	一一三	二七、九、二二、		鄭茂 馮登奎	團長副團長各一人	
金積縣第二小學校青年學生抗戰後方服務團	五六	二七、九、二三、		丁占福 白敏中	團長副團長各一人	
金積縣馬家灘小學校青年學生抗戰後方服務團	一〇六	二、七、九、二九		王有業 王智	團長副團長各一人	
靈武縣農會	三五六	二五、六、一〇、	二七、八、一八、第一次改組	尹冀湯 孫文治	設幹事五人互推幹事長一人候補幹事二人	
靈武縣泥木業職業工會	八六	二五、六、二五	二八、六、三、第一次改組	孫成良	設理事五人互推常務理事一人候補理事二人監事三人互推監事一人候補監事一人	
靈武縣縫紉職業工會	三〇	二五、六、一〇	二七、八、一八、第一次改組	許應選	設理事五人互推常務理事一人候補理事二人監事三人互推監事一人候補監事一人	
靈武縣鐵業職業工會	二八	二五、六、八	二七、八、一八、第一次改組	朱正傑	設理事五人互推常務理事一人候補理事二人監事三人互推監事一人候補監事一人	
靈武縣城商會	二五	二五、六、一〇	二七、八、一八、第一次改組	蘇芳	設執行委員七人互推常委三人主席一人候補執委一人監察委員三人	
靈武縣吳忠鎮商會	四四	二五、六、一六、	二七、八、一八、第一次改級	閻慶餘	設執行委員九人互推常委二人主席一人候補執委三人監察委員七人候補監委二人	
靈武縣教育會	四一	二五、七、八、	二七、八、八、第一次改組	白璉	設幹事五人互推一人為常務幹事候補幹事三人	
寧夏省回教教長回民教育輔導委員會靈武縣分會	一〇三	二八、二、一二、		王振江	設常務幹事五人	

靈武縣城小學校青年學生抗戰後方服務團	一〇六	二七、六、一	二七、八、一八、第一次改組	蘭文秀 孟尚賢	設團長副體長各一人	
靈武縣崇興寨子學校青年學生抗戰後方服務團	一〇三	二七、七、一	二七、八、一八、第一次改組	朱煜 王守忠	設團長副團長各一人	
靈武縣吳忠鎮小學校青年學生抗戰後方服務團	二〇九	二七、六、二〇、	二七、八、一八、第一次改組	王廷瑞 李萬祥	設團長副團長各一人	
中衛縣農會	八五九	二五、五、二七、	二八、四、八、第一次改組	馮永吉 蔣郁文	設幹事七人互推幹事長副幹事長各一人評議員五人	
中衛縣泥木業職業工會	一八七	二五、五、二八、	二八、四、七、第一次改組	陳銘	理事五人互推常務理事一人監事三人互推常務監事一人	
中衛縣斗牙業職業工會	五〇	二五、五、二八、	二五、五、二八、第一次改組	王雲山	同上	
中衛縣屠宰業職業工會	五八	二五、五、二六、	二五、四、七、第一次改組	孟崇仁	同上	
中衛縣商會	一七七	十九年	二七、九、二、第一次改組	張鵬程	設執行委員十五五互推常委五人主席一人監察委員五人候補執委員五人候補監委五人	
中衛縣教育會	五四	廿、三、	二五、五、廿八、第一次改組二五、四、二、第一次改組	李英傑	設幹事五人互推常務幹事一人	
中衛縣應理小學校青年學生抗戰後方服務團	一三三	二七、七、九		何至公 蔣積壽	設團長副團長各一人	
中衛縣鎮羅小學校青年學生抗戰後方服務團		二七、六、	二八、四、第一次改組	李有榮 馮中立	設團長副團長各一人	

中寧縣農會	五四	二五、六、二〇、	二八、二、三、第一次改組	莫增隆 田得金	設幹事五人互推幹事長副幹事長各一人候補幹事二人	
中寧縣商會	五二	二四、四、二十、	二八、一、二二、第一次改組	張賓煥	設執七人互推常委三人主席一人監委三人候補執委三人候補監委二人	
中寧縣教育會	五二	二五、五、二二、	二八、一、一六、第一次改組	高登華	設幹事五人互推二人爲常務幹事候補幹事二人	
中寧縣寧安小學校青年學生抗戰後方服務團	七八	二七、六、八、		馬兆祥 謝邦亭	設團長一人副團長一人	
中寧縣惠和小學校青年學生抗戰後方服務團	五〇	二七、六、一〇、		王建邦 王緒常	設團長一人副團長一人	
中寧縣鳴沙小學校青年學生抗戰後方服務團	一一五	二七、六、一六、		胡天魁 胡興邦	設團長一人副團長一人	
中寧縣石空小學校青年學生抗戰後方服務團	九四	二七、六、二一、		白生珍 祝恆業	同上	
中寧縣棗園小學校青年學生抗戰後方服務團	八八	二七、六、一八、		方全煜 李振東	同上	
鹽池縣農會	一九七	二七、十、卅、		袁世傑 崔祺	設幹事五人互推幹事長副幹事長各一人	
鹽池縣商會	三一	二七、九、二三、		姚興吾	設執委五人互推常委兼主席一人監委三人	
鹽池縣抗日後援會		二六、九、	二七、八、	劉兆漢	設委員五人互推常委一人	
鹽池縣惠安小學校青年學生抗戰後方服務團	一八	八二七、九、九、		劉廣增 賀良棟	設團長副團長各一人	

37

磴口縣商會	三五	十五、三、一二、	二四、四、八、第一次改組、二七、九、一、第二次改組	張世勳	設執委七人互推常委三人主席一人監委三人
磴口小學校青年學生抗戰後方服務團	九九	二七、六、	二八、三、四、第一次改組	張僉書	設團長副團長各一人

明禮義

知廉恥

守紀律

負責任

宁夏兵役述要（一九四二年十二月）

第八章　兵役

第一節　概說

查吾國自夏，商，周三代，以至於唐，均係征兵制度，寓兵於農，兵民不分，迨至於宋，始變爲募兵之制，於是兵質不純，流氓無賴，相率羼入，人人均以當兵爲可恥。沿及民國，迄未稍改，一般國民，重文輕武，國勢衰頹，蓋由於此，我　中央有鑒於此，知非實行征兵制度，規定凡一國民，年在十八歲至四十五歲之及齡壯丁，均應更番施以嚴格之軍事訓練，使人人具備禦侮之本領，與保衛國家之心理，本省因人口稀少，合格壯丁爲數無多，故一次未能按照　中央規定按月征集，乃於二十六年十月間，依照三丁抽一，五丁抽二之辦法，開始征集壯丁一次，至二十七年先後征集兩次，爲杜絕流弊，力求公允，特遵照　中央規定之抽籤辦法辦理，凡家有兩名以上之合格壯丁者，均須參加抽籤。至二十八及二十九兩年，先後又征集兩次，本省地處邊陲，民智落後，視入伍受訓爲畏途，深明大義，踴躍應征者固有，而一聞征訓壯丁，卽百般規避者，實居多數，後經政府加以勸導，始漸改變風氣，推行役政，亦順利多矣。

第二節 設置師管區籌備處

查本省師管區籌備，係於民國二十七年二月間，奉令組織成立，處長由民政廳廳長海濤兼任，內部人員依照部頒組織規程，並斟酌本省實際情形，除設置專任處員二員，書記一員，司書一員外，餘均係調用民政廳職員，不另支薪，該處受軍政部暨省政府之指揮監督，辦理全省國民兵役及征訓壯丁等事宜。

1.調查全省壯丁人數

查本省在三十年未劃縣以前，原有十縣，一設治局，定遠營暫設一辦事處，總計四十三區，（內有鹽池縣第一二三區，現被第八路軍佔據。）一百零二鄉，四百四十七保，五千零九十九甲，壯丁總數爲十四萬一千五百七十八名，已充兵役者二萬二千六百六十六名，現有壯丁一十萬八千九百一十二名，除應免受訓者七千四百三十八名外，應受訓練者，尚有一十萬零一千四百一十四名，此截至二十九年底所調查之數目也。附全省壯丁數目統計表於後：

寧夏省各縣局處壯丁數目統計表

縣局別	壯丁總數	已充兵役數	現有壯丁數	應免受訓練壯丁數	應受訓練壯丁數	備考
省會	六、九〇一	三、九五	六、五〇六	七八五	五、七二一	

寧夏縣	二一、五〇九	五、九六二	一五、五四七	九三五	一四、六一二
寧朔縣	一九、二九九	四、四五三	一四、八四六	六八三	一四、一六三
平羅縣	二三、五二五	四、八五三	一八、六七二	一四、一四	一七、二五八
金積縣	九、二二七	二、九九五	六、二三二	三九三	五、八三九
靈武縣	一五、六一一	三、七一九	一一、八九二	六四一	一一、二五一
中衛縣	一六、五九〇	三、九八五	一二、六〇五	一、二三七	一一、三七八
中寧縣	一六、三二二	四、五〇四	一一、八一八	七二三	一一、〇九五
鹽池縣	一、〇五四	一三五	九一九	一八五	七三四
同心縣	六、七四九	一、三一〇	五、四三九	二八二	五、一五六
磴口縣	二、〇四二	二九八	一、七四四	六〇	一、六八四
陶樂設治局	六五三	五〇	六〇三	五七	五四六

定遠營	三、〇九六	一六	二、〇八〇	五二	二、〇二八
總計	一四一、五七八	三二、六六六	一〇八、九一二	七、四三八	一〇一、四七四
附記	表列數字，係根據二十九年調查所得，故夏朔平三縣，仍按未劃縣以前之數統計。				

2.分期征集壯丁及實行抽籤

本省於二十六年，曾按照　中央規定之三丁抽一，五丁抽二之辦法，征集壯丁一次，至二十七年度，乃實行抽籤征集辦法，先後徵集兩次，本省爲後防重鎮，亟應充實軍力，增强抗戰力量，凡兩名以上之合格壯丁，必須次第訓練，以爲國用，即規定全省人民，凡家有多丁者，准驗一名，驗不准者，發給證明書，於二十八年及二十九年度按照上項辦法，又先後徵集兩次。

附本省壯丁輪流受訓以備國防佈告

查國家興亡，匹夫有責，古哲名言，蓋有至理，吾國地大物博，人口密積，理可駕凌全球，睥視寰世，然自遜清失政，外侮憑凌，演至今日，殆已危如累卵，迫在眉睫，考查原因，雖有多端，而民衆自不振作，實爲主因，夫國家之興替，例以一家之盛衰，理固一也，若一家之中，長幼有序，男女有業，自必日漸興盛，若均遊手好閑，自必衰替，國家如是。昔者士農工商，人各有業，國無廢才，鄉少游民，故能百事俱舉，政治郅隆，今則民智庸魯，習於遊嬉，僅重身家，漠視危機，故業既荒蕪，自必窮匱。言念及此，殊堪痛惜，吾寧爲邊疆重鎮，西北門戶，在此危急之秋，實負艱鉅之任，本主席總司令待罪鄉邦，已逾五稔，關於庶政百端，推行不遺餘力，而於民衆敎育一項，尤力求普及，無如積重難返，終鮮成效。茲就壯丁一項言之，徵集訓練，已有三期，秕莠百出，擾民時聞，或傭僱充數，或賄謀規避，且或自殘軀體，或舉家逃匿。殊不知徵兵，本爲古制，保國責在吾人，列强人民，均應兵役，故有事時，人民均可持干戈，以衛國家。吾國唐季，始除徵兵之制，以後民風即日趨懦弱，迭見制於四夷，考之古史，利弊照然。今者倭寇壓境，危難日亟，我最高領袖，主持抗戰大計，首定訓練民衆，務使舉國上下，皆知兵事，蓋仿效古制，順應潮流，吾民須知宗祖廬墓之邦，身家寄託之地，覆巢之下，必無完卵，即應踴躍應徵，豈可如秦人視越，甘受宰割，本主席總司令以爲民衆之不明大義者，胥由於民衆智識薄弱，唯本省紳耆中，不無明達之士，切宜廣爲解釋，務家喻戶曉，是所厚望。且本期壯丁決行抽籤，分期舉行，本省壯丁均應受訓，例如本期壯丁整齊，即將二十六年度壯丁退伍，蓋人民各有所業，豈可悉數充兵，遑論公帑有限，難供薪餉，若使農廢於野，商輟於市，寧有是理。自可毋庸疑懼，至未能先期將二十六年度壯丁遣散者，蓋本省在國防前線，在此多事之秋，自應時時戒備，若先行遣散，一旦有事，召集愆期，必誤戎機，故須於本期壯丁徵齊之後，始解散前期壯丁，當亦爲我父老兄弟所能諒解者也。再本省文化落後，民智壅閉，固爲不可諱言之實事，故庶政推行，時感掣肘，而不肖官吏，尤得乘機魚肉人民，肆意剝削，人民缺乏智識，不知檢舉，遂至毒虐日亟，痛苦益深。訓練民衆一事，爲目前第一要務，各壯丁應徵入伍之後，均受以普通學識，

兵役

使之讀書明理，文事武備，均窺門徑，并約束其身心，增進其道德觀念，在營時爲良好之軍人，退伍後爲安分之百姓，教養兼施，愛之如子弟，此又可告慰我父老兄弟者也。本主席總司令主政鄉邦，本視民如傷之苦心，凡關於要政推行，自爲審思周詳，望勿徘徊，致貽伊戚，唯本省毗連戰區，難免漢奸潛伏，其或有妄言惑衆者，亦必按律執法以繩，決不姑貸，合亟佈告，仰全省各界民衆，一體週知，此佈。

附寧夏省各縣局處二十七八九年度入伍壯丁數目統計表

縣局別	二十七年度壯丁入伍數	二十八年度壯丁入伍數	二十九年度壯丁入伍數	合計	備考
省會			七二	七二	因二十七、八、兩年該處未征故未列入數目
寧夏縣	二、九七五	八二二	四四五	四、二四二	
寧朔縣	二、八一三	六四三	四一五	三、八七一	
平羅縣	二、九六一	八二九	四七〇	四、二六〇	
金積縣	一、一四七	二四九	二〇五	一、六〇一	
靈武縣	一、八九八	四五九	三四〇	二、六九七	

中衛縣	二、一三二	四四三	四〇五	二、九八〇	
中寧縣	一、九九〇	四六八	三五〇	二、八〇八	
鹽池縣	七〇	三六	二一	一二七	
同心縣	八五三	二九二	二〇〇	一、三二五	
磴口縣	八一三	一〇〇	四二	九五五	
陶樂設治局		二二	二四	四六	因二十七年該局未徵故未列數
定遠營			三九	三九	因二十七八兩年該處未征故未列數
總計	一七、六三〇	四、三六三	三、〇二八	二五、〇二一	

3. 壯丁之集中訓練

本省自二十六二十七兩年，所征集之壯丁，先則在各縣就地訓練，增强保安武力，後奉中央命令，均撥歸第十七集團軍各部隊，分別負責訓練，至二十八及二十九兩年，所征之壯丁，因就地訓練，多不切實，仍撥交第十七集團軍各部隊訓練，以爲充實國防力量，保衛大西北之準備。

4. 志願兵之自動投效

本省位處邊陲，民智不開，民人狃於積習，只知愛家，不知衛國，對於兵役，踴躍應征者少，而希圖規避者多，嗣經本府發動黨政各機關，及學校，法團等，組織宣傳隊，分赴各縣，深入鄉村，廣事宣傳，曉以大義，並灌輸以國民對於國家所應盡之天職，同時由各學校學生，不時作種種之講演與戲劇之宣傳，民衆漸爲之感動，於二十七年征集壯丁時，有寧夏縣（今改爲賀蘭縣）戶民柳貴等八人，寧朔縣戶民白思孝等十一人，平羅縣戶民黨與政等七人，金積縣戶民强潤德等三人，靈武縣戶民馬成俊等八人，中寧縣戶民胡振邦等十一人，中衛縣戶民萬元堂等二人，鹽池縣戶民賀長連一人，同心縣戶民丁永德等六人，磴口縣戶民馬寶貴等四人，以上六十一名壯丁，均係自動投效之志願兵，二十八年度征集壯丁時，全省志願充兵者，共有八十三人，二十九年先後兩次徵丁，全省志願兵之自動投效者，共有一百零七名，本府擇其中最深明大義踴躍從軍之壯丁何永等二十七名，均分別予該壯丁等家屬，以匾額，或衣料與金錢之奬勵，並將各該自動投效之志願兵家長，傳集來省，召集黨政軍各機關，學校，法團等全體人員，在省垣東教場開會給奬，復飭各該縣長在人烟稠密城鎮或集市，作熱烈之宣傳，用資鼓勵，而勸來茲，使人人羣起效法，自動應役報効，充分發揮保衛國家之力量。

5. 勸送壯丁入伍大會

本省於二十六年，開始征訓壯丁，人民以狃於積習，多聞風逃匿，而地方士紳，亦以當兵爲最恥之事，迨至二十七年以後，經政府歷次之剴切勸諭，各界之極力宣傳，多數民衆，始知當兵係國民應盡之義務，壯丁受訓，乃人人必經之過程，是年征訓壯丁時，有金積，中寧，中衛等縣，於壯丁入伍前，由當地各機關團體暨地方紳士等，舉行歡送壯丁入伍大會，二十八年有寧朔，中衛，鹽池，同心，等四縣，二十九年有省會警察局，平羅，磴口，中寧，鹽池，中衛等六縣局，均曾舉行壯丁入伍歡送大會，勉勵該入伍壯丁等，忠勇爲國，安心受訓。

第三節　實行國民兵役

實行國民兵役，爲推行新縣制之重要工作，本省於三十年開始，遵照　中央法令規定，積極訓練國民兵團。加强抗戰基礎，此項計劃，已由本省師管區籌備處，負責籌辦，努力進行矣。

第四節　嚴禁强捉濫派苛擾人民

本省歷年征集壯丁，本府深恐區鄉保甲長，以及各級辦事人員，徇情袒護，或挾嫌報復，乘機强拉濫派，苛擾人民，以故於每次徵丁之前，詳訂辦法，嚴禁强征孤子單丁，袒富欺貧，以求公允，並飭各縣聘請地方公正紳耆，分別充任縣區鄉保各級監察委員，從旁監督，如有不公不法之事，得儘量檢舉，待徵案結束之後，復由本府委派委員，分赴各縣嚴密考查，因此之故，鮮有强捉濫派，與苛擾人民之事件發生也。

第五章　抗戰

第一節　參加抗戰經過

暴日與我民族，展開神聖之全面戰爭後，我全國上下，一致動員，參加抗戰，共赴國難，本省地當西北門戶，密邇綏蒙，為國防第一線，自抗戰軍興以來，一切軍事佈置，政治設施，及生產建設等項，遵照中樞頒佈，全國精神總動員實施綱領，無論人力方面，財力方面，均努力貢獻，報效國家，以應戰時之實際需要，充實抗建必勝必成之基礎，惟自包綏淪陷，敵僞積極西犯，侵擾五臨，寧夏時受威逼，已成戰區，而動員計劃之推展，實際參加抗戰之需要，更爲刻不容緩之工作，政治方面，一面注重民衆自衛力量之培養，與一般民衆之組訓，以充實地方實力，一面加緊生產建設，鞏固後方根據地，增强抗戰力量。軍事方面，尤爲吃緊，業在我全國最高領袖指導之下，整齊步伐，充實準備，集結待命，殺敵致果，以盡捍患衛國之天職，舉凡防禦線之完成，以及軍隊之配備，胥經依照既定國策，各守崗位，恪盡職責，近年以還，寧夏駐軍（第十七集團軍）及保安部隊，開赴前線，參加抗倭防奸大計，責任繁重，關係至鉅，本省民衆，深明大義，軍民團結，協力合作，動員人力物力財力，毀家紓難，送子從軍，爲國奮鬥，雪恥復仇者，不可勝計，此乃本省實施總動員之一般狀况，亦爲復興民族之良好現象，裨益抗建前途，實非淺尠也。

第二節　綏西戰役

駐防寧夏部隊，另有任務，因鑑於綏西防務空虛，兵力薄弱，於民國二十八年冬，派騎兵第一第二兩旅，進駐綏西，歸第×戰區副司令長官部指揮，二十九年元月，包頭之敵，爲策應其長江方面之攻勢，并報復我去冬包頭戰役，由同蒲及平綏東段，增調兵力，積極西犯，其主力爲二十六師團，附汽車二百餘輛，於元月三十日，大部由包五公路，直犯我西山咀陣地，一部由固陽，安北，攻我烏鎮，敵以陸空連合進攻，砲聲震天，戰况極爲激烈，二月一日六時，我烏布淏口陣地，爲敵突破，敵又向烏鎮方面增兵，情形異常緊張，我騎兵第一旅，於晚十二時，奉命由原駐地，（樂善鄉）待命殲敵。

二月二日早十二時，敵向我西山咀陣地猛攻，并以飛機十餘架，轟炸陣地要點，時我烏不淏口陣地，被敵突破，烏鎮亦同失陷，我騎兵第一旅，到達五原附近，奉副長官部電話，着向梅令廟方面前進，早七時得悉情況，知我三十五師，由烏鎮向西轉進中，三十五軍主力，在折桂鄉地區與敵對戰中，萬和長附近，到敵汽車三百餘輛，我騎兵到達梅令廟附近時，敵機飛梅令廟偵察，同時據報，我卅二師之一團，在同德降（梅令廟東北十里）被敵圍攻中。

我騎兵第一旅旅長馬光宗，以情況緊急，遂令第一團，在梅令廟以北，佔領陣地，其餘部隊，蔭蔽待命。

八時，有敵一部，向我第一團陣地猛攻，戰況激烈，我騎兵旅長，即令正面一團，固守陣地，一面令第二團由後補充，向該敵左翼施行側襲，協力殲敵，激戰達六小時之久，斃敵無算，敵又增兵六百餘，幷配有砲兵一部，向我陣地左側猛攻，企圖斷絕我與長官部之連絡，時我以與長官部通信斷絕，情況不明，且以敵我衆寡懸殊，徒受損失，遂乘黃昏，向三櫃圪達以南地區轉進。

嗣悉五原已陷，敵仍佔五臨公路，向我追擊。我騎兵第一旅，遂令第二團爲後衛，向臨河附近轉進，集結待命。至我騎兵第二旅奉命由四壩向磴口轉進時，遭遇阿旗蒙兵截擊，激戰三小時，將蒙兵擊退，後繼續轉進，在磴口附近，安粮台一帶，構築戰壕，相機側擊，嚴陣阻拒，予敵以最後懲創。旋敵以公路被我破壞，恐歸路斷絕，急退據五臨，負嵎頑抗，斯時我十七集團軍部隊，防守烏拉河進南及黃羊木頭之線，協同三十五軍及三十五師各部隊，紆迴進擊，謀予反攻，此爲策動會戰，克復五臨，殲滅倭寇，造成綏西大捷，開抗戰以來收復失地之先河也。

茲將此次戰役經過中，關於會戰發生之原因，會戰詳情，及戰役檢討各點，舉述如次。

▲綏西會戰經過

甲、會戰發生之原因

後套爲察綏最西的一角，寧夏的門戶，收復綏察的據點，有粮庫之稱，十萬大軍，坐吃不寗，爲一天然屯兵區，此次敵人傾巢西犯之原因：

(一)我軍於二十八年舊曆臘冬，以奇妙之機動出擊，門軍進據薩拉齊，遮斷包綏連絡，吸引包綏敵人，徐旅等部，一舉攻包頭市而佔領之。敵狼狽潰竄，羞成惱怒，圖作報復。

(二)傅部，門軍，于二十八年春，由晉北轉進綏西，積極備戰，深爲敵人眼中釘。

(三)敵人擬壓迫我軍於黃羊木頭，楊家河以西及磴口烏拉河以南之荒沙而殲滅，以作佔據寧夏，進竄西北據點，瓦解我漢蒙連繫。

(四)擾亂後套春耕，箝制寧夏。

綜以上原因，敵人進犯五臨，戰略企圖較少，報復爲主，盲目豕突，宜其敗也。

乙、會戰經過

二十九年一月十六日，敵集中晉，察，綏各地駐屯軍，以第二十六師團長黑田重德爲總指揮官，指揮綏包原有部隊，小島騎兵集團，獨立守備第二十四大隊，第三大隊，獨立第四守備隊，二十六師團，山砲四十餘門，汽車三百餘輛，配屬11R，12R，13R，26 4R，14R。共約四萬人，分兩路西犯，我軍以確保五臨之目的，佔領△△△△之綫，行機動防禦之作戰方針，部署完畢。於一月二十八日下午五時，開始攻擊，由包五公路，經哈業包氣，沿黃河右岸，經四村，在趙大台梁等地，展開激戰，三十日夜，黃河南之敵，于奎樹附近偸渡，三十一日，敵我激戰蓿荄灘，烏鎮之線，同日我左側背烏布浪口已發現敵人。二月一日，由五原後撤，二日敵人由馬七渡口渡河，(五原西南七十里)五原附近據點，均落敵手，是夜敵以主力迂迴我左翼萬和長，折桂鄉，經苦戰後，敵復以大批裝甲車，繞固至塔布達木一帶，我乃放棄五原，四日遺留各部於各據點，主力作戰略退却，一晝夜退守臨河西黃羊木頭一帶，五日敵汽車五百餘輛，直趨寧境磴口之三盛公，被我軍截擊於補隆淖，及烏拉河，七日惠德成方面，

(黃河右岸五原臨河間)汽車百輛，與蠻會方面敵千餘，分進合擊，我軍於乘敵未合之前，施以各個擊潰，由西山嘴迄黃羊木頭各地敵人，均被我軍控制，對敵各予以監視，并時予襲擊，一月十三日，我軍向黃羊木頭，臨河，善壩敵猛攻，同時我控制各部，將敵分截數段，敵乃全線潰退，我乘戰勝餘威，直逼五原，敵人于退却中，到處受創，潰不成軍。

五原附近蟠據之偽軍配備情形，敵憲兵及警察五百餘，駐五原，偽軍第23AR，28AR，駐舊城，25KR，29KR及砲兵大隊，駐隆興長，15KR，18KR，駐新公中，22KR，駐萬和長，23KR，24KR，駐蠻會可素，挺進隊陳秉義二千，駐扒子補隆。

三月十八日，完成對五原之包圍，十八日，開始總攻，冒熾盛火砲於平垣，開闊地區，勇猛突擊，兩狼山下，反復厮殺，聲震天地，安榮冒攻擊扒子補隆，而佔領之，敵後顧退路已被遮斷，士氣衰竭，二十日夜，我三十五軍部隊衝入城內，與敵巷戰，二十日我八十一軍之一部及十七集團軍之騎兵旅，分向左右翼紆迴推進。二十一日各據點均入我手，敵大部就殲，五原遂克復於二十二日。

退竄五加河之敵，於援軍趕到後，三月一日夜，於大財主東高三屹彈渡，我各傳門各部及寧夏騎兵等撤退五原西之通濟渠各地，誘敵主力渡河，並氾濫公路，乘敵站脚未穩，陷於泥濘，予以痛擊，四月一日，再克五原，當日午後，收復烏布浪口，烏鎮，三日，直迫後套，鎖鑰西山嘴而攻克之，殘潰之敵，遺屍山積，不堪言狀，退還包綏，整養重創。

丙、綏西戰役檢討

綏西會戰，歷時三月，斬獲甚夥，敵侵入七百華里，我英勇將士浴血拒敵，雖敗不餒，卒能一鼓作氣，驅逐後套敵寇，大捷原因：

（一）能捕捉戰機，轉守為攻。

抗戰

(二)指揮若定，士兵用命，攻擊精神旺盛。

(三)河套地形，平坦開闊，人煙稀少，一望無際的雉鷄草，無顯著目標，動易失迷方向，河渠錯綜，公路氾濫，敵汽車輪軸不靈，反敵之利爲害。

(四)後撤步騎不亂，幷非潰退。

(五)後套有兩年基礎，軍民澈底合作，實行空室淸野，及綏寧各部隊與其他友軍，攻守聯合，動作一致。

綏西此次之勝利，非僅軍事上的價値，并且有重大的政治意義。

(一)漢蒙回軍第一次聯合大作戰，代表民族意識的戰爭。

(二)保衛綏西，就是維繫蒙漢回間的關係，鞏固寧夏的前衛。

(三)大捷正逢汪逆登場，與X軍作祟，證明祗有實事，方能答復眞理。

綏西大捷在軍事上的成就。

(一)在戰略上的化整爲零，主力雖退出戰場，而步步潰留部隊，控制敵後方，使敵首尾不相顧，未待敵掃蕩，卽予以反攻，一意楔形突入，係敵人慣用戰法，此次綏西敵人，一鼓突入四五百華里，佔領包寧之公路要點，我軍與妙之運用，殲滅進犯敵人，創造新戰法，爲針對楔形突入之，「反楔形突入」戰法，主力避敵楔形鋒銳，步兵潰留，運動靈活，且有獨立作戰條件之小部隊，增强敵後方負担，我主力反攻，則對敵側背，施反楔形突入，箝制攔截敵之退却部隊，使之遲滯，隊形混亂，並監視敵人，保持接觸，其方法：

1.主力作有計劃之後撤。

2.步步遺留靈活之小部隊，膠着敵部隊，向敵輪流游擊。

3.主力退于相當地點，施猛烈之反攻。

4.敵後所遺留各部，齊向敵部隊反突入，并跟蹤追擊。

此種戰法應注意事項：

1.部隊素無退却戰經驗者，連絡勤務不熟爛，以及無通信工具者，不能冒險用此戰法。

2.決心不堅確，行動不果敢者不可用此戰法。

3.實行此種戰法，須迅速結束戰局，不予敵以掃蕩機會。

4.各遺留部隊，應注意大局着眼之獨斷專行。

5.自始至終，注意主動之確保。

（二）反內線爲外線：放棄大城市之防守，退據域郊各據點，向敵圍攻，如五原之放棄，未作固守。

（三）由被動中爭取主動：隨時窺破敵弱點，挽回頹勢，反行有利態勢之攻擊，如退臨河後之反攻。

（四）以靜動制機動：機巧運用步騎兵，沉着消滅敵快速部隊，擊其側背，勿慌懼跟隨敵人運動，待敵至近距離突擊之，「伏擊」爲制敵機械化之最有效方式。

（五）誘敵于陣地外求一決戰：敵在最後增援，與我相持五加河畔，我如强渡攻擊，我固守，必蒙最大損害，乃略作後撤，于敵半渡五加河，行列混亂之瞬間，予以猛烈之攻擊。

（六）于敵接近我陣地前最近距離內，一百米至二百米，始用猛烈火力强襲，一舉壓倒，再迅速逆襲。

（七）各個兵獨立戰鬥，極爲主要。

（八）敵軍在烏布浪口，與惠德成戰略迂迴，均因戰術上之失敗，而收效極微。——由固陽入烏拉特前旗，烏拉特後旗，沿烏拉山北麓，在五原西北七十華里，入烏布浪口，此間距離四五百華里之草地，補充困難。

（九）敵人楔形突入，旣未得擴强戰果，又處處遭受膠着，及我局部反楔形突入。

（十）敵汽車集團，運動于河渠交錯之後套，失其敏捷性，反足遲滯運動，其利亦即其弊。

綜合以上我之成功七點，敵之失利三點，可作今後作戰之參考，總之，敵對五臨攻擊，失其時間性，因敵人于二十六年秋季，攻陷包頭後，滿足目前之成功，中止對我部隊行果敢之追擊，三年來又未敢有所舉動，致使後套之鞏固，「與時俱增」。一月間突向我行盲目之攻擊，冒最大犧牲，碰壁而返，一無所得，無戰略目的也，同時證明敵士氣，「與日俱消」，我軍裝備，素質遠遜于敵，數量對比亦差，而能得此空前戰果，實傅副長官沉着勇敢，指揮卓越有以使焉，粟之門，安，袁，馬，董等部，均久經戰役，以及我十七集團軍各部隊，與三十五師等，精誠團結，協力攻擊，故此次綏西會戰，能獲此光榮偉大之勝利，得助亦多：語云：「良將爲國干城」，今益信矣。

附綏西會戰我軍反楔形突入戰略圖，及反攻時敵我態勢略圖於後：

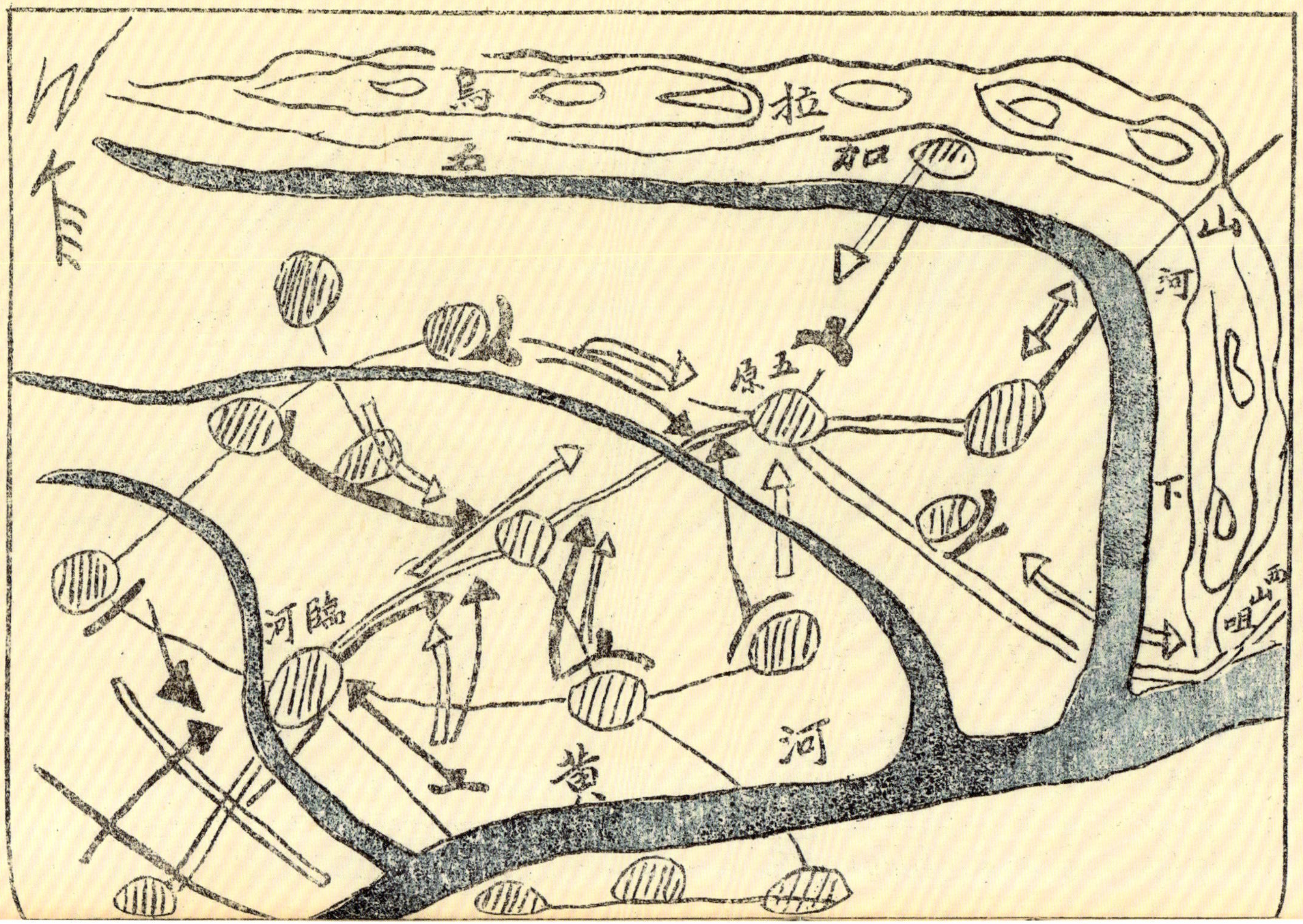

綏西會戰反攻時敵我態勢略圖

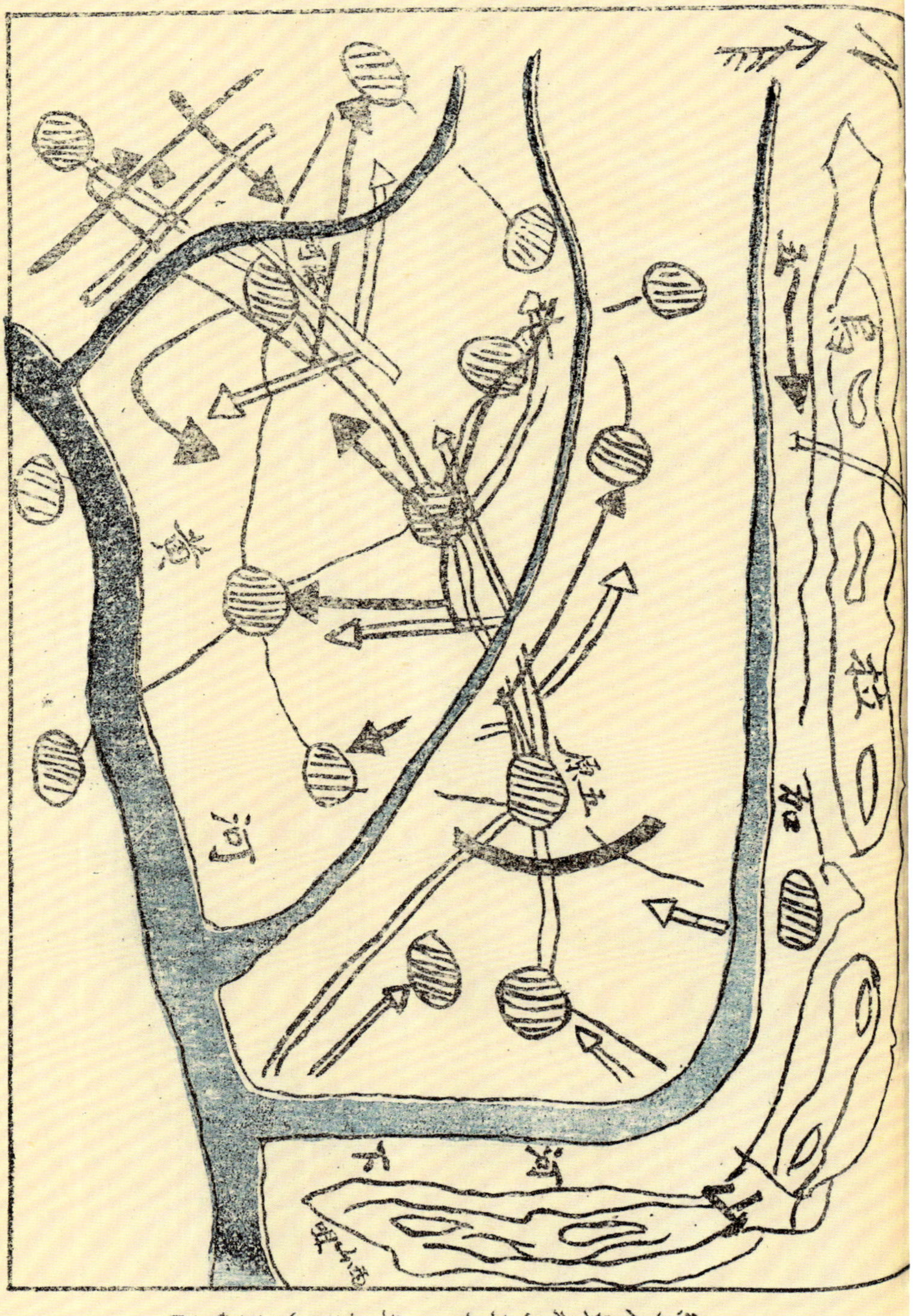

綏西會戰我以退卻為進攻擊方法略圖

第三節　國防工事之構築

寧省地屬平原，每屆春季，渠道縱橫，自成障礙，至冬則水乾地凍，到處可以通行，包頭之敵，蓄意西犯，匪伊朝夕，雖失利於一時，保無不謀報復於將來，倘再企圖進佔五臨，或將利用冬季，進犯寧境，且以東鄰特區，異黨日謀蠢動，本府為防患未然，鞏保國防計，積極構築冬防工事，以備不虞。茲將各期工事構築情形，臚述如次：

第一期　二十六年，平津相繼失守，綏東淪陷，本省在西北國防上，位居衝要，特於平羅縣所屬石嘴山尾閘地區，構築强固陣地帶，其一般壕深，均達七米達以上，深寬亦同，凡敵經重砲兵，與鋼甲車等，皆能拒止，更注意偽裝佈置，避免敵機偵察，共需兵工已有兩月，始告竣事。

第二期　二十八年冬，敵犯綏西，曾於磴口迤北，所有主要道路，澈底破壞，并沿狼山山麓迤北三聖宮，相距百餘里，橫掘深壕數道，需工浩大，經本府遴選大員，親行監工，就地發動民衆，限期趕築，以致敵之前進部隊，感受極大影響。

第三期　二十九年度，深察侵犯綏西之敵，對我所築工事，遭受深刻損害，為確保寧夏計，保安部隊，與駐軍協同，於寧平間興築防戰車濠數道，并對主要交通大道，規定破壞辦法，賀蘭山麓，黃河渡口兩岸，岸坡有不急峻者，一律切齊，使之陡峻，又於破壞易，效力大之地帶，增加阻絕工事，在我破壞之重要工事附近，選擇砲兵陣地，防敵修復，關於破壞之道路，為我方軍民便利計，就地徵發柴草，用之墊平，上敷以土，必要時破壞較易，或搭浮橋，以利交通。

第四期　三十一年度本府奉令防止奸黨向本省西竄之目的，特命各保安部隊與第十七集團軍協同在黃河西岸構築工事，并將前經在石咀山至白虎洞，馬高莊，至打磴口及李崗堡附近，對倭工事加强連繫，以防奸黨之竄擾，茲述其工事位置於左：

1. 磴口構成支撑點，

2. 石咀山構成强固工事，右與桌子山，左與陳家㟖白虎洞之工事連繫。

3. 寶豐紅土崗各構成據點工事。

4. 馬高莊經平羅通城至清水堡至姚伏堡，至李崗堡一帶，構成側面陣地，與平羅至打磴口及李崗堡馬高莊工事連繫。

5. 寧夏省城及其外圍之謝崗，潘昌，通昌，通貴，通寧，李祥各堡，及王元橋新城各扼要地帶構築工事，連結成一大據點。

6. 王洪，李俊，葉昇，陳俊連結成一據點，廣武及石空堡構成支撑點。

7. 各渡口河點，構成野戰工事，及碉堡。

以上各期應築工事，按照各地駐防部隊，劃分地區，即日勘查動工，限一個月完成，并由第十五路軍參謀處派員赴各部隊指導督修，迄十一月五日，次第完成，茲將各部隊修築情形，列述如下：

（一）第一六八師：1該師已照前定計劃，大部完成，其第一〇〇五團，在李崗堡至平羅沿途，加强破壞，該師一〇〇三團，在黃河西岸，經尾閘至雷家廟之線，構築陣地，其外壕口寬三公尺，掘深三四公尺，2公路大路各破壞點，已照本府規定辦法，隨時修復。

（二）暫編第九師：1該師工事，以阻敵由紅崖子經陶樂横城之綫西犯之目的，黃河東岸通路，均分段壞破，并於各要點，築有堅固陣地，2河西工事，以通昌北余家莊及黃羊溝二線爲重點，均築有防戰車壕、3黃渠以東，由通昌至李祥堡之南北下道，及河東西道，均已分段破壞。

(三)暫編三十一師：1該師右接一六八師，由雷家油房(尾閘西)至西山根之線，利用長城故址，及舊有工事，構築兩線防禦工事，幷於外壕前，均築有防戰車壕，2由平羅西北至尾閘附近之公路，已照指示辦法，分段破壞完竣。

(四)特務團：1寧朔縣境之公路，均已分段破壞完成，工作地區，因水準太高，未能掘深，僅就破壞點，兩面切去，中留能通一汽車之寬度，以維交通，必要時，破壞容易，2該團就朔縣境內，各大渠之退水溝，(紅陰溝、黑陰溝、退水溝等)兩面切成急峻，形成阻礙，惟現因溝內有水，尚未動工。

(五)保安處：1寧夏區，該處二團在李崗堡以南，由黃河至唐渠東岸之線，構築外壕，全長一萬七千公尺，已大部完成，2金積區，該處第三團，利用境內堅固堡寨，構成據點式防禦工事，現已完成三十餘處，通峽口公路，正破壞中。

截止十一月二十日，全省工事，全部完成，即調製工事圖，分報軍委會及蘭州第八戰區司令長官部備案。

第六章 防空

第一節 組織防空司令部

本省在全國注重「防空」之下，於二十八年十二月，相繼奉到中央航空委員會，調整全國防空機構辦法，與各省防空司令部，組織規程，奉令之後，遂於二十八年元月一日，成立寧夏全省防空司令部，辦理全省防空之設施督導等事宜。由本府任命保安處處長馬敦靜，兼任全省防空司令，負責主持，按照組織規程，下設第一二三科，及軍法、軍械、軍需、三室，調用保安處官佐分別兼任，掌理各項事務，同時爲加强防空實力計，特就保安處調撥高射

防空

機關槍連，担任省會防空，以策地方人民之安全，茲附編制系統表於后

寧夏防空司令部系統編制表

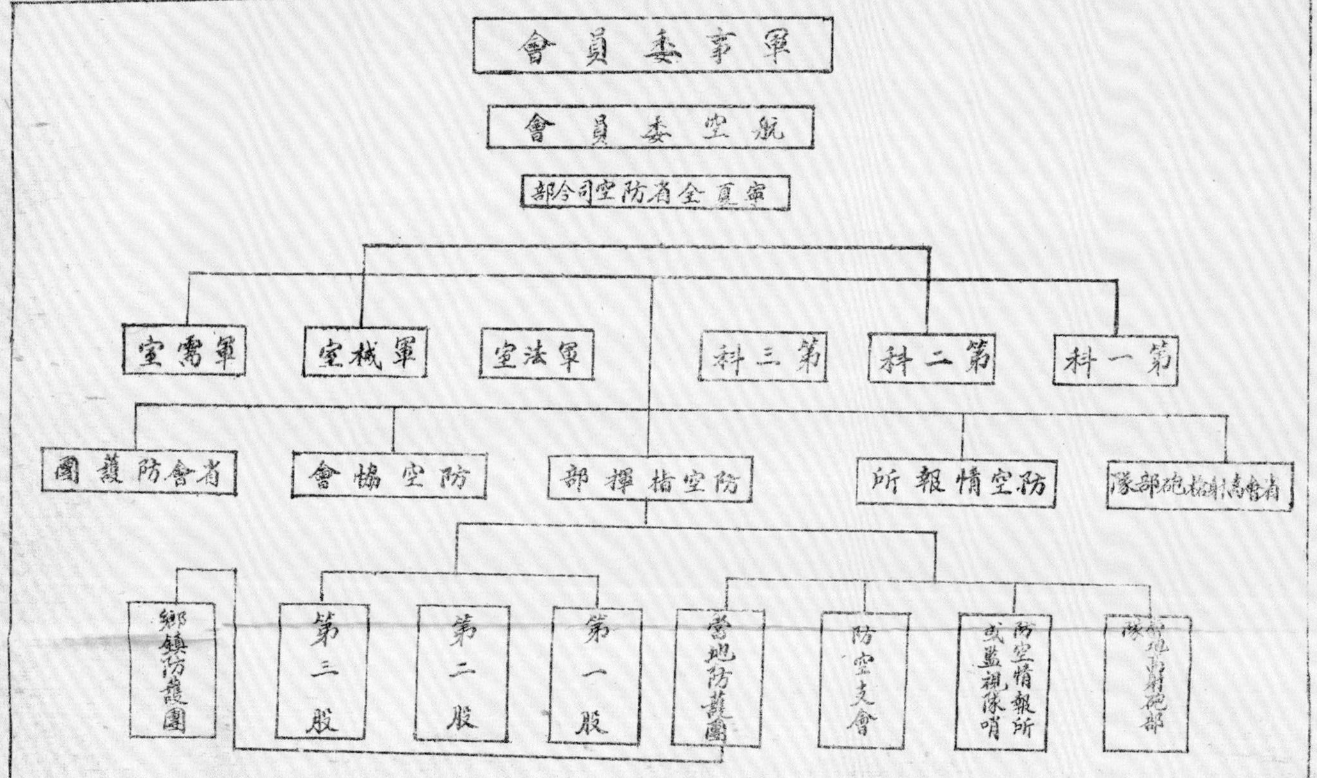

寧夏全省防空司令部編制表

職別		階級	名額	備考
司令		中將	一	省保安處長兼
參謀長		少將	一	省保安處參謀長兼
第一科	科長	上校	一	參謀主任兼
	科員	少校、上尉	二	兼任
	書記	中尉	一	仝右
	司書	准尉	二	仝右
第二科	科長	中校	一	副官主任兼
	科員	少校、上尉	一	兼任
	書記	上尉、中尉	一	仝右
	司書	准尉	二	仝右
第三科	科長	中校	一	督導員兼
	科員	少校、上尉	一	兼任
	書記	中尉	一	仝右
	司書	准尉	一	仝右
軍法室	主任	中校	一	軍法主任兼
	軍法官	少校、上尉	一	兼任
	書記	中尉	一	仝右
	司書	准尉	二	仝右
軍械室	主任	中校	一	軍械主任兼
	軍械員	少校、上尉	一	兼任
	書記	中尉	一	仝右
	司書	准尉	二	仝右
軍需室	主任	中校	一	軍需主任兼
	軍需	少校、上尉	一	兼任
	書記	中尉	一	仝右
	司書	准尉	二	仝右
傳達		中士、上等兵	一四	調用
勤務		中士、下士、二等兵	一二八	仝右
炊事		上等兵、一等兵	一四	仝右

第二節　調整各縣防護團

奉航空委員會，二十八年十二月二十三日防消蓉巳字第一三二九號訓令，飭即加強防空組織縣鎮防護團，并頒發調整全國防空機構辦法，各省市防護組織規程，各縣政府辦理防空業務辦法，各地縣長辦理防空業務獎懲辦法，各縣鄉鎮防護分團編組設施綱要暨系統表編制表各一份到府，即以保安司令部參字第〇〇一號訓令轉發各縣，令即依照上項辦法規定，趕速成立縣鎮防護團，並報備案。

茲爲明瞭各縣防護團組織情形，及全省防護團團員總數起見，於本年四月一日重申前令，以防字第十三號訓令，飭報各該縣辦理情形，據報各縣均依照乙種編制，成立防護團，計省防護團團員七九員，夏縣一四四員，朔縣一四四員，中衛一五六員，中寧縣一四二員，金積縣一四四員，靈武縣一一四員，鹽池縣一二二員，同心縣一四一員，平羅縣一四三員，磴口縣一二六員，共計全省防護團團員爲一四六六員。

嗣由保安處轉發各種教材，令其實施下列之訓練，以期完成所負之任務。訓練課程，分爲精神講話，學術科，及軍事訓練三種。

甲、精神講話

一、領袖言論　二、抗戰建國綱要　三、防空與國防。

乙、學術科

一、防空法　二、積極防空概要　三、防空情報概要　四、消極防空課目　1消防，2防毒，3燈火管制，4交通管制，5避難管制，6警報，7救護，8警備，9工務，10配給。

丙、軍事訓練

一、各個教練　二、班教練　三、排教練

第三節　充實防空設備

敵機肆虐，慘酷已極，其飛機每向我後方城市，濫行轟炸，在本省計之，曾經被炸死難者千餘人，傷者數百人，炸毀房舍數千棟，死屍枕藉，情極可憫，特由政治部派隊分赴各城鄉，將其飛機到來實際情形，曉諭民衆，以資策防。

(一)辦理空襲緊急救濟

飛機所載炸彈種類不一，爲預防計，嚴令各市民儲備沙囊，以免火災，蔓延市區，并講述防毒實施方法，對於飛機投彈逸去後，當囑井池附近偵察，有無異狀，衛生機關同時化驗，有無毒菌之散佈情事，如有上述情形者，着即分送各緊急救濟所，速行醫治。

(二)注意消防警報

從前一般市民，因疏忽警報，或有不肯遠處躲避者，致遭不測，茲爲促其愼重計，指定省會公安局，與防空哨所，偵查敵機方向，與發警報時刻地點等，按其情況，發出警報具，一面督飭民衆疏散，避免無謂之犧牲，實行以來，秩序尙佳。

(三)加强避難設備

查避難設備之良好，關係防空與市民生命財物問題，至爲嚴重，復因各城市因避難不完者，猶爲發生不少之影響，本省於開始防空以來，對於此種要求極爲注意，特於四郊并空闊地帶，構築防空溝洞與夫講求構築避難室之得當，庶免炸彈落下後，轟動倒坍，埋斃人命。

第四節　疏散各地人口

(一)永久疎散

本省基於敵機屢次轟炸之教訓，打破民衆一般希圖倖免之心理，著將寧夏城內居民限期遷往鄉村，由本府組織淸查隊，維持治安，計疎散之人口，約有一四二六五人，佔全市人口三分之一，幷同時通飭各縣城市，亦倣此疏散，以免無謂犧牲。

（二）臨時疏散

規定城內居民，於每早八時出城，晚三時進城，又恐防空時間過多，減少工作，分別預行警報與緊急警報兩種，如敵機侵入我境六百華里以內時，即發出預行補助警報，由警察局持用黃色小旗搖動，先令老弱婦女，先行疏散，敵機距我三百華里時，卽發出空襲警報，此時凡在城內人民，均須停其工作，出城躲避，敵機約至我百餘華里時，即發出緊急警報，一律進入防空壕內，或施以各種僞裝，實行交通管制，待至敵機颺去，發出解除警報後，始許復恢市容。

宁夏民众抗敌机构组织述要（一九四二年十二月）

第四節　民衆抗敵機構之組織及工作

（一）組織概況

自抗戰軍興，各地民衆爲支持前方之爭取勝利，紛起組織抗敵後援會，當時以無成法可據，本省於二十六年十月間所組織者，因名爲各界抗日後援會，推舉王含章，楊作榮，葉森爲常務委員，後經遵照中央所頒抗敵後援會之組織及工作大綱，改組爲寧夏省民衆抗敵後援會，於二十九年二月十日，由各機關，各團體，各學校，出席代表及紳士五十餘人，在省黨部大禮堂舉行各界代表會議，當即推定劉佩漖，張天吾，徐宗孺，喬森榮，王含章，葉祖灝，蘇連元等七人爲委員，互推蘇連元，葉祖灝，張天吾等三人爲常務委員，並接收前各界抗日後援會案卷，以便從事活動工作。

（二）工作實施

抗敵後援會之工作，除普通事務外，舉其重要者，約有下列數端：

甲、檢查本省仇貨

自抗戰發動以來，各地黨部，均經倡導厲行對敵經濟絕交，從事抵制敵貨，本省抗敵後援會，有鑒及此，特於二十七年七月十日，指導本省省會商會，組織成立寧夏省仇貨登記委員會，推定喬森榮，王學伊，樊百鑑，范春元，劉增，里鴻飛，張丕基，祁培賢，王繼元，范有森，劉慶瑞，暢德彰，張敬賢，王榮金，謝希泰，李嵩如，祁士燦等十七人爲委員，並互推喬森榮，張丕基，里鴻飛爲常務委員，下設總務，會計，登記，評價四組，各組組長，由委員互推担任之，專負登記全省會各商號所存仇貨之職責，經四月之久，始將本省各商號所存仇貨列册登記完畢，呈報本府及省黨部備查，封存後，仇貨從此減少，奸商亦逐漸絕跡。

乙、發動各學校利用假期宣傳兵役

查寒暑假期，策動各級學校組織宣傳隊，强半年年舉辦，或因人制宜，或因地制宜，或因事制宜，未曾普遍，總以宣傳主義，喚醒民衆，共同奮鬥，參加抗建工作爲目的，尤以二十九年元月，社會部電渝電頒發春節各項運動要點，囑督飭各級黨部，分別限期完成具報，本府協同省黨部擬定中小學寒暑假宣傳隊組織及工作大綱，並印發有關各該項運動宣傳材料，分發各縣黨部，令飭策動全縣中心學校教職員，區分部黨員，以及各民衆團體職員會員，利用春節期間，一律動員宣傳，期收各該項運動之普遍效果，各縣黨部於奉到命令後，隨即遵照指示，組織宣傳隊，分赴各地宣傳兵役，禁烟，慰勞難民傷兵，節約儲蓄等工作，嗣後各縣於宣傳完結，均經繕具總報告，呈報核備，總報告內容，計分（一）宣傳隊名稱，（二）宣傳隊組織，(三)工作日期，(四)工作地點，(五)工作經過，(六)經濟概況等，均經分別一一審核，以寧夏，平羅，靈武等縣宣傳隊組織完善，計劃周詳，予以嘉勉外，並彙集總報告，呈報中央核備。

附寧夏省民衆抗敵後援會章程

第一條　本會定名爲「寧夏省民衆抗敵後援會」

第二條　本會以團結民衆救國力量加緊抗日工作爭取中華民族獨立自由爲宗旨

第三條　本會會址設於省會所在地

第四條　本會得以寧夏省會各民衆團體學校及公正紳士爲會員

第五條　本會開大會時各會員民衆團體及學校得派代表一人出席

第六條　本會會員有遵守會章服從議決案之義務

第七條　本會最高權力機關爲會員大會閉會期間設幹事會執行大會一切任務

第八條　幹事會設幹事五人候補幹事三人由大會推選之并由幹事中互推總幹事一人處理指導一切事務

第九條　本會設總務宣傳募捐偵查等組必要時得由幹事會增設之

第十條　各組設主任一人由幹事會決定之秉承總幹事之命主持各該組主管事務

第十一條　各組設組員錄事若干人承總幹事之命主任之指導辦理各該組事務其名額由幹事會視各組事務之繁簡酌定聘請之

第十二條　本會各職員均爲義務職但必要時得僱用錄事工友若干人按月發給津貼

第十三條　會員大會每兩月開會一次遇必要時或三分之一以上會員提議得開臨時會均由幹事會召集之

第十四條　幹事會每兩星期開會一次遇必要時得開臨時會均由總幹事召集之

第十五條　本會遇必要時得組織各種特別委員會

第十六條　本會得發動組織各縣民衆抗敵後援會其章程另定之

第十七條　本會辦事細則另定之

第十八條　本會任務如左

(一)宣傳抗日救國之理論與事實

(二)協助政府辦理兵役

(三)檢查仇貨

(四)偵查敵情檢舉漢奸

(五)担負救護及慰勞等工作

(六)勸募棉衣醫藥及救國金等工作

(七)提倡有利抗戰之各種公益事業

第十九條　本會經費除由各會員募集外得呈請省黨部省政府等補助之

第二十條　本會經費動支在五元以上者須經總幹事之核准百元以上者須經幹事會通過如有急用先行開支事後亦須提請追認

第二十一條　本會每月收支應逐月呈報省黨部審查備案

第二十二條　本章程如有未盡事宜經大會通過修正之

第二十三條　本章程經會員大會通過後呈報寧夏省黨部核准施行

第十一军军服厂制革组情形（一九四三年一月）

造紙事業，對甘蒿製造，暫告停止。

十、製革工業

1.第十一軍軍服廠製革組

一、組設經過

本廠係於二十二年組設，原名富有被服廠，廠址設省垣南大街，資本五萬元，以製軍裝馬鞍及黨政軍學各界制服爲業，二十九年元月，改爲陸軍第十一軍軍服廠，廠址移設省垣北關街頭，專製供各部隊用品，對外再未營業。內分製革，靴鞋，皮件，漂染，裁衣，製衣，營業，會計等八組，計有員工七十餘名，本章僅就製革組概況加以敘述。

二、工務

本組設技師一人，月薪各一百八十元，工徒六名，均由廠內供給伙食，月終按照成績優劣，酌予獎金，機具設備，相當簡陋，計有灰池兩個，酸缸三個，植物丹寧液水桶兩個，刮皮板三個，剷皮刮肉刀十餘把，此外尚置有打光機兩架，已由寧達工廠加以配修，計劃將內部加以整理擴充。

三、業務

自開辦迄今，已達數載，營業金額，較前大增，抗戰軍興，交通阻塞，物價昂貴，原料缺乏，因而製革工作，時有間斷，近數月來，因曾購存皮張，出貨較優，出品數量，按照計劃估計，約如下表：

類別	羊皮	藍底皮	紅底皮
年產量	1.200張	350張	350張

四、原料

製革原料，除一切藥品多係購自省外，而各省製革原料如藍礬硫酸之類，亦均缺乏，本省地處邊陲，購置尤為困難，因而對於業務發展，不無相當阻滯，茲將本組應需原料，列表如次：

種類	五倍子	白礬	綠色	麩子	石灰	白粉子	硫酸	橡殼子	麻子油	食鹽
產地	西安	本省	本省	本省	本省	本省	西安、	西安	本省	本省

五、將來計劃

本組現為發展業務計，擬延聘技師，購辦原料增添機具，以期擴大經營，大量供給需要。

战时宁夏工业概况（一九四四年十一月）

戰時寧夏工業概況

曉波

寧夏——這塞上的江南，他在農業上得天獨厚，有着無窮盡的前途和發展，這是被踏進寧夏的考察團和觀光的人們交口稱譽着的，碧綠如茵的稻田，雪白玲瓏的綿羊，和那四季無缺鮮美可口的黃河鯉魚，這些都是有大量的生產。也都是給人留戀難忘的印象，人們都謳歌這福地天堂「魚米之鄉」！

可是那藏在深山裏的茂林，豐富的煤層鐵鑛，和那暴露在一望無垠荒涼沙漠中的鹽池鹹湖，這些都是被人們忽略了的富源寶藏，這些都是寧夏蘊藏在骨子裏的力量和人民康樂的源泉。

「抗戰建國」——是我們矢守不渝的國策，今天朝野的人士都向着這光明遠大的途徑前進，這七年來在軍事、政治、經濟上，有不少的可歌可泣的史蹟，寧夏是這大動力輪的一環，也隨着他的轉動向前邁進。

「工業」——這戰爭中生長的寵兒，也是當政者爲抗戰而努力的實際表現，是寧夏進步的里程碑。現在先追溯他過去的歷史。「交通」——是一切事業的動脈和神經，那麼寧夏却先天缺乏這優良條件，他的「動」還停留在古老的形態中，駱駝、大車、木船、毛筏、這是水陸運輸主要的工具，所以那時被視爲一個落後荒漠的地方，一切的用品，都是靠外省的輸入。因此在經濟上，形成一種商業資本全盛時代，商人們的眼光是短淺的，他們只爲了吸取寧夏的金錢，特產後，滿載而歸，卻毫無建樹，當時一般的資本家，也致力於東南沿海的工業建設，對整個的西北是被忽略了，所以到今天沿海盡失，內地又毫無基礎，相當的影響了我們的軍需民生，適在今天全國上下都注視着開發西北，再不是過去那種空喊的口號了，在政府人民都有了實際的行動，這「抗戰的根據」，將因此而日益繁，發掘他蘊藏在身體內的無上的力量。

不能說不是個慘痛教訓：抗戰軍興當敵人的鐵蹄沿平綏路伸到包頭的時候，這裏惟一便利的進出口被封閉了，一切必需品的輸入也因而斷絕，爲了適應需要加強抗戰力量起見，省當局便着眼於本省工業的發展與建設，經數年來的埋頭苦幹慘淡經營，在輕重工業方面，都算定了百年之基，並配合着國防與民生之經濟原則，向工業化科學化之途徑邁進，現在把他工業方面全貌介紹給大家做個參考：

一・火柴工業

寧夏光寧火柴公司

（十一）籌備經過

生活在今天的社會，「火」是不可少的恩物。在電汽不發達的我國，火柴在日常生活中佔着很重要的地位。過去本省火柴向賴平津輸入，抗戰後來源斷絕，詞由山陝兩省供給，惟仍因交通困難運輸不便，遂於三十年八月開始籌備修建廠址購置機器。翌年六月一日開始十一月正式出貨營業。

（十二）資金

寧夏省銀行領資並募集商股資金總額規定國幣六十萬元。

（十三）組織

常董事會
│
經理
│
協理
├─工務股
├─總務股─司庫、會計、庶務
└─業務股─司帳、推銷

（四）職工人數

公司現有人數二十三人，經理協理各一人，主任三人，秘書一人，會計一人，事務員十四人，管理員二人，技師八人，技工九人，工匠二十七人（包括工及協助各部工務工人）練習生十五人（招收初中畢業者），學徒二十二人，勞差十一人。

（五）臨時女工

臨時女工若干人，工作繁忙時可招之入場工作火柴盒，貧戶婦之一種副業，每天由公司給價洋三十三元。

（六）設備

茲將廠房建築及機件設備兩項分別如次：

（1）廠房

現有工作室庫房辦公室宿舍等共二十三座

（2）機件

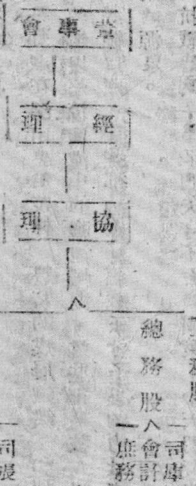

名稱	數量	製造廠
鋸梗機	一部	
切梗機	一部	
鏃片機	一部	
切片機	一部	
選梗機	一部	
盤梗機	二部	
排柴機	三部	內有一部××集團軍械處
卸柴機	二部	紡製効力頗高
油鍋	一口	
藥鍋	一口	
解夾立板機	一部	

以上各機皆由人力轉動無動力設備

（七）原料

所需之黃磷、赤磷、硫化磷、氯酸鉀等皆由渝陝等地輸入，木柴膠顏料等物在本省採購

（八）製品種類及產量

製品可分（1）黑頭火柴（2）紅頭火柴兩種，每日最高產量為二十箱，每箱數量計二百四十包

（九）營業概況

在省垣附近設有分銷處，由公司規定價格，直接分銷離省較遠之地分為若干包銷區，包銷目前已推銷廣至綏遠

榆林平涼伊盟等地。

（十）職工福利

公司方面對員工福利極爲重視，除供給膳宿並有薪金及獎金，有眷屬者酌給津貼以使其安心工作，平均每個工人可有二千餘元之收入。

此外公司尚有醫療所之設備，特約省衛生處醫師按時來公司診病。

藥部、藥部之工人皆備眼鏡口罩等。

二、麵粉工業

××軍磨粉廠

（一）沿革

本省民食以麵米爲大宗，雖磨房林立，仍供不應求，十四年，本省有志人士鑒此，遂集資二萬五千元創立普濟機器麵粉廠，是爲本省機器工業之開端，旋以營業見絀停止營業，二十九年五月收歸軍用，改爲陸軍第×振工匠廠。

（二）設備

該廠機具設備計有臥式鍋爐一部，三節臥式鍋爐二部，二十四匹馬力汽機一部，十八匹馬力汽機一部，石磨十二盤，篩機四架，淨麥機二部，6KAA發電機一部。

（三）原料及產量

該廠日磨小麥約石左右，出麵一萬三千餘斤，所需小麥係由××糧局供給，不在市面採購，所出麵粉完全供給軍用。

（四）職工人數

廠長一人，下設總務工務兩科，各設科長一人，科員技師工人等共計七十八人。

三、印刷工業

寧夏印刷局

（一）沿革

印刷工業爲普及教育發展文化之先決條件，本省過去僅有恢豐、啟智等數家石印局之設立，奈規模過小供不應求，是以刊行報章印製表册等感困難，××集團軍司令部及政府爲謀徹底解決計，乃於二十四年集資萬元，籌設寧夏印刷局，經數載之改進擴充，業務日盛。

（二）設備

該局爲適應需要故於二十九年將局址遷往北門外，修建辦公室，工作室，宿舍等，並購動力設備擬用人發動，備有

對開機三部

四開機二部（商務民國四年出品）

鑄字爐一部

石印機七部

裁紙刀一部

鉛字全副（舊五號二號三號四號等）

（三）組織

寧夏印刷局—局長—總務股、會計股、工務股（印刷部、鉛印部、排字部、裝訂部、鑄字部）

（四）職工人數

該局現有職員十一人工徒二十八人。

（五）營業狀況

該局日常印刷各機關部隊需用之公文紙張表用簿及賬冊日報省府公報及一切書籍刊物等。

四、電氣工業

寧夏電燈公司

（一）公司概況

本省電氣事業不甚發達。民二十四年十月間，地方熱心公益之士乃集股創辦寧夏電燈股份有限公司，資本拾萬元，所有機件皆係由北平購來，機齡已達四十餘年，今僅敷營業電而已。

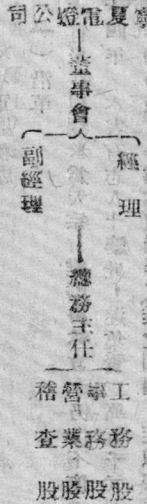

（二）組織及職工人數

- 寧夏電燈公司
  - 董事會
    - 經理
    - 副經理
      - 總務主任
        - 工務股
        - 事務股
        - 營業股
        - 稽查股

公司設經理一人，工程師一人，及職員工人練習生等共約五十餘人。

（三）機具及設備

（1）原動機——該公司現有瓦斯機兩部，悶式煤氣發生爐附人力鼓風器，每日發電十五小時用煤約二千三百市斤。

（2）發電機——二十五開維愛七十五開維愛三相交流發電機各一部，皆五十週波每分鐘一千二百轉。

（3）輸電——用三相三線式送電高壓二千三百三十伏變壓器，兩個十五開維愛二個五開維愛單相兩個五開維愛三相五個均使油浸自冷式配電報設備計有勵磁機板一個，發電機板兩個，皆用油開關。

（四）供電情形

本省晝夜均無電力，用戶故每日僅發電十五小時，專供省垣用戶照明，現分包燈表燈兩種，包燈十五瓦特月收費三百元）

五、毛織工業

興寧毛織股份有限公司

（一）籌設經過

本省盛產皮毛，爲西北著，尤以駝絨羊毛質地細軟纖維伸長，極適于毛紡，惜因無紡織廠故爲一輸出大宗，及抗戰軍興，因交通之較塞，致衣着問題日形嚴重，省府爲應社會需要，增加後方生產起見，乃於二十八年四月決定由中央建設，專款項下每年撥發二萬三千餘元，專爲提倡毛織事業，遂於是年十月假南郊教場籌辦，定名爲寧夏毛織工廠，擬定三年建設計劃，呈報行政院備案，嗣後因物價日高規模日大，資本不敷週轉，乃於三十一年元月加入商股，更將省立職業傳習所合併，改爲興寧毛織工廠股份有限公司，旋于省垣東北郊舊滿城購地十餘畝，興建永久廠址，建築廠房百餘間，購置機具聘請技師，至二十九年工程告竣。規模乃具，經歷年之研究改良，出品日見精良，除行銷本省外，並向綏西甘肅陝西推銷。

（二）組織概況

董事會—總經理—副經理

總務組　營業組　會計組　彈紡組　機織組　整染組　栽毯組　修理組　材料組

（三）職工人數

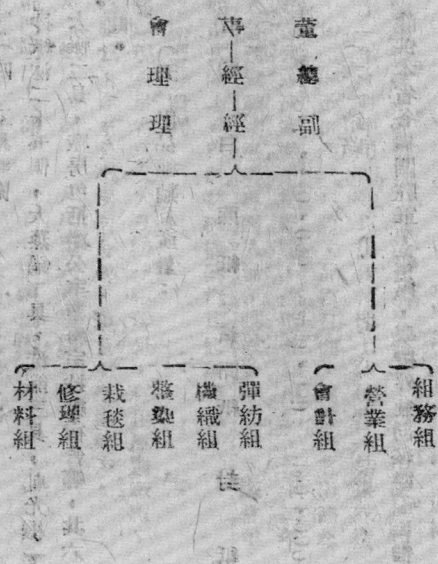

公司職員計董監會，經理部及工廠三部份共六十餘人，工匠五十餘人，學徒二百六十餘人，此外尚有紡線工作，係由廠方發給紡車羊毛，分配當地居民代紡，按紡線多寡發給工價，現以此爲副業此不下數百人。

（四）機具設備

該廠廠址分爲三處，總面積佔地四十七畝左右，建有廠房，辦公室，彩染室，整染室，宿舍等，城內設有放毛處二所推銷處一所。

機械及工具多屬自造，因無動力設備純用手工，計有石凡織機二十部，木織機六十二部，織襪機三十三部，毛衣機一架，製綜絲機一架，輪線機三部，栽絨機三十五架，縮呢機一架，彈毛弓五十張，腳踏紡線車七百個，手搖紡線車一百個，起毛滾子三十個。

（五）原料來源

主要原料爲羊毛，駝毛，棉線，棉紗，染料等，羊毛產於本省境內，駝毛則多產於阿額兩旗，該廠每年所需羊駝毛在五十萬斤以上，至於棉紗，棉線多仰給外省，每年需用量亦在五千斤以上，各色染料自太平洋戰爭發生後，來源頓感缺乏，以前純用媒介色現改用直接色，多採大德顏料廠出品，以米黃杏黃，蘇牛品紅，鐵公子品紅，大鵬綠酉，綫駝四貓牌品青荷花綠以及謙信快靛爲大宗，每年需用量亦在千斤以上，其他如需用染料助劑如硼灰石灰鹹鹽白礬等多係本省自產無年需約數千斤。

（六）成品種類及數量

出品方面注重毛織物及毛編物，棉織品次之，關於毛織物者計有加料仿俄毯，單料仿俄毯，裕國毯，軍毯以及栽絨毯，建國呢，毛呢，毛布等，每年各種毯子產量可達三萬條，關於毛編物者則有毛衣毛褲毛巾毛襪等，此則視需要多寡而增減之，關於毛織物者則有棉布帆布帳紗宿紗，綫呢等栽絨地毯每年可製九千餘方尺。

六、造紙工業

寧夏造紙廠

（一）籌設經過

寧夏各地盛產含纖維物質（爲白麻蔦蓮草胡麻柴等），鹹賀蘭山一帶有大量石灰，省北部蒙旗中又盛產大然鹼，誠爲造紙之理想環境，故由很早以前造紙便成了農民一種副業，鄉舊小規模紡坊者也大有人在，但因製造技術落伍不知改進，品質粗劣不適合印刷之用，故在戰前本省所用之捆紙皆由外輸入，嗣後抗戰軍興來源遂告斷決，省當局有鑒于此，特于二十七年秋撥款二千元利用省垣西塔承天寺舊有房舍爲廠址，命名曰「寧夏省造紙所」，令省[illegible]辦理其事，招致本地造紙工人利用舊法從事改良。

迨至二十八年春，該廠出品已見精良，暢銷全省時供有不應求之勢，遂改組爲「寧夏造紙廠」資本增至五萬元，並加修大碾兩部，增招工人四十名，騾馬牲畜三十餘匹，營業蒸蒸日上。

（二）組織

寧夏省政府——寧夏造紙廠——廠長——主任——營業股、工務股、材料股、事務股

（三）職工人數

計職員十二人，工人學徒馬伕等共八十餘人。

（四）工具設備

抄紙池二十五個，大蒸鍋二具，洗篩三具，軋光機一具，大輾二具，廠房包括辦公室業務室抄紙宿舍等，共六十餘間。

（五）出品種類及產量：

種類	白蔴紙	新聞紙	封紙
年產量（張）	四，六〇，〇〇〇	七二〇，〇〇〇	一二〇，〇〇〇

（六）銷路

除供本省各機關駐軍，報館，學校外兼向綏西輸出惟運輸工具困難爲量頗微。

（一）籌設經過

該社爲謀新聞紙自給計，於三十二年八月集資十萬元籌設造紙部于省垣，利用稻草白蔴爲原料，技工半爲河南密縣人，且施用漂粉，故品質較佳，風行一時。

（二）職工人數

現有職員三人工人八十餘名

（三）產量

因無烘紙設備，故視天氣之晴陰以定生產，平均每日可產漂紙五刀，白報紙十刀各種色紙八刀

七、機器工業

蘭鑫機廠

（一）前言

「機器工業」爲一切實業發展的基本條件，本省過去尚未脫胎於「手工」時代，社會對機器之認識需要亟爲淡漠，但小規模的機器製造卻萌芽在各工廠裏，有一兩部元車床之類担任者修理工作，二十八年九月地方人士曾創辦寧遠鐵工廠，內部有機器及翻砂兩部，旋因經營不振而倒閉，此實使本省不能進入工業化之主因也。

（二）蘭鑫設廠經過

蘭鑫煉鐵公司自在平羅汝箕溝大嶺灣一帶發現鐵礦後，三十一年九月中旬開始以山西晉城土法煉鐵，結果成績尚佳，後幾經改進產量日豐，品質日進，為謀鉄之出路起見，該公司遂決定設立機器廠，製造各種用品，三十二年春派人赴西安聘請各項專門人材，購置各種工具，迄今年七月始正式開工，內設翻砂機器汽車修理等部。

（三）設備

該廠現設於省垣又大夏紡紗廠舊址，利用原用廠庫，略有修整為工作室及事房宿舍等，現有工作機如下：

萬能鑽床一部　八尺重式元車床二部

龍門刨　一部　二十寸牛頭副床一部

鑽床　一部　十二匹馬力蒸汽機一部

八、藥材工業

寧夏衛生材料廠

（一）成立經過

寧夏地處邊塞交通不便，平昔醫藥器材之供用悉仰外來，自抗戰軍興，國際交通梗阻，本省醫用藥械，若不統籌預計，深恐大戰延長，致使來源斷絕，無法維持，故極積籌設寧夏衛生材料廠，委崔志遠為廠長，隸屬衛生處，於二十九年十月，經呈准該廠組織規程，規定其經常費暫由該廠自行籌支，從衛生署補助項下撥給開辦費壹萬元，並撥借省立醫院補助開辦費壹萬元及本省衛生一、二隊補助開辦各伍仟元為購置藥械費，又將西北衛生隊結束後，移交藥物之一部撥歸該廠至三十年二月，為先行工作計暫借產校舊舍，作為臨時辦公地點，普通簡單之醫械藥物，已能製配供用，逾數月，營業漸佳，除開支外之餘款，購得南關外交通處舊院落一所，作為廠址共房間三十餘間，分設製藥射液裝配，蒸溜藥庫漂煮，冷購自來水台儲藏辦公寄宿等室，自是廠址奠定，三十三年春，將事務部移至城內中正西街，以利營業城外廠址，專為製造工作場點。

（二）機具設備

二十九年多派員赴川陝甘豫等省採購，各種機具材料及製藥原料等物現計有：

酒精蒸溜器一　乾熱消毒器一

炭化爐一　冷縮器一　振盪器一　蒸煮鍋一

漂粉製造器一

（三）組織概況

設有製造事務兩股，製造股設藥師兼主任一人，藥劑士三人，技術員五人，練習生若干人，掌理各項製造及修理裝配等事宜，事務股設主任，文牘會計各一人，事務員三人主理文書出納報銷採買保管推銷等事宜，卅一年至卅二年該廠製造膏片酊散安瓿藥典製劑一百五十餘種，並製出各種醫用器械卅四種，醫衛用傢俱十四種，並研究利用鈉國代西藥者四十一種，及本省土產原料，製成各種原料藥物如氯酸鉀，氯化鈉、炭酸鈉、炭酸鎂，重炭酸、鈉硫酸、鈉銷酸，鉀硫黃，鎘黃，各種製劑甘草各種製劑氫氧化鈉等卅二種。

六、社会各界支援抗战

救国公债劝募委员会总会会长宋子文关于请宁夏组织救国公债劝募委员会分会及各支分会事致马鸿逵的电

（一九三七年八月二十四日）

TELEGRAPH OFFICE
MINISTRY OF COMMUNICATIONS

上海 廿四日電

寧夏
馬主席少雲兄
勛鑒查救國公債條例已
經政府公布施行所有募
集事項現由財政部委託
救國公債勸募委員會總
会集中办理刻已組織成
立由子文担任總会会長
立夫兄担任副会長哲生
兄等担任常務委員即于
本日在上海福開森路三

來報紙
RECEIVING FORM

交通部電報局

TELEGRAPH OFFICE
MINISTRY OF COMMUNICATIONS

由 FROM	備註 Service Instructions:			來報號數 TELEGRAM NO.
時刻 TIME	原來號數 ORIGINAL NO.	報類 CLASS	字數 WORDS	派送員 BY
值機員 BY	發報局名 OFFICE FROM	日期 DATE	時刻 TIME	

内党各學組地置部地公
國級体各関戚設財各将
由各周館機繁各奉設除
應之業报募及会並組募
章点实各經市支員别勸
哭地関莊之縣设委分便
公要機行園各組任速以
號协重政各法会得主從令
三始各軍会各分之副嘱支
九開外部公核織点正函分

電 0008—業1・乙23/1—2500000

來報紙 RECEIVING FORM

交通部電報局

TELEGRAPH OFFICE MINISTRY OF COMMUNICATIONS

由 FROM	備註 Service Instructions:					來報號數 TELEGRAM NO.
時刻 TIME	原來號數 ORIGINAL NO.		報類 CLASS		字數 WORDS	派送員 BY
值機員 BY	發報局名 OFFICE FROM		日期 DATE		時刻 TIME	

外行召並囑支接叩

寄進体会両分便文

毋另飭周分一及以子

法督各市会員会宋

辦乞地省支委總弟

集尚當織設任告禱

募閑飭徂酌主電企

例電精设地副點任

條先日会各正地無叩

債敬赴集在將会洽敬（卅四日）

電0000—業1・乙23/1—2500000

马鸿逵关于成立救国公债劝募委员会分会及各支分会事致宋子文的电（一九三七年八月三十一日）

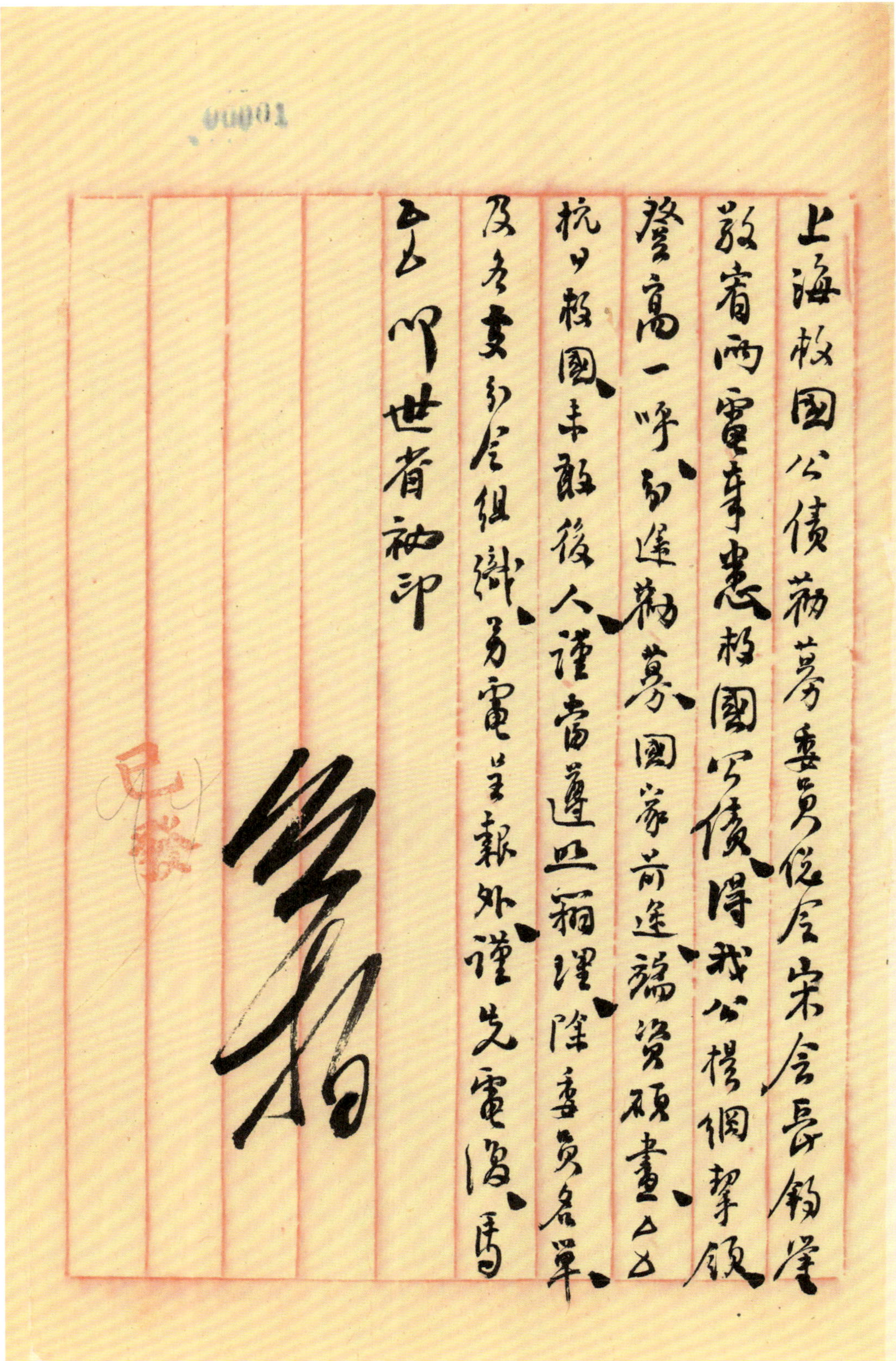

上海救國公債勸募委員總會宋會長鈞鑒：敬宥兩電奉悉。救國公債得我公提綱挈領，登高一呼，勸導勸募，國家前途端資碩畫。鴻逵抗日救國未敢後人，謹當遵照辦理，除委員名單及各分會組織另電呈報外，謹先電復。馬鴻逵叩。世省秘印。

[illegible][illegible]字第627號

马鸿逵关于宁夏认购救国公债情形致宋子文的电（一九三七年九月三日）

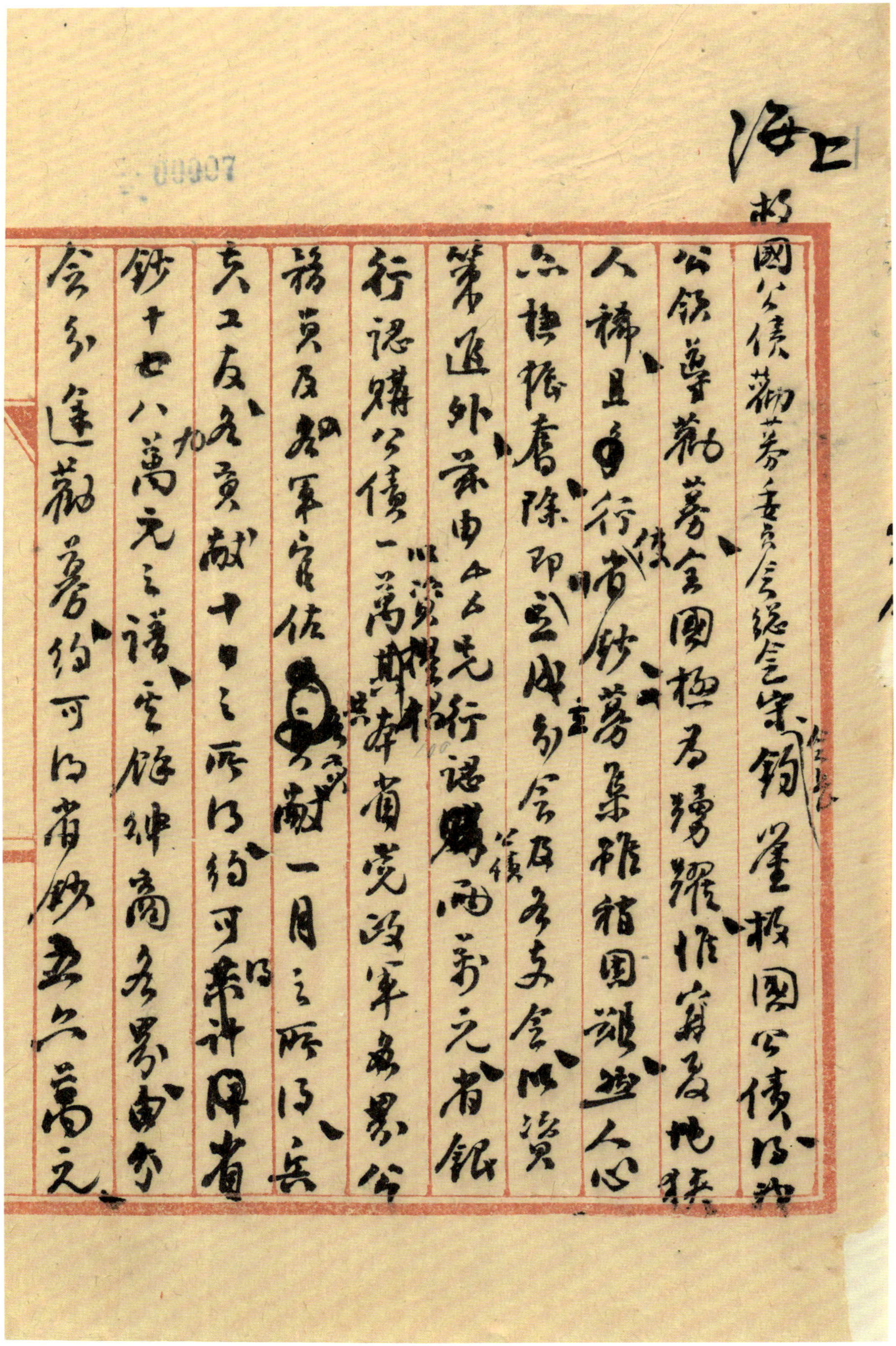
上海
救国公债劝募委员会总会宋委员长钧鉴：救国公债以应
公需，劝募全国，极为踊跃，惟宁夏地狭
人稀且贫，经本省于钞费集推销，唯因涣散人心
不甚，张众除印发劝分会在各县分会以资
筹进外，并由本人先行认购两万元，省银
行认购公债一万元，本省党政军务界公
务员及本军官佐捐献一月之所得，兵
夫工友亦贡献十日之所得，约可共计得省
钞十七八万元之谱，至余绅商各界由本分
会分途劝募，约可得省钞五六万元

旨
六

書稿第634號

密。侍。来省鈔如何換發，請飭部立案，擬
與分會副會長鄭思卿兄商妥再
行。滬。業承銷公債過還之數
省字已不[illegible]當由本省依賴不過矣
滬海一案，而吾粵省民窮財盡之下，推賂
以表全國動員之意，謹先電達，敬乞
垂察。[illegible]十八叩

仁肯細印

[illegible]

马鸿逵关于组织成立救国公债劝募委员会分会详情致宋子文的电（一九三七年九月四日）

上海救国公債勸募委員總会会長宋鈞鑒：前奉敬、宥二電，囑速照章組織分会等因，遵於東日召集各團體開会討論，當經推定楊鴻壽、童耀華、馬如龍、李翰園、葉森、馬繼援、蘇連元、趙文府、王含章、喬森榮等十人為委員，並組設經理、文書暨勸募、宣傳三股，業經分別函知，即於本日組織成立，照章辦理募集事宜，除分支会另報外，謹先電達，即祈垂詧。馬△△叩支。省秘印。

10

省教字第635號

中華民國　　年　　月　　日

马鸿逵关于遵电募足百万元救国公债事致蒋介石的电（一九三七年九月十五日）

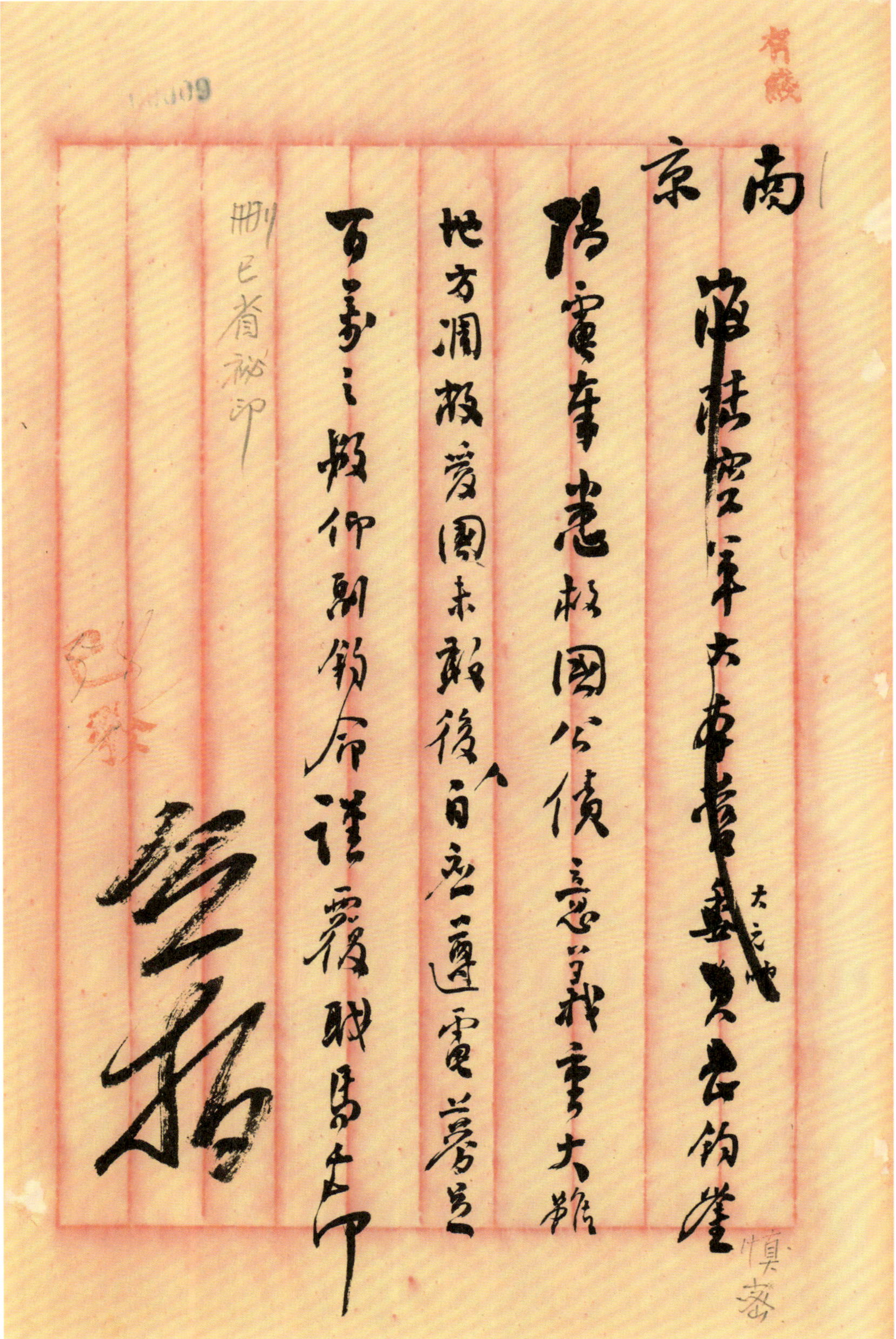
南京
海陆空军大本营委员长钧鉴
大元帅
阳电奉悉。救国公债意以我重大牺
地方凋敝，爱国未敢后人，自应遵电募足
百万之数，仰副钧命。谨电复。职马鸿逵叩
照拍
删已省秘印
慎密

卷藏字第643號

上海救国公债劝募委员会总会关于准以皮毛等货抵缴劝募款等情致救国公债劝募委员会宁夏省分会主任马鸿逵的电（一九三七年十月四日）

省秘第1490號

摘由

來電機關	上海救國公債總会支電
事由	復東電准皮毛等貨抵繳運輸地点擬定陝省由
收到日時	民國廿六年十月五日下午六時
備考	
指示辦法	存

省府秘書處呈

譯

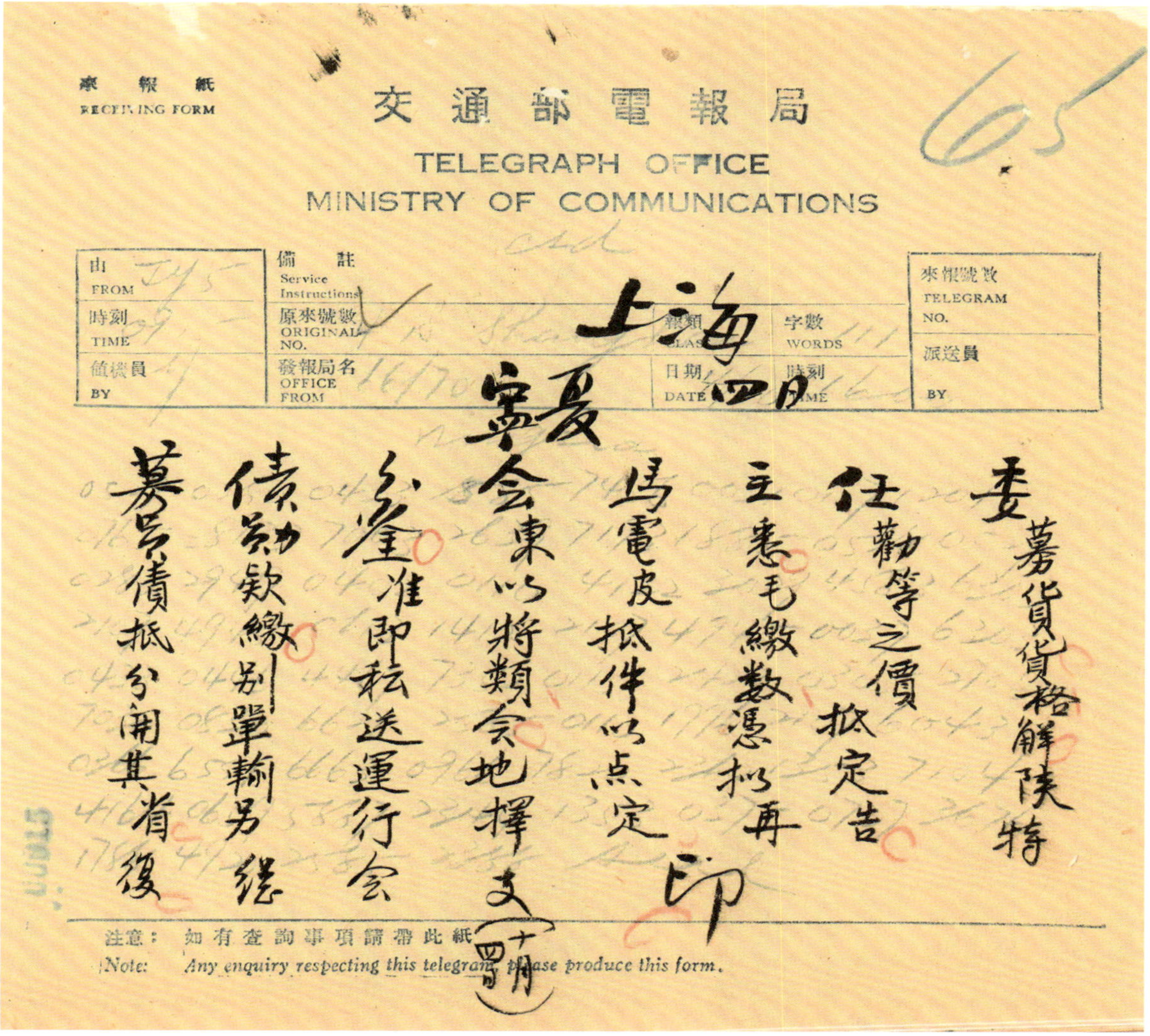

來報紙 RECEIVING FORM

65

交通部電報局

TELEGRAPH OFFICE
MINISTRY OF COMMUNICATIONS

由 FROM	備註 Service Instructions		來報號數 TELEGRAM NO.
時刻 TIME	原來號數 ORIGINAL NO.	等類 CLASS　字數 WORDS	
値機員 BY	發報局名 OFFICE FROM 上海	日期 DATE 四月　時刻 TIME	派送員 BY

寧夏

委
募貨貨格解陝特
任勸等之價擬定告
主意毛繳數憑擬再
馬電皮抵件以点定
会東以將類会地擇支
叁准即耘送運行会
債勸款繳別單輸另縂
募員債抵分開其省復
印
（十四月）

注意：如有查詢事項請帶此紙
Note: Any enquiry respecting this telegram, please produce this form.

马鸿逵关于立即组织成立劝募救国公债机构开展劝募事宜致救国公债劝募各县支会的电（一九三七年十月五日）

各縣縣政府轉救國公債勸募支會鑒、查公債勸募條例及支會組織規程、均經頒發、飭即組織成立、開始勸募。現債款催迫甚急、各縣户民富户及商界應行認購公債數額分配妥定、即待進行勸募事宜。惟該縣支會尚未據報設立、仰遵規定辦法迅速成組織成立、按照勸募積極進行、務須如數募齊、儘限期解、不得稍有遲慢、千萬為要。馬〇〇 省債印

省秘字第664號

中華民國　　年　　月　　日

马鸿逵关于以皮毛等货物抵缴救国公债事宜致上海救国公债劝募委员会总会的电（一九三七年十月七日）

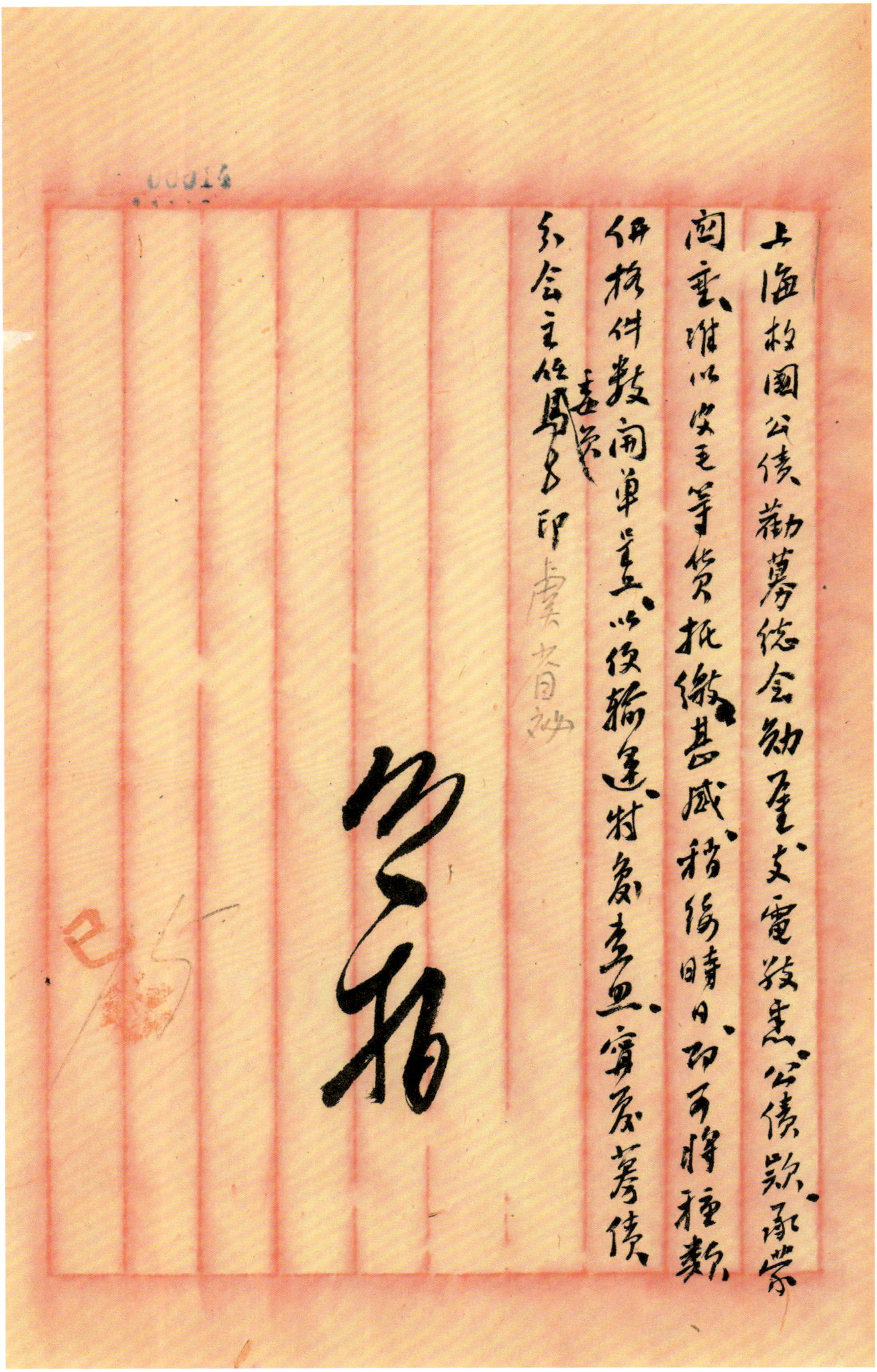
上海救国公债劝募总会勋鉴：支电敬悉。公债款承蒙
阅垂，惟以皮毛等货抵缴，甚感。稽缓时日，即可将种数、
件价、件数开单呈上，以便输送，特为奉复。宁夏劝募债
分会主任马鸿逵叩印 委员 虞 省秘

17

省秘第669號

中華民國　年　月　日

中宁县商务会关于恳请援照向例摊购公债致马鸿逵的电（一九三七年十月八日）

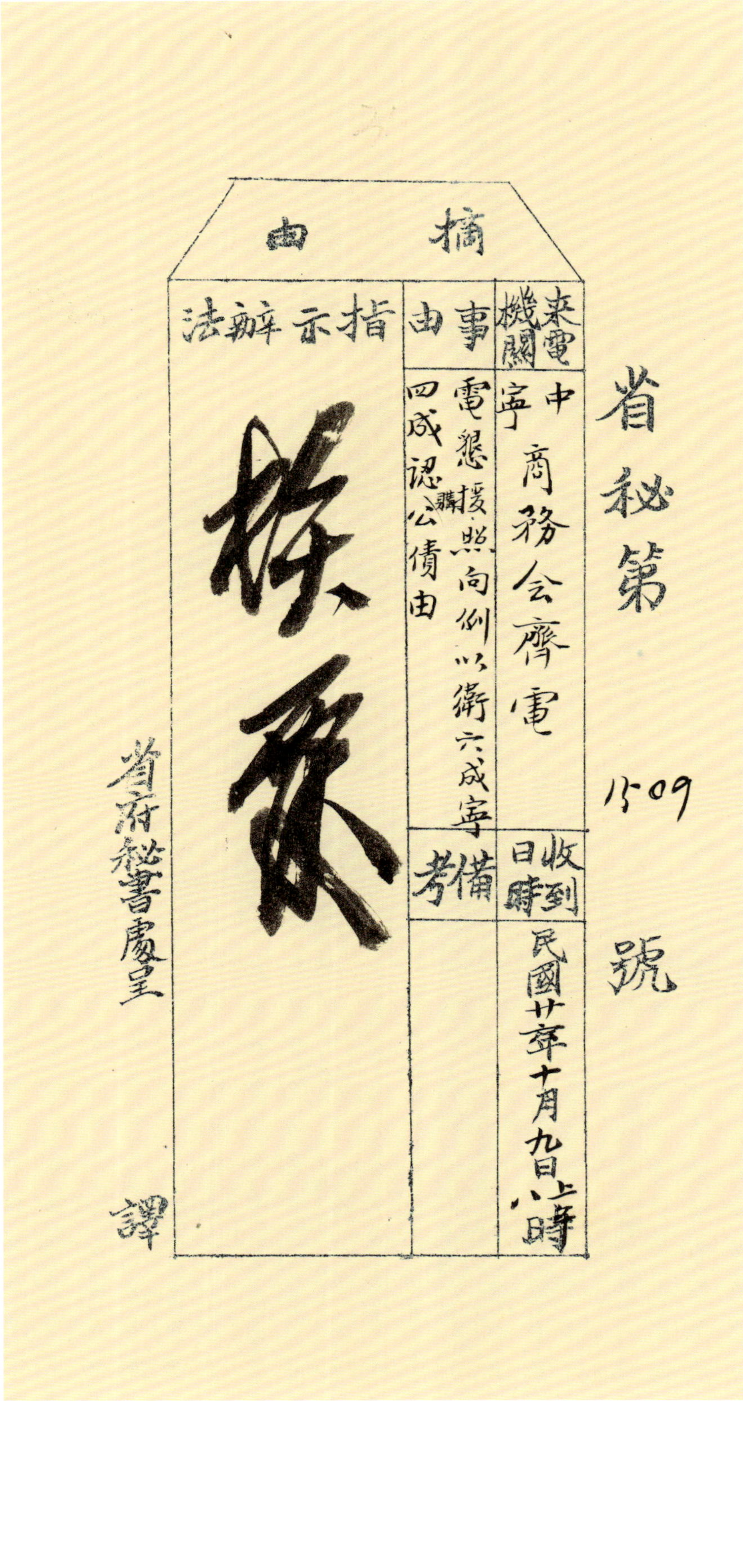
省秘第1509號

摘由

來電機關：中寧商務會齊電

事由：電懇援照向例以衛六成寧四成認購公債由

收到日時：民國廿六年十月九日上午八時

備考

指示辦法：擬存

省府秘書處呈

譯

寧夏省政府收電報紙

發報地點		收報時刻	
字數		等級		收報人	

民國二十六年九月二十五日印

鈞令敕萬囤國祁何查未前向寧緣業之優月路貴報業已面言集籌

馬鈞購二等值自如惟寧以差成攤商較最數滬昇之歇計市堪呂以

席奉諗債元刻前照延中治欵六公衛展為近津貸缺心號家不經僉

主頃会公千此當即拗衛縣有衛成中發寧以因各本停商八條當訪

鑒戢國二奉難遵敵中分所以四以之中加來滯資告之七蕭狀会

宁夏省政府……电报纸

收报地点		收报时刻	
字数	等级		收报人

民国二十六年九月二十五日印

持苦屬是念格照之攤限當中会
請 商
支再実艱 垂施 按 縣以遵維 遵務
籲 有
難經勸維 座恩 两均便以洛 示 商
電 予
困方娩理謹主徽 字以办 電縣齊
准 例 是
措無口办以我 外衛向購 業 字叩
寒 籌 乞

金积县救国公债劝募支会关于成立救国公债县支会等情致宁夏救国公债劝募分会的电（一九三七年十月九日）

省秘第1514號

摘由

來電機關	事由	指示辦法
金積救國公債勸募支会佳電	成立救國公債縣支会由	存

收到日時	備考
民國廿六年十月十日上午十時	

省府秘書處呈

譯

宁夏省政府收電報紙

發報地點		收報時刻	
字數		等級		收報人	

民國二十六年九月二十五日印

公会敬支照聘主宗倡恩金為日支戰表日一作棠公会

遵

國分電縣難則為吳主錫當祺本立內列即行工電國支

救

救募歌本經通仁員副馬斌登於成会文並進 此縣募

夏勸釜查業織尚委為員英馬員式除另報姑 謹積勸印

顧

寧債鈞悉会組賜任堯委董龍委正会員呈刷切外金債叩

准（九日）

4

665

磴口县县长朱思义关于成立救国公债县支会事致马鸿逵的电（一九三七年十月九日）

省秘第1515號

摘由

來電機關	矴口朱縣長佳電
事由	報告成立救國公債委員会縣支会由
收到日時	民國廿六年十月十日上午十時
備考	
指示辦法	存

省府秘書處呈

譯

寧夏省政府收電報紙

發報地點	石嘴山	收報時刻			
字數		等級		收報人	

民國二十六年九月二十五日印

馬主席鈞鑒：徵電謹悉。本縣支會業於齊日組織成立，與始勸募救國公債，除亡文告振外，謹電奉覆。戰朱恩義叩。住印

一一

中宁县县长李中关于救国公债收法币抑或收省币事致马鸿逵的电（一九三七年十月十一日）

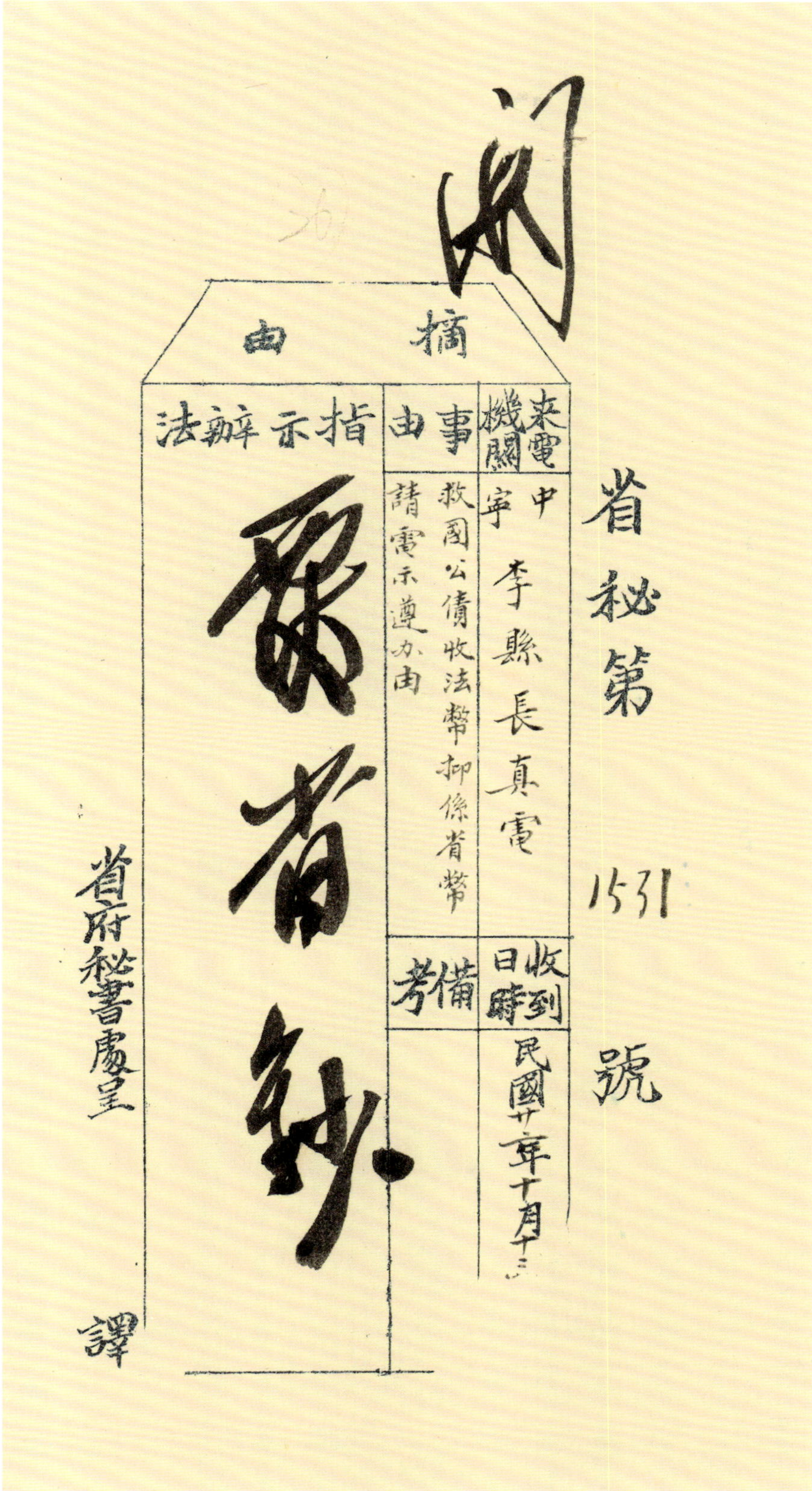

省秘第1531號

摘由

來電機關	中寧李縣長真電
事由	救國公債收法幣抑係省幣請電示遵办由
收到日時	民國廿六年十月十三
備考	
指示辦法	照省鈔

省府秘書處呈

譯

寧夏省收電報紙

發報地點		收報時刻	
字數		等級		收報人	

民國二十六年九月二十五日印

1380	寧	1115	夏	4164	省	2398	政	1660	府
0031	主	1598	席	7456	馬	6874	鈞	7003	鑒
2405	救	0948	國	0361	公	0280	債	0527	募
2392	收	3122	法	1618	幣	2171	抑	2396	收
4164	省	1618	幣	6153	請	0193	電	4355	示
6690	遵	6586	办	0022	中	1380	寧	4905	縣
4905	縣	7022	長	2621	李	0022	中	0661	叩
4176	真	6083	印						

宁夏省政府委员海涛关于救国公债应征事宜致马鸿逵的电（一九三七年十月十二日）

省秘第1524號

摘由

來電機關	海委員電
事由	壯丁已飭兩縣長依限换齐救國公債開始征收惟臨時收據財政廳尚未發下祈轉飭火速送來再應征法幣或省鈔祈電示由
收到日時	民國廿六年十月十二日上午八時
備考	
指示辦法	

省府秘書處呈

譯

夏省政府電報

第　　號

發報地點		收報時刻	
字數		等級	收報人

民國二十六年九月二十五日印

馬應飭 遵 66P 國同公仟兩臨靈祈火免 欽 或 祈 為印

席丁轉 長 救商 商 額即惟財下人以 征 幣亦 遵 印

主壯巴縣文亦紳攤日 丿 歘核發派來 再 法鈇 祇 涛

夏臨金者縣換債縣照令 征收未飭差 期 征肴 示 43 海

寧鈞換兩限公兩別購始時尚轉速 误 應征電 禱

宁夏县县长马毓乾关于各区务须依限交纳省债等情致马鸿逵的电（一九三七年十月十二日）

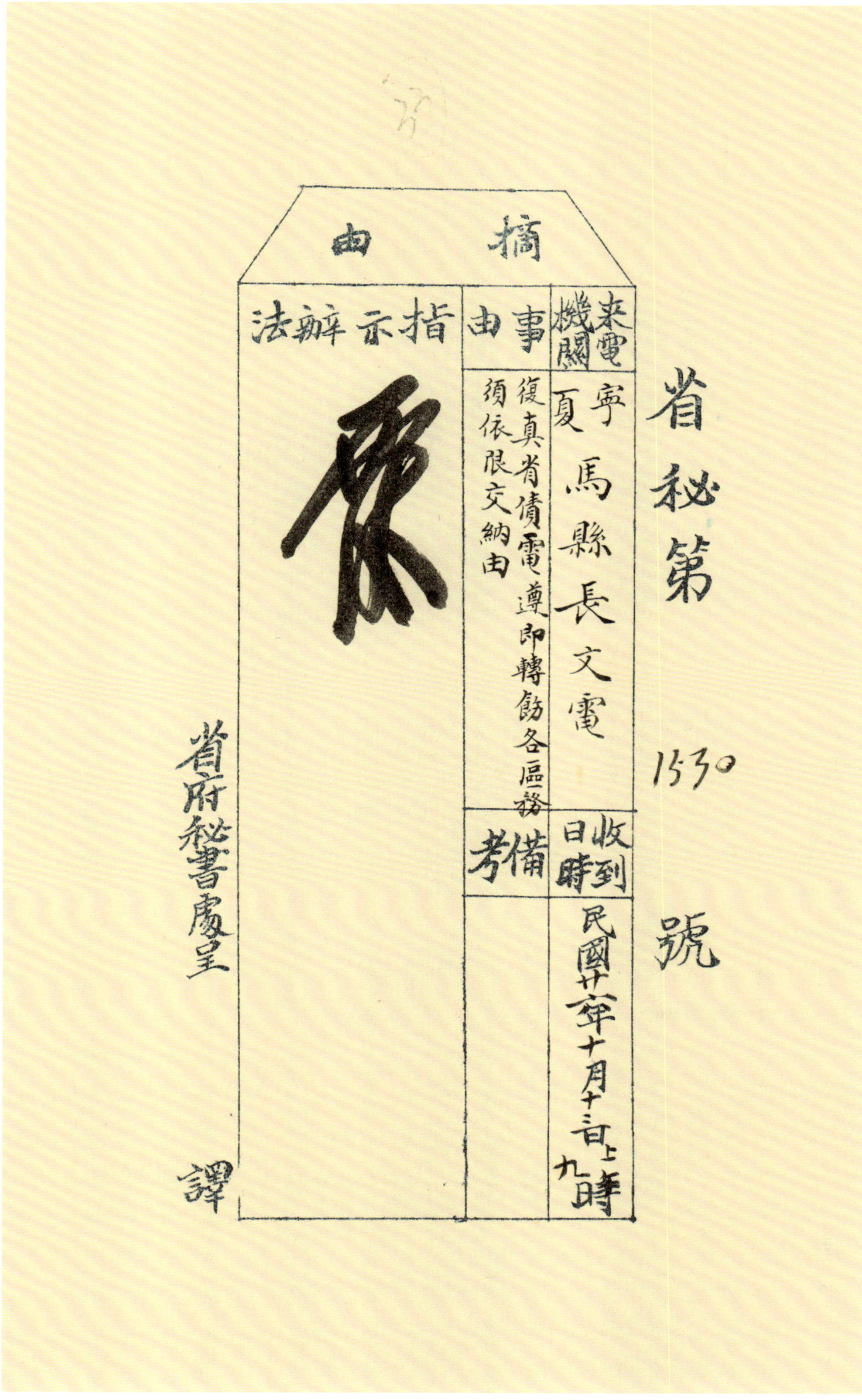
省秘第1530號

摘由

來電機關：寧夏馬縣長文電

事由：復真省債電遵即轉飭各區務須依限交納由

收到日時：民國廿六年十月十二日上午九時

備考

指示辦法：[illegible]

省府秘書處呈

譯

寧夏省電報紙

發報機號	寧夏縣	收報時刻	
字數		等級	收報人

民國二十六年九月二十五日印

1380	寧	1115	夏	4164	省	2348	政		府
	主		席		馬		鈞		鑒
	真	4	省		倩		電		奉
	悉		遵		即		轉		飭
	各		區		務		消		依
	限		交		納		外	62	謹
	先		奉	1	覆		戝		馬
	繇		乾		印		文		印
							（十月十二日）		

马鸿逵关于救国公债均收省钞事致李中的电（一九三七年十月十四日）

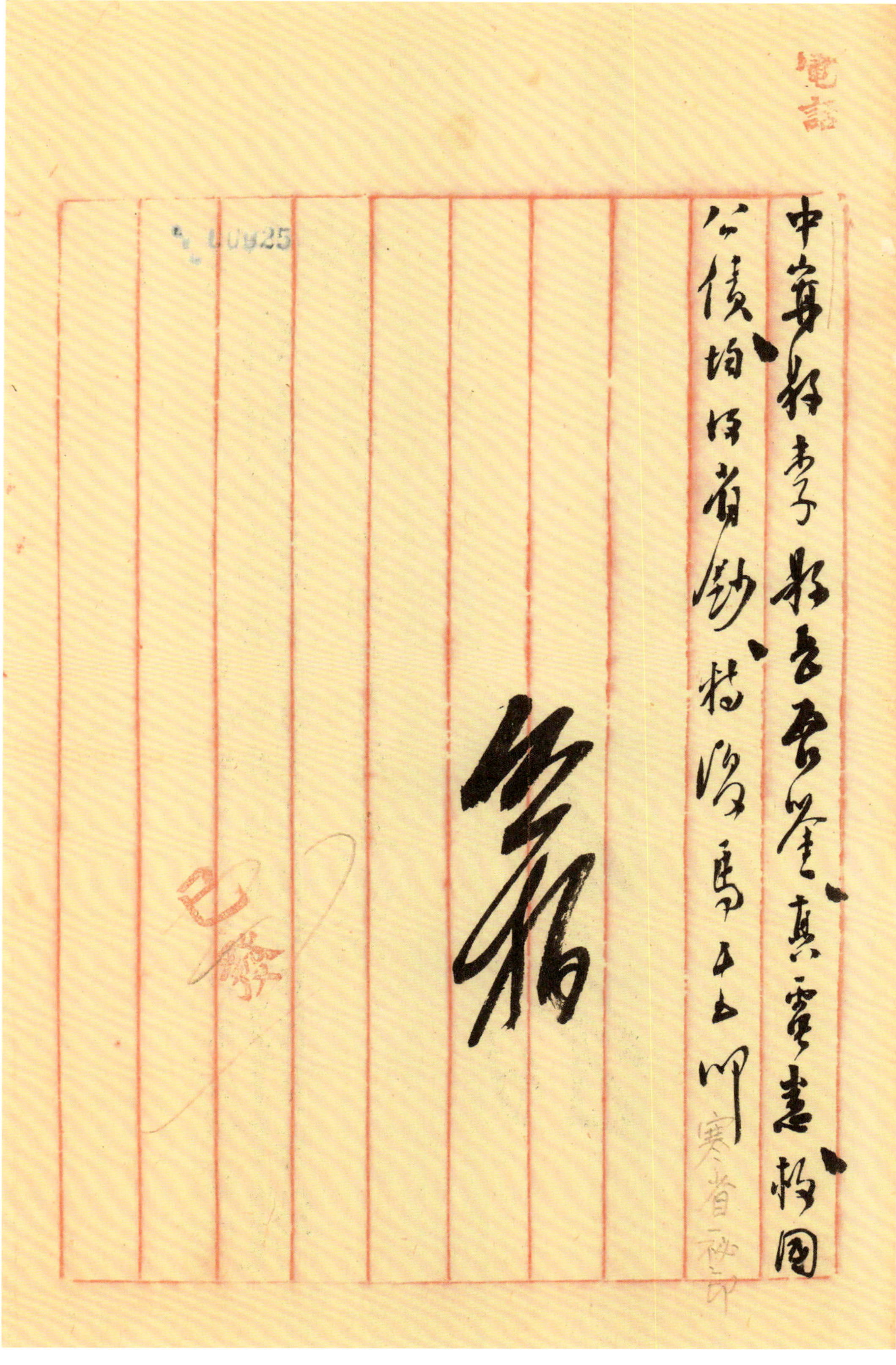
電稿

00925

中寧縣李縣長鑒、真電悉、救國公債均收省鈔、特復、馬ムム叩

寒省秘印

照發

已發

马鸿逵关于要求用省钞收公债致金积县政府转海涛委员的电（一九三七年十月十四日）

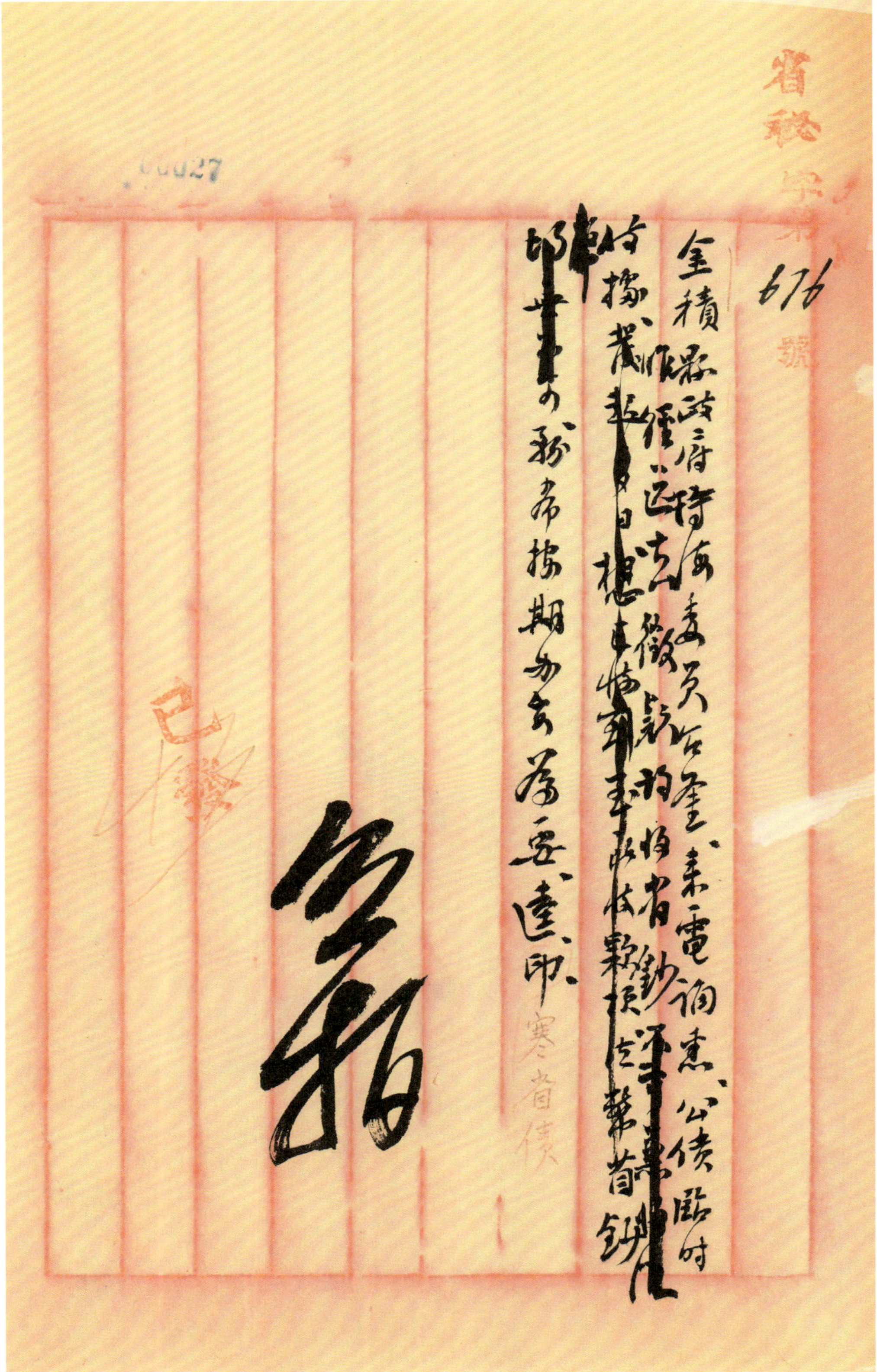
省秘字第676號

金積縣政府轉海委員鑒：來電詢悉。公債臨时……

……即希按期如數籌妥。鴻逵。印。

寒 省債

马鸿逵关于不准重新摊派公债致中宁县商会的电（一九三七年十月十四日）

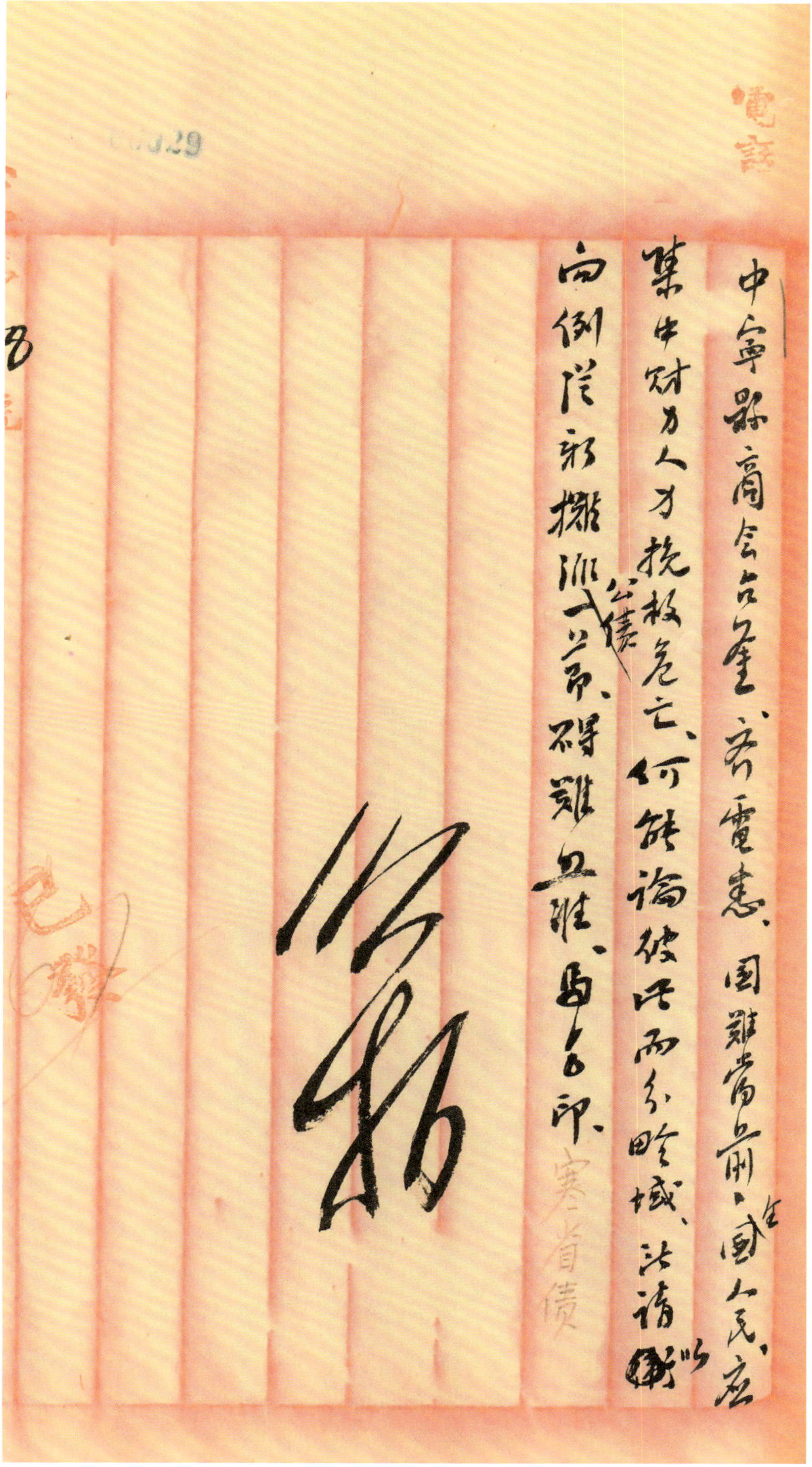

电稿

中宁县商会台鉴：齐电悉。国难当前，全国人民，应集中财力人才，抗救危亡，何能论彼此而分畛域。所请以向例从新摊派公债一节，碍难照准。马鸿逵印。寒省债

磴口县县长朱思义关于蒙方游击队长杨富存阻止劝募公债等情致马鸿逵的电（一九三七年十月十四日）

省秘第1517號

摘由

來電機關	磴口朱縣長寒電
事由	電告蒙方楊隊長阻止勸募公債請轉電該旂政府免滋糾紛由
備考	
收到日時	民國廿六年十月十四日下午三時
指示辦法	際非常之時有人擾亂分仰省府建廳慎好設辦

寧夏省政府收電報紙

發報地點	石丁口	收報時刻	
字數	125	等級	收報人

民國二十六年九月二十五日印

1380 0031 1165 9548 4164 7456 2318 6874 1650 7003

府鑒公規募區蒙楊阻到稱經仍情轉府長泼是未印 千

政鈞國照勸三告隊存並聲理釋座政隊權紛職寒 等

省馬救遵派第報擊富募所辦鮮效鈞祈該越糾便叩

夏席縣已分據話遊長勸公准再成祈該飭庸公義 滋

寧主查債定項電方隊止區不一無懇電勿免為思 速

马鸿逵关于如期办妥债款致马毓乾的电（一九三七年十月十五日）

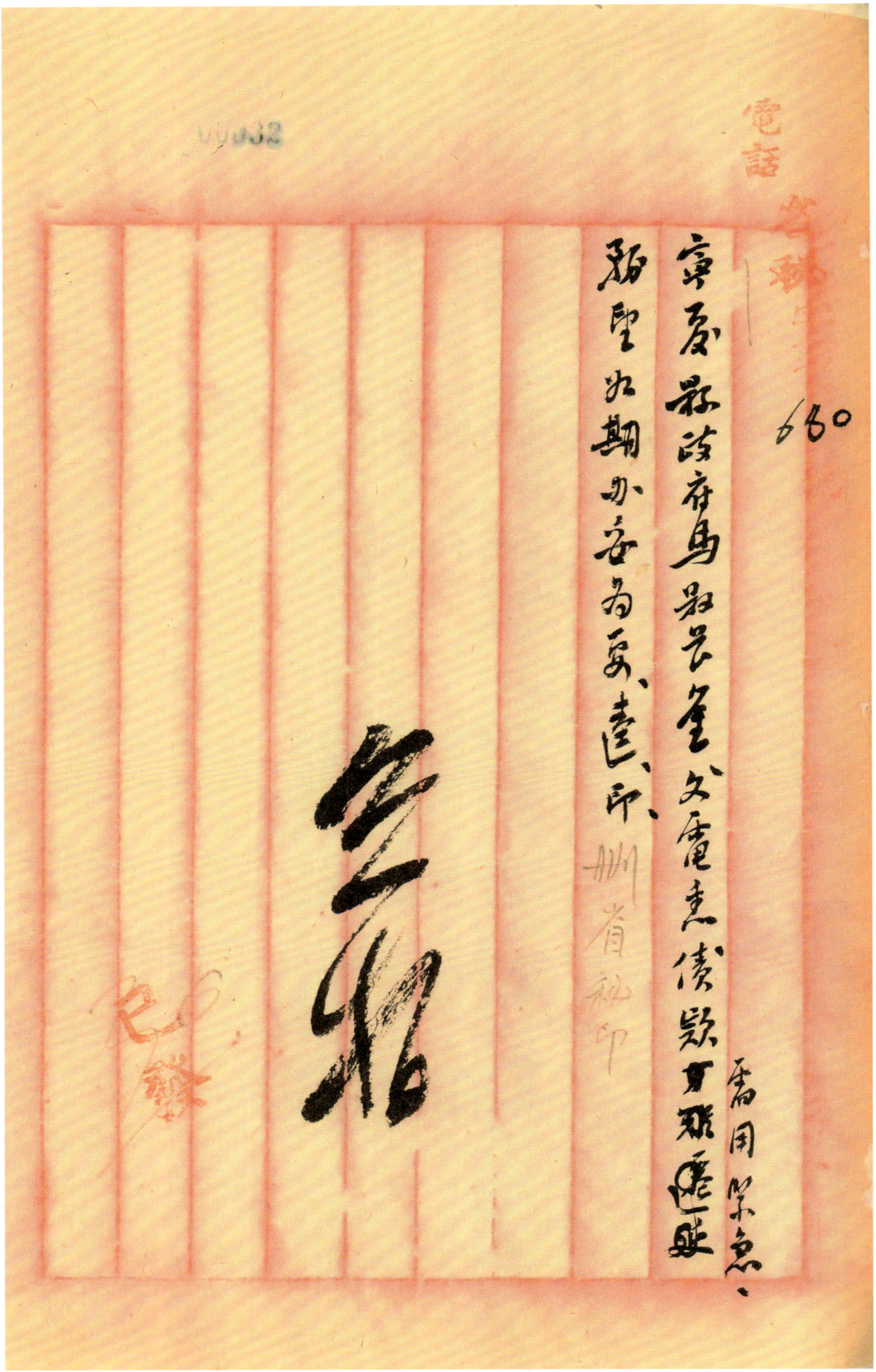

寧夏省政府馬秘書長[illegible]文電悉、債款萬難遲延、需用緊急、
務望如期辦妥為要、逵印、

马鸿逵关于按认购办法积极劝募一事致盐池县支会主任委员张发祥的电（一九三七年十月十九日）

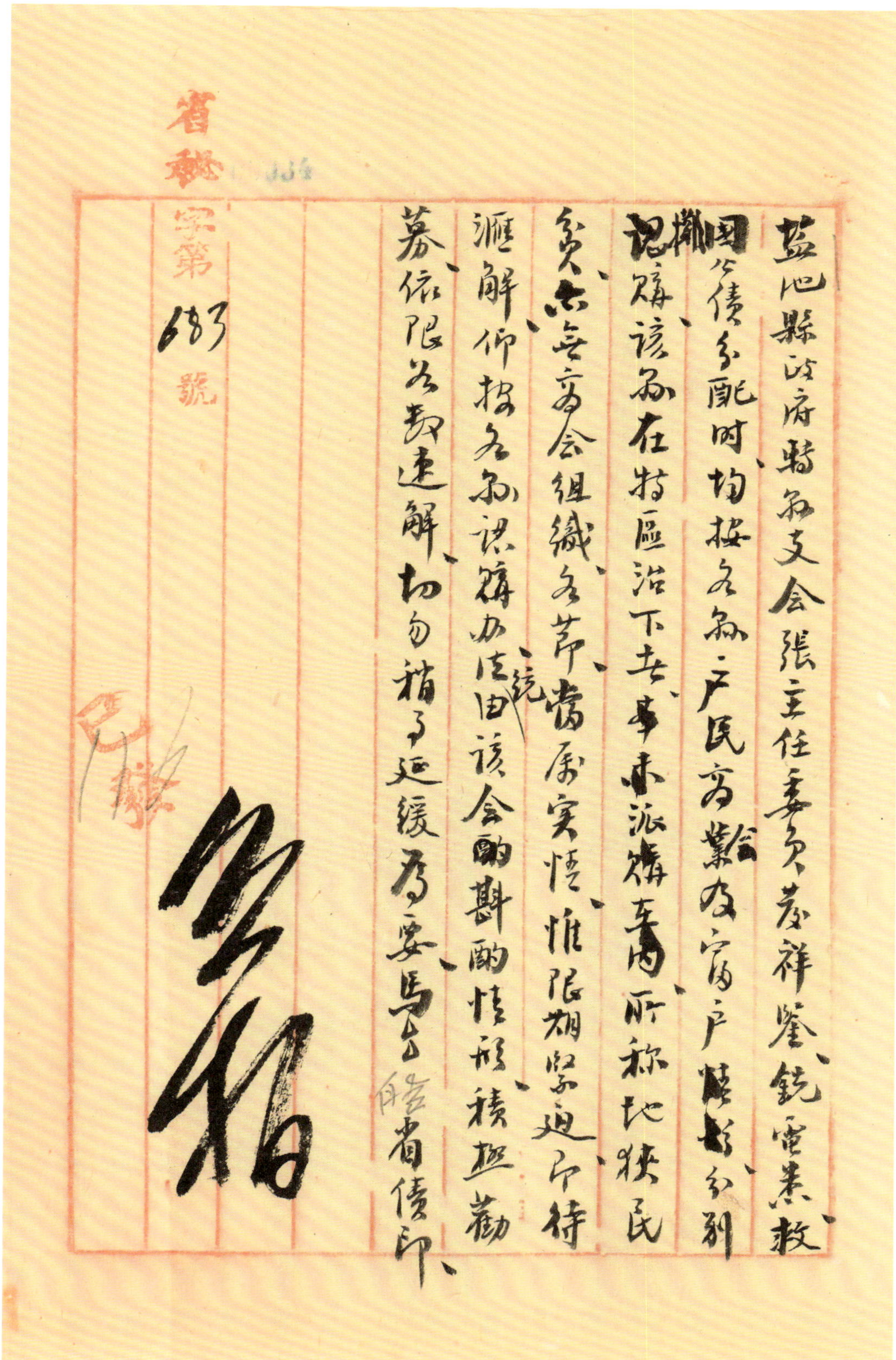
省债字第683號

盐池县政府转分支会张主任委员发祥鉴：铣电悉。救国公债分配时，均按各县户民商号及富户、铺户分别认购。该县在特区治下者，本未派购，前所称地狭民贫，亦系实情，支会组织各节，尚属实情。惟限期紧迫，仰待汇解，仰按各县认购办法，由该会酌斟情形，积极劝募，依限如数速解，切勿稍事延缓为要。马鸿逵。省债印。

中華民國　　年　　月　　日

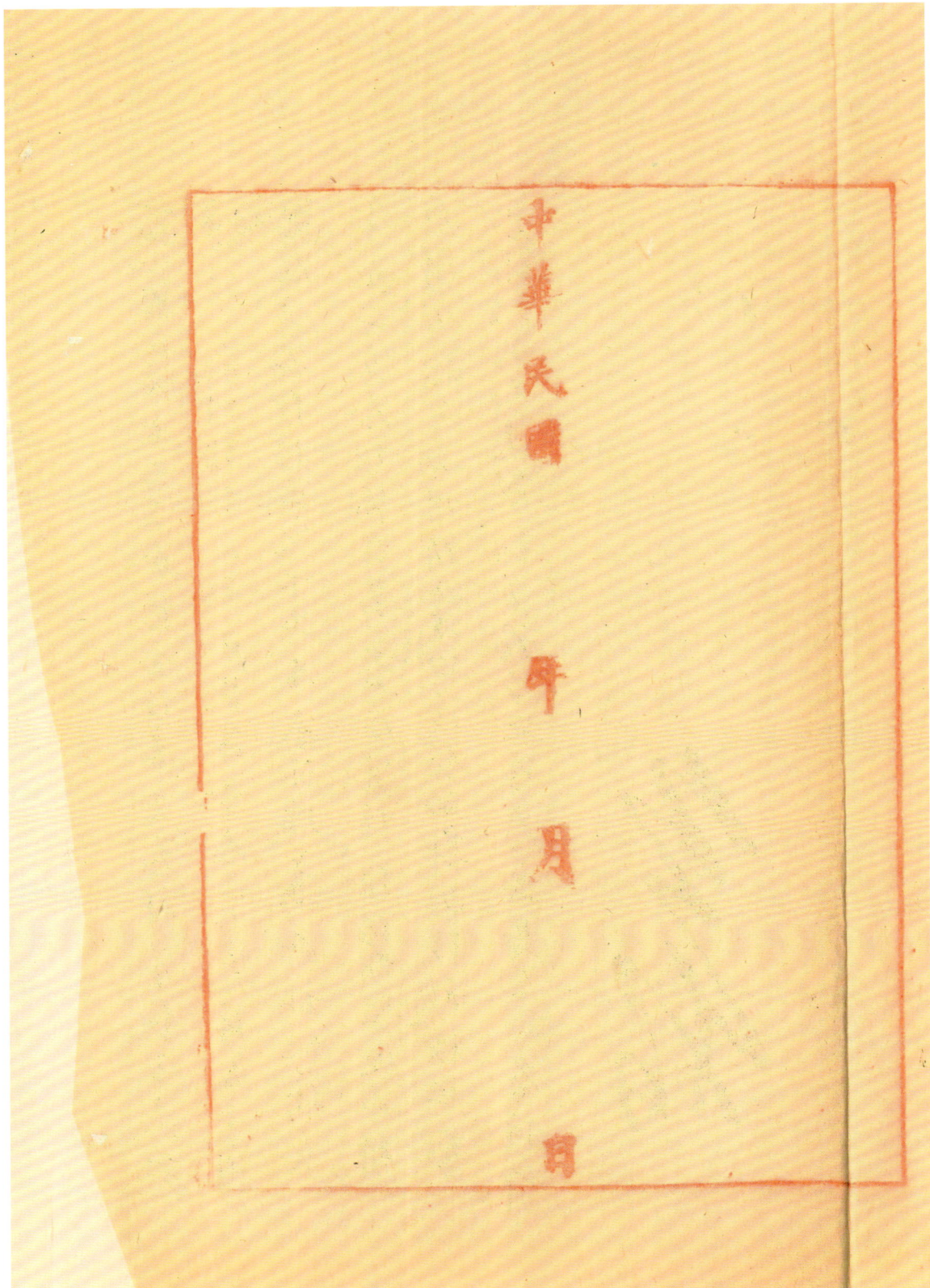

财政部关于汇解盐池、豫旺两县所募债款致马鸿逵的电（一九三八年三月十五日）

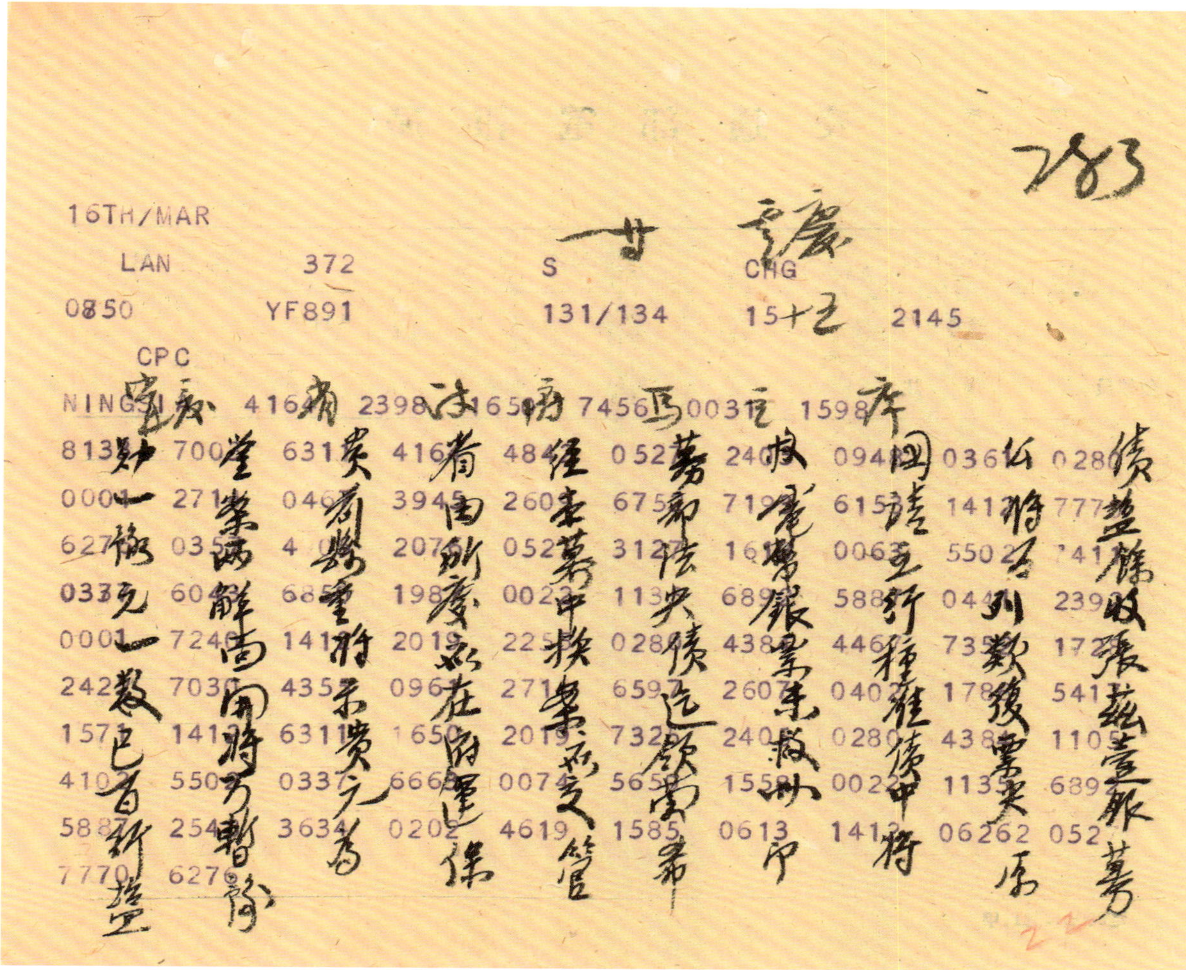
283

16TH/MAR

LAN 372 S CHG

0850 YF891 131/134 15 2145

CPC

PGE 2/372

035 490 0280 29 312 161 006 502 741 03 7

6598 061 22 242 056 604 712 178 0110 01

738 409 0280 43 8 3634 544 6298 2398 675 07 5

3254 0361 0603 SL

之绶戚（十五巳）

旗山郡

万发段

主宠树

带鲜行

陆压尚

钦发掌印

侯据钱印

将印会公

两边务渝

中国回民救国协会关于开斋节日为抗战建国前途举行祈祷事宜致马鸿逵及教育厅厅长时子周的电（一九三八年十一月十六日）

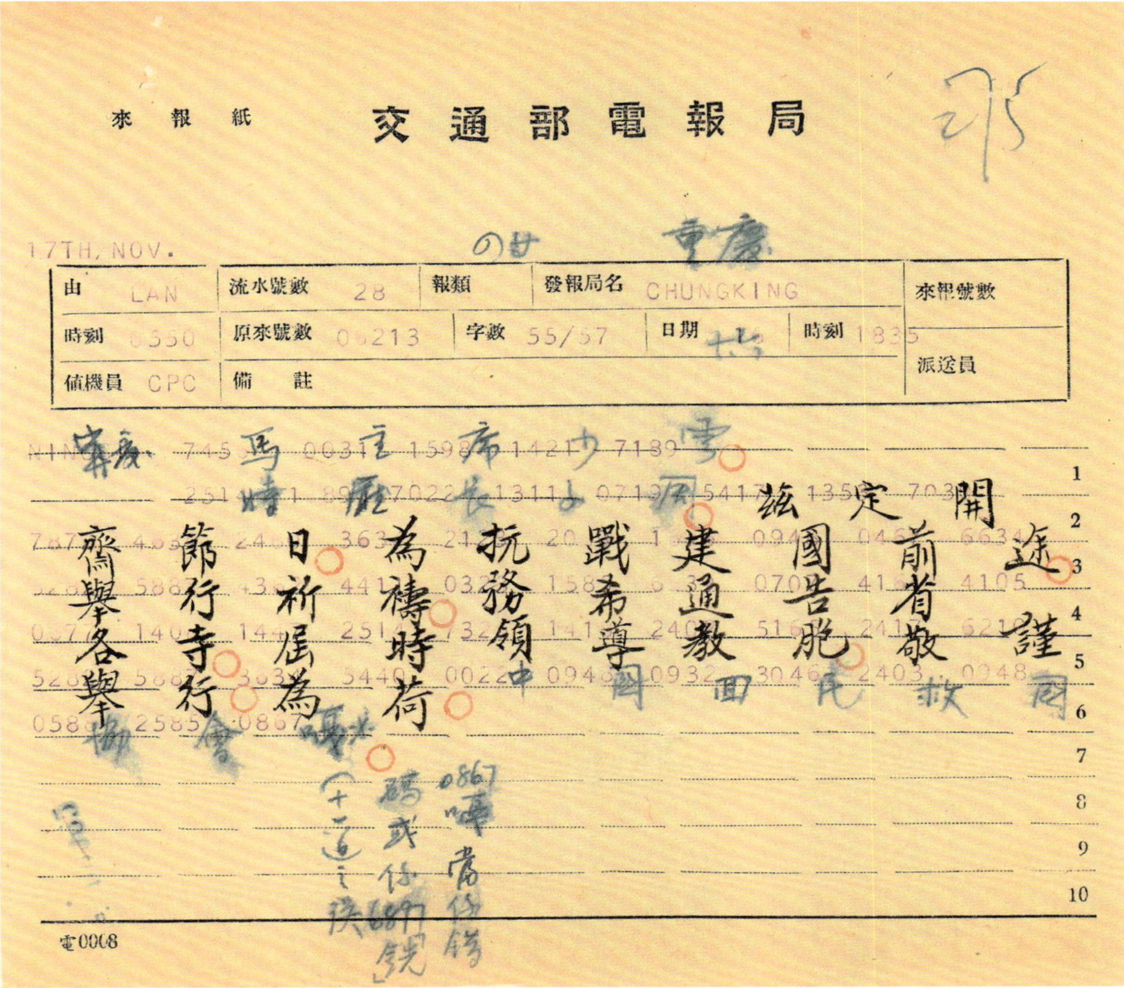

來報紙　交通部電報局

17TH, NOV.

由 LAN	流水號數 28	報類	發報局名 CHUNGKING	來報號數
時刻 0550	原來號數 06213	字數 55/57	日期 十六 時刻 1835	派送員
値機員 CPC	備註			

茲定開
齋節日為抗戰建國前途
舉行祈禱務希通告者
各寺居時領導教胞敬謹
舉行為荷

電0008

参议苏三光关于其子私运货物以资济敌请照正典刑等情致马鸿逵的电（一九四〇年三月二十四日）

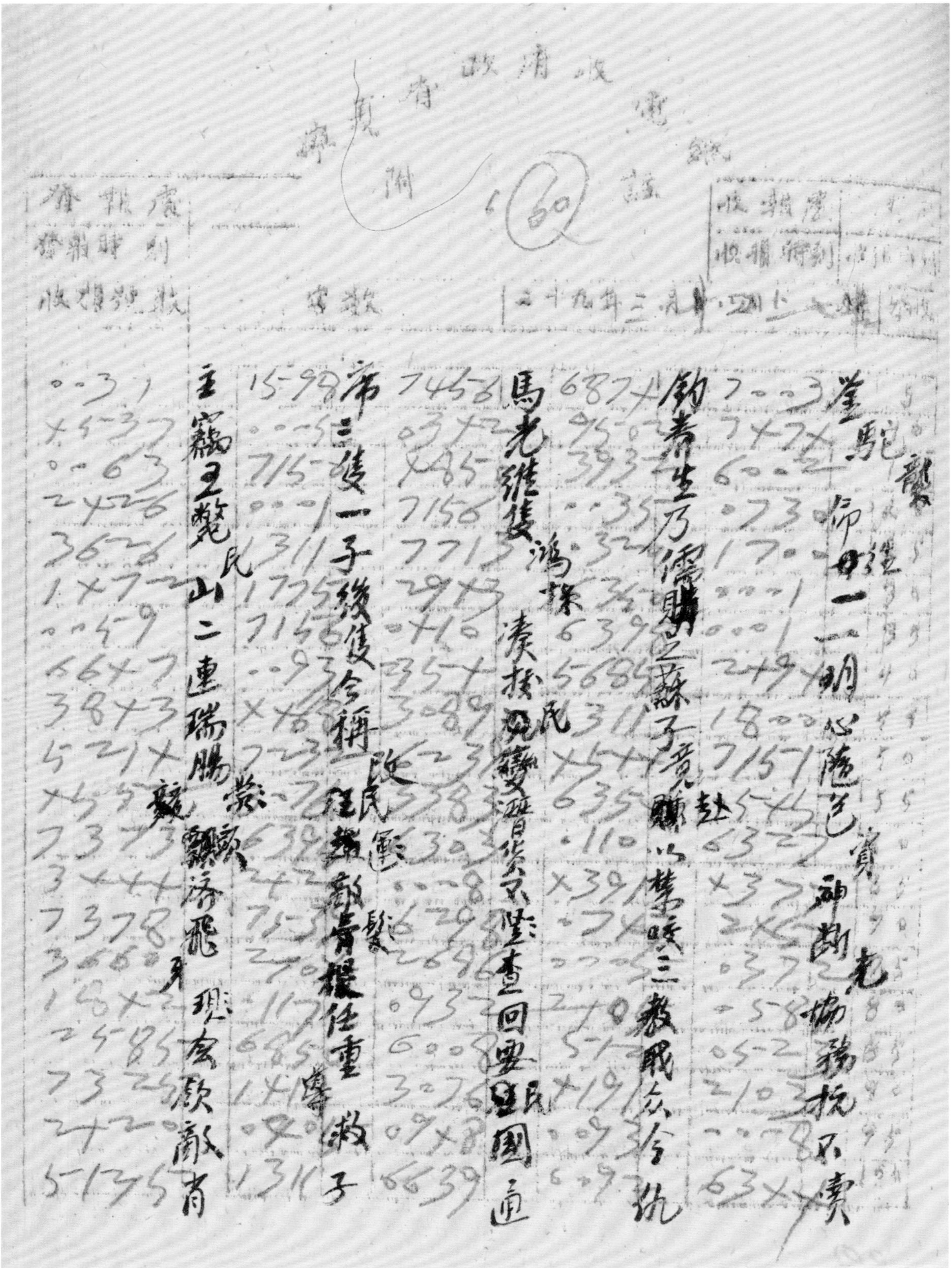

…省政府收電

附 (61) 註紙

發報處		收報處	
發報時刻		收報時刻	
收報號數	字數	二十九年 月 日 時 分收	

瑞三

廖不孫外座特並啟國府之

孔子州繼鈞字貲公明伸漢三

深寧政電協憲五通賞子以徽蘇

宋先有請令先其所數民而議

國袓廠陳司特待將月將典法參仰

甘宁电政管理局关于线工巡房租金事宜致宁夏电报局的代电（一九四〇年八月二十日）

100

致寧夏電政管理局代電　工字第　號

中華民國廿九年八月貳拾日收到

寧夏局覽：查本局前因線價高漲，百物昂貴，為鼓勵各工，及便於督飭巡員巡護起見，曾經皓工代電將駐段線工呈請大部核給各工巡房租金，以資維護線路。茲奉大部六月寢電工乙代電開：「五月皓工代電及附表悉。該局駐段線工除駐地設有五等電局仍應由局供給宿處，及線路毀壞尚未修復者，應將駐段線工調回局內，均不給巡房租金外，其餘線工如查明確係實行駐段者，准各月支巡房租金壹元，仰遵照」等因。奉此，查現值抗戰時期，線路極關重要，自本年八月一日起，應遵照本局規定段落，嚴令各工一律駐段，認真巡護。設備有謊報駐段及擅離巡護工作者，一經查出，除將線工予以開革處分外，所有主管人員酌予從嚴懲辦，以為不遵功令者戒。茲檢發巡房租金表一份，仰遵照辦理為要。管理局局長袁壽天。章千　工線

附發巡房租金表乙份

寧夏電報局線工巡房租金表

姓名	駐在地	每月應津貼金	備註
劉墨林	大新墩	每月一元	
段福昌	大新墩	每月一元	
王鴻	官橋	每月一元	
唐占彪	大壩	不給	駐五等局
黃占奎	大壩	不給	仝上

工務員 公許支人達回 七廿三

中華民國二十九年七月 日

監印 陳

華北三十一年度考績[illegible]

宁夏省政府关于各机关应积极参加抗战建国群众运动的训令（一九四〇年十二月十日）

◉訓令各機關准國防最高委員會秘書廳電爲各地黨政機關發動之抗建羣衆運動應積極參加幷宣導所屬人員自由捐輸以資表率等由令仰飭知由。

寧夏省政府訓令 秘一字第一一四四一號
中華民國二十九年十二月十日

令各機關

案准

國防最高委員會秘書廳二十九年十二月三日國綱字第一四一一四號代電開：

案查前奉交下江西省政府及江西省動員委員會代電各一件爲建議凡中央派駐各省機關遇有徵募及慰勞獻金等運動應依從當地黨政機關或各法團會議之決議不得藉詞拒絕參加請採納施行等由當以事關民運經函請中央執行委員會秘書處核復去後玆准函復略開查

中央派駐地方機關對於當地黨政機關運動之羣衆運動自宜予以贊助關於職員各種捐欵獻金如已由其上級機關統籌辦理者可毋庸强其在地方再有捐納惟對於地方舉行之抗戰羣衆大會仍應積極參加協助宣傳及勸導所屬人員自由捐輸以資表率其上級機關統籌辦理捐獻情形必要時亦當設法宣佈使民衆明瞭等語經轉陳奉諭照核復意見辦理等因除分電外相應電達查照並轉飭知照爲荷。」

等由，准此，除分令外，合亟令仰知照並轉飭所屬一體知照。此令。

主席馬鴻逵

宁夏省教育厅关于在中等学校发起「青年号」飞机捐献运动办法的训令（一九四一年二月二十八日）

教育

◉訓令各中等學校奉教育部令為據國立第十一中學學生呈請發啟青年號飛機捐獻運動辦法令仰遵照

寧夏省政府教育廳訓令　中字第1504號
中華民國三十年二月廿八日

令各中等學校

案奉

教育部廿九年十一月廿七日費壹9甲字第三九六八七號訓令內開：

「案據國立第十一中學呈稱：「案據本校初四班學生嚴思賢袁哲生二人呈稱：『竊生等閱報知「榮譽號機」「兒童號機」相繼發動以來各方紛紛響應值此滇緬路開放國際形勢更

於我有利倭寇即將崩潰之際最後勝利之期日近敵機運動實爲當前之急務生等實感吾輩青年責任重大久有愛國之心但心有餘力不足獻爲響應獻機運動發起捐獻「青年號飛機」以增加抗戰實力懇求學校當局即日設法發動全國有志青年踴躍捐獻生等因家鄉淪陷實感經濟困難令將生等日前家寄之數元除購一部份文具外，其餘五元悉數捐出以作發動之先鋒區區之欵亦足以表示生等愛國之心亦即青年應有之責任但集全國青年之捐獻其成績亦可觀矣不久之將來青年號飛機翺翔於天空之上殄滅倭寇爭取最後勝利生等之願望也等情；據此，查該生等志切救國節欵獻機所貢雖微影響實大惟茲事體尤決非一地一校所能倡行應懇鈞部通令全國中等以上學校一致響應助此壯舉是否可行敬乞核示祇遵等情查日寇自恃暴强妄圖囊括傾師擾我疆宇所至肆其荼毒三年以來賴我　最高統帥指揮若定全國將士奮勇用命遏止兇鋒勝利可期而頑寇未知悔悟仍圖作垂死之掙扎方今我國最後勝利之爭取已至事勢緊切之階段而國際局勢之動盪尤予我以驅除寇虜之良機羣策羣力再接再厲協助政府完成抗戰建國之大業此自爲我全國青年一致具有之熱忱該生等鑒於榮譽號機兒童號機捐獻之熱列率先倡導不甘後人請求發起青年號飛機捐獻運動志切救國殊堪嘉許事屬可行茲由本部訂定全國青年號機捐獻辦法於后：一、以校內自由捐獻爲原則不向外界勸募。二、一切捐獻事宜由各校當局指導各級系學生自動進行但收入欵項應隨時繳由學校暫行保管彙齊送部轉解。三、學校彙齊此項捐欵後應造具表册四份載列捐獻者姓名金額兩份公佈一份存校兩份呈部以備存轉。四、此項運動得列爲校內級(或院)際競賽成績最優者，由校給予名譽獎狀。五、此項捐獻各校應分別文到後辦理結束。除指令並分行外合行令仰知照，並轉飭所屬一體知照！此令。」

等因；奉此，除分令外，合行令仰該校遵照辦理結果具報，以憑彙轉爲要！

此令。

宁夏省政府关于依限办理完竣一元献机运动捐款事宜的训令（一九四一年三月十二日）

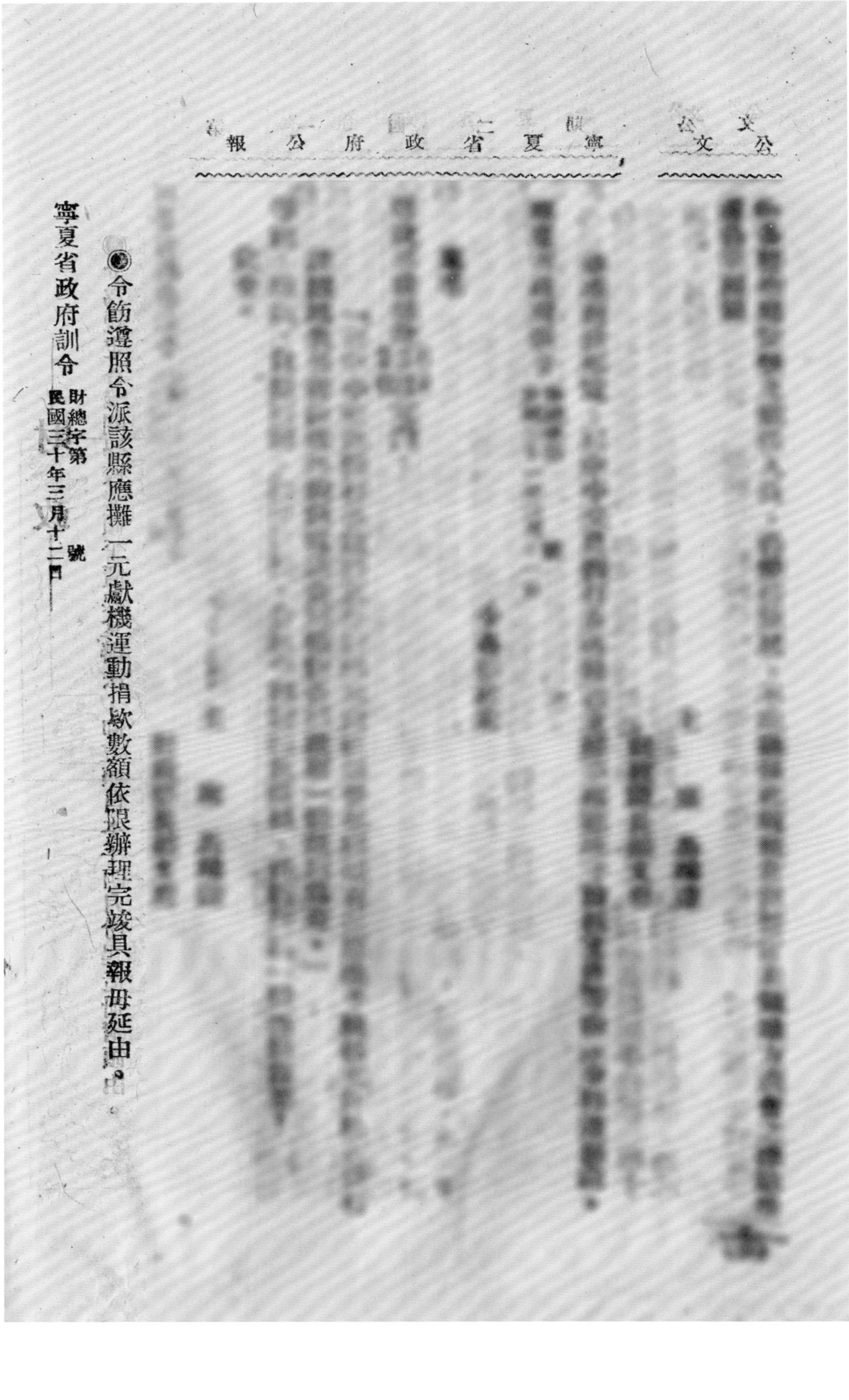

公文　寧夏省政府公報

◉令飭遵照令派該縣應攤一元獻機運動捐欵數額依限辦理完竣具報毋延由。

寧夏省政府訓令 財總字第　號 民國三十年三月十二日

令各縣政府

案奉

中國航空建設協會總會訓令內開：

「查本會發動之一元獻機運動，於八一四空軍節日開始，原定一月月完成，嗣後交通不便，較遠省份公文往來，較爲費時，故未能如限結束，惟獻機運動，貴在爭取時間，俾迅速集中捐款，呈獻政府購機殺敵。況以太平洋大戰爆發我國空軍建設尤不容或緩，茲限一元獻機運動務於三十一年一月底以前結束，仰即遵限加緊切實推行，並於奉令後將推行情形詳細具報此令。」

等因；奉此，查本省一元獻機運動，前奉令辦時，原因吏民貧困，未及舉辦，茲奉令催，自應遵照積極推行辦理，現經按照勸募戰時公債辦法，決定該縣應攤獻機捐款洋　元此項獻機運動捐款，一律仍由全縣商民公平攤派，責成該縣縣長及商會會長，限於二月十五日以前，迅將捐款收解清楚，并將捐款商號及捐款數額，造具清冊連同款項一併交由縣政府呈解財政廳核收，毋稍遲延，除分令外，合亟令仰該會長遵照認眞辦理，依限辦理完竣，尅即掃數交縣呈解是爲至要！

此令。

主　席　馬鴻逵

財政廳長趙文府

宁夏省政府关于嘉奖省立宁夏简易师范学校学生踊跃参加「青年号」飞机捐献的训令（一九四一年六月）

——教育——

㊥令據教育廳呈轉寧夏簡師學生對於青年號飛機捐獻踴躍，深堪嘉許，仰遵照并轉飭知照由。

寧夏省政府訓令 教字第一五八號 中華民國三十年六月　日發

令各中等學校

案據教育廳呈據省立寧夏簡易師範學校校長白鵬飛呈稱：

『案奉鈞廳中字第一五零四號略開：「奉教育部令發全國青年號飛機捐獻辦法，令仰轉飭知照等因，合行令仰該校遵照辦理，并將辦理結果具報，以憑彙轉為要等因，奉此。遵即積極發動，責由學生自治會自行辦理，各級學生，無不聞風興起，咸認為此乃青年教國之實際表現，亦在此最後勝利行將到來之今日，未可錯過之良機。故各該生等雖在經濟十分困窘之下仍爭相節衣縮食，踴躍捐輸，其熱烈情形，實堪嘉尚。截至現在辦理已告結束，計學生一百七十名，共捐獻洋柒百叁拾柒元陸角肆分，茲謄具名冊三份理合連同捐欵備文呈報恭請鑒核轉解，并酌予獎勵，實為公便等情」；附捐欵名册三份，并現欵柒佰叁拾柒元陸角肆分，據此。經核數目相符，理合據情轉請鑒核』！

等情，據此，查該校學生多屬貧寒子弟猶能節衣縮食，貢獻國家，足徵愛國熱忱，深堪嘉許等該校全體職教員倡導有方，應予一併嘉獎，以示鼓勵。除分令外，合行令仰該校長遵照，并轉飭知照！

此令。

主席　馬鴻逵

教育廳長駱美輪

宁夏省政府抄发行政院关于非常时期捐献款项承购国债及劝募国债奖励条例的训令（一九四二年一月二十三日）

主席馬鴻逵

奉令發非常時期捐獻款項承購國債及勸募捐欵國債奬勵條例仰知照等因令仰知照由

寧夏省政府訓令　秘一字第一一五八號　民國三十一年一月廿三日

令各機關

案奉

行政院三十年十一月十五日勇伍字一八一一零號訓令開：

「案奉　國民政府三十年十月二十八日渝文字一〇七九號訓令開：「查非常時期捐獻欵項承購國債及勸募捐欵國債奬勵條例業經制定明令公布應即通飭施行除分令外合行抄發該條例令仰知照並轉飭所屬一體知照此令」。等因奉此除分行外合行抄發該條例令仰知照並轉飭所屬一體知照此令。」

等因；計抄發非常時期捐獻欵項承購國債及勸募捐欵國債奬勵條例一份，奉此。除分令外，合行抄發原條例令仰知照，并轉飭所屬一體知照，此令。

附抄發非常時期捐獻欵項承購國債及勸募國債奬勵條例一份。（見法規欄）

主席馬鴻逵

8

府秘字第1826號

來電機關	重慶 行政院
發電日期	年三 丑篠
有無密電	先
原來號數	87
字數	65
收到日期	34年2月　日　時
譯電姓名	田
歸檔日期	月　日

事由	速办献金（粮）以利抗战
指示辦法	存 批財政廳查
備考	

發文

馬主席○密查該省献金献粮数額亦經按定令飭切实办理比事関係甚大而限期已迫应由該省政府依照办法規定及配数切实加紧推進毋存觀望耶各戰区後免或更厲办誤時事以利抗戰行政院丑篠年三印

交通部宁夏电报局抗战建国纪念日捐输一日所得数目清册（时间不详）

120

123

交通部寧夏電報局抗戰建國紀念日捐輸一日所得數目清冊

職別	姓名	每月實支薪俸	應捐一日所得數	備考
局長	王松楨	一五四〇〇	四九七	按七月份計
業務長	姚惠光	七五六〇	二四四	
報務員	王繩武	六二八〇	二〇二	
〃	聞志遠	五三二〇	一七一	
〃	劉敦銘	六六〇〇	二一三	
〃	劉廷芳	一〇二八〇	三三一	
〃	王國銓	四四〇〇	一四二	
〃	毛積生	四一〇〇	一三三	

	龐會鵬	一〇二八〇	三三一	
	汪孝成	七五六〇	二四四	
	郭敏楠	五三二〇	一七一	
	陸鈞高	五〇〇〇	一六一	
打字員	王鏗	四一〇〇	一三三	
	錢寶駒	四一〇〇	一三三	
	華玉林	四一〇〇	一三三	
業務員	劉丹揆	五九六〇	一九二	
	袁先進	三八〇〇	一二二	
	王廣仁	三二〇〇	一〇三	

124

業務員	殷敦節	三三〇〇	一〇三
事務員	吳捷平	二三〇〇	七四
〃	閻自聰	二〇〇〇	六五
合計		一三〇八六〇	三八九八

七、抗日救国宣传活动

中国国民党宁夏省党务指导委员会关于暂借军医处门前地基作为抗日宣传周宣传地点致宁夏邮政局的公函

（一九三八年六月十七日）

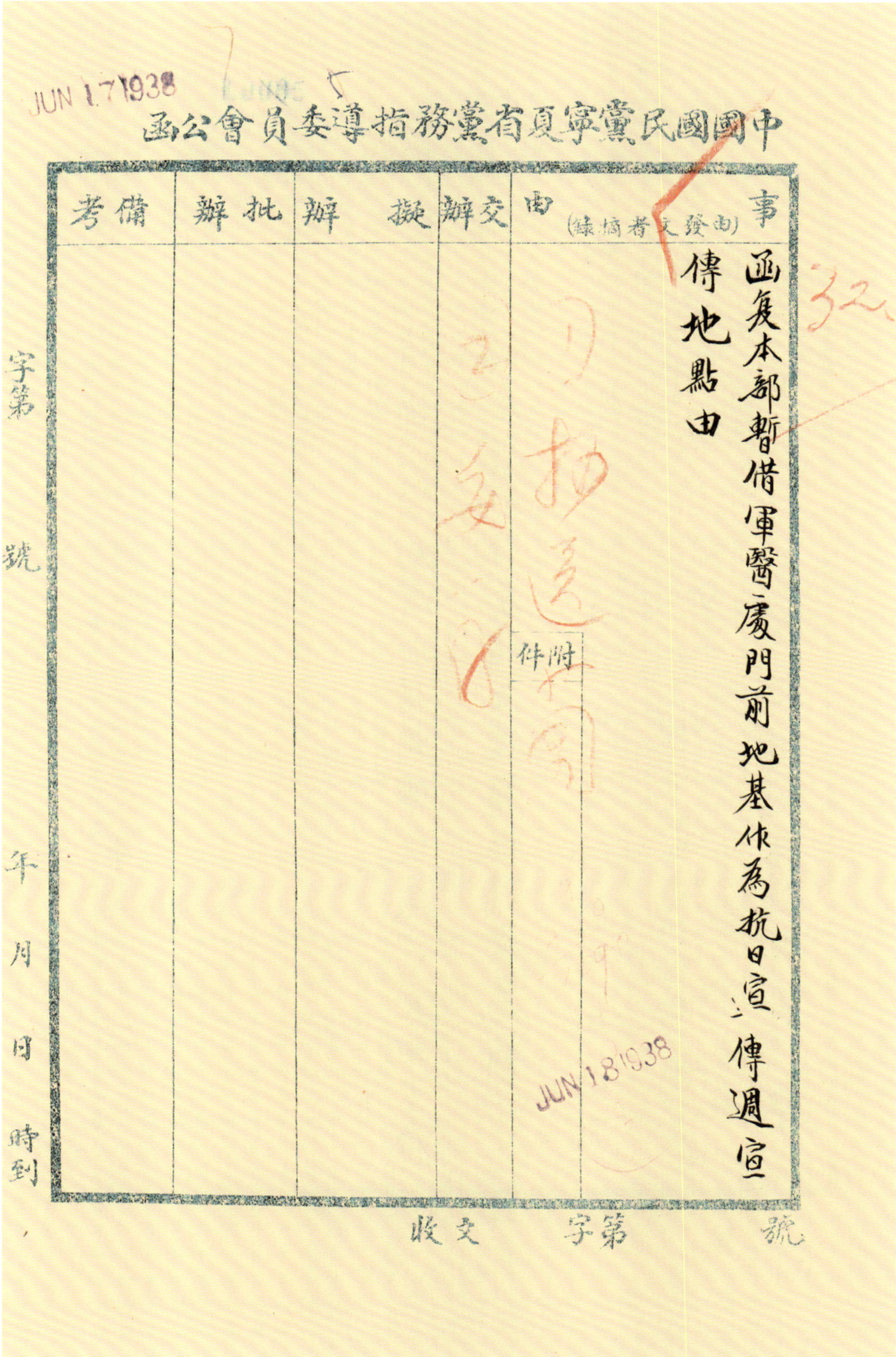

JUN 17 1938

中國國民黨寧夏省黨務指導委員會公函

事由（由發文者摘錄）	交辦	擬辦	批辦	備考
函復本部暫借軍醫處門前地基作為抗日宣傳週宣傳地點由				

附件

JUN 18 1938

第　字　號　年　月　日　時到

收文　第　字　號

中國國民黨寧夏省黨務指導委員會公函　平字第35號

案准

貴局函略開

「請備函過局聲明借用軍醫處門前地基俾

顧產權以符手續而便轉報備案為荷」

等由；准此，查本部主辦之省垣抗日宣傳週

確係臨時宣傳性質並非久遠佔據准函前由

自當尊重產權暫為借用相應函復即希

查照為荷

此致

寧夏郵政局

马鸿逵关于中央通令全国于「七七」扩大纪念抗战建国并追悼阵亡将士等情致各县政府各县党部的电

（一九三八年七月二日）

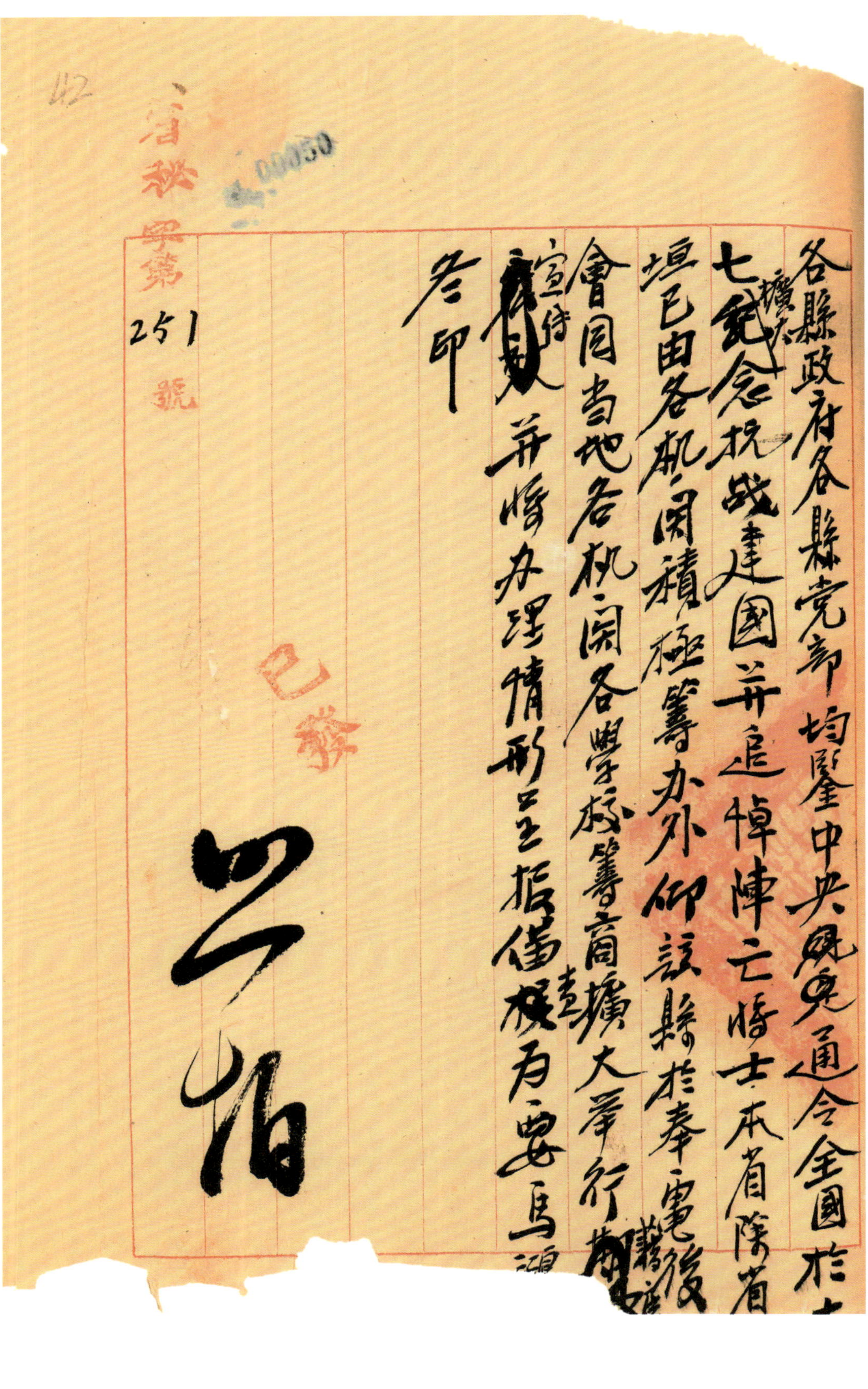

各縣政府各縣党部均鑒：中央通令全國於七七擴大紀念抗戰建國並追悼陣亡將士，本省除省垣已由各機關積極籌办外，仰該縣於奉電後會同當地各機關各學校籌商擴大舉行宣傳，並將办理情形呈報備核為要。馬鴻逵

冬印

同心县县长武维洲关于举行「七七」抗战纪念会等情致马鸿逵的电（一九三八年七月四日）

省秘第453號

摘由

來電機關：同心城武縣長文電

事由：復冬江兩電

指示辦法：

收到日時：民國廿七年七月四日下午七時

備考：

省府秘書處呈譯

寧夏省政府收電紙

發報處	同心城	附註		收報處	
發報時刻		等級		收報時刻	
收報號數		字數	51	廿七年七月[illegible]日下午[illegible]時10分收	

主席鈞鑒冬江兩電均奉悉七七抗戰紀念週年即會同黨部擴大舉行西北宣傳團到縣時極力協助保護謹電奉覆職武維洲叩支卯

（曾）

灵武县县长孙俭关于举行「七七」抗战建国并追悼阵亡将士大会情形致马鸿逵的电（一九三八年七月七日）

摘由

省秘第 41 號

來電機關	事由	指示辦法
灵武孫縣長虞電	復江電報告開七七紀念会情形由	存
收到日時	備考	
民國廿七年七月八日上午七時		

省府秘書處呈

詳

發報處		附註		收報處	
發報時刻		等級		收報時刻	
收報號數		字數	17X	卅七年 七月八日 時 分收	

鑒飭擴七并將廣奉同駐閩代立手製衣份民日在大

鈞悉部七國亡以因協城機派成着剆多告虞（七日）時前

馬奉党行建陣会等即縣各各人会籌語發於八门

席電同举战悼大傳導部及校一備行標印書午府

主江協大抗追士宣此党軍學表籌進定并仏上縣

1881

1224

5232

寧夏省政府收電紙

發報處		附註	收報處	
發報時刻		等級	收報時刻	
收報號數		字數	年 月 日 時 分收	

到校長二戰師部東演動時散烈戰

会學田共田馬党梁講為二號熱報叩

開闵保軍人五蛟員繼頗十口形電虞（七日）

場机衆駐餘卅騰派相众至呼情此儉

操各民暨千與長特誠聽容高会謹孫

中卫县县长王毓瑞关于举行「七七」纪念并追悼阵亡将士大会情形致马鸿逵的电（一九三八年七月七日）

摘由

省秘第廿號

來電機關	中衛王縣長陽電
事由	報告舉行七七紀念情形
收到日時	民國廿七年七月九日上午九時
備考	
指示辦法	存

省府秘書處呈

譯

寧夏省政府收電紙

發報處	中[illegible]	附註			收報處	
發報時刻		等級			收報時刻	
收報號數	[illegible]	字數	104	卅年七月九日 時 廿分收		

鑒令七追士與辦七高念祭家人員会烈在申抗士

鈞飭行并將即籌月城紀公民餘務人熱日街立將

馬電舉念亡導関七本行及大千公餘形是否行亡

席冬大紀陣因機於在舉会到兩隊千甚於城亭陣

主奉擴七悼等各業日庙大禮約軍一場并本明日

609

寧夏省政府收電紙

發報處		附註			收報處	
發報時刻		等級			收報時刻	
收報號數	00047	字數		年 月 日 時 分		

後亦人舉会稟王 印

会禮動電大合戢陽（七日）

碑幕穆遵念理核叩

念揭尽有紀形鑾瑞

紀行至所行情請毓

宁朔县县长哈尔玉关于举行「七七」纪念会情形致马鸿逵的电（一九三八年七月七日）

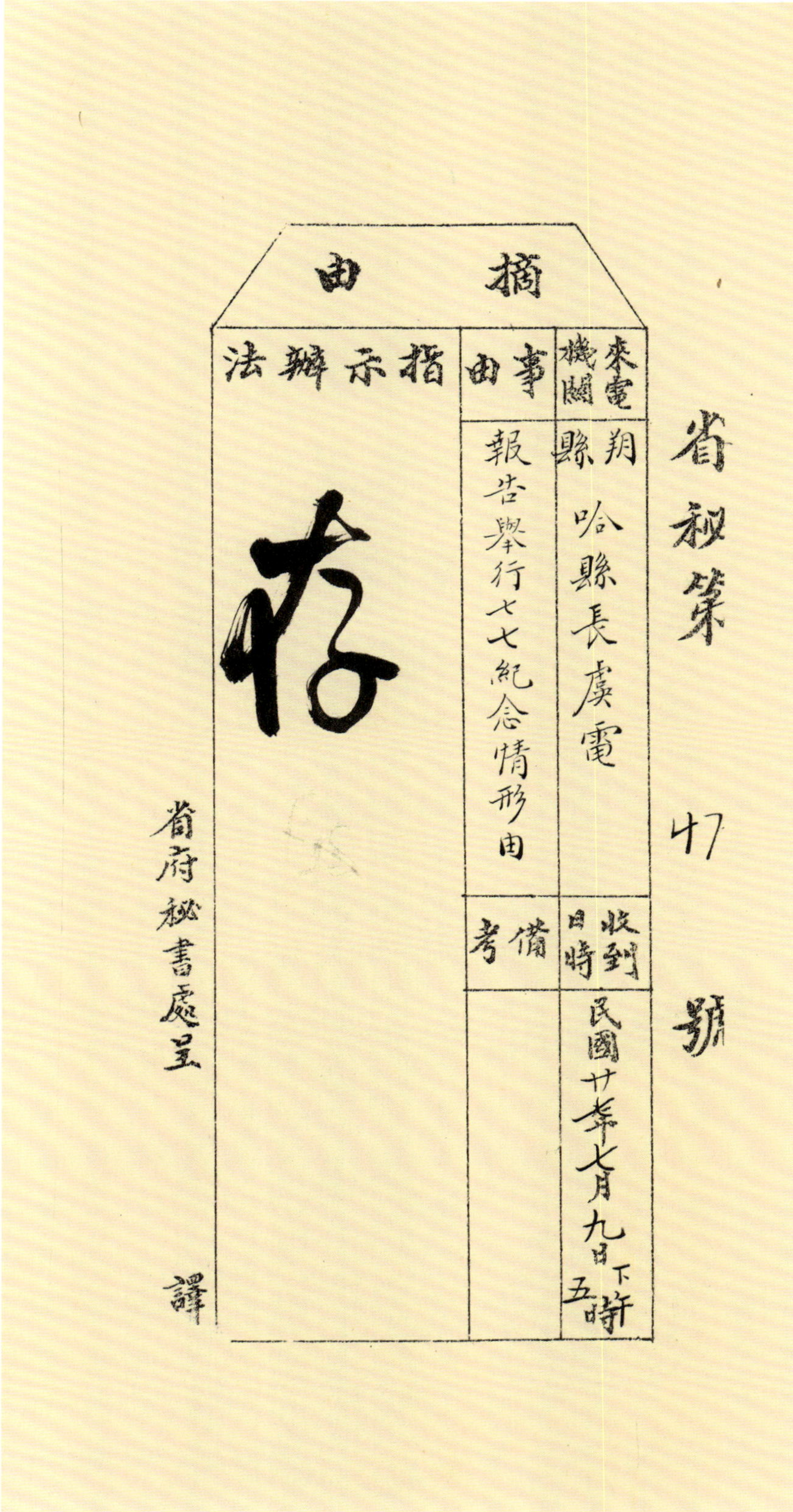

省秘第 廿 號

摘由

來電機關	事由	指示辦法
朔縣 哈縣長虞電	報告舉行七七紀念情形由	存

收到日時	備考
民國廿七年七月九日下五時	

省府秘書處呈

譯

寧夏省政府收電紙

發報處	勤	附註		收報處	
發報時刻		等級		收報時刻	
收報號數		字數	64	廿七年七月九日下午時卅分收	

主	席	馬	鈞	鑒
七	七	纪	念	日
除	令	各	區	大
舉	行	外	本	府
及	第	一	區	聯
合	當	地	軍	警
黨	民	众	各	機
関	在	本	日	上
午	九	時	在	王
洪	大	操	場	擴
大	舉	行	—	謹
電	奉	聞	戝	哈
玉	叩	虞（七日）	印	

第十七集团军总司令部政治部关于在省政府大礼堂表演抗战歌剧致宁夏省抗敌后援会的函（一九四一年一月二十六日）

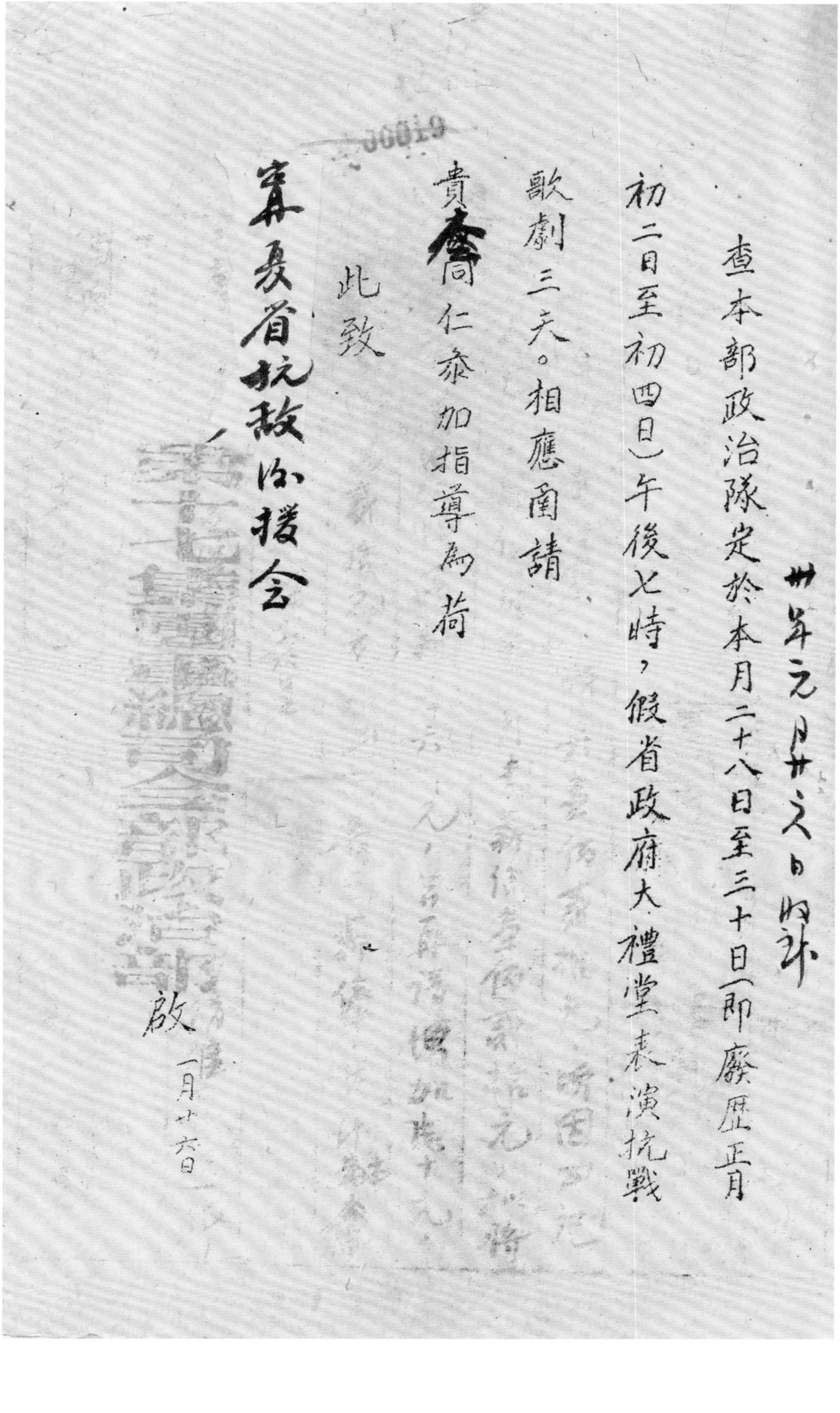

卅年元月廿六日收訖

查本部政治隊定於本月二十八日至三十日（即廢歷正月初二日至初四日）午後七時，假省政府大禮堂表演抗戰歌劇三天。相應函請

貴會仝仁參加指導為荷

此致

寧夏省抗敵後援會

第十七集團軍總司令部政治部 啟

一月廿六日

马鸿逵关于宁夏省严令取缔收听敌方广播等情致蒋介石的电（一九四一年七月一日）

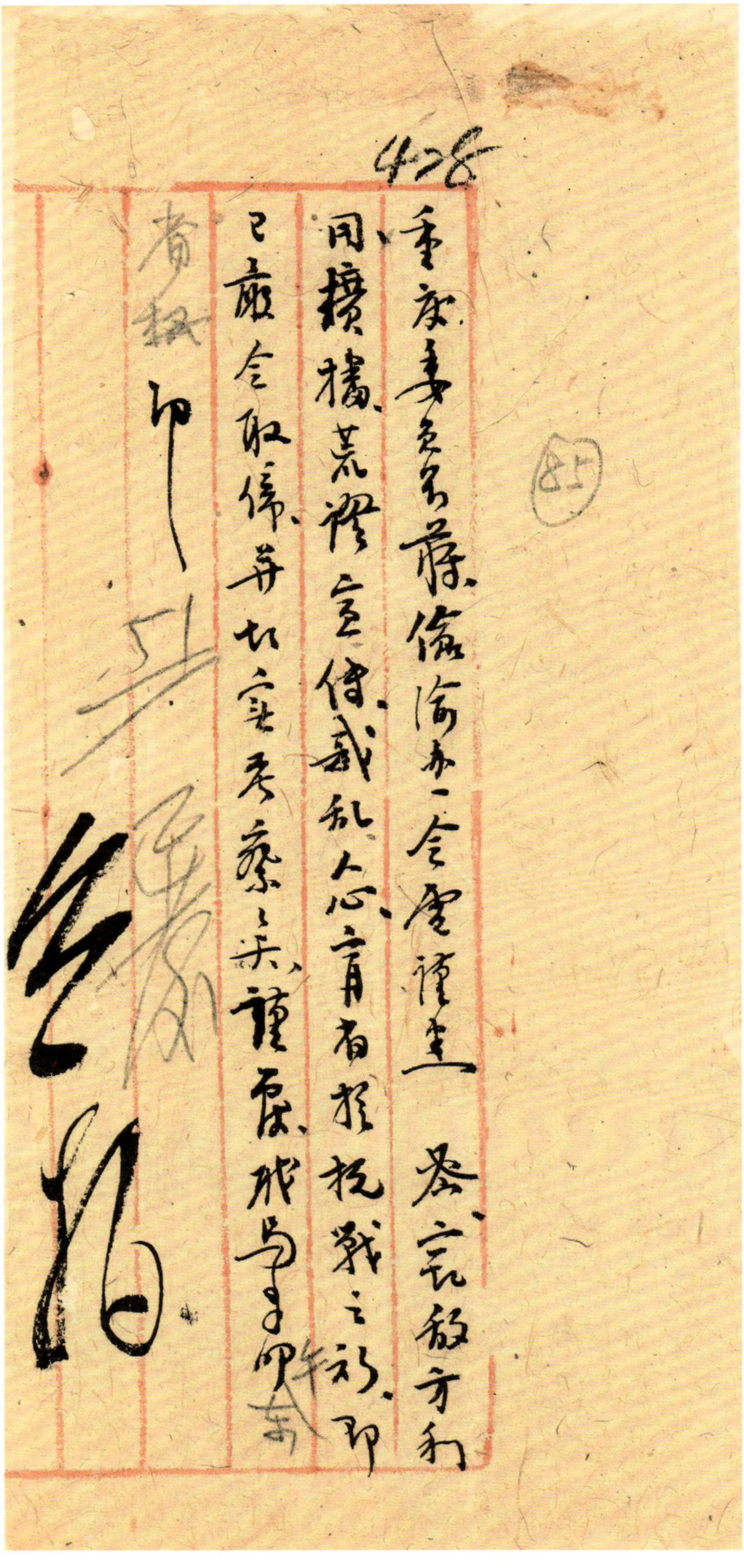
重庆委员长蒋：侍秘渝亥一令电谨悉。查敌方利
用广播荒谬宣传，惑乱人心，有害抗战之[illegible]，即
已严令取缔，并切实考察之矣。谨复。职马鸿逵午东印

宁夏省政府抄发国民参政会建议设法收服沦陷区民心及分化伪军力量建设案的训令（一九四一年七月九日）

◎准內政部檢發國參會第二屆第一次大會建議設法收服淪陷區民心及分化僞軍力量建設案請查照注意等由令仰知照由。

寧夏省政府訓令　祕一字第五八二號　民國三十年七月九日發

令各機關

案准

內政部本年五月二十七日渝警字第一二三零八號咨開：

「案奉行政院三十年五月六日勇[illegible]字第七一四二號訓令開：「國民參政會第二屆第一次大會建議設法收服淪陷區民心及分化僞軍力量案經奉國防最高委員會第五十六次常務會議決議交軍事委員會行政院注意除分令軍政部及函達軍事委員會外合行檢發原建議案令仰注意等因計檢發原建議案一件奉此除分行外相應抄同原建議案咨請查照注意並轉行知照爲荷」

等由；附抄送原建議案一件，准此。除分令外，合行抄發原健議案令仰知照，并轉飭所屬一體知照，此令。

附抄發原建議案一件。

主席馬鴻逵

提議設法收服淪陷區民心及分化偽軍力量案（提案第六十五號）

黃參政員範一等二十七人提

查政治重於軍事爭取民衆以增厚抗建力量經　中樞鄭重宣示後方民衆如壯丁踴躍應徵兵役民衆實行國民公約及破路拆橋軍事運輸建築防禦工事等積極或消極的幫助均著成效且充滿愛國思想共負完成禦侮復興之使命至淪陷區內之民衆亦即我平時熱心愛國之民衆其受敵軍壓迫及漢奸誘惑處境至苦而喪心病狂認賊作父之偽軍又至堪痛恨被迫民衆固早知敵軍之殘暴邇來各地偽軍亦不少反正足見淪陷區民衆及偽軍未嘗不可利用若任其處於被動地位不如因勢利導指示其歸順途徑以釜底抽薪之法粉碎敵人以華制華以戰養戰之毒計第淪陷區內交通梗塞消息隔絕加以受奴化教育及宣傳所矇蔽我方意旨未宣達此種工作亟宜秘密派隊深入宣傳其職務自應由游擊隊担任游擊隊亦須一改從前之積習多派有用之青年參加於破壞敵方秩序之外多與淪陷區民衆聯絡曉以順逆之道使之奮發游說偽軍使全隊或各個歸順並擬定宣傳方針俾有遵守規定民衆帮助殺敵及偽軍反正獎勵簡則以資激勸敵軍力量已屬强弩之末倘得淪陷區民衆投袂奮興偽軍翻然來歸敵人崩潰自可計日以待也是否有當敬請公決

宁夏省政府关于取缔收听敌伪播音的训令（一九四一年七月十七日）

◎奉委座電飭所屬治安機關嚴加取締收聽敵僞播音等因令仰遵辦具報由。

寧夏省政府訓令 秘一字第五六三號 中華民國卅年七月十七日發

令 保安處省會警察局
各縣政府

案奉

委員長蔣本年六月卅日儉渝辦一會電開：

「查戰時禁止人民收聽敵人廣播本係通例據報近來民間以及各機關各銀行往往私自收聽敵人播音并隨即任意口頭傳說散布無異爲敵僞作反宣傳對於國民心理影響甚大爾後除由政府指定機關收聽敵僞播音外其餘無論公私團體或人民均應嚴加取締以杜流弊仰即轉飭所屬治安機關切實遵照辦理爲要」

等因；奉此。查禁止人民收聽敵僞廣播，前奉行政院電令迭經飭遵在案。奉電前因，自應遵照，除分令外，合行令仰遵照切實取締，並轉飭所屬遵照辦理具報，爲要！此令。

主席馬鴻逵

宁夏省政府抄发内政部关于恢复各省原有区域联合名称以粉碎日军阴谋案的训令（一九四一年十月二十七日）

◉准內政部咨以奉交八中全會樂委員提請恢復各省原有區域聯合名稱以粉碎敵偽陰謀一案經擬定辦法咨請查照等由令仰知照由

寧夏省政府訓令 秘一字第八五四號 中華民國卅年十月廿七日發

令各機關

案奉

(390)

內政部本年八月十一日渝民字三一八三號咨開：

「案查前奉　行政院三十年五月八日勇一字第七〇五七號訓令關於第五屆中央執行委員會第八次全體會議樂委員景濤等提請恢復各省原有之區域聯合名稱以粉碎敵僞陰謀一案決議交宣傳部內政部教育部會同擬辦抄發原提案飭遵辦等因奉此查此案已由中央宣傳部召集教育部及本部派員會商決定辦法四項「一，固有區域聯合名稱事實上已許可採用不必明令規定二、華北華南華中等名稱禁止引用但如東部諸省南方各省西南各省等皆可引用三、滿洲內外蒙古東蒙西蒙滿蒙等名稱禁止引用滿洲可改用東三省蒙古西藏則單稱蒙古西藏四、其他凡爲敵人分化我侮辱我所用之名稱一律禁止引用」紀錄在卷並經本部於三十年六月二十六日以渝民字第二六四六號呈請　行政院核示在案茲奉　行政院三十年七月九日勇一字第一零七九六號指令內開：「呈悉准如所擬辦理此令」等因奉此相應檢同原提案一份咨請查照辦理」

等由：附抄送原提案一份准此除分令外合行抄發原件令仰知照并飭屬一體知照。此令。

附抄發原提案一份。

主席馬鴻逵

請恢復本省原有之區域聯合名稱以紛碎敵僞陰謀案（提案第五十六號）　樂委員景濤等十四人提

說明：

我國各省及各地原有自身省名及地方名稱外省與省或地方與地方尚有其區域聯合名稱如遼吉黑熱察綏冀魯豫及甘甯靑等等此種名稱數百年來相沿爲習非特聞之簡明稱之便利即是事實上亦因其民情風俗有相互類同之性質政治地理有相互聯繫之關係前淸此，民國亦如然惟自瀋陽砲聲毒氣彌漫白山被污黑水蒙難日寇爲遂其分化陰謀侵略野心計乃將東三省混稱「東四省」「內蒙古謬稱「東蒙」「西蒙」更將整個中國妄劃爲「華北」「華中」「華西」三部份而我一般人士不查此情近亦往往引用該項名稱如「遼吉黑熱」四字即爲最明顯之一例此不僅資敵宣傳侵略之口實更無異承認日寇分化爲正確長此以往影響於國家歷史地理及政治各方者至大且巨應請政府通令恢復各省及各地方原有之區域聯合名稱並嚴禁國人引用敵僞捏造之謬稱謂以粉碎日寇分化侵略之陰謀而更正世界盲從妄和之觀聽是否有當敬請公決

宁夏省政府抄发行政院关于修正「策动伪军反正办法」的训令（一九四二年一月二十四日）

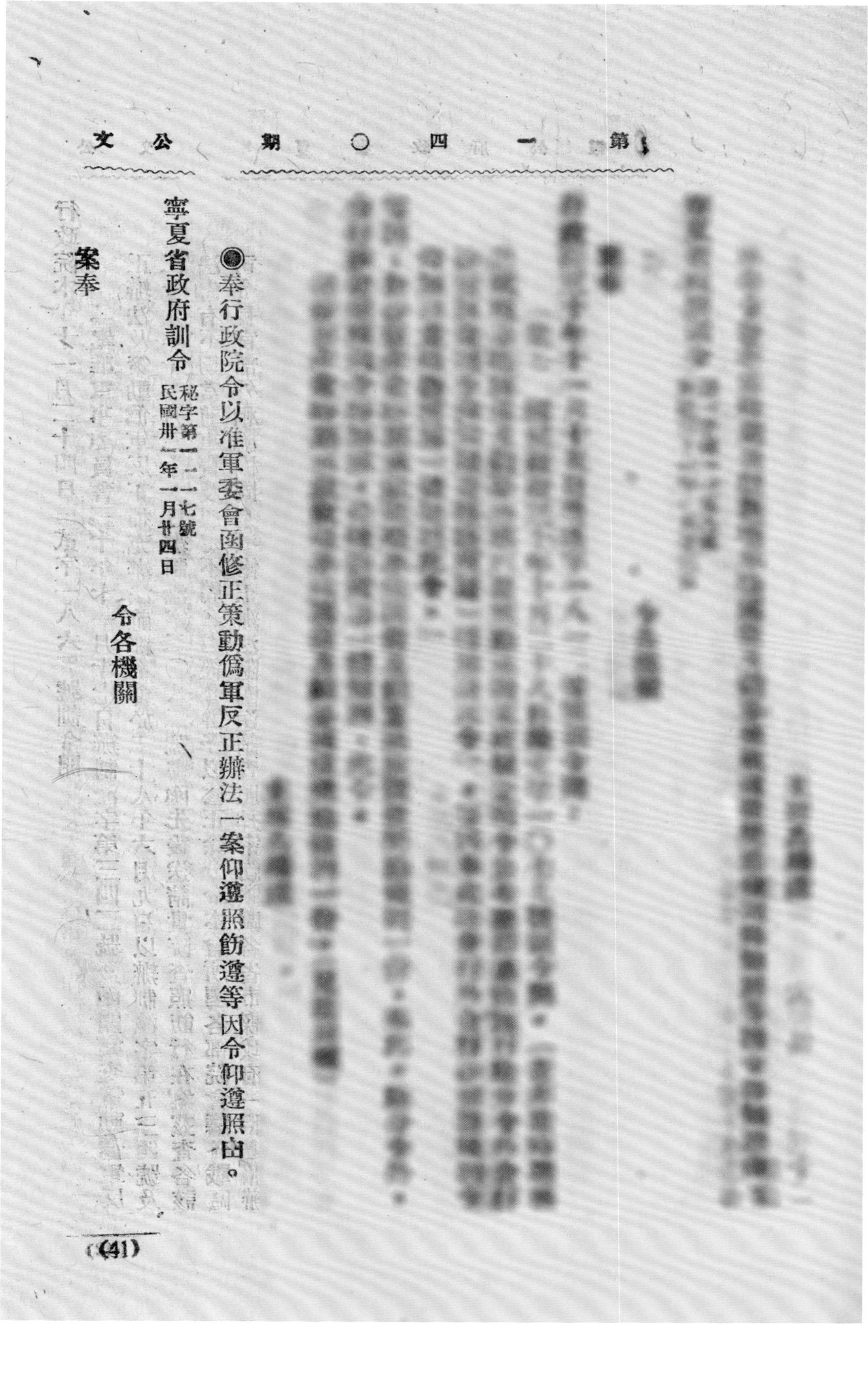

◉奉行政院令以准軍委會函修正策動僞軍反正辦法一案仰遵照飭遵等因令仰遵照由。

寧夏省政府訓令 秘字第一一一七號 民國卅一年一月廿四日

令各機關

案奉

行政院本年十一月二十四日勇貳字一八六五號訓令開：

「案准軍事委員會三十年十一月十七日辦制渝字第三四三號密函開：案查策動偽軍反正辦法及策動偽軍反正補充辦法，前經本會於二十八年六月九日以辦制渝字第五三四號及二十九年十一月二十六日辦制渝字二〇八二號密函先後送請貴院查照飭行在案。茲查各該法尚有不切當前事實及規定不周之處，經合併予以修正，除分令本會所屬各部院會廳各戰區司令長官部外，相應檢同是項修正辦法，隨函送請查照，并密飭所屬一體遵照。等由。准此，除分令外，合行抄發原件，令仰遵照，并密飭所屬一體遵照。」

等因？附抄發修正策動偽軍反正辦法一份，奉此。自應遵辦，除分令外，合行抄發原件，令仰遵照，并轉飭各縣政府遵照？此令。

附抄發修正策動偽軍反正辦法一份。（見法規欄）

主席馬鴻逵

◉奉院令：為奉令關於「九一八」及「七七」兩紀念日及紀念辦法令仰知照并飭屬知照等因令仰知照并飭屬知照由

寧夏省政府訓令 祕三字第二五三五號 民國卅一年十二月十四日發

令各機關

奉

行政院本年十一月七日順考字第二二四七二號訓令開：

「奉國民政府三十一年十月三十一日渝文字第九八五號訓令開：據本府文官處簽呈稱：准中央執行委員會秘書處三十一年十月二十七日渝(31)機字第一六六五七號公函開查各項紀念日日期及紀念辦法一案前經中央第二零四次常會通過制定國定紀念日及革命紀念日日期表各一份分別規定紀念辦法經以渝世機字第一〇七五號函達在案關於「九一八」及「七七」兩紀念日原未列入國定紀念日之內惟有在此抗戰期間為激勵國民抗敵精神以符明恥教戰之義上開兩紀念日仍有舉行紀念必要茲經中央第二一三次常會決議在抗戰期間「九一八」「七七」仍由各地黨政軍警機關團體學校分別集會紀念並由各地高級黨部召開聯合紀念大會慰問陣亡及出征將士家屬與榮譽軍人全國一律懸旗不放假在案除由會

遵令各地黨部外相應函達即希查照轉陳通飭遵辦等由理合簽請鑒核等情據此自應照辦除飭復並分令外合行令仰遵照並轉飭所屬遵照此令等因奉此除分令外合行令仰遵照並飭屬遵照」。

等因，奉此。除分令外，合行令仰知照，并轉飭所屬一體知照。

此令。

主席馬鴻逵

八、优抚抗战军人及其家属

宁夏省政府驻包头办事处处长哈尔玉关于慰劳绥东将士等情致马鸿逵的密电（一九三七年一月二日）

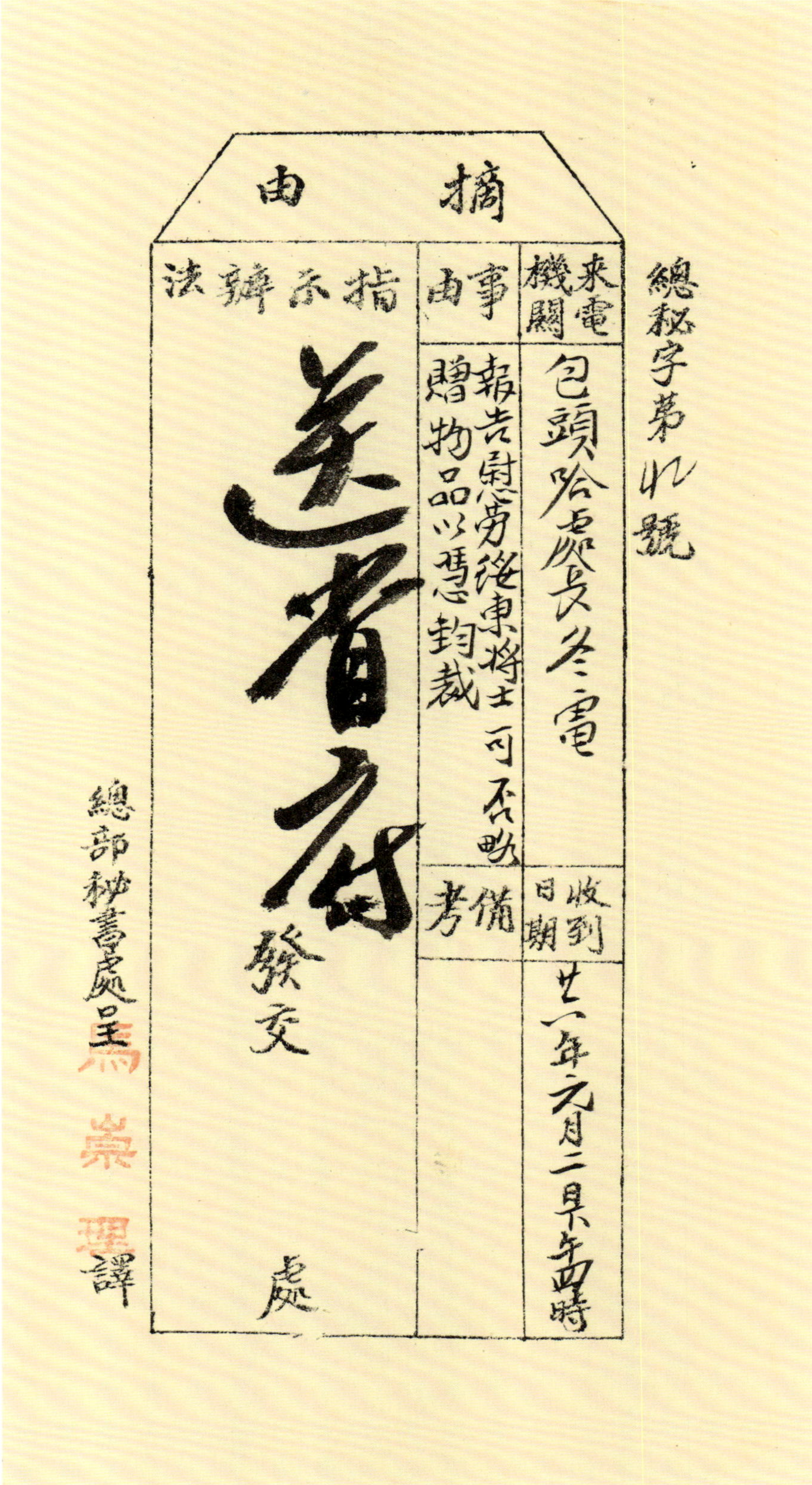
摘由

總秘字第九號

來電機關	包頭哈處長冬電
事由	報告慰勞綏東將士可否略贈物品以憑恩鈞裁
收到日期	廿六年元月二日午四時
備考	
指示辦法	送省府發交　處

總部秘書處呈

馬崇理譯

144

無線電報　　電　收　紙　　本台號數

國民革命軍第十五路軍總指揮部無線電管理處第二台

由	Bao tow	附註	
原來號數	14	等級	字數　65
發報台	W99	日期	時間　16 1250
收報員			

鈞東以款有派勞毗贈情及戚帀

馬綏生捐分有慰綏晚款良裁冬

席嵩嶷方且多物寧居以見鈞王

主包況分勞丞攜士可品管憑尔

鉴战还慰当員將犒物感以哈

（一九 百 月）

马鸿逵关于购买物品慰劳绥东将士致参议李舜五、哈尔玉的两电（一九三七年一月八日）

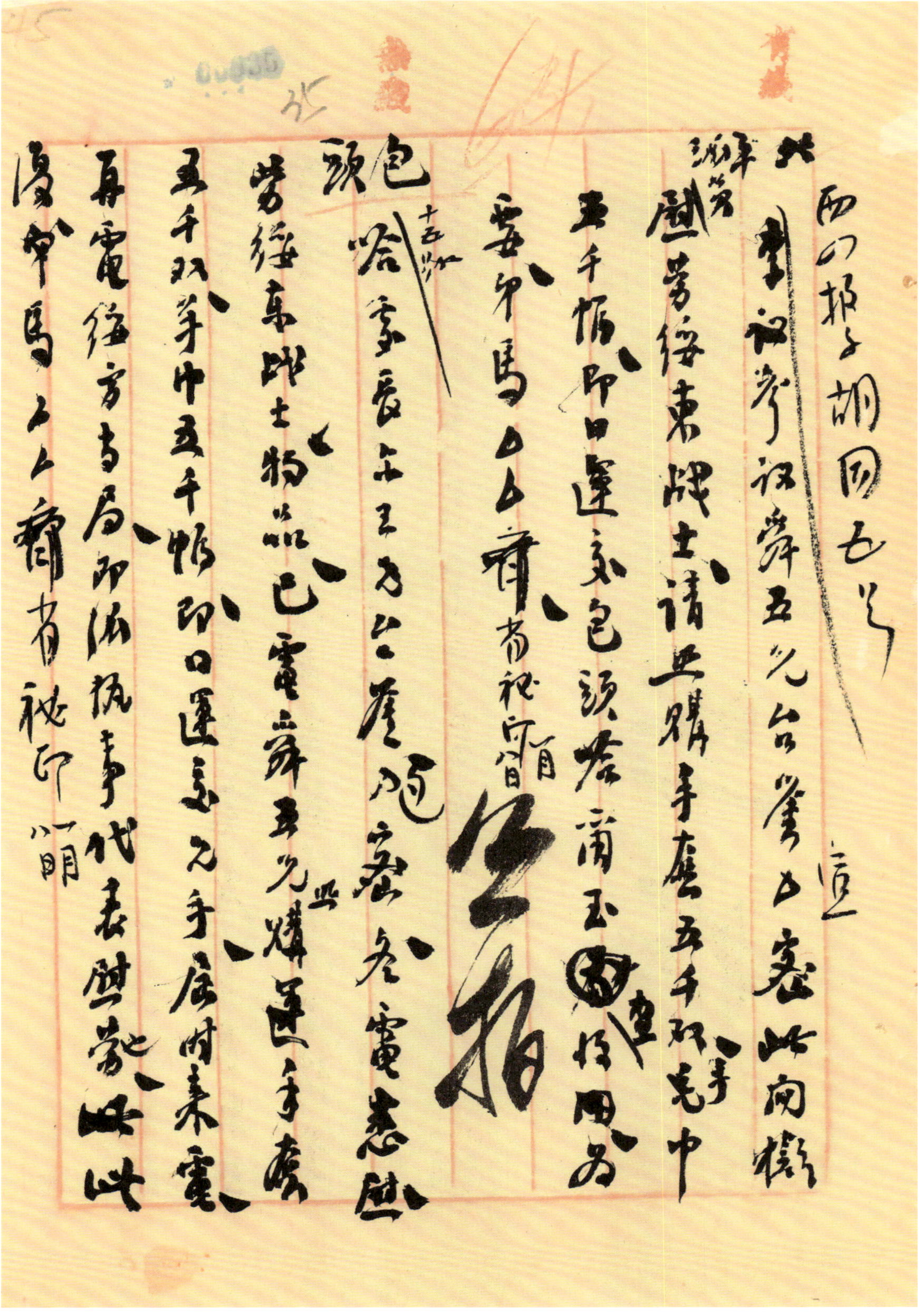

马鸿逵关于李舜五已将慰劳物品买妥送往包头致哈尔玉的密电（一九三七年一月二十六日）

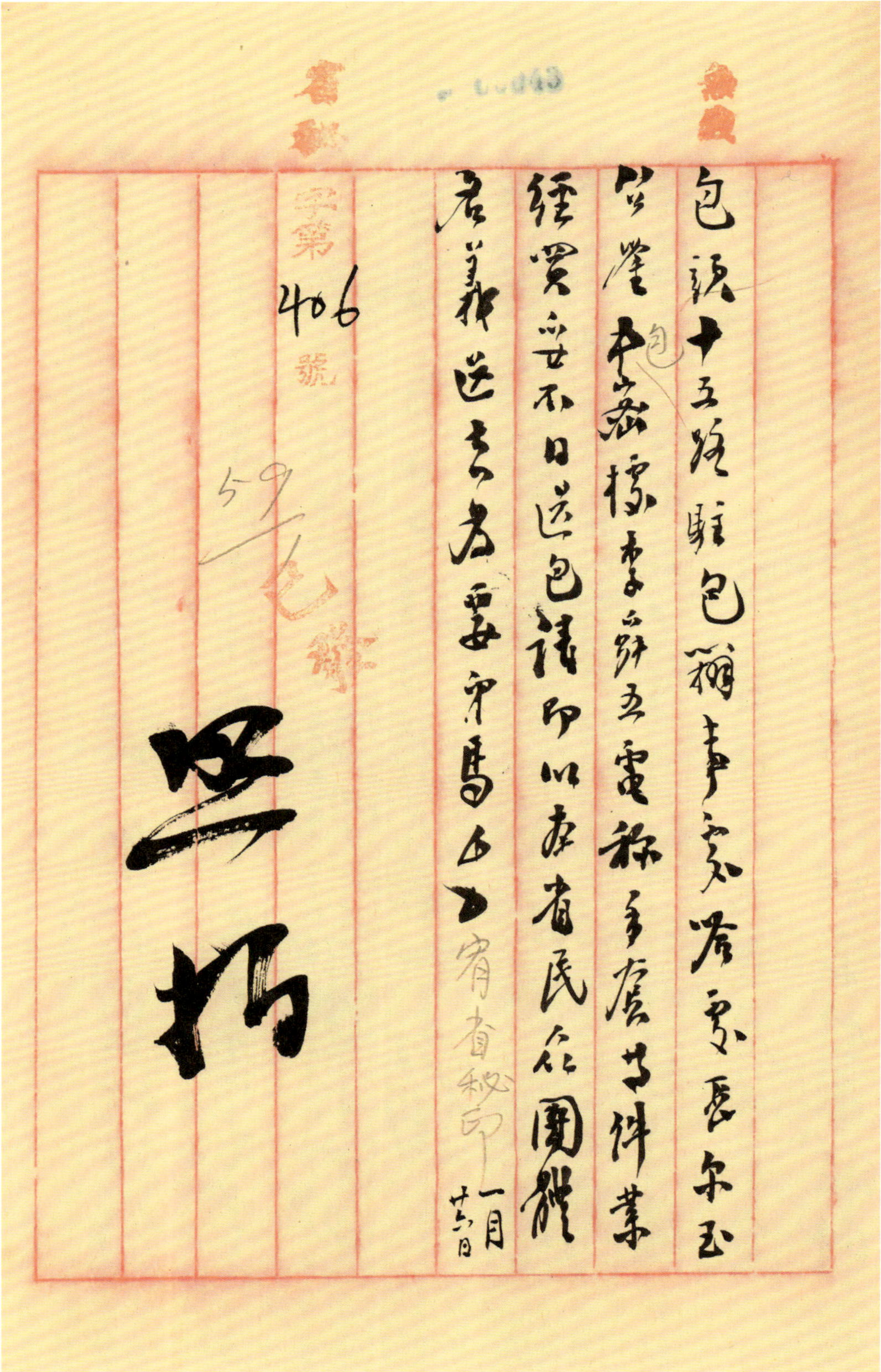

字第406號

包頭十五路駐包辦事處曾處長爾玉覽：李參謀李舜五電稱，各慰勞物品業經買妥，不日送包，請即以本省民眾團體名義送去為要。宥

一月廿六日

照拍

汤恩伯致宁夏各界抗日后援会的电（一九三七年十月一日）

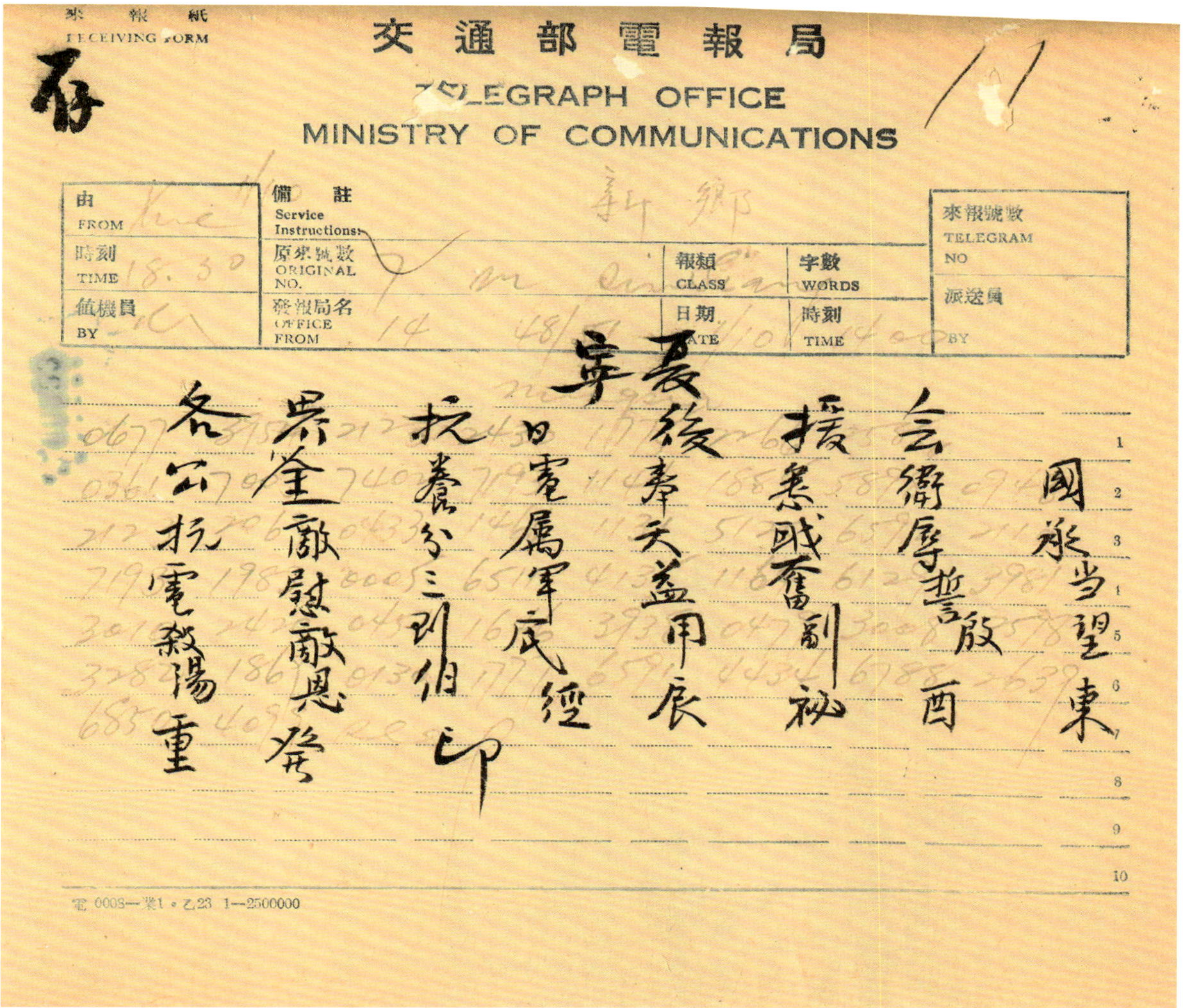
來報紙 RECEIVING FORM

存

交通部電報局

TELEGRAPH OFFICE

MINISTRY OF COMMUNICATIONS

由 FROM	備註 Service Instructions			來報號數 TELEGRAM NO
時刻 TIME 18.30	原來號數 ORIGINAL NO.	報類 CLASS	字數 WORDS	派送員 BY
值機員 BY	發報局名 OFFICE FROM 新鄉	日期 DATE	時刻 TIME	

寧夏

各界抗日後援會

公鑒養電奉悉衛國

抗敵分屬天職辱荷

電慰三軍益奮誓當

殺敵則民用副殷望

湯恩伯經辰秘酉東

重發印

電 0008—業1。乙23 1—2500000

磴口县县长石生琦关于拟请拨款慰劳伤兵致宁夏抗日后援会的电（一九三八年五月八日）

省秘第264號

摘由

來電機關	磴口石縣長齊電
事由	擬請鈞会撥款慰勞傷兵由
收到日時	民國廿七年五月十日上午七時
備考	
指示辦法	每人捌元撥付

省府秘書處呈

譯

寧夏省政府收電紙

發報處	[redacted]		附註	收報處	寧夏省
發報時刻	矿口	等級		收報時刻	
收報號數		字數	156	廿七年五月九日下一時　分收	

寧夏抗日後援会

縣内之不人次傷府机募購別外前傷一同創覺募本院来兵餘再矿本各勸後分勞近頁兵人受实再查医送官百次到經向體先品慰最来官餘彈狀歆鑒兵方傷二首次業近園歎物予其送部百流慘然鈞傷前頁下除三兵就閡捐得已亟綫門二靚之惻

寧夏省政府收電紙

發報處		附註	收報處
發報時刻		等級	收報時刻
收報號數		字數	年 月 日 時 分收

勞苦擬予元有慰表處戢齐（八日）
慰艱紩准于應作之之遵叩
欵市力会若方而勵否示琦
捐矿餘鈞欵後務鼓可電生
集奈心請撥盡任勞示祈石印

石生琦关于请求赠发慰劳物品致马鸿逵的电（一九三八年五月九日）

省秘第263號

摘由

來電機關	磴口石縣長佳電
事由	報告傷兵抵矴祈飭抗日後援會贈發慰勞物品由
收到日時	民國廿七年五月九日一二
備考	
指示辦法	存

省府秘書處呈

寧夏省政府收電紙

發報處	67口	附註	收報處	
發報時刻		等級	收報時刻	
收報號數		字數 79	七年三月九日 時 分收	

主席馬鈞鑒齊電計已轉呈核閱查本縣傷兵醫院現由五原共到傷兵一百三十人閱在連運傷兵一百餘尚未抵磴曾大電話詢及謹此電稟祈飭抗日後援會贈發慰勞物品以資鼓勵為禱眈石生琦叩佳印（九日）

马鸿逵关于抗日后援会派人慰劳磴口伤兵事致石生琦的电（一九三八年五月十一日）

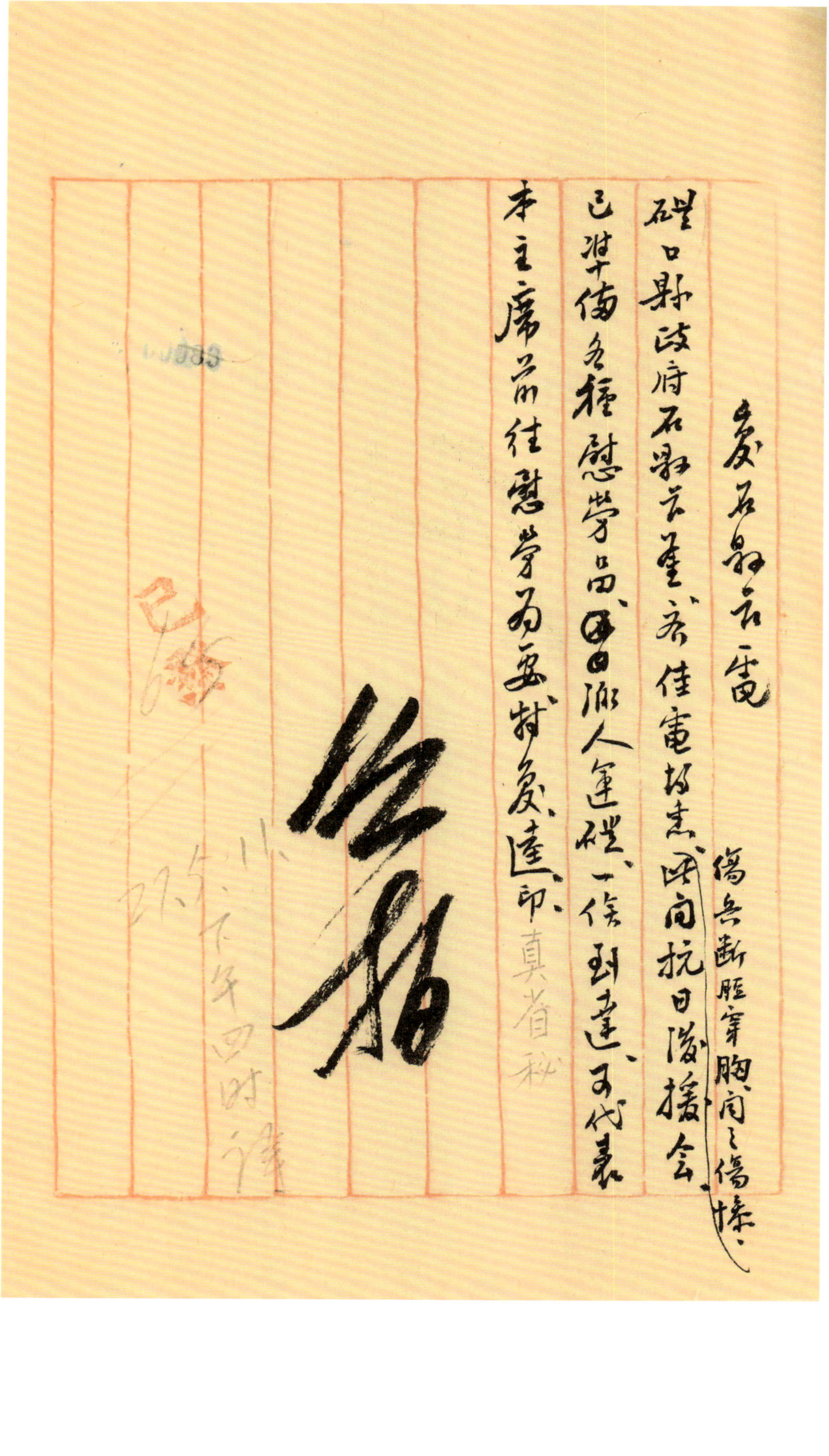

发石县长一电

磴口县政府石县长鉴：佳电悉，伤兵断腿穿胸，闻之伤悚，闻向抗日后援会已准备各种慰劳品，即日派人运磴，一俟到达，可代表本主席前往慰劳为要。马鸿逵印。真省秘

石生琦关于慰劳磴口伤兵情形致马鸿逵的电（一九三八年六月十日）

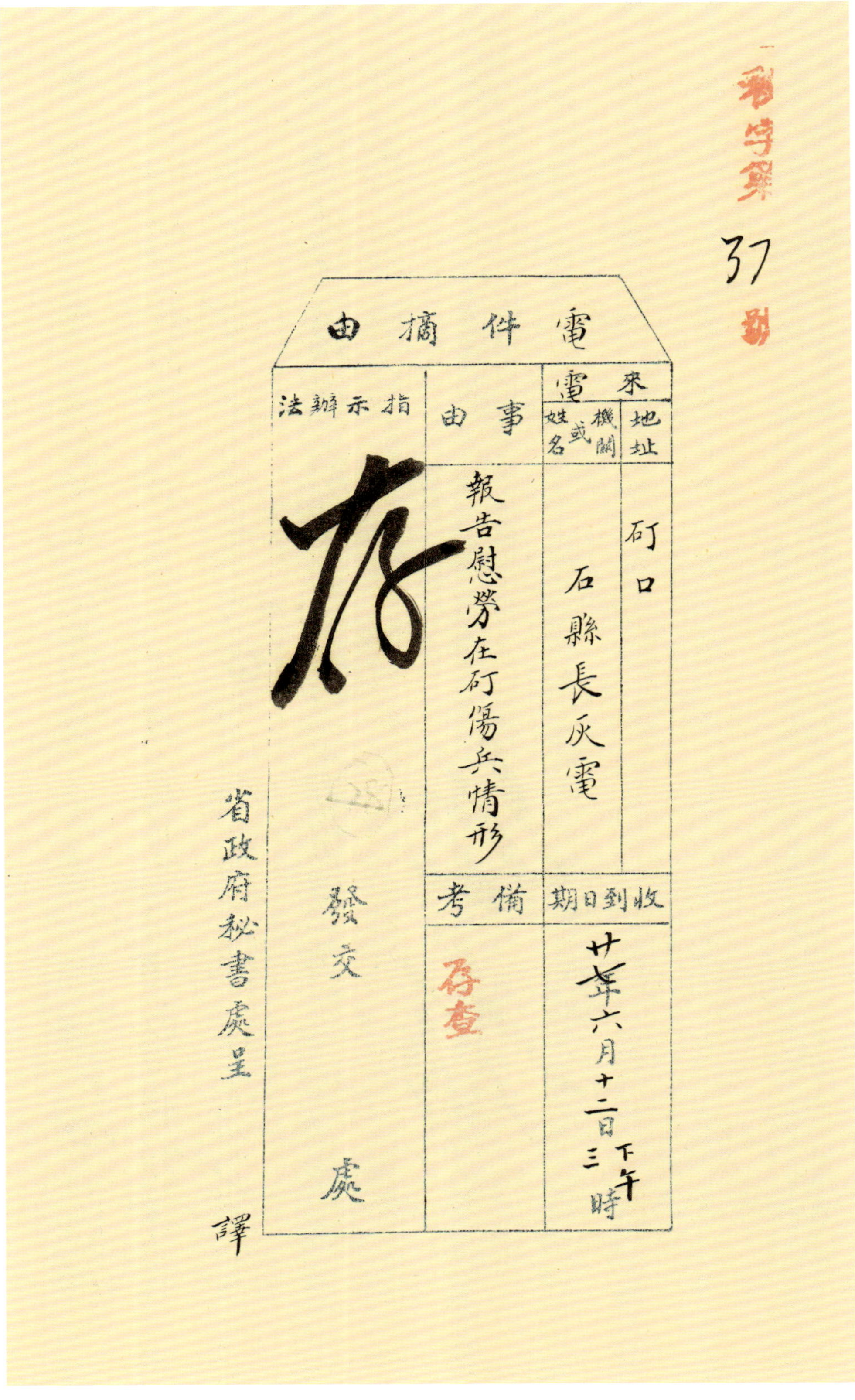

字第 37 號

電件摘由

來電 地址	來電 機關或姓名	事由	指示辦法
磴口	石縣長灰電	報告慰勞在磴傷兵情形	存

收到日期	備考
廿七年六月十二日下午三時	存查

省政府秘書處呈

發交　　處

譯

寧夏省電報紙

發報處	3J12	附註		收報處	
發報時刻		等級		收報時刻	
收報號數		字數	115	廿七年六月十二昕二時十分收	

鑒。品種傷發。傷於運及者百當將每佐配表全受莫

鈞勞奶告運批人全七隊一人。導品官數代問。於餘。

馬頭牛糖等二餘始死歸計一日物份。按戢慰兵之

席送巾白書第百日除愈共十今項一份。由一傷勞

主前毛褂兵因兵佳到。（九日）傷外。七於上人二送。一体領

寧夏省政府收電紙

發報處		附註		收報處
發報時刻		等級		收報時刻
收報號數		字數		年 月 日 時 分

0028	不	1949	感	0520	動	3199	涕	4190	泣
0681	同	5116	聲	5268	致	6200	謝	5125	戚
2258	石	3933	生	3853	琦	3500	灰（十日）	0661	叩

蒋介石关于抗战建国纪念日、国民革命军北伐誓师纪念日举行公祭活动致马鸿逵的电（一九三八年六月二十八日）

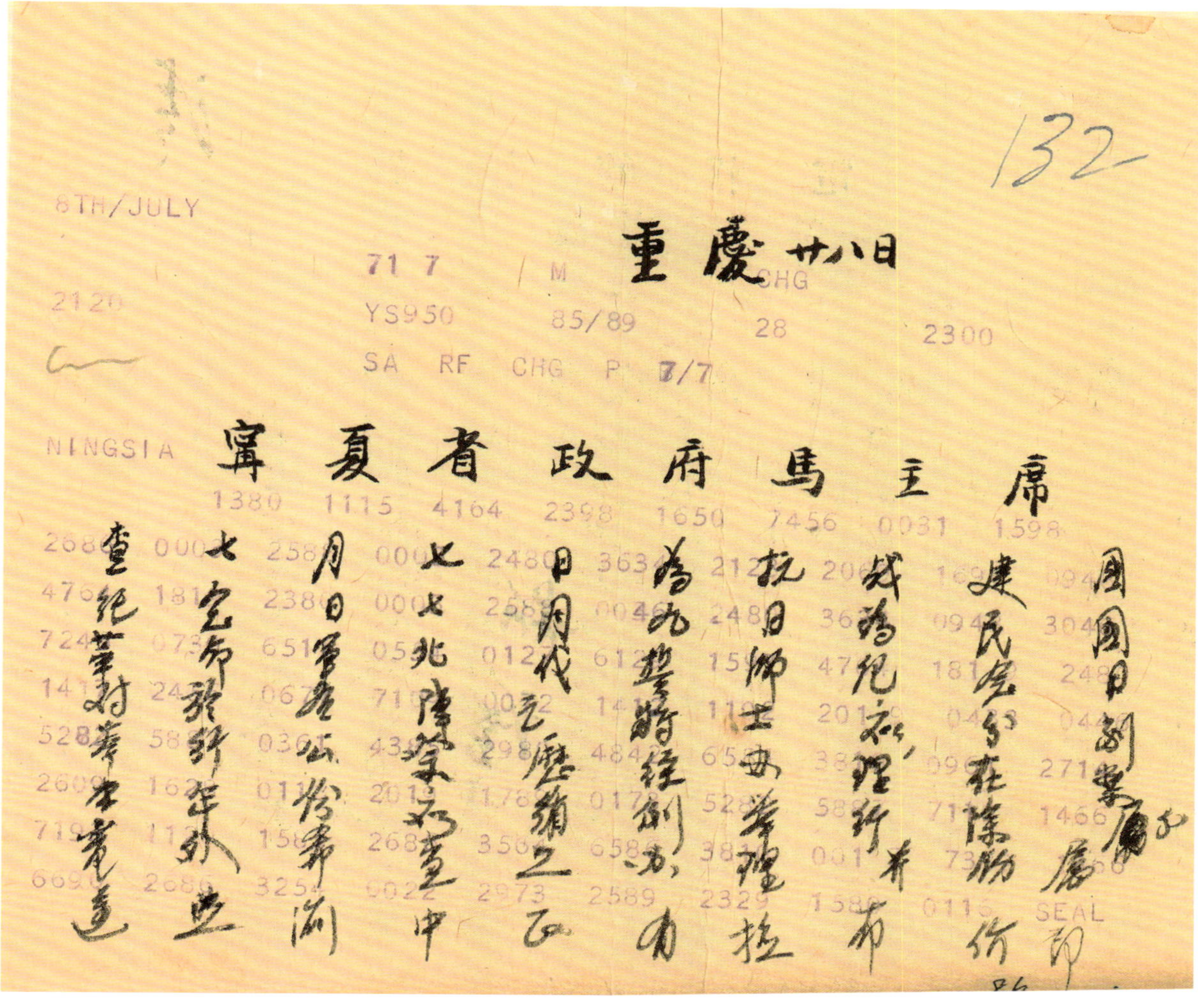

行政院通饬全国于七月七日追悼全体阵亡将士及死难同胞事致宁夏省政府电（一九三八年七月三日）

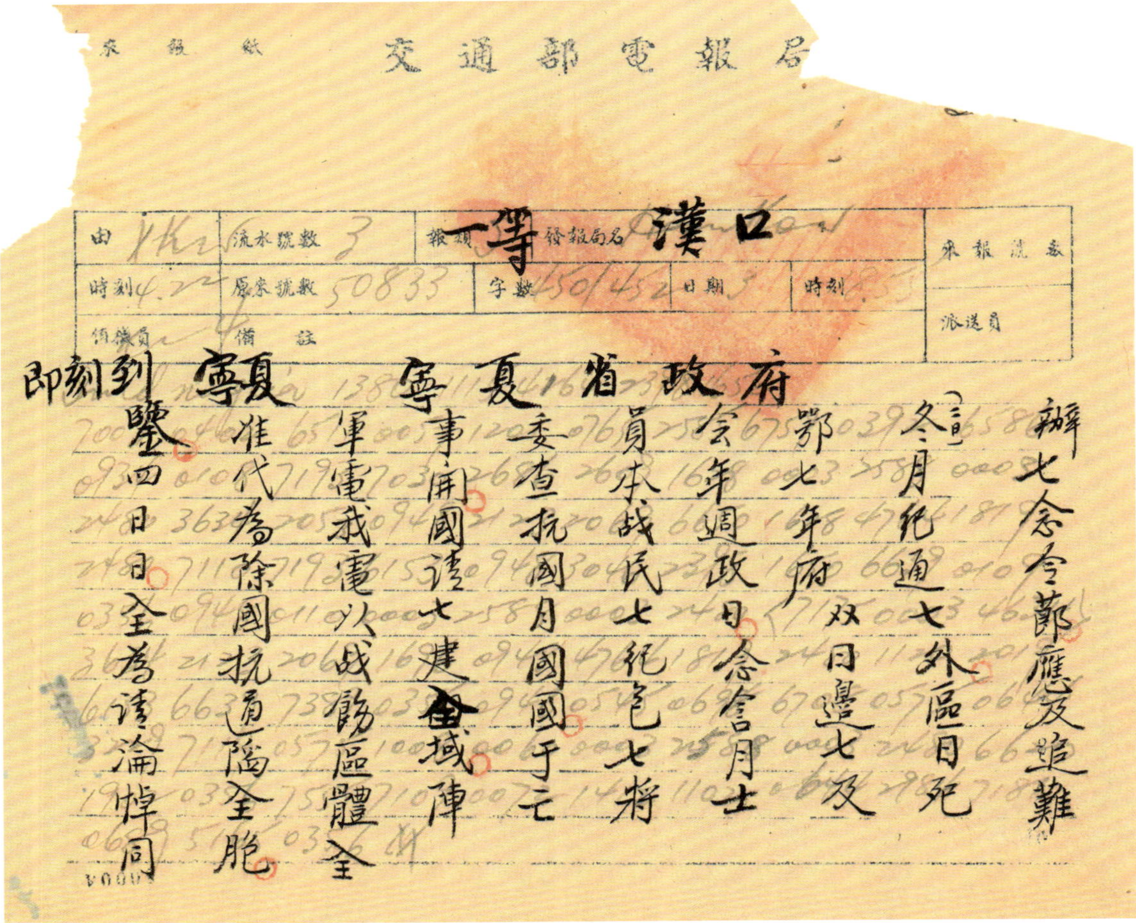
来报纸　交通部電報局

由 漢口	流水號數 3	報類 一等	發報局名				來報流水
時刻 4.22	原來號數 50833	字數 150	日期 3	時刻			派送員
值機員	備註						

即刻到 寧夏 寧夏省政府

辦

七念令鄭應及追難

[三]冬月紀通七外區日死

鄂七年府双日邊七及

会年週政日念含月士

員本战民七紀念七將

委查抗國月國國于亡

事開國這七建全域陣

軍電裁電以战飭區體全

准代為除國抗通隔全胞

鑒四日日全為這論悼同

交通部電報紙

由	流水號數	報類	發報局名		來報譯畢
時刻	原來號數	字數	日期	時刻	派送員
值機員	備註 3/2nd				

共建反日學國停發教儀
公战士同各全律須基禮
立抗將于閔祭一並道或
設為名位机公哀日佛祷
鎮備無靈各加誌一体祈
縣設之之由參旗食团行
市須亡胞時体半素教舉
省並陣同十園下樂宗等
各塲所難前各民娛各教
國祭國死午校國止動回

來報紙　　交通部電報局

由	流水號數	報類	發報局名			來報號次
時刻	原來號數	字數 324		日期	時刻	派送員
值機員	備註					

各地纪墓双奠外室默經

國當士士于之者內體首路

全適將將須重禮室俯人

時于亡亡祇隆典在悄行

二須陣陣中行加論脫後

十均日日期舉忝無立嗣

午鎮抗抗战先除民肅鐘

正縣立或抗日禮國須令

日市建碑在節典体均母三

同省点念但七基全外念

40002

來報紙

交通部電報局

由	流水號數	報類	發報局名	來報號數
時刻	原來號數	字數	日期 時刻	
值機員	備註			派送員

又并于向之該各除委待
墓敬府慰人電外法務舉
士致政衆軍應駐办僑僑
將帽縣民征相于僉及華
之脫帀鄉出兵閉紀部地
陣須省城及傷至脆交各
或均各動士勞理僑外動
碑時飭發將并办及電發
念地通日亡屬照顧代会
紀基請是陣家查使已員

電0008

來報紙　　交通部電報局

由	流水號數	報類	發報局名			來報號數
時刻	原來號數	字數　3/515		日期	時刻	
值機員	備註					派送員

死照、等所屬
及查除飭江（三日）
士希照轉院
將并查並政
亡外應照行
陣會相遵照
日大此電遵
抗脆准特体
悼同由外一
追難等電屬一
印

7
8
9
10

国民政府文官处关于七月七日举行追悼阵亡将士大会办法致宁夏省政府省党部的电（一九三八年七月三日）

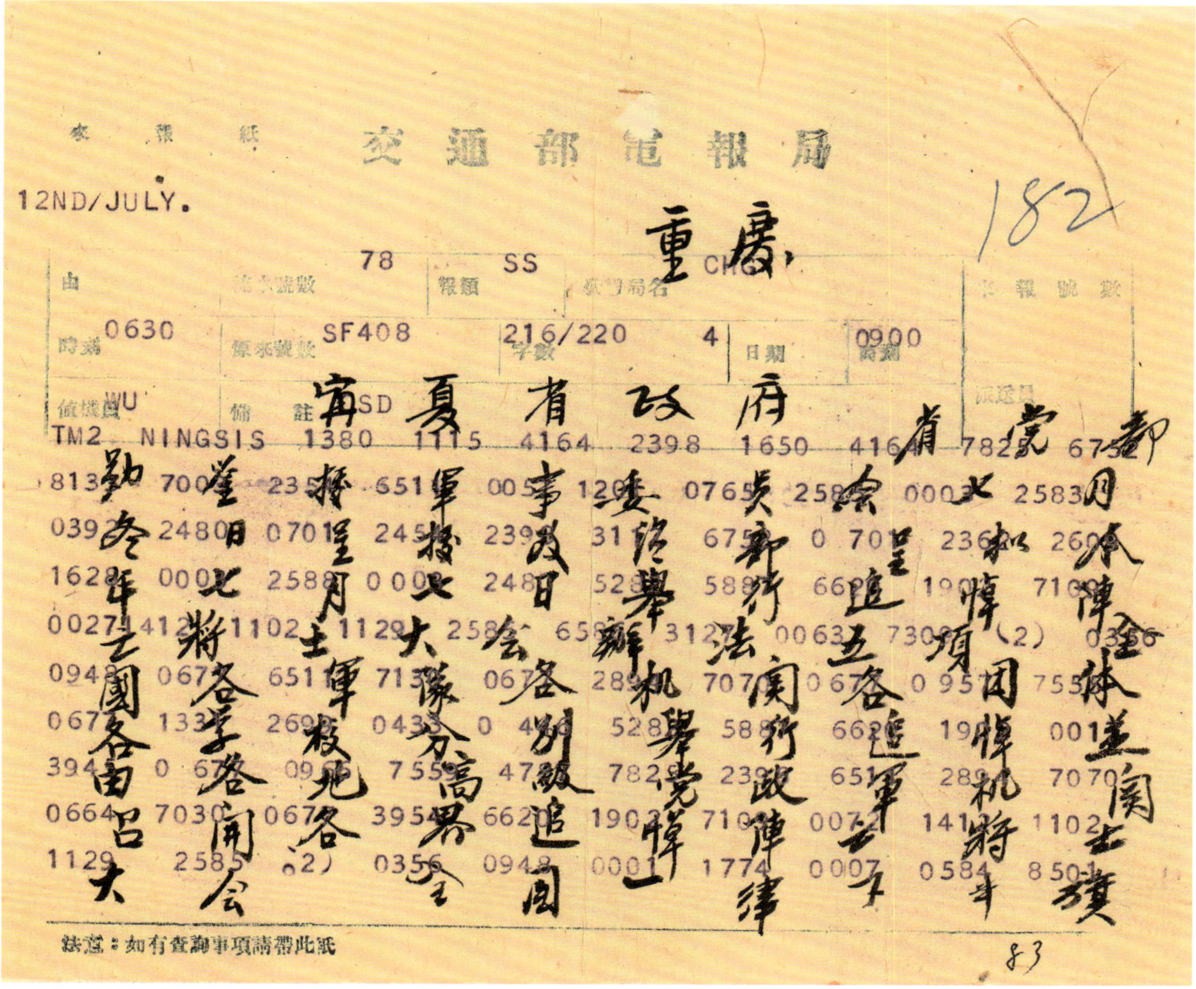

來報紙　交通部電報局

182

12ND/JULY.

重慶

由 78　報類 SS　來報局名 CHG　字報號數

時刻 0630　原來號數 SF408　字數 216/220 4　日期　時刻 0900　派送員

值機員 WU　備註 SD

TM2 NINGSIS

寧夏省政府省党部勳鑒據軍事委員会七月冬日呈称政治部呈拟本年七月七日举行追悼陣亡将士大会辦法五项全国各軍隊各机関各团体各学校分別举行追悼並由各地高級党政軍机関召開各界追悼陣亡将士大会全国一律下半旗

注意：如有查詢事項請帶此紙

83

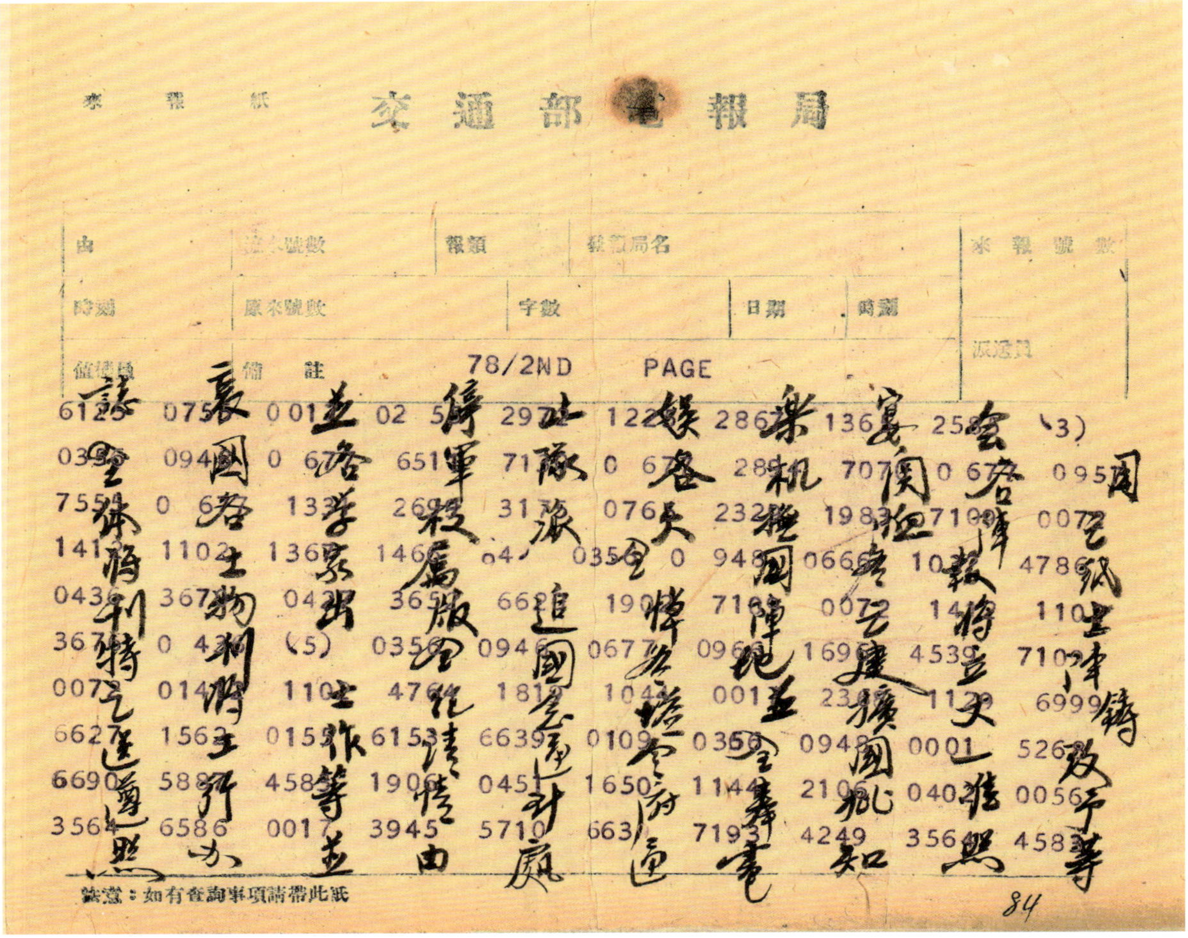
來報紙
交通部電報局
由
報類
發報局名
來報號數
時刻
原來號數
字數
日期
時刻
派送員
值機員
備註
78/2ND PAGE
(3)
(5)
注意：如有查詢事項請帶此紙
84

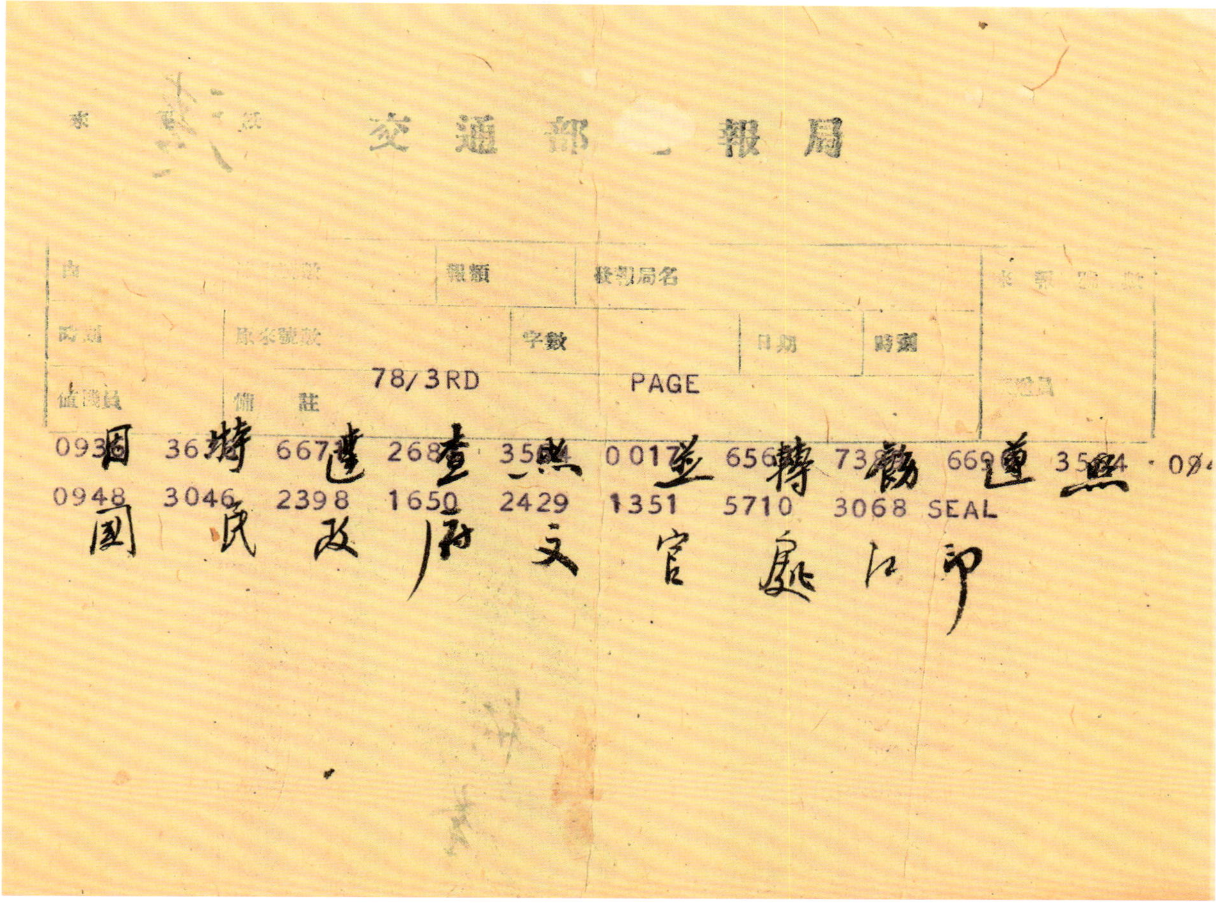

交通部　報局

由	號數	報類	發報局名	
時刻	原來號數	字數	日期	時刻
值機員	備註 78/3RD PAGE			

093 36 667 268 35 4 0017 656 738 669 35 4 · 0

0948 3046 2398 1650 2429 1351 5710 3068 SEAL

因特達查照並轉飭遵照

國民政府文官處江印

石生琦关于报告本县发生虎疫等情致马鸿逵的电（一九三八年九月十二日）

摘由

來電機關	矴口石縣長文電
事由	報告二則
收到日時	民國廿七年九月十二日下午九時
備考	
指示辦法	[illegible]

省府秘書處呈

譯

發報處	石口		收報處	
發報時刻		等級	收報時刻	
收報號數		字數	122 廿七	九月十四日下午4時5分收

告報疫師患人百染戢預站該營王病岸傷均正戢附

鈞釜虎五兵餘人傳人長兵(2)治三附抬靠擊名刻治連

7406 馬縣卅官十餘受餘甲諸療團連困船槍三股調該

席本行旅七十亦十保并院七連2917此呂[illegible]戶腿葯將

主(1)甚四者死姓死飭防医旅八勳兵竟船中服已 6829

寧夏省政府收電紙

發報處	附註	收報處
發報時刻 39	等級	收報時刻
收報號數	字數	年 月 日 時 分收

以電為琦

叻謹察生

候項鈞石印

ㄨ2558

押二請戢叩

拘上報禱文（廿二日）

宁夏省政府关于将各县战时抚恤事项列为县政考绩主要项目事的训令（一九三九年十一月二十四日）

◉訓令各縣奉軍事委員會令爲規定各縣辦理戰時撫卹事項列爲縣政考績主要項目等由令仰遵照

寧夏省政府訓令秘二字第一零三七二號
二八，一一，二四。

令各縣政府

案奉

軍事委員會撫一甲渝字訓令：

「查抗戰以來，我忠勇將士，喋血沙場，犧牲壯烈，撫卹忠裔，固有常典，而辦理手續，事貴精詳，各縣政府對於遺族之調查，卹令之轉給，卹金之墊發，遺族之優待諸端，責重事繁，其能認真辦理者實多，而推諉延宕塞責者在所難免，影響於抗戰前途及士氣人心者至鉅，自應詳加考核，以資勸懲，茲規定嗣後各縣辦理戰時撫卹事項，列爲縣政考績主要項目之一，以專責成而重卹政，除分別函令外，合行令仰遵照並轉飭所屬一體遵照！此令。」

等因；奉此。自應遵辦。除分令外，合行令仰遵照。此令。

主席馬鴻逵

宁夏省政府关于由地方政府筹建公墓埋葬抗战阵亡因伤殒命及积劳病故将士的训令（一九三九年十二月十五日）

●訓令各縣奉行政院令此次抗戰陣亡因傷殞命及積勞病故諸將士應由地方政府籌建公墓妥爲埋葬立石樹誌以垂久遠等因除分令外合行令仰知照並飭屬知照

寧夏省政府訓令 秘二字第一〇四〇二號 二八，一二，一五。

令夏朔平金靈衛寧同磴鹽縣政府

案奉

行政院二十八年八月二十五日呂字第九六七零號訓令開：

「自抗戰軍興，我將士忠勇衛國，前仆後繼，追念功烈，宜致敬崇。茲規定凡設有軍醫院之縣市，對於此次抗戰陣亡，因傷殞命，以及積勞病故諸將士應由地方政府，擇地籌建公墓，妥爲埋葬，刻號登册，立石樹誌，以垂久遠，並定於每年民族掃墓節，由各地方政府，會同當地機關法團，舉行祭掃一次，用旌忠烈。除分令外，合行令仰遵照，并轉飭所屬一體遵照。此令。」

等因；奉此，除分令外，合行令仰知照。并轉飭所屬一體知照爲要！此令。

主席馬鴻逵

宁夏省政府抄发行政院关于抗战人员家属保障办法的训令（一九三九年十二月二十日）

◉訓令各機關奉行政院發抗戰人員家屬保障辦法等因令仰知照。

寧夏省政府訓令　秘二字第一〇四二〇號

令各機關

令各機關

案奉

行政院二十八年十月三十日呂字第一三五九七號訓令開：

本院第四三七次會議决議通過抗戰人員家屬保障辦法三項。除分行外，合行抄發該辦法，令仰知照。此令。

等因，附抄發抗戰人員家屬保障辦法一份，奉此，除分令外，合行抄發原辦法，令仰知照。此令。

附抄發抗戰人員家屬保障辦法一份。

主席馬鴻逵

抗戰人員家屬保障辦法

一、抗戰人員家屬在淪陷地區或接近戰區者地方政府及其服務機關應特別保護設法協助其遷移後方其無力遷移者應予以補助並代爲照料

二、抗戰人員家屬衣物食粮房屋被敵焚燬或被迫逃外不能生活者由政府會同地方振濟機關予以救濟

三、抗戰人員家屬被敵殺害者由地方政府給予埋葬費其合於人民守土傷亡撫卹實施辦法者並予撫卹

国民精神总动会关于发动出钱劳军竞赛运动致宁夏动员委员会的电（一九四〇年一月二十四日）

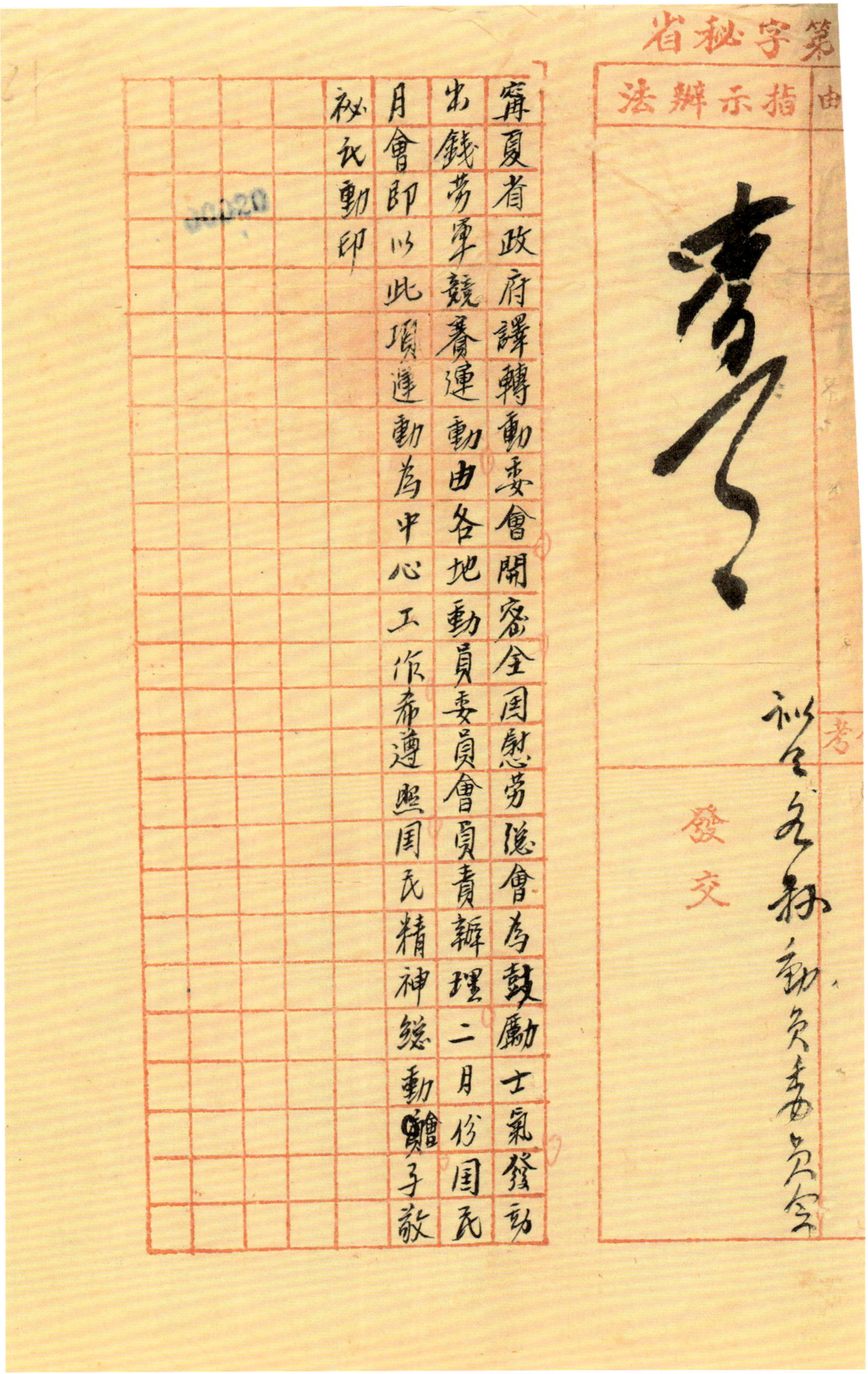

寧夏省政府譯轉動委會：開啓全国慰勞總會為鼓勵士氣，發動出錢勞軍競賽運動，由各地動員委員會負責辦理。二月份国民月會即以此項運動為中心工作，希遵照。国民精神總動員會子敬秘民動印

宁夏省各界慰劳抗战将士委员会关于将慰劳绥西抗战将士募捐款项造册送会事致宁夏邮政局的公函

（一九四〇年二月二十八日）

查本省各界，為慰勞此次綏西抗戰將士起見，特發起廣募慰勞金，藉資慰勞，當經各界代表會議決議：「一、本省黨政軍學各界捐款，依照上年寒衣捐手續辦理，惟捐額減為三十分之一，計每員名應捐一日所得薪餉，辦公費均按一日捐助。二、中央直屬機關，及郵電銀行鹽務，所得稅辦事處，統稅局等，均由本會直接勸募。三、各級法院，各看守所，各縣地方稅局，印花菸酒局，船捐局，枸杞稅局，駝捐局，羊捐局，屠宰稅局，水利機關水委會執監委員，契稅辦事處，戒煙醫院，麪粉公司，電燈公司，汽車管理局等，均將應捐一天薪公各款，造冊直接送交本會，會計組查收。」等，紀錄在卷。復呈請主席馬核准。除分別辦理外，相應函達貴局查照，希即將樂捐款項，造冊送會，以便登報鳴謝。為荷！

此致

寧夏郵政局

據呈悉

仰該各區即日組捐

由本縣彙整速即送

會核捐款多寡數量分次或

一次於最短時期內

捐畢為盼

主任委員 趙文府

委員 周百鍠

王含章

海濤

馬如龍

張天吾

蘇連元

張仲瑋

徐宗孺

喬森榮

張兆煥

單積賢

强斌

喬熙

李嵩如

中華民國二十九年二月二十八日

宁夏省政府关于慰劳绥西抗战将士募捐事项致省政府秘书处的训令（一九四〇年二月二十九日）

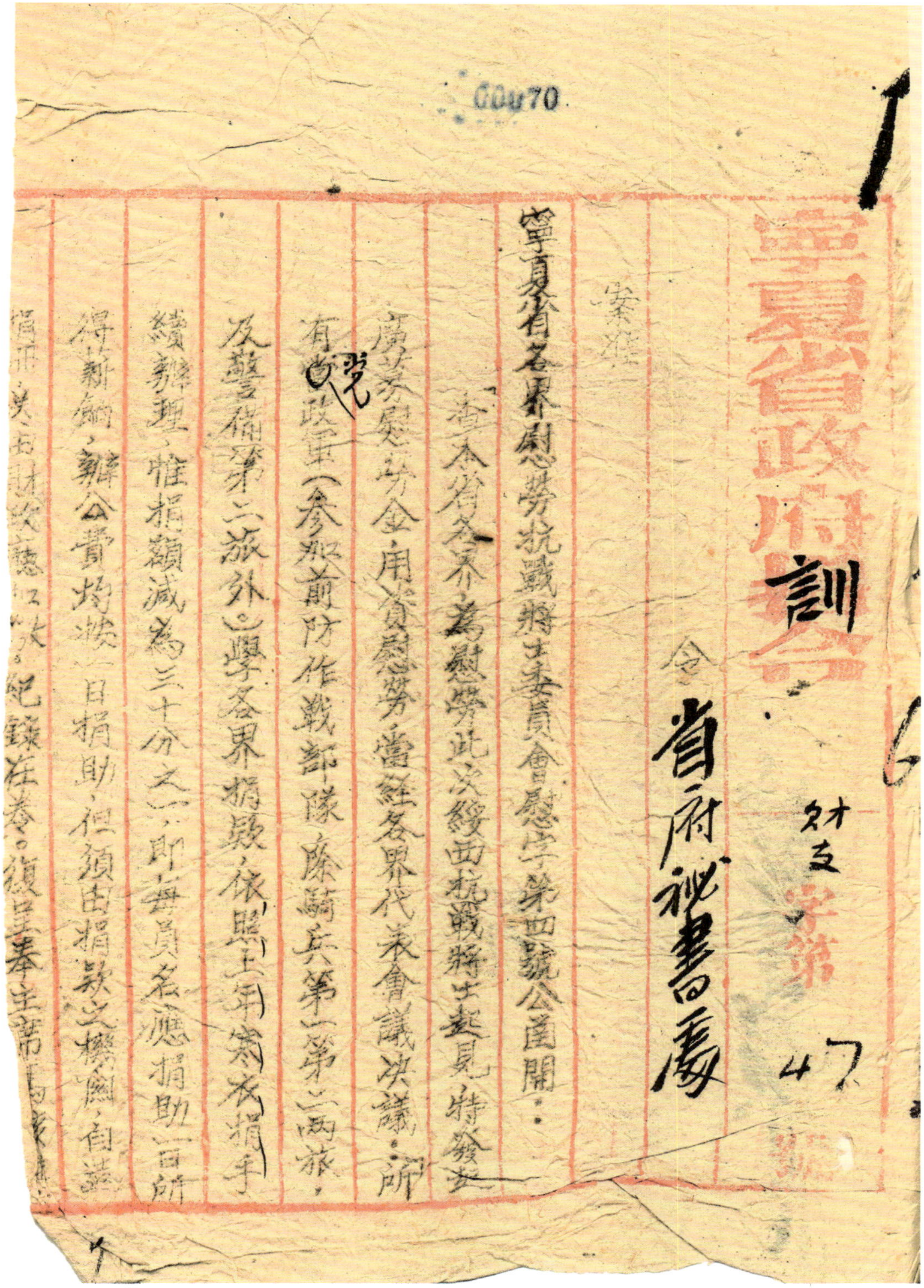
00070

寧夏省政府訓令

財支字第47號

令省府秘書處

案准

寧夏省各界慰勞抗戰將士委員會慰字第四號公函開：

查本省各界為慰勞此次綏西抗戰將士起見，特發起募集慰勞金，用資慰勞，當經各界代表會議決議：所有黨政軍（參加前防作戰部隊除騎兵第一第二兩旅，及警備第二旅外）、學、各界捐款，依照上年寒衣捐手續辦理，惟捐額減為三十分之一，即每員名應捐助一百所得薪餉、辦公費均按一日捐助，但須由捐款之機關、團體自造捐冊，[illegible]財政廳[illegible]紀錄在卷。復呈奉主席[illegible]

陸軍暨本廳捐部分函軍需處代為扣募外，相應函達。

等由。准此。自應照辦。除分行外，合行令仰該　長遵照，以

俟發二月份經費時由財廳照扣，併轉飭所屬知照！

此令。

中華民國二十九年二月艽日

主席　馬鴻逵

廳長　趙文府

宁夏省各界慰劳抗战将士委员会关于启用本会钤记日期及印模事致马鸿逵的呈（一九四〇年三月一日）

寧夏省各界慰勞抗戰將士委員會呈寧夏省政府

事由：為遵令呈報啟用鈐記日期，並呈賫印模一紙，祈鑒核備查由

批示：

附件：印模一紙

案奉

鈞府秘一字第一零七三二號指令開：

「呈悉。所請應准照辦，茲刊就木質鈐記一顆，文曰：『寧夏省各界慰勞抗戰將士委員會鈐記』，隨令發下，仰即查收啟用，並將啟用日期，連同印模，一併呈報備查。

此令。」

等因，附發木質鈐記一顆，奉此，遵即於三月二十八日啟用，茲謹將啟用日期，並拓具印模，理合一併呈報

鈞府鑒核備查。

謹呈

寧夏省政府主席馬

計呈賫印模一紙

寧夏省各界慰勞抗戰將士委員會委員趙文府

中華民國二十九年三月一日

5

军事委员会政治部抗战阵亡及殉职政工人员追悼会筹备处关于拟请宠赐诔词或挽幛事致宁夏省政府的电（一九四〇年三月十五日）

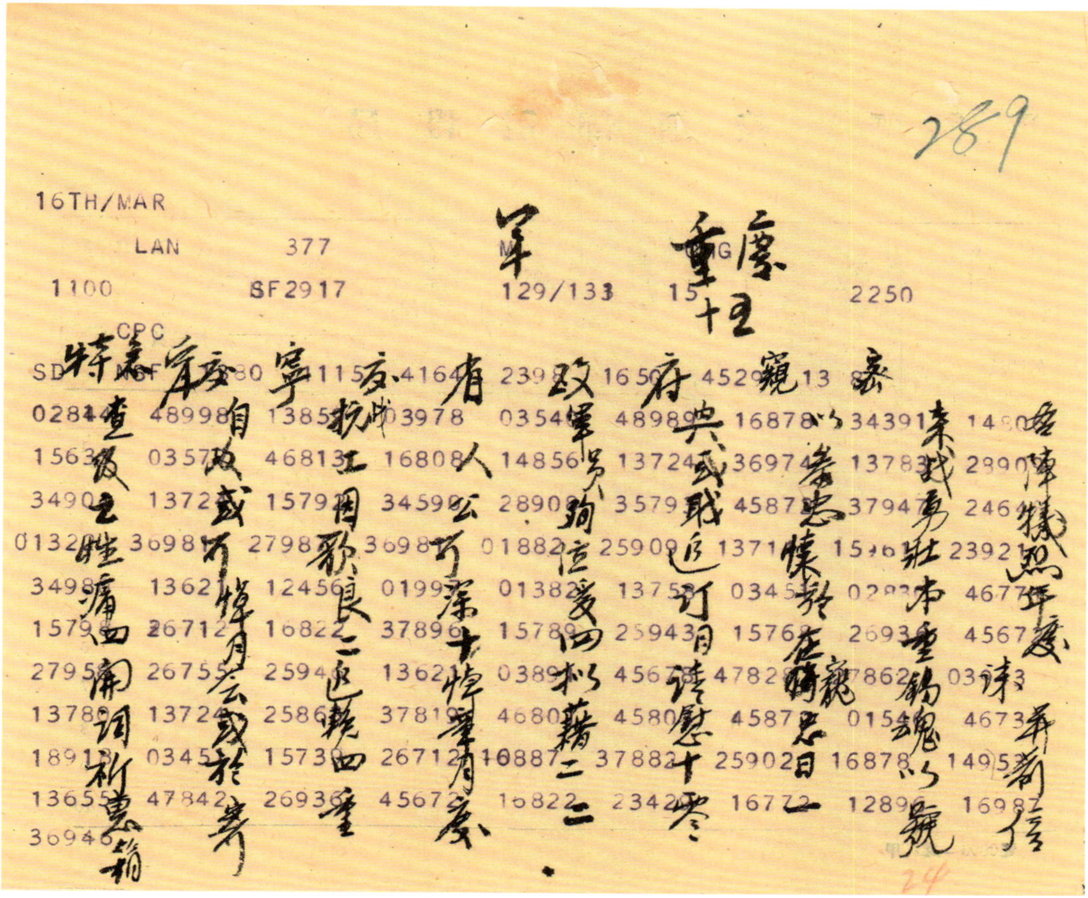

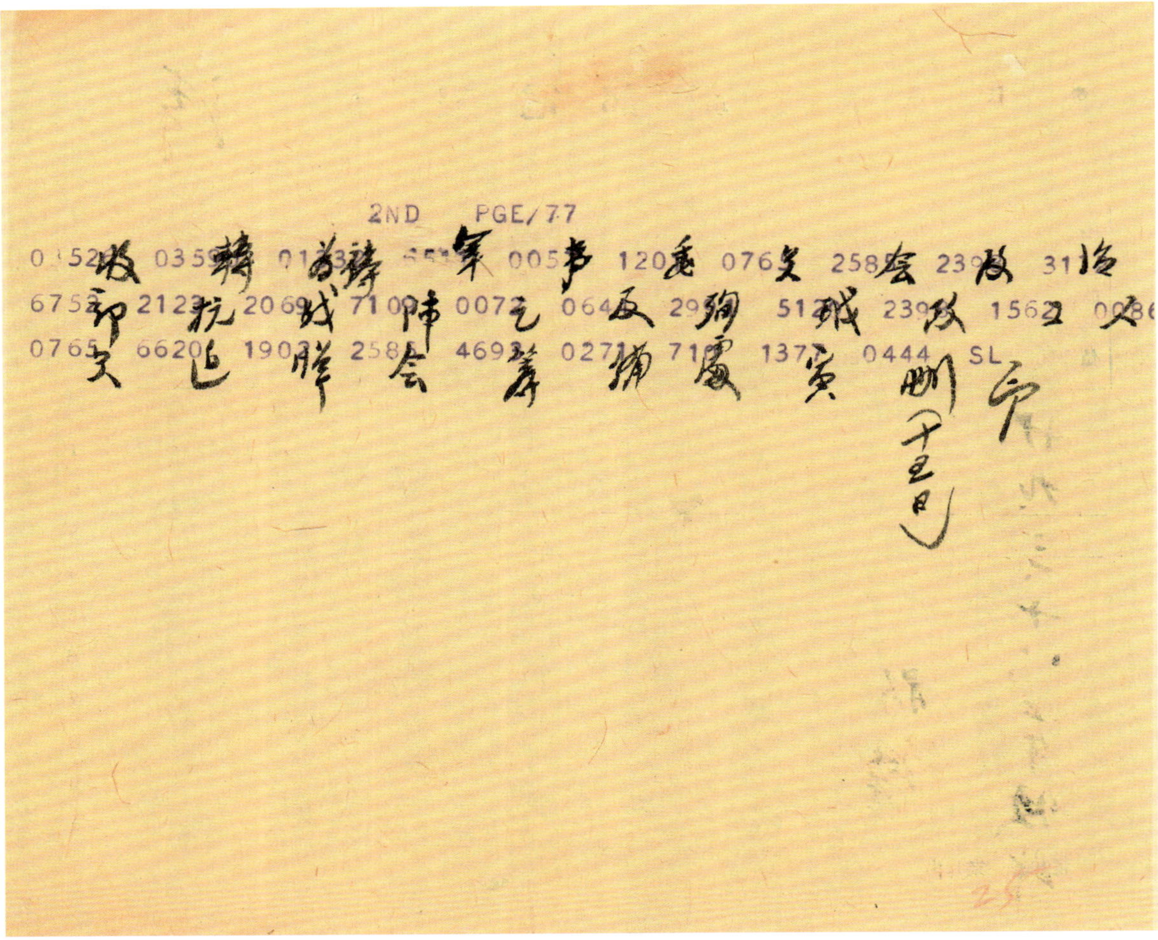

2ND PGE/77

0352 0359 0133 ... 0059 1200 0765 2585 2398 3112
6753 2123 2069 7109 0072 0645 2950 5120 2398 1562 0086
0765 6620 1903 2585 4693 0271 7180 1372 0444 SL

收转转军事委员会政治部抗战阵亡及殉职政工人员追悼会筹备处寅删印

（十五日）

25

抚恤委员会主任委员陈调元关于抗战以来垫发抚恤金拨款等情致宁夏省政府的电（一九四〇年五月三日）

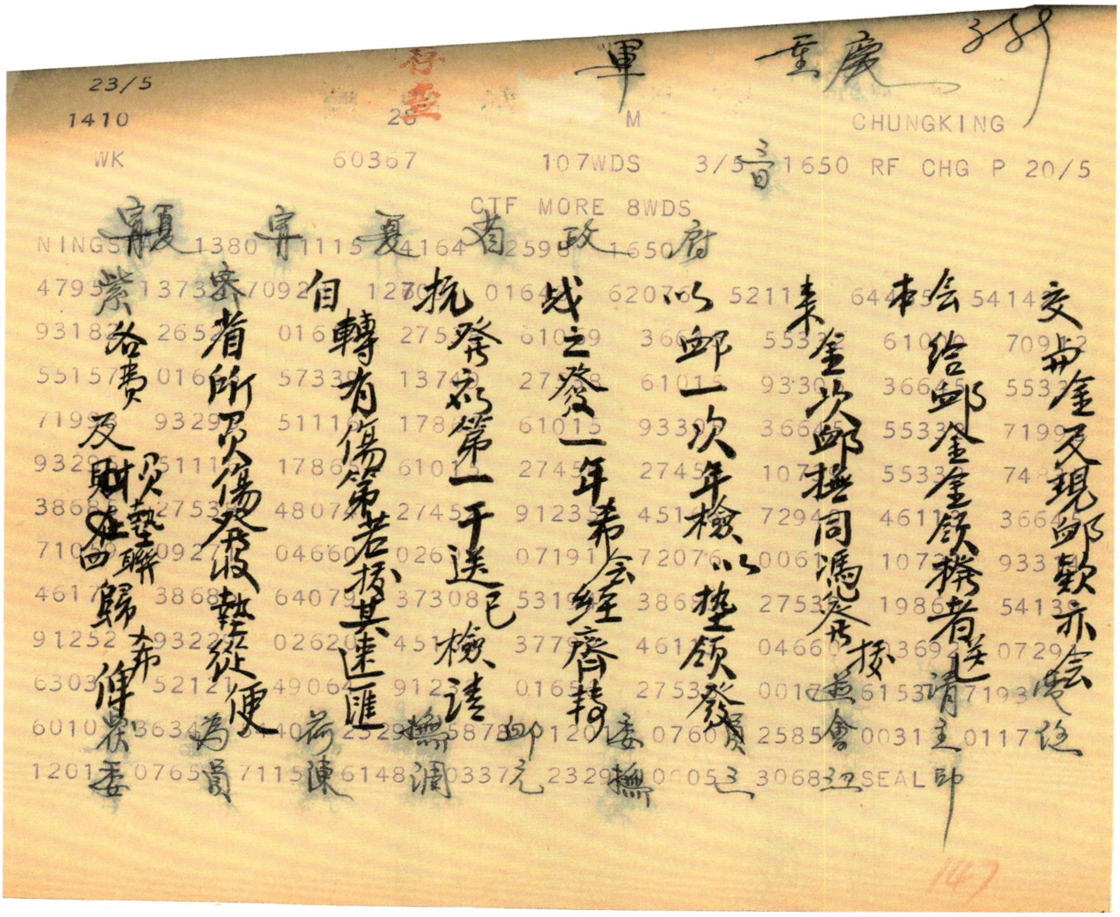

宁夏省各界庆祝元旦大会关于慰劳前方抗战将士的电文（一九四一年一月一日）

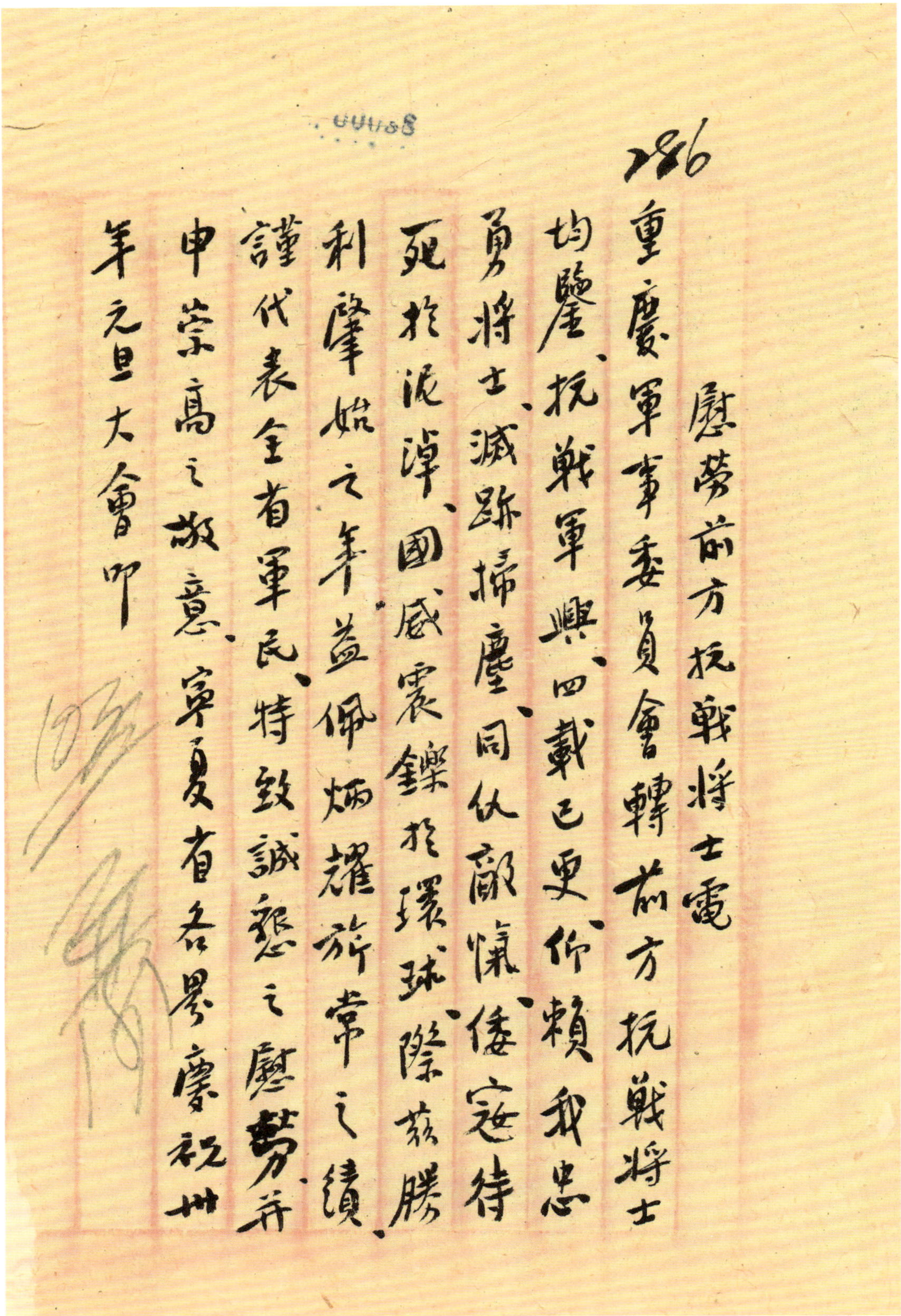

286

慰勞前方抗戰將士電

重慶軍事委員會轉前方抗戰將士均鑒：抗戰軍興，四載已更，仰賴我忠勇將士，滅跡掃塵，同仇敵愾，倭寇待死於泥淖，國威震鑠於環球，際茲勝利肇始之年，益佩炳耀旂常之績，謹代表全省軍民，特致誠懇之慰勞，并申崇高之敬意。寧夏省各界慶祝卅年元旦大會叩宁夏省各界慰劳抗战将士委员会主任委员赵文府关于慰劳负伤战士数目及慰劳款项给宁夏省动员委员会主任委员马鸿逵的呈（一九四一年一月十九日）

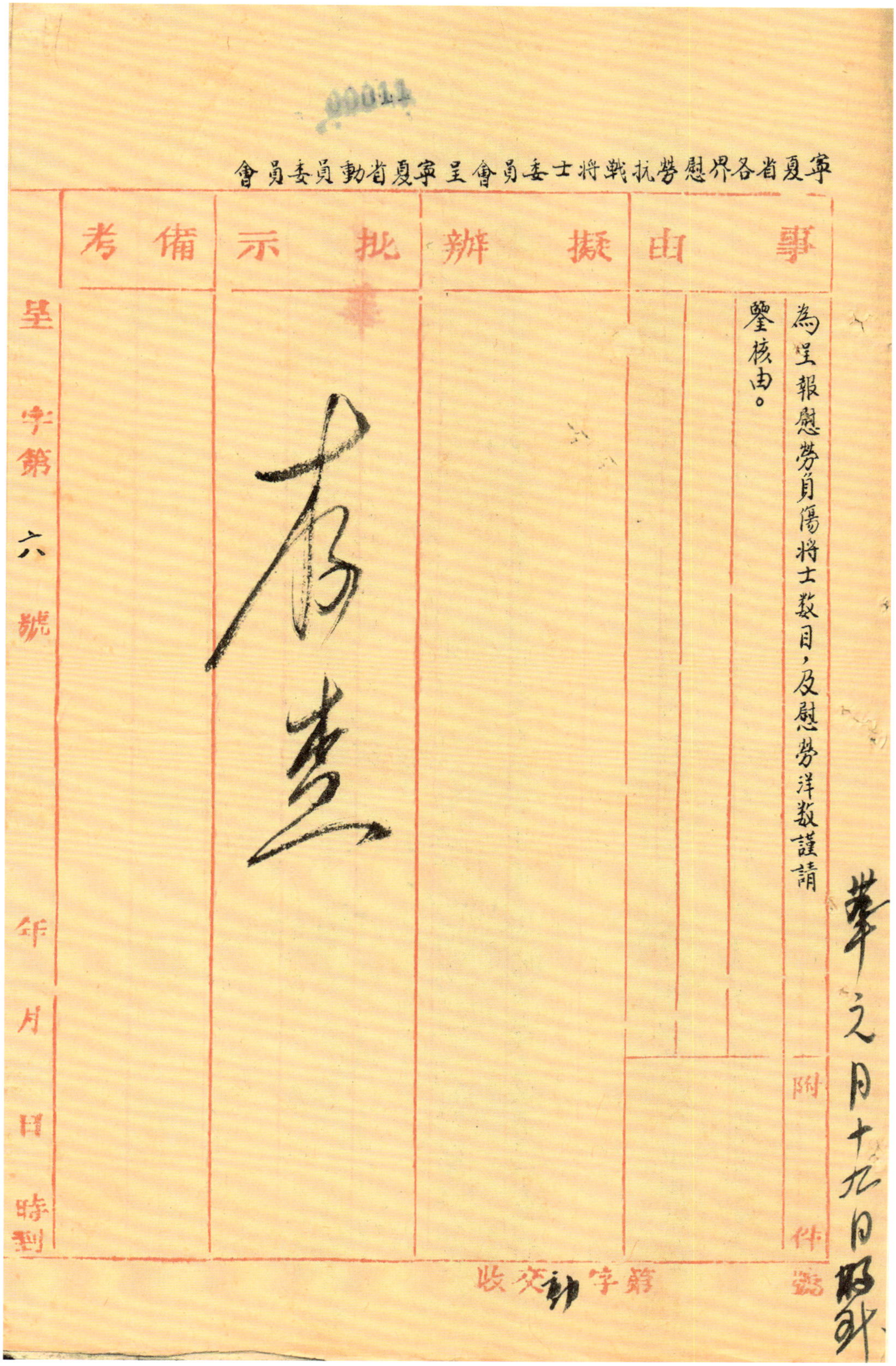

00011

寧夏省各界慰勞抗戰將士委員會呈寧夏省動員委員會

事由	擬辦	批示	備考
為呈報慰勞負傷將士數目，及慰勞洋數，謹請鑒核由。		存查	

附件

呈 字第 六 號 年 月 日 時到

案奉

鈞會動字第二九號訓令，以吳忠鎮，石咀山各傷兵收容所，共有傷兵若干，前後慰勞物品及款数各若干？飭令具報等因；奉此，查本會於二十九年度，前後共慰勞兩次，第一期於吳忠鎮，石咀山，磴口縣各地，共計慰勞過負傷将士一千四百五十四員名，共用慰勞洋一萬零一百一十六元零八分，第二期於吳忠鎮，中衛縣，磴口縣，及省垣，共計慰勞過負傷将士三百八十一員名，共用慰勞洋三千八百三十七元八角九分。以上兩期，總計慰勞過負傷将士一千八百三十五員名，共用慰勞洋一萬三千九百五十三元九角七分。奉令前因，理合將慰勞過負傷将士数目，及慰勞洋数，具文呈報

00012

鈞會鑒核。再查本會慰勞，以分期為原則，現於三十年元月正舉辦第三期慰勞事宜，以俟完竣，再行呈報，合併聲明。

謹呈

寧夏省動員委員會主任委員馬

寧夏省各界慰勞抗戰將士委員會主任委員趙文府

趙文府印

国民党宁夏省执行委员会关于转送「优待抗战军人家属公约」请倡导推行等情致宁夏省动员委员会的函

（一九四一年二月二十日）

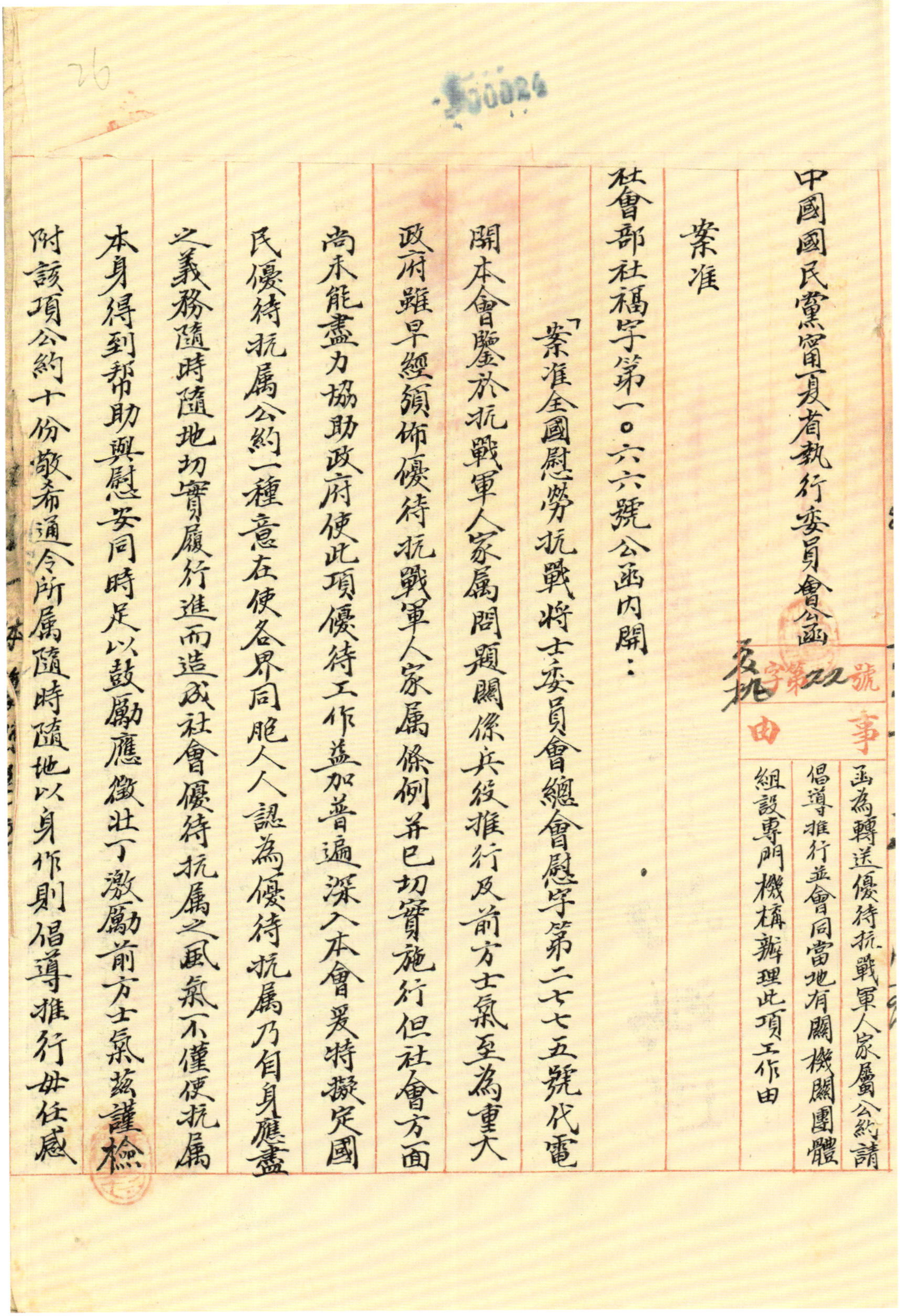

中國國民黨寧夏省執行委員會公函

發机字第二二號

事由：函為轉送優待抗戰軍人家屬公約請倡導推行並會同當地有關機關團體組設專門機構辦理此項工作由

案准

社會部社福字第一〇六六號公函內開：

「案准全國慰勞抗戰將士委員會總會慰字第二七七五號代電開本會鑒於抗戰軍人家屬問題關係兵役推行及前方士氣至為重大政府雖早經頒佈優待抗戰軍人家屬條例并已切實施行但社會方面尚未能盡力協助政府使此項優待工作益加普遍深入本會爰特擬定國民優待抗屬公約一種意在使各界同胞人人認為優待抗屬乃自身應盡之義務隨時隨地切實履行進而造成社會優待抗屬之風氣不僅使抗屬本身得到帮助與慰安同時足以鼓勵應徵壯丁激勵前方士氣茲謹檢附該項公約十份敬希通令所屬隨時隨地以身作則倡導推行毋任感

荷等由並附件准此事關優待出徵軍人家屬相應檢附該公約一份函請

查照轉飭各地社會服務處廣為倡導推行並宜將推行出徵軍人家屬各種服務事宜列為本年度各處中心工作會同當地有關機關團體組設專門機構辦理之並煩轉知為荷」

等由，并附件，准此，事關優待抗戰軍人家屬相應檢附該公約一份函請

貴會倡導推行並籌設專門機構辦理此項工作毋任感荷！

此致

甯夏省動員委員會

附國民優待抗戰軍人家屬公約一份

委員馬鴻逵

中華民國三十年二月廿日

附：国民优待抗战军人家属公约

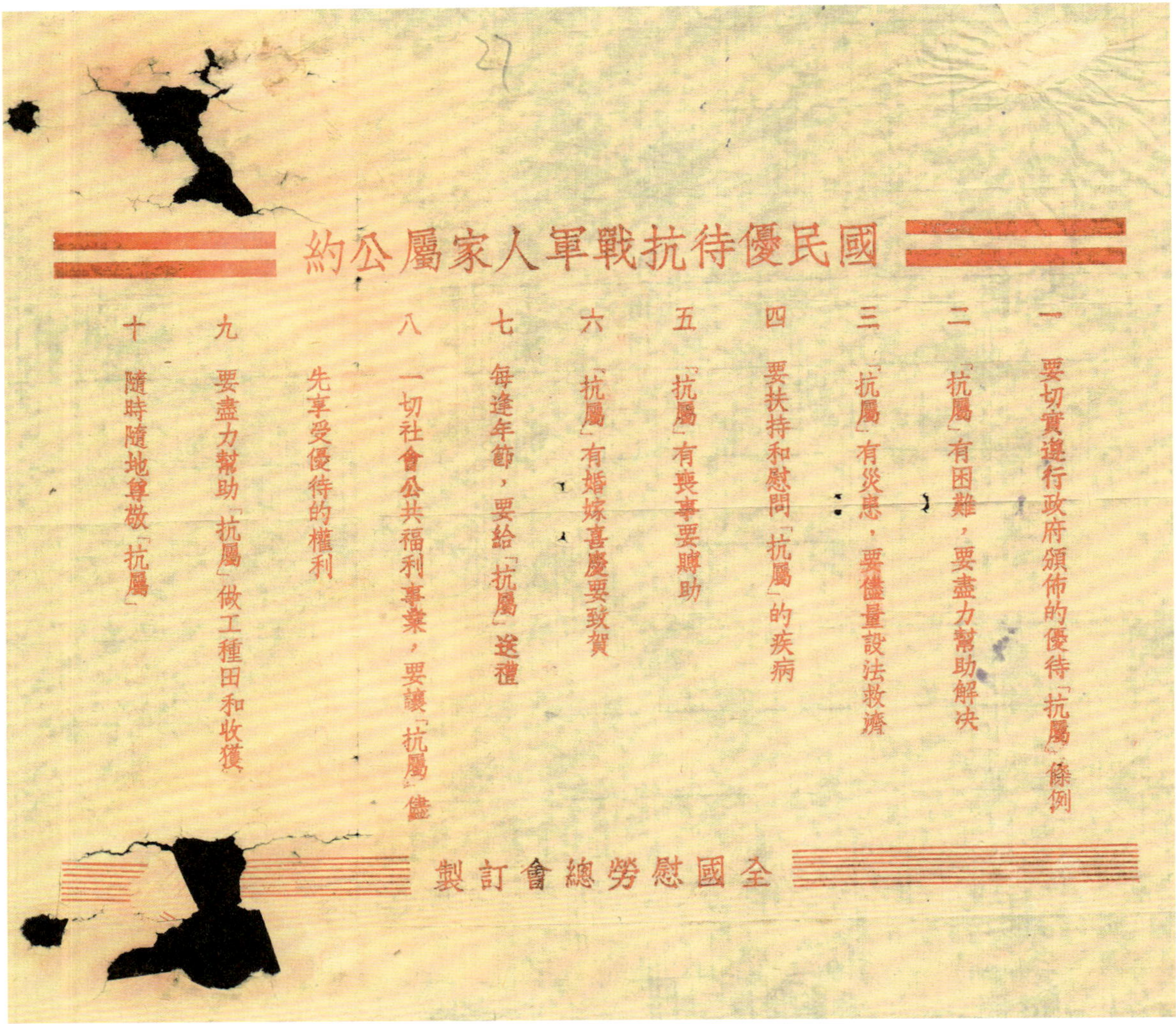

國民優待抗戰軍人家屬公約

一 要切實遵行政府頒佈的優待「抗屬」條例

二 「抗屬」有困難，要盡力幫助解決

三 「抗屬」有災患，要儘量設法救濟

四 要扶持和慰問「抗屬」的疾病

五 「抗屬」有喪事要賻助

六 「抗屬」有婚嫁喜慶要致賀

七 每逢年節，要給「抗屬」送禮

八 一切社會公共福利事業，要讓「抗屬」儘先享受優待的權利

九 要盡力幫助「抗屬」做工種田和收獲

十 隨時隨地尊敬「抗屬」

全國慰勞總會訂製

宁夏省政府抄发行政院关于「荣誉军人教养院一等伤病残废员兵请假回籍修养暂行办法」的训令
（一九四一年四月八日）

公文

寧夏省政府訓令　民國三十年四月八日　[illegible]字第三六六號

◉爲奉令抄發各敎養院一等傷病殘廢員兵請假回籍休養暫行辦法一份令仰飭屬一體知照由（不另行文）

(29)

寧夏省政府訓令

總一字第三六六號
民國三十年四月八日

令各機關

主席馬鴻逵

案奉

行政院本年三月四日勇貳字三五八三號訓令開：

「據軍政部三十年[illegible]月二十[illegible]日渝[illegible]榮字第二一四〇號呈送各教養院一等傷病殘廢員兵請假回籍休養暫行辦法，請備案並轉飭各省政府協助辦理等情到院，除指令准予備案並分行外合行抄發原辦法令仰遵照並飭屬遵照。」

等因，附抄發原辦法一份，奉此。除分令外，合行抄發原件，令仰知照，並飭屬一體知照。

此令。

附抄發榮譽軍人教養院一等傷病殘廢官兵請假回籍休養暫行辦法一份。

主席馬鴻逵

◉榮譽軍人教養院一等傷病殘廢員兵請假回籍休養暫行辦法

第一條　一等傷病殘廢官兵之原籍不在淪陷區及游擊區懇請回籍休養者得依本辦法辦理之。

第二條　一等傷病殘廢官兵如有下列特殊原因之一者得請求回籍休養但須先由院長負責查明屬實專案呈請核准後方可離院，1.雙目失明者2.癱瘓不起者3.患精神病者4.行動飲食非須人服侍不可者5.父母年老病廢無人服侍並料理家務者。

第三條　凡懇請回籍休養者須將其手模（左手拇指如無左手用右手拇指如左右俱無左足大趾）私章印鑑及最近二寸半身照片照規定格式（格式如一）填寫一聯存院一聯呈處一聯函送原籍縣政府備查。

主席馬鴻逵

第四條　殘廢官兵於回籍後須取具縣政府及聯保主任證明書（證明在原籍確無不法或朦混情事）及當地殷實商店之保證書（保證不跨院）寄原住教養院審核後始准由院按月匯發應得各費匯費由各該院常備金或節餘項下核實列報由縣政府轉發取據（收據上所蓋手模私章須與函送印鑑相同）寄院核報（如該項收據於一月內不能收到時即以郵局或銀行收據列報）如該殘廢官兵亡故或有異動不能轉發時縣政府應函知原教養院並將應得各費退還。

第五條　請假回籍後如發現有朦混跨院或不法情事時由各該院呈請開除院籍或並吊銷卹令。

第六條　教養院每半年應函託當地機關學校部隊或法團就地調查一次（調查表格式二）

第七條　在本辦法施行以前業已給假回籍者儘於兩個月內將三四條手續辦妥如在淪陷區及游擊區者由各該院呈報留名停餉。

第八條　本辦法如有未盡事宜得呈請修正之。

第九條　本辦法自呈准公佈日施行。

国民党宁夏省执行委员会关于抄发「国民优待抗战军人家属公约」及推行办法的训令（一九四一年七月十五日）

5

梁竹航	魯	44	〃	〃	〃
謝惠濤	浙	3693	吸食鴉片	浙江省黨部	〃
方永祥	甘	3714	私藏烟油	西北公路特別黨部	開除黨籍一年

中國國民黨寧夏省執行委員會訓令　令總字第一五三號　民國卅年七月十五日

令各級黨部

案奉

中央執行委員會渝(29)文字第二〇七六八號通告內開：

「頃據全國慰勞抗戰將士委員會總會呈稱：『竊查本會鑒於抗戰軍人家屬問題關係兵役推行及前方士氣至為重大，政府雖早經頒佈優待抗戰軍人家屬條例并已切實施行，但社會方面尚未能盡力協助政府，使此項優待工作益加普遍深入，茲特擬定國民優待抗屬公約一種意在使各界同胞人人認為優待抗屬工作乃自身應盡之義務隨時隨地切實履行進而造成社會優待抗屬之風氣不僅使抗屬本身得到鼓勵與慰安同時足以鼓勵應徵壯丁激勵前方士氣理合賫同原公約二百份推行辦法一份呈請鑒核通令所屬黨部及黨員切實推行及履行，并不違」等情，應予照办。除分行外，合亟分別檢抄原公約及推行办法通告各該黨部，仰卽遵照並轉飭所屬黨部及黨員一体切實推行及履行為要」。

等因，附公約及办法各一份奉此。除分行外，合行令仰該部遵照办理為要！

此令。

附件如文

主任委員 馬鴻逵

國民優待抗戰軍人家屬公約

一四

一、要切實遵行政府頒佈的優待「抗屬」條例

二、抗屬有困難，要盡量幫助解決

三、抗屬有災患，要盡量設法救濟

四、要扶持和慰問抗屬的疾病

五、抗屬有喪事要賻助

六、抗屬有婚嫁喜慶要致賀

七、每逢年節，要給抗屬送禮

八、一切社會公共福利事業，要讓抗屬優先享受優待的權利

九、要盡力幫助抗屬做工種田和收穫

十、隨時隨地尊敬抗屬

全國慰勞總會國民優待抗戰軍人家屬公約推行办法

本會鑒於抗戰軍人家屬問題關係兵役推行及前方士氣至為重大政府

6.

00013

雖早經頒佈優待抗敵軍人家屬條例並已切實施行但社會方面尚未能盡力協助政府使此項優待工作益加普遍深入故本會特擬定國民優待抗屬公約意在使各界同胞人人認為優待抗屬乃自身應盡之義務隨時隨地切實履行進而造成社會優待抗屬之風氣不僅使抗屬本身得到幫助與慰安同時足以鼓勵應征壯丁激勵前方士氣爰訂定推行此項公約辦法如次：

1.重慶由本會推行各省市由本會電請各省市動員委員會推行必要時并得召集各界舉行推行公約大會、

2.各地並得視環境情形召集當地區鄉保甲長舉行會議推行並提倡此項公約。

3.普遍散發并張貼此項公約務使家喻戶曉。

4.酌量舉行家庭訪問向婦女同胞作懇切宣傳。

5.訪問抗屬並散發優待抗屬公約及講述其意義。

一五

6.在交通要道樹立「國民優待抗屬公約」廣告牌以廣宣傳。

7.由本會電請各戰區司令長官將推行優待抗屬公約意義通傳前方戰士以資鼓勵。

中國國民黨中央執行委員會訓令 民國三十年十一月十一日 (30)宣字第九五號

令各級黨部

宁夏省政府关于遗族请领抚恤金应遵照抚恤金暂行办法之规定的训令（一九四二年一月二十五日）

◎奉軍委會令以據撫卹委員會呈凡遺族請領卹金仍應遵照轉發卹金暫行辦法之規定由各省市縣政府查照轉發張貼佈告等因令仰遵照由

寧夏省政府訓令 秘一字第一一五二號 民國卅一年一月廿五日發

令各縣政府

案奉

國民政府軍事委員會本年十一月七日撫三渝字第一一一八八號訓令開：

「案據本會撫卹委員會主任委員何鍵簽呈稱案據本會駐陝撫卹處處長王鈞呈稱竊查本處推行業務以來各縣政府對於權限多有未明以至紛向本處請發卹金輾轉之間非但遺族不得便利而反受稽延之影響茲為便利卹務起見擬懇轉請通令各省市政府凡遺族請領卹金仍應遵照轉發卹金暫行辦法之規定由各省市縣政府查明轉發是否乞核示等情茲核議如下

查本會駐外撫卹處在各省尚未普遍設立其主管區域且一省以至四五省不等編制人員亦甚簡單故成立之初暫以核發卹金為業務範圍至於核發卹金仍由地方政府依照轉發卹金辦法辦理該撫卹處擬懇轉請通令各省政府凡遺族請領卹金仍應遵照轉發卹金暫行辦法之規定由各省市政府查明轉發一節擬准照辦二、上項辦法並懇令飭各省市政府轉飭各縣張貼佈告俾衆週知以利郵政以上所擬是否有當理合簽請鑒核示遵等情據此查核尚屬可行除分令外合行令仰該省政府轉飭各縣一體遵照佈告俾衆週知並將遵辦情形及奉令日期具報備查爲要」

等因，奉此，自應遵照，查前項轉發郵金暫行辦法業經登載本府第一三六期公報分發遵照，除呈復并分令外，合行令仰該縣遵即張貼佈告，俾衆週知，仍將遵辦情形，具報備查爲要！

此令。

主席馬鴻逵

宁夏省政府关于奉令发给抚恤金应先行缴验恤金令备查的训令（一九四二年一月二十六日）

[illegible]

寧夏奉軍委會令爲抄發由第一軍撫委會等各機關頒發之卹令爲發卹金迅速確實起見須先行繳驗卹令一次以示慎重而免錯誤等因一案令仰遵辦呈復備查由

寧夏省政府訓令 秘一字第一一三二號 民國卅一年一月廿六日

令各機關

案奉

國民政府軍事委員會本年十二月二十四日撫三渝字第七一一四六號訓令開：

「案據本會撫郵委員會主任委員何鍵簽呈稱查民十七年前承轉撫邮機關有黃埔軍官學校前第一軍撫邮委員會前國民革命軍總司令部前軍事委員會前第八路總指揮部等所頒撫邮令爲時已久其邮金有逾停領年限者亦有起領數年尚未辦理驗傷會手續者因此對於核發邮金輾轉稽時茲爲轉發迅速確實並資查核淸理起見關於上列機關所發邮金擬按照江西省政府轉發該項邮金辦法事先將邮令送由本會核驗相符後再行發欵以示愼重而免錯誤並擬通令各省市政府遵辦是否有當理合簽請鑒核示遵等情據此查核尙屬可行除分令外合行令仰該省政府遵照辦理並將遵辦情形暨奉令日期具報備查爲要」

等因；奉此。自應遵辦，除呈復幷分令外，合行令仰遵照辦理爲要！此令。

主席馬鴻逵

宁夏省政府关于认真办理阵亡官兵遗族及荣誉军人救济与职业问题的训令（一九四二年三月二十二日）

第一四二期　公文

⊙據駐陝撫卹處呈爲陣亡官兵遺族及榮譽軍人之救濟及職業問題請轉飭各縣政府暨兵役協會職業機關團體一體知照嗣後務須認眞辦理等情令仰遵照由。

寧夏省政府訓令　民國卅一年三月廿二日發

令各機關

(39)

案據軍事委員會撫卹委員會駐陝撫卹處本年二月二十三日陝撫孝字第一六六號呈稱「案奉　委員長蔣令頒本會駐外撫卹處業務指導方案第二十四條關各撫卹處對於遺族或受傷官兵之疾苦應設法盡力爲之解除並對於請求生活救濟者作下列之處置：1請地方政府按照優待出征抗敵軍人家屬條例規定予以救濟（或詢明物質上救濟之數量俾作參考）2，工商請地方兵役協會予以請卹上便利與協助（本會已商准社會部查復並會商軍政部將兵役協會大綱修正增列遺族撫卹各點）。3其成年之遺族有生活知識能力者商請各機關團體爲職業上之介紹。4其成年之受卹人知識較低而有工作能力者商請各工業機關予以工作及訓練或使之參加工業生產合作之組織飭卽遵照辦理並將辦理情形依限呈報等因查抗戰期間陣亡官兵遺族及榮譽軍人救濟及職業問題實關重要惟在中央未具體設施以前不得不有賴於地方政府以及職業機關團體之協助除分呈並本處遇有上項情事隨時商請有關方面處置外理合錄案備文呈請鑒核通令所屬各縣政府並轉知兵役協會及職業機關團體一體知照嗣後務須切實注意認眞辦理以符功令而利卹政實爲公便」等情：據此，應予照辦除分令外，合行令仰遵照並轉知各職業機關團體一體知照！此令。

主席馬鴻逵

国民党中央执行委员会秘书处关于发起全国端午节劳军运动的代电（一九四二年六月十二日）

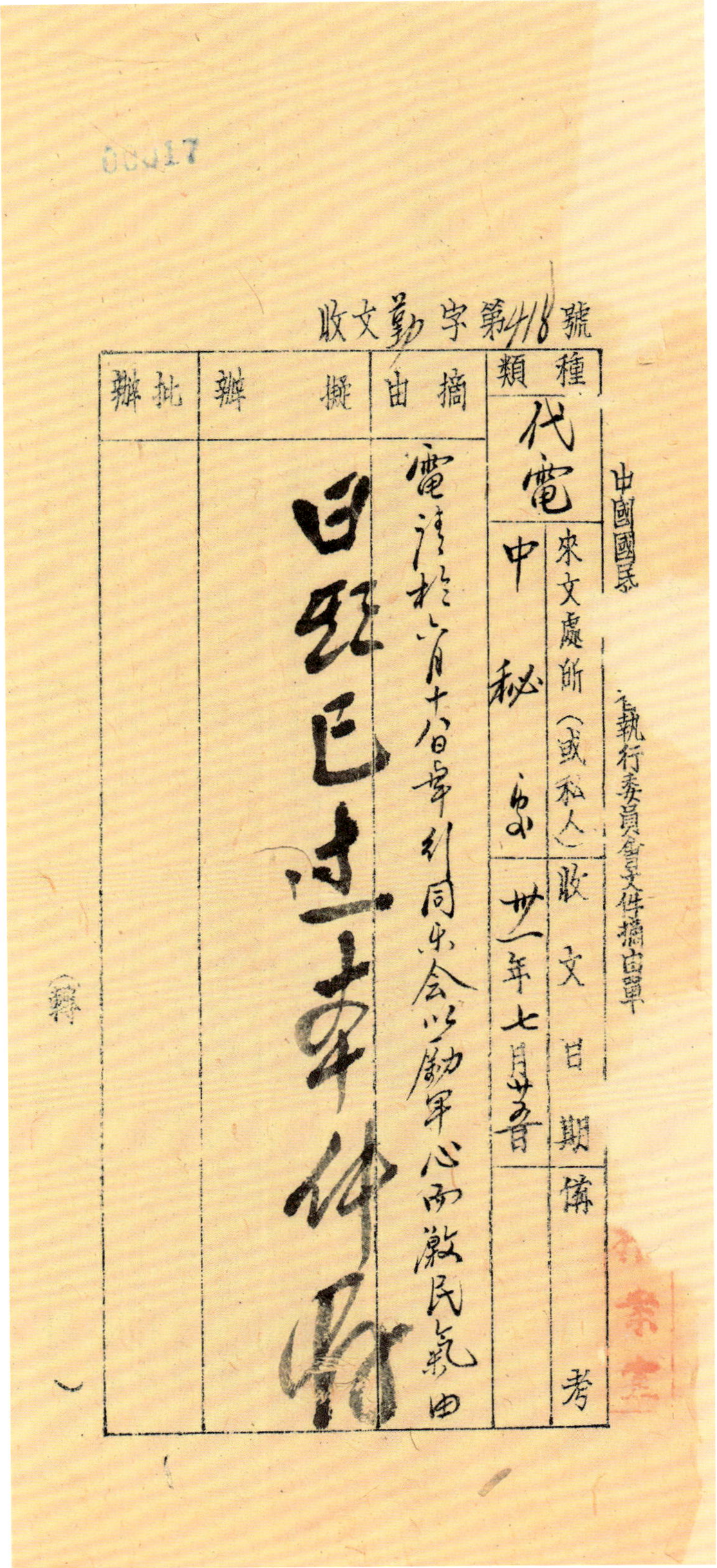

中國國民黨中央執行委員會文件摘由單

收文勤字第418號

種類	來文處所（或私人）	收文日期	摘由	擬辦	批辦
代電	中秘處	卅一年七月廿五日	電請於六月十八日舉行同樂会以勵軍心而激民氣由	日期已過存件	

備考

23

中國國民黨中央執行委員會祕書處代電 渝(31)文九四六四號

各省市黨部鑒頃准全國慰勞總會會長陳誠副會長谷正綱馬超俊郭沫若虞代電稱查本年為抗戰進入最艱苦階段捍衛國家功歸將士本會為鼓舞軍心激發民氣起見特發動全國端節勞軍運動除電請各省市動員委員會辦理外陪都方面由本會會同各界積極推行為特擬請電飭全國所屬各級黨部於農曆端午節日(六月十八日)舉行同樂會等以勵軍心而激民氣相應電請查照敬希鼎力協助并請見復等由到處除函復暨分電外特電達查照辦理并轉飭所屬一體遵照為要中央祕書處巳文 文印

宁夏省政府关于增加伤亡官兵抚恤金的训令（一九四二年十月十七日）

第一四八—一四九期合刊　　公文

奉令為傷亡官兵撫年金自三十一年份加一倍發給等因：令仰遵照由。

寧夏省政府訓令 祕一字第二〇九〇號 民國卅一年十一月十七日

令各機關

案奉

國民政府軍事委員會本年十月十二日撫一市渝字第一五八一一號訓令開：

「茲為體䘏各榮譽官兵及陣亡官兵遺族暨改善其戰時生活起見規定自三十一年份起所有陸海空軍傷亡官兵年撫金一律照䘏令所載金額加一倍發給除飭主管撫䘏及經發䘏款機關於䘏金給與令上加蓋自三十一年份起年撫金照䘏令所載金額加一倍發給之戳記隨時給領以資簡捷並分別闢令外合行令仰遵照並轉飭所屬一體知照」

等因：奉此。自應遵照。除分令財政廳遵照外，合行令仰遵照。

此令。

主席 馬鴻逵

宁夏各界致前方将士慰劳电（一九四三年一月一日）

致前方將士慰勞電

轉前方將士均鑒抗戰軍興瞬屆六載賴我忠勇將士敵愾同仇長期抵抗膚功迭奏光燄為擢今當盟軍反攻之初正值一元來復之始行見旌旗指處盡掃欃槍宇宙清平苞桑鞏固豈惟軍國利賴抑亦民族光榮遙企師干羣情紉佩茲於獻歲之始謹代表寧夏全體軍民恭祝勝利之降臨並致慰勞之敬意　叩

致前方將士電

轉前方抗戰將士均鑒：抗戰七年，敵寇疲敝，勝利已在眉睫，復興不待蓍龜。雖仰我最高領袖大智大勇之所領導，亦厥唯我前方英勇將士不屈不撓、浴血抵抗之所爭取。偉烈豐功，全民佩戴，干城逸企，莫罄欽傾。謹於開會伊始，代表全省回胞特致崇高之敬意。中國回教協會寧夏省分會第五次全省會員代表大會叩

宁夏省政府抄发行政院关于抗战阵亡殊勋将士定期祭慰办法的训令（一九四四年一月）

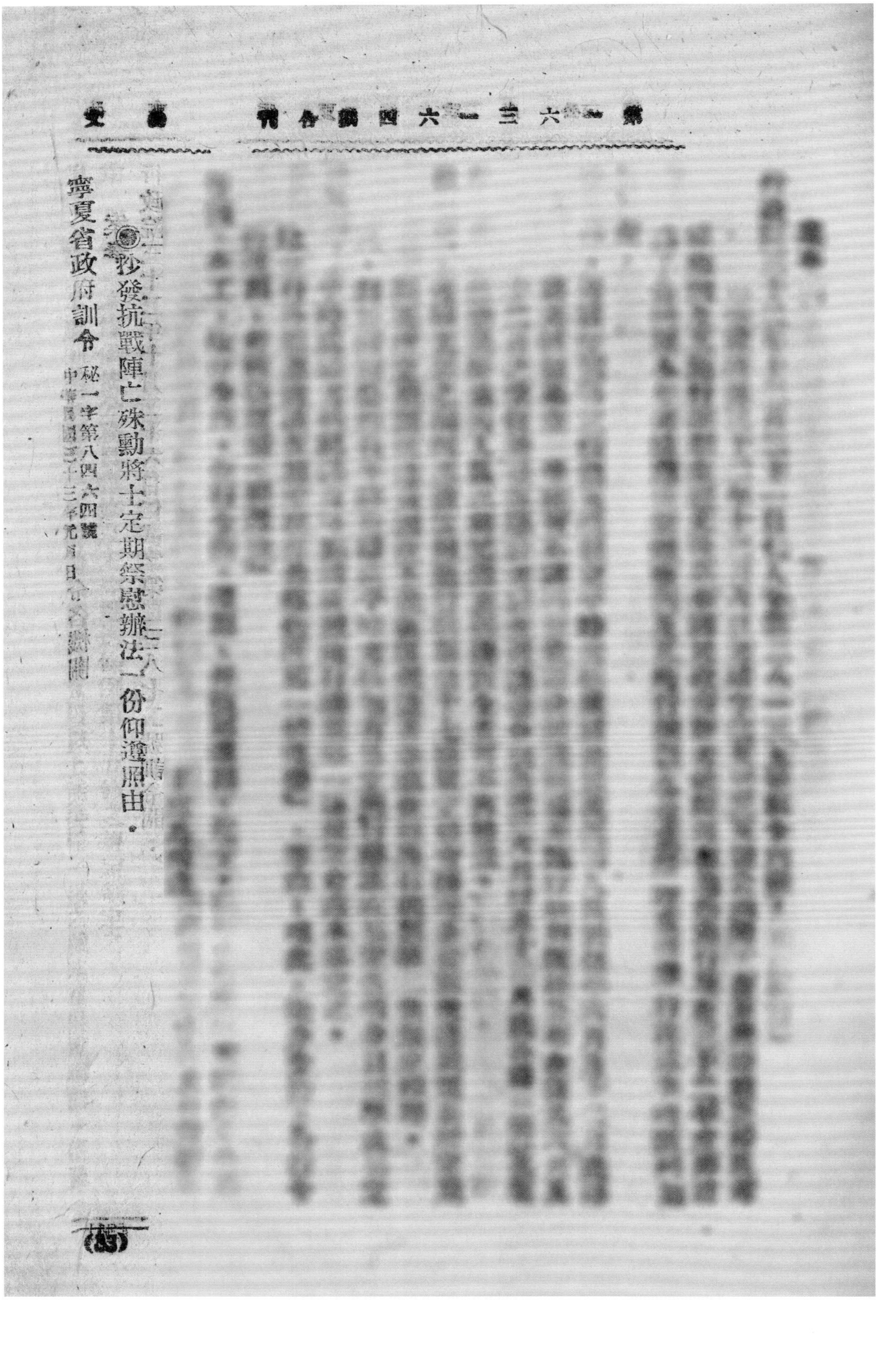

第一六三一六四期合刊　公文

寧夏省政府訓令　秘一字第八四六四號　中華民國三十三年元月　日　令各機關

抄發抗戰陣亡殊勳將士定期祭慰辦法一份仰遵照由。

(85)

令各機關

案奉

行政院三十二年十月二十六日仁貳字第二三三八七二號訓令開：「准軍事委員會函以抗戰陣亡殊勳將士與北伐陣亡將士均應於每年七月九日致祭惟應分別舉行以示崇敬等由過院除分令外合行檢同抗戰陣亡殊勳將士定期祭慰辦法令仰遵照并轉飭所屬一體遵照施行。」等因；計抄發抗戰陣亡殊勳將士定期祭慰辦法一份。奉此，除分令外，合行抄發原辦法，令仰遵照！此令。

主席馬鴻逵

◎抗戰陣亡殊勳將士定期祭慰辦法（民國三十二年四月二十九日軍委會辦法字第三八一六號令頒）

第一條　抗戰陣亡殊勳將士再年定期依本辦法舉行祭慰

第二條　前條殊勳　慰將士依軍令部之建議由軍事委員會政治部會同銓敘廳及撫卹委員會招各戰區呈准特卹及表揚之陣亡將士中選其特著者數員詳列事蹟及家屬情形呈報軍事委員會核定之（附表式）

第三條　殊勳將士之祭慰每年於陸軍紀念日（七月九日）舉行

第三條　祭慰辦法如左：

（一）中央舉行公祭由　最高統帥親臨主祭或派員主祭

（二）殊勳將士陣亡地點或忠骸墓地由當地最高軍事長官及地方政府長官舉行公祭

（三）殊勳將士所屬原部隊於其本軍或本師軍師長陣亡之日由全體官兵特別致祭並慰問其遺族（該部隊如有變遷時則指定其承接部隊以軍或師爲通則）

（四）前項於祭時該地黨政軍學商各界均應參加

（五）殊勛陣亡將士家屬由所在省（市）長或派員慰問

第五條　本辦法自公布日起施行。

陈诚、谷正纲关于感谢捐汇前线将士慰劳金致马鸿逵的代电（一九四四年八月二日）

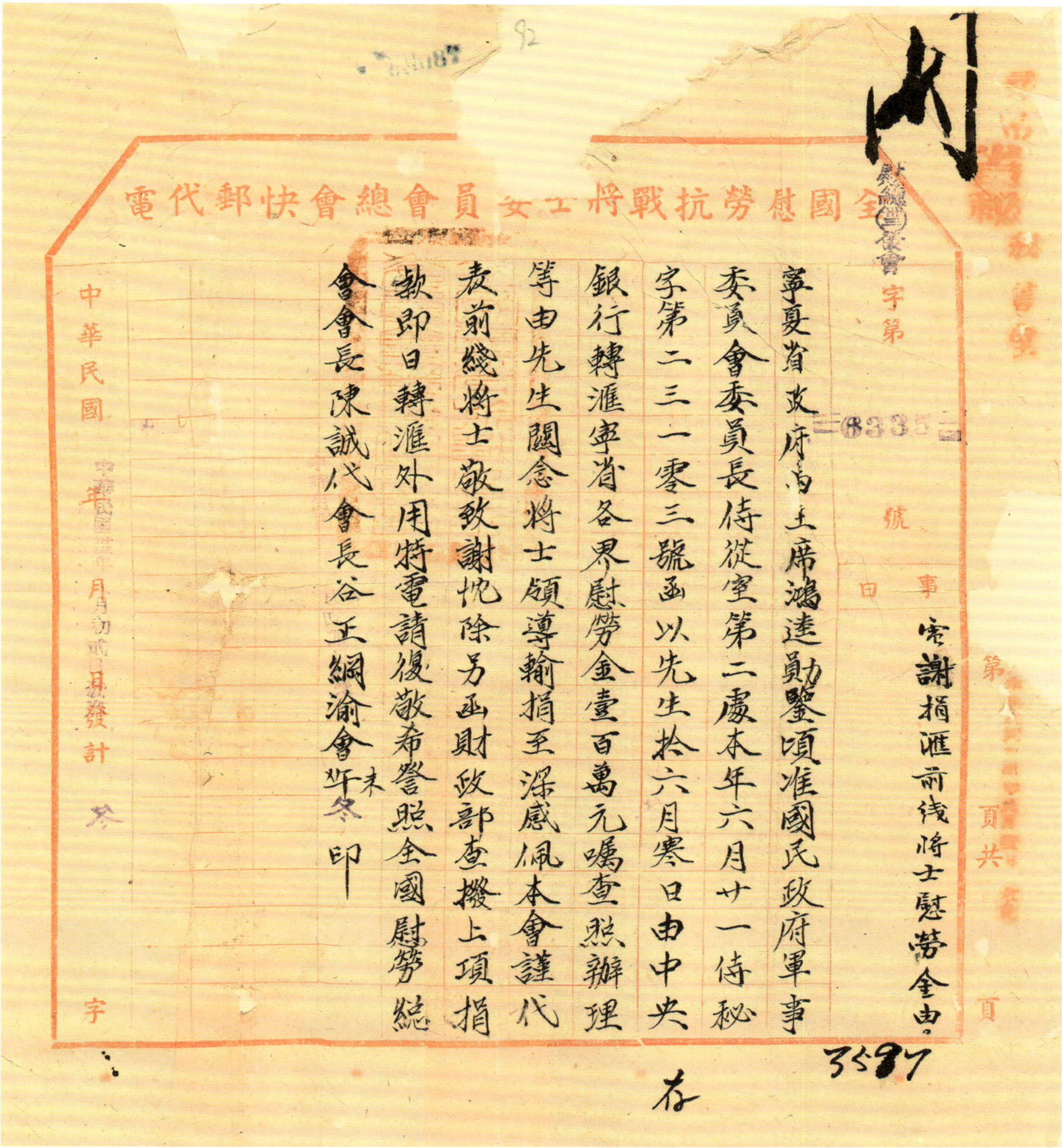
全國慰勞抗戰將士委員會總會快郵代電

密 謝捐滙前线將士慰勞金由

寧夏省政府馬主席鴻逵勛鑒頃准國民政府軍事委員會委員長侍從室第二處本年六月廿一侍秘字第二三一零三號函以先生於六月寒日由中央銀行轉滙寧省各界慰勞金壹百萬元囑查照辦理等由先生關念將士領導輸捐至深感佩本會謹代表前綫將士敬致謝忱除另函財政部查撥上項捐款即日轉滙外用特電請復敬希譽照全國慰勞總會會長陳誠代會長谷正綱渝會未冬印

中華民國 年 月 日發 計 字

3587

存

抗战遗族学校第一次校董会议纪录（一九四七年五月十九日）

抗戰遺族學校第一次校董會議紀錄

時間：五月十九日下午四時

地點：新生活俱樂部

出席人：唐星海 吳士槐 吳中一 嚴欣淇 張壽鵬 熊世芳 范君博 徐潤泉 馬志超
鍾道贊 于 斌 劉鴻生 榮鴻元 朱紹良 李升伯 徐寄廎 王延松 徐學禹
劉攻芸

一、推舉臨時主席

公推朱紹良先生爲臨時主席

二、行禮如儀

三、主席報告

關于本校籌備經過情形籌委會另有書面報告四月十九日校董談話會時本席亦曾作口頭報告本校籌備期間共達七月各委員本身事務冗繁多未能注意及本校籌備工作爲本校進行未能順利之主要原因大凡籌創事業開始時期必困難重重參與其事者能以絶大之毅力配合熱誠解決困難則創業方有成就本校籌備期内實未能做到此點乃莫大之遺憾今幸承諸先生關懷抗屬願爲本校校董共策進行本席深信以諸位之熱誠不久之將來本校定可成立其前途之進展更將無限量本席願與諸先生共勉之

四、討論

1 審議本會規程暨本校組織大綱案

決議：本會規程修正通過本校組織大綱交常務董事會議修正之

2 推舉董事長常務董事經濟董事案

決議：公推朱紹良先生爲董事長于斌劉鴻生錢大鈞榮鴻元嚴欣淇五先生爲常務董事並推嚴欣淇先生爲經濟常務董事于斌先生爲主任常務董事

3 決定本會職員案

決議：本會設秘書一人聘請曹勤餘先生担任之

4 決定本會辦公地址案

決議：本會以蘇州金門口本校籌備委員會辦事處原址爲本會辦公地址

5 決定本校校舍案

決議：暫以蘇州金門口前敵内河輪船公司房屋爲本校校舍先行開辦將來不敷應用時另行設法之

6 選聘本校校長案

決議：聘請潘承禹先生爲本校校長

7 本校基金籌募事宜應如何繼續辦理案

決議：過去所發基金捐册仍以籌備委員會名義函請各經募人從速勸募於一個月内辦理結束（京滬抗地區於半個月内結束）並另由本會計劃籌募之

8 決定本校經費預算案

決議：由校長擬具開辦費經常費預算書提交本會核定之

9 審核本校籌備經費報銷及如何歸墊案

決議：交經濟董事審核於基金項下撥還

五、臨時動議

1 本校應如何向主管機關進行辦理立案手續案

決議：由本會先行呈報教育部備案開學後再辦立案手續並函知吳縣教育局暨江蘇省教育廳

2 本校名稱似欠妥當應否更正請公決案

決議：本校名稱更正爲抗戰遺族學校

3 本校基金應如何動用請公決案

決議：銀行代收之基金由籌委會原經辦人全部提出交經濟董事負責保管在預算未通過前必需之費用由校長商請經濟董事支付之

六、散會

主席 朱紹良

紀錄 潘承禹

马鸿逵关于个人捐助基金和劝募费已汇款事致抗战子弟遗族学校董事长朱绍良的电（一九四七年七月十九日）

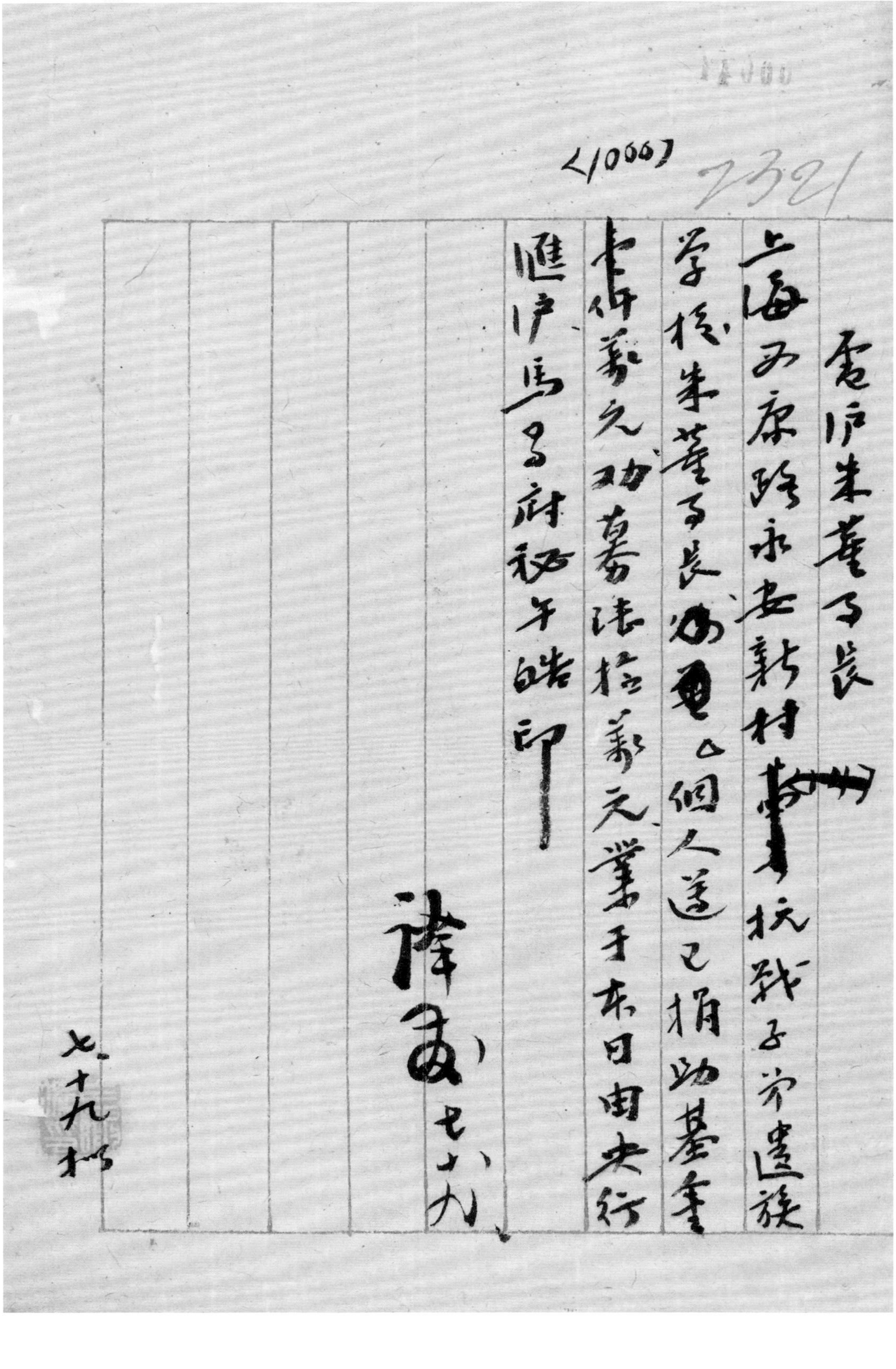

陆军整编第十八师新闻处关于「抗战军人子女免费入学需有特殊勋劳」致暂九旅新闻室的代电（一九四七年十一月二十七日）

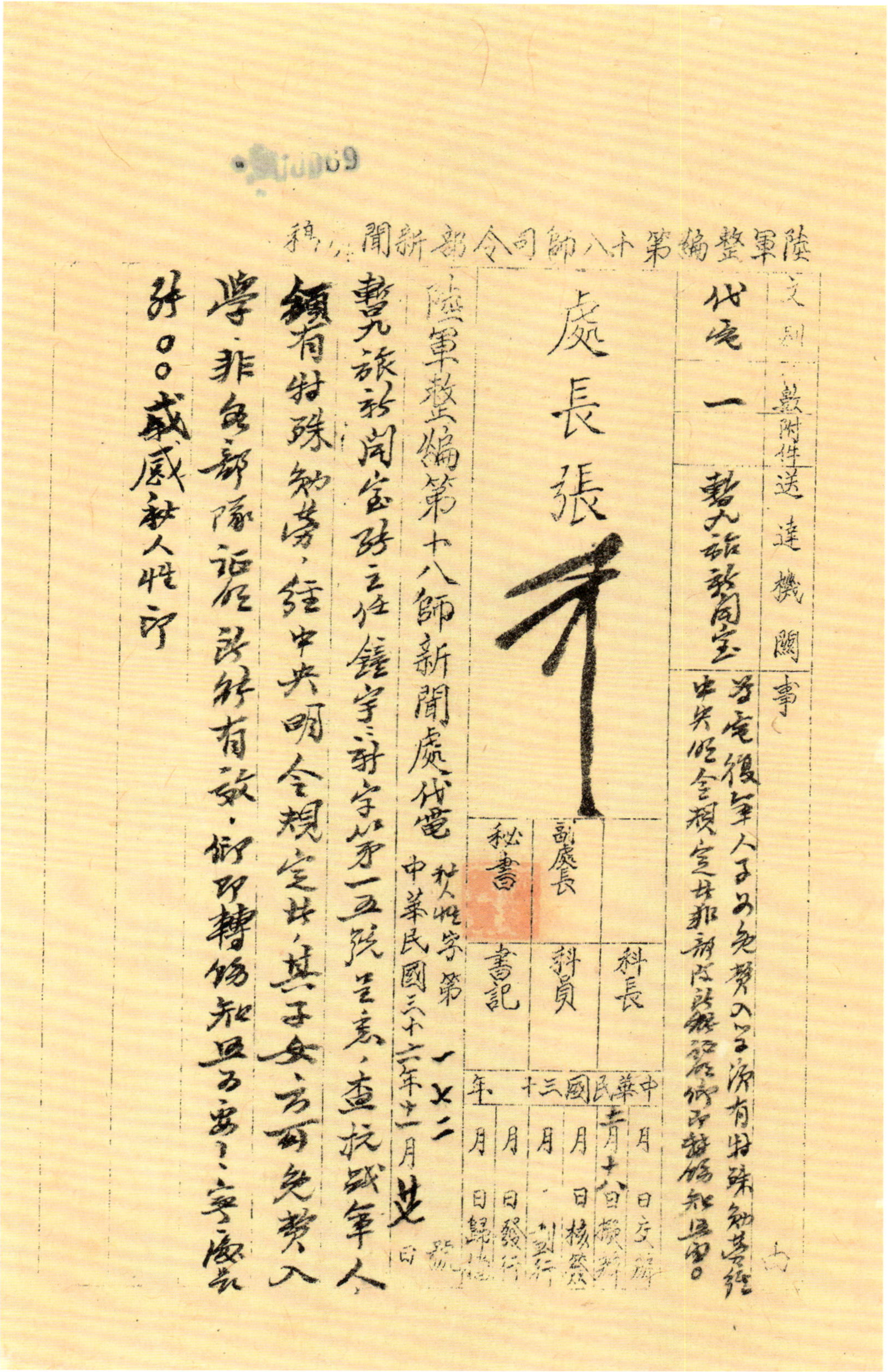

九、迎接和庆祝抗战胜利

宁夏省政府主席马鸿逵民国三十年元旦告宁夏省同胞书（一九四一年一月一日）

告寧省同胞書

——馬主席爲三十年元旦——

寧夏全省同胞

今日爲民國三十年元旦，諺云「一年之計在於春」，蓋春季爲一年之始，一年中之計劃，均決定於春季，且農事耕種，亦以春季爲播種之期，足見春季之可貴，而元旦爲春季之第一日，自益覺其可寶貴，吾人於此日互相祝賀，佳言吉語，互相頌禱，本主席亦沿舊例，謹向我全省同胞致慶賀之忱并略述所見，貢獻我全省同胞，望完全接受，自能達到寧夏繁榮個人勝利之目的。

本主席奉　命來寧，瞬經八載，寧夏爲　先父宦遊之地，亦即本主席生長之區，故與寧夏有密切關係，不啻第二故鄉；昔　先父治寧事蹟歷歷在人耳目，無須贅述，但自民國十六年以至民國二十年間，數年之內，災患頻仍，捐征煩苦，民不聊生，我父老兄弟，身歷其境，當尚能追憶其慘痛，本主席於二十二年來長此邦，當到任之始值凋敝之餘，十室九空，飢饉載道，目擊當時之荒涼，追憶民十五前之富庶，復誦「天下黃河富寧夏」之成諺，中心痛恒未能自遏，即深以解除寧民痛苦與之更始爲職志；首即呈請　中央，豁免田賦積欠，以紓民困。繼則興利除弊，注重治安，期民衆得安居樂業，然後督率僚屬，謀庶政推行，嚴懲貪污，禁絕積弊，以整肅官箴；清丈土地，釐定田賦，以平均負担；穩定金融，舉行農民貸款，以安定民生；修濬水利，改良農產工業，以促進生產；强施社教，增加學校班級，以普及教育；而保甲編制，亦告完成，於今全省同胞，均能安居樂業，此固本主席應負責任，亦聊以自慰者也。

吾寧僻處邊塞，民智半開，文化落後，除少數智識分子外，普通階級，囿於學識，以致昧於時代之趨勢，未能迎合潮流，而政令措施，亦未能完全接受，此屬事實之困難。補救之策，首在推廣教育，數年來雖飭教育當局，悉力以赴，健全學校設備，擴充班級，復普設識字班及公民訓練班，揪辦社教，與學校教育，兼程并進，并實行強迫教育，但以積習過深，而下級執行人員，不免因循敷衍，鮮著成效，吾寧同胞，應深知教育爲一切庶政推行之基礎，但因文化水平過低，則雖口焦舌敝，仍難家喻戶曉，紳耆父老，亟應勸導鄉民，協助政府，努力教育之發達，而一般民衆，均須對政府推廣教育之苦心，竭誠接受，不識字者，即加入識字班及公民訓練班，受普通社教，若有已屆年齡之兒童，及早送入學校，使受小學教育，然後循級而入完全小學，中等學校，使具有國民之常識，始克成爲健全國民，至辦理社教及執行強迫教育之下級幹部人員，已另訂有獎懲辦法，若能如此，不僅掃除文盲，而於地方風俗之移變，與協助政令之推行，咸有裨益，此應注意者一。

吾寧既爲國防前衛，對內對外，屹然重鎮，敵寇僞軍，時思西犯，漢奸間諜之窺伺潛伏，自在意中，而圖謀不軌之分子，亦以吾寧爲軍事之重要位置，不惜耗費鉅金，誘惑知識薄弱之青年，刺探各方情形，以期達到其危害國家蹂躪西北之目的，此爲吾甯治安莫大之危機，對以上各項之不肖分子，應嚴爲防範，澈底撲滅，再則居民良莠不齊。不謀正業之輩，難免刧奪之行，數年以來，政府明密緝拿，以除惡務盡之手段，嚴密處置，地方治安，日臻鞏固，時至今日，雖未能自詡夜不閉戶，路不拾遺，但屬境居民，均已安居，無刧盜之顧慮，且自保甲編制，發行居留通行身份各種證明文件以後，奸宄莠民，已無立足之可能，惟防患未然，且內憂外患，方興未已，吾民不容稍有懈怠，對於鄉閭居民，隨時考察，如有思想不純，言行乖謬者，嚴加糾正，若不率教，應即呈送就近縣政府或鄉公所嚴辦，決不稍假寬貸，而對匪棍遊民，尤宜即時加以拘捕，勿使潛匿，所望竭誠團結，盡量發揮保甲效能，以協助政府維持治安，此應注意者二。

烟毒流入吾華，百餘年來，爲害之烈，甚於洪水猛獸，吸者精神頹喪，資財耗蕩，非至身亡家傾不止，且致國家有東亞病夫之惡名，騰笑世界，墮損國格，甯夏自民十六年以來，產烟甚多，吸者甚衆，蒙禍最慘，此固盡人皆知之事實。政府早具禁絕决心，本主席於西北兩大問題講演中，已明白揭示，并詳告辦法與步驟，以吸者過多，爲因地制宜之計，故先行禁種，期能杜絕來源，則吸者自少：現　中央六年禁絕之期，已於廿九年十二月卅一日屆滿，既經迭頒明令，雷厲風行，本省府自奉行惟謹，不稍敷衍。查本省煙民。迭經多次調查，似逐次均有大量減少，但爲數仍多：夫煙毒有萬害而無一益，一榻橫陳，情同僵尸，健康事業，悉喪失於煙靄瀰漫之中，以本省情形言之，漢囘雜居，囘教教律以烟毒爲厲禁，無有吸食之癖，均能興家立業，故本省囘教徒較普通漢人爲富庶，此爲事業之證明，非本主席之私言也。吾同胞應切自警惕且煙毒之癖，非决不能戒除，若能自下决心，恢復健康，易如反掌，何苦沈溺不悟，致自斲傷身體，耗費資財，我紳耆父老，應協助政府，廣事宣傳，對鄉鄰之不幸而染有煙癖者，嚴加督促，則必能收效於無形之中，此因注意者三。

再者：抗戰以來，中央頒行徵兵制度，凡屬國民，除常備兵役以外，均應服國民兵役，查世界各國，均係徵兵制度，吾國唐朝以前，亦莫不如此，至宋初始行募兵，流傳至今，致人民視兵役爲畏途，而不知服兵役爲國民應盡之天職，故自施行兵役以來，時有掣肘，本省雖亦遵　令征服兵役，但亦體念民間痛苦，征額無幾，以視陝甘各省出征軍人之數目，瞠乎其後，則較之其他省區，更無論矣，將來抗戰史上，吾寧不能留光榮之一頁，實吾寧之奇恥大辱，以後紳耆父老，遇征訓國民之時，應勸導鄉民，踴躍應征，不可規避，并宜以身作則。送其子弟入伍。且已征壯丁，皆奉令暫就本省服役，待命出發，十七集團軍尤注意士兵訓練，對於學識教育，及健全管理，無微不至，所徵兵丁，果能用心求知，鍛鍊身體，在營固爲良好之士兵，將來解甲歸田，亦即模範之良民，且以六七萬之衆，於回家後，就其所學，以教鄉村，以一人數十人計算，即可有六七十萬人，均爲鋼筋鐵骨學識優良文武兼備之人民，移風移俗，輕而易舉，是征服兵役，爲吾寧地方民衆良好之機會，最大之幸遇，我父老應勸導其子弟，在服役之時，安心求學，服從命令，間有不明大義而逃避者，應立即勸送回營，切勿姑息，此亦爲應行注意者。

以上所揭，爲本主席衷心所盼望於吾寧同胞者，至本年度庶政推行，另有詳細計劃之公告。總之，本主席蒞寧八載，孜孜求治，寢饋不遑，凡茲苦心，當爲我全省同胞所共諒悉。蓋生長之區，亦即家鄉之邦，今忝斯土，必使我全省同胞之痛苦能以解除，全省政治入於修明，始足以慰吾寧同胞之喁望，而稍安我心。幸承　中央指導，并得僚屬，及民衆之協助，凡百庶政，逐漸實施，政治已漸趨於正軌；但倭寇一日未滅，即吾人一日未容自逸，應各竭其所能，貢獻國家，　委座第二期抗戰要旨指示有云：「政治重於軍事」，蓋政治者，治理衆人之事也，民爲邦本，本固邦寧，民衆與國家有密切之關係，望本「國家興亡匹夫有責」之義，協助政府，推行政治，果能上下一心，政府軍隊民衆三者，精誠團結，則區區島夷，自易殲滅。現我國抗戰軍事，早獲得光榮徵兆，勝利之期，已在眉睫，建國必成，抗戰必勝，固爲至確不移之事實，茲逢勝利年元旦之日，國家民族復興之時，謹以上所揭各事，勸請吾寧同胞．一致注意，并祝寧夏繁榮，及我全省同胞永久之福利。

專載

抗戰第五週年紀念日　總裁向全國致訓

全國軍民同胞，今天是我們抗戰第五週年紀念日，我們全國軍民，犧牲奮鬥，反抗侵略的時間至今已有整整的五年了，尤其是過去這一年之中，可以說是世界大戰整理戰局展開的一年，也就是順逆與成敗劃然分明的一年。自從去年十二月八日，敵寇日本發動太平洋上的侵略戰爭以後，於是中日戰爭，就擴大成為世界整個的戰爭，我們國父於十八年前，在民族主義講演中預測的「公理與強權之戰」，我們於四年半苦鬥之餘，竟能躬與其役，實現遺教，這實在是值得我們感奮而惕勵的，我們當此悲壯的紀念日，第一要對過去慷慨殉國的軍民先烈，表示哀悼與崇敬，其次對於浴血轉戰冒險犯難的將士，以及流離顛沛，不辱祖國的僑胞，我在十分感慰之餘，認為他們的忠勇和堅貞，實在給全國同胞抗戰建國的精神，以無限的鼓舞與激勵，同時對於和我們并肩作戰同盟各國將士，所造成的戰績，以及美英蘇荷澳捷克波蘭印度加拿大等，和其他各盟邦政府與人民團體的關切我們中國安危，加強互助的一番盛意，我願與我全國軍民，藉這個紀念機會，共同表示深切的感謝。

全國同胞們，要知道我們這五年的艱苦抗戰，打破了最近百年來世界各國戰史最長期的紀錄。而且我們這次抗日戰爭，不僅是最長期的戰爭，亦是以弱敵強，最悲慘最壯烈的戰爭。我們在這樣長期而慘酷的戰爭中，能夠始終如一，屹然不搖，這就足以表現我們中華民族卓然自立傳統精神的偉大，亦已經表現了我們先民殺身成仁，不可屈服的民族氣節之崇高。我們不獨為世界上反抗侵略的先鋒，而且已經為世界人類樹立了正義不屈的權威，與精神制勝的典型，這因爲我們抗戰之始早就覺悟到我們的成敗，不僅關係民族的興亡，實在也是世界人類禍福的關健，我們這次戰爭，眞正是道德與罪惡，公理與强權的戰爭。我們這一次戰勝了，就是人類禍福的再造，世界正義的確立，在人類文明以及世界文化進步上又創一新紀元；因爲我們民族有這種志節與氣魄，所以今日世界一切的變遷，和國際戰爭全局的演進，也隨我們抗戰形勢預期的程序而着實現了。我們五年以來，雖然遇到了重重的困難和無數的艱險，而結果證明我們中華民族大無畏的革命精神，是沒有什麼困難不能克服，沒有什麼危險不能衝破的。我們今天檢討五年來奮鬥的經過，所以能有如此堅苦卓著的成績，追本溯源，實在是由於我們國民信奉國父三民主義革命建國最高原理的指導，來發揚我們，中華民族四維八德的傳統精神，和充分表現我們整個民族頂天立地不畏强權不甘屈服最高尚的人格，除了極少數漢奸，敗類以外，我們全國國民，實際上已在戰鬥中，確立了整個民族道德上最高權威，這種道德上的權威，是任何暴力與陰謀所不能動搖的。這不但是我們抗戰勝利的保障。也是我們建國復興唯一的要素。

我在過去五年間，我屢次勗勉我們軍民同胞，我們要在戰鬥中，瞻望整個世界的全局，堅定我們必勝的信心，并且再三指出：我們抗戰必須在世界整個局勢發展中，盡到我們的職責，纔能達成最後勝利的目的；但是到了今天，整個世界的前途，業已大定了。全世界十分之九以上的人類，都站在我們公理正義的戰線上，一致參戰，和我們共同奮鬥了。換句話說，我們在今日，已不是像過去四年半那樣的孤軍獨戰了。但是我們的責任，却因此格外加重了，當然我們是得道多助，不患孤立，但人助先要自助，而且世界上，亦唯有自愛自助的民族，足以見重於人，而後纔能得到人家的尊重。大家須知，自己創造的勝利，纔是最可寶貴的基礎。我們從前孤軍奮鬥，獨自作戰時，固然是艱苦，而今日聯合盟邦并肩作戰時，尤其要奮鬥自强，以無愧爲共同戰線上的一個戰鬥員。我們中國世代相傳的古訓是：（肅其在我）

又說（自强不息）讀：所以我今天特別要求我們軍民，認識我們自己在這次世界戰爭中責任的重大，比過去格外要戒慎恐懼，刻苦耐勞，來盡到這個重大的責任。什麽是我們中國的責任呢？就是在東方大陸上，我們中國要負起主力戰的任務。以往我們對於這個責任，本已挺身獨立的承當了，今後更要担當這個責任。要知道，我們中國爲什麽在這東方大陸上，對日寇作戰，要盡其主力戰的責任。這正如美國之在太平洋上，對於其最主要，最迫切，最逼近的第一個敵人日寇，該要負起首先解決的任務是同樣的意義。其他如美國，如蘇聯等同盟各國，分担各戰區主力戰的責任亦是一樣的道理。這都是依照地域形勢，與天然分配的戰鬥任務。凡是同盟各國，都該當人不讓，來担負起這義無容辭的職責。譬如就太平洋的海上形勢來說，目前使美國本土受到最大威脅的敵人，就是日寇，而首先侵略美國領土，攻擊美國海軍，侮辱美國國家榮譽的，亦是日寇。我們看到近來美國在南太平洋，中太平洋，及北太平洋的軍事措置和動作，如對東京的轟炸，珊瑚島中途島及荷蘭港的海戰，就可以瞭然美國已在開始履行他在太平洋上的主要任務，換一句話說，就是美國必能先解決在太平洋上威脅其本國最迫切的第一敵人日寇，使美國本土獲得安全，以實行其民主國家兵工廠的任務，完成美國對世界整個戰局所負領導的使命，所以我們同盟國，切不可聽信表面猜測之詞說，同盟國的戰略與政策，認太平洋爲次要戰場，而暫時聽任日本的猖狂，甚至說，同盟國家作戰，并無整個的戰略，亦無具體的組織，任聽軸心各國，在各戰場縱橫馳突，進行其各個擊破的毒計，這些都是不必有的顧慮，不久的將來，大家直到敵寇整個崩潰到來的時候，就可以證明同盟國的戰略和組織的力量，究竟如何了。

我切望我們全國軍民同胞，此時只要先盡其在我，對於我們中國本身，在東方大陸所負的責任和地位，要確切認識要自覺有此天職，也自信有此力量，我們不能因其他戰場形勢的變更，而忽略我們自己的責任，或減少我們的信心，我們絕不可存一點僥倖苟且之心，應知戰爭是現實的，是完全要靠自己的，若果存一絲一毫僥倖苟且之心，就是畏避現實，亦就是否認自己，這豈是我們革命精神所能容許的，這是我從抗戰以來，對我們同胞，隨時隨地，無不如此誡告的，要知道世界上任何國家，任何民族，無不是從千難的鍛鍊中，創造出自身光輝的命運，亦無不是從艱苦危難中，獨立奮鬥，才能求得眞正的勝利。我們有主義，有決心，有正大光明的參戰宗旨，有固定不易的抗戰目標，祗要秉承我們國父所說「義之所在」，全力以赴的教訓，自立自强，向前奮鬥，就必能盡到我們的責任，達到我們的目的；否則如果僥倖取勝，即使抗戰獲得勝利，也不足以達成我們革命建國的目的，依然不能保障我們民族的獨立生存。

我們軍民同胞，對於最後勝利的眞正意義，必須加以切實的認識。各位同胞須知，最後勝利的關鍵，全在最後五分鐘的努力，所以我們九一八以來，殉國先烈，被敵寇慘炸殘殺的仇恨，亦不可辜負了各位同胞五年來，堅苦卓絕，流血作强的奮鬥使抗戰大業功虧一簣。我們今後更須發揮我們貫澈始終的精神，我們最後勝利的目的，在今天以前，我們既撐持到如此長期而慘酷的戰爭，在今天以後，就要看我們有沒有再接再勵奮鬥到底的精神。抗戰到了第六年的開始，一方面勝利在望，同時也正是光明前以晦冥的時候，我要明告我們軍民同胞，國家的存亡絕續，民族的生死榮辱，乃至我們世代子孫榮辱主奴的機紐，都要在最近時期內由我們自身來決定。

我還要明告各位，在此近幾個月之內，世界戰局的變化，或許於我們同盟國方面，還要比現在不利，亦未可知，然而這個不利的時期，是極短促極有限的。祗要我們能加强努力，我們同盟國的最後勝利，必能到底得來，大家須知，這半年來，敵寇之所以在南洋各地，能如此猖狂得志，完全是空間與時間便利的關係，所以被他投機取巧，獲得了一時的倖勝。實際上，他初期緒戰的得勝，并不是他的力量眞正强大，這是我在今年元旦以來，歷次廣播與講演中，早已向我們同胞詳切說明了，但是我今日要對我們同胞重新解釋的就是敵寇最近在太平洋上中途島珊瑚島與荷附港各戰役，已經遇到了頓挫，他最新式的六座航空母艦，已經喪失了四艘，他的戰鬥主力艦，亦已被擊沉了兩艘。敵寇在海上遭遇了這個頓挫，實在就是他力量由頂點而降下的開始。不久的將來，必然還要遇到更大的失敗，待至這個失敗到來的時候就是敵寇整個崩潰的開始了。我只提一件極簡單的事實來說敵寇軍所有的海軍軍艦以及他所有的商船實力共計起不足五百萬噸數量。這種先天不足，短小弱薄的力量，而要維持他東西南北縱橫一萬海里這樣長大深遠的戰綫，試問如何能夠持久得下去呢？至於同盟各國的海陸空軍實力，天天增強，現在已超過軸心國力量的總和，到了今年冬季以後，日寇與同盟國的力量比較，更要低落十倍了。這種敵我勝敗之數，存亡之理，是異常分明，無待我多述。我今天所要為我同胞說明的，就是敵寇日本沒落的過程，他的失敗必自海洋開其端，而以大陸，覆滅畢其命，所以他半年來雖在南洋猖狂兇行，實在就是他在海洋上最後慘敗的先聲。

至於他在大陸上的泥淖，更是愈陷愈深，而且這五年以來，他一舉一動，無不是追隨著我們作戰方針所指示，向著他切腹自殺的末路前進，到今天，他更無自拔的餘地了，當然他最後覆亡的遲速，還要看我們全國軍民以後努力的程度如何而定，但是這亦僅僅是一個時間問題罷了。然則我們同胞所必須警覺的就是世界參戰史，往往有開始奮鬥非常勇敢，初期作戰亦異常勝利，而到了最後因其後繼者的怠忽弛懈以致功敗垂成的。這種事例，實在不計其數，我們不可不引為殷鑑，所以我們今於抗戰的形勢，正在成敗存亡的轉捩點，我們如能奮勇邁進，就是世世代代無限的光明，若是自怠自棄那便是子子孫孫無底的地獄，這就要看我們這一國民，全體同胞有沒有創造奮鬥，堅決犧牲的革命精神，有沒有耐苦耐勞，百折不回打破任何險惡環境的持久力，而對於一切政治，經濟和社會，有沒有加強組織，提高效能的建設力，古人說（行十），這就是明示我們抗戰最後期的艱鉅，應該十倍超越於抗戰的初期，這是我們要求國家獨立，民族生存的全體同胞，所應有的決心。

所以我們從今天起，更要十倍努力，發揮我們的愛國良心與犧牲精神，人人更要有力出力，有錢出錢，要體念到淪陷區同胞，雖欲貢獻國家，而無從貢獻的痛苦，無論男女老幼，必須及時自效，爲國家盡最後的努力，和最大的義務，來爭取我們最後的勝利。這樣我們的國家，才可獲得永久的獨立生存，與列強并駕齊驅，取得舉世的尊重，我們的子子孫孫，亦就永遠能做一個獨立自由國民。同胞們，我們經過這五年的抗戰，我們中華民族道德上的權威，是已經確立了。只要我們能繼續不斷的英勇邁進，就可獲得最後的勝利。從此我們中華民族的基業，必將與天地并存，中華民族的歷史亦必能與日月齊光，而永垂不朽。國父教訓我們：（以吾人數十年必死之生命，爲國家立億萬不拔之根基），我深信全國同胞，必能在我們國民政府領導之下，服從命令，嚴守紀律，同心一德，貫澈始終，來接受這一個神聖的任務，完成這一個神聖的使命。

歲首獻詞

——以更艱苦之決心迎接勝利年——

雨蒼

「一年容易過了，又是新春」，這阿Q式的「過了就了」的精神，成爲人們遺棄往事的習性。雖屬爲「不究既往」的雅量，却是不深刻處和不長進處，「前事不忘後事之師」，確是經驗之談，新的進步，一定是從舊的歷史中孕育而來，對往事健忘的人，不見的對未來有什麼憧憬和抱負，再說的深刻些，舊的創痛，即是新的教訓，只有正視過去的錯誤，才能估定未來的途徑。所以，在今天踏進三十三年新春之始，首願我六年來備嘗艱苦的人們，記取過往慘痛的歷史教訓，深深的追憶一下中華民族在日寇鐵蹄踐踏下的血腥畫[illegible]：今天中國十分需要這一回憶，未來的光明與勝利正離不開這塊血肉糢糊的基石！

最後勝利雖然經過開羅會議已經達入決定的階段，然而勝利的旗幟，我們還沒有舉起；敵寇雖已深滔泥沼四面楚歌，可是這條野獸，仍然在我們國土上盤據着，而況困獸之鬥正是預料中必有的事實，這一場最後的決鬥，所需要的代價，絕不減於過去六年所付的犧牲。「勝利愈接近，艱苦必愈甚」這不是總裁的預言而是寶貴的歷史教訓，我們過去雖然艱苦，可是艱苦還沒有到頭，要爭取已往艱苦的成果，必須準備嘗試和忍受更大的艱苦才能完成中華民族神聖的任務！

勝利，雖然已在向我們招手，可是我們面前橫躺着有一條險惡的巨流，決不能憑空飛渡，期待着我們中華兒女更多的血肉，來搭建過渡的橋樑。「最後的勝利，屬於最後的努力者」！這「最後的努力」，不是一句輕鬆的詞句，而是一個難解的課題，是一樁艱巨無比的工程。惟具有更艱苦的決心的人，才能解答這一難題，惟有準備更大的犧牲的勇士，才能完成這樁浩大的工程！

勝利就在今年，也許就是明天，然而伴着勝利的這一沉重的巨担，已經緊壓在每個黃帝子孫的肩頭，不願做奴隸的人們，更咬緊牙關，以無懼的勇敢，迎接勝利吧！

我們風雨同舟，在這驚濤駭浪將臨彼岸之際，謹以誠摯之警語，爲新年祝賀勝利的佳禮！

青年和抗战建国（载于《宁夏青年》一九四四年五月第一卷第二、三期合刊）

14 寧夏青年 第一卷

青年和抗戰建國

郭敦道

青年是國家的新生命，新戰士；民族的新細胞，新血輪，革命的先鋒隊，生力軍。自古迄今，任何國家，任何民族，遇到外敵侵害的時候，除了用盡國力，死拚到底，以求獨立生存以外，實在別無第二法門。這種抗禦外侮，捍衛民族的國力總源，便是青年。現在我們對付殘暴的日寇的侵略，人類歷史早給我們留下了一條必經的道路，就是死拚到底。八年來的血戰，已給敵人以致命的打擊，奠定了勝利的基礎，樹立了復興的楷模，中間最少有一多半的功績，當必歸屬於青年。這一次對日們作戰，是中華民族爭取獨立生存自由解放的大血戰，青年已作了民族鬥爭的先鋒，國防最前線的鬥士，不特已完成了民族抗戰建國的重大使命，並且在鬥爭中鍛鍊出了無限的民族革命的新戰士，這是最值得我們欽敬愛佩的。

過去中國青年，沒有組織，沒有訓練，國家運用青年的方式，也不十分靈活，所以有不少熱血洶湧，志氣奮發的青年未能盡量發揮其偉大的力量，供獻於國家民族，致使青年常有「無用武之地」的感慨，流於腐化墮落者有之，甚至誤入歧途者亦有之。現在國家已經有了組織青年，訓練青年的機構，將使全國青年，悉數延納入於組織之中，施以訓練，然後再加以靈活之運用，由過去的散漫，頹廢，消極，游浮，而趨於團結一致，集中力量，當更能發揮超前千百倍之活力，摧毀暴敵，光復國土，三民主義新中國之建設完成，為期當在不遠。

青年的責任，既如此其重大，那麼怎樣才能使其負荷起這種重大的責任呢？我以為至少必須具備下面的三個條件。

一、要養成高尚純潔的人格：人格為人一生作事的基點，一個人的才知能力如何，先放在其次，而道德品格實居最要。因為一個人如果沒有人格，那他的學識才能愈大，適足以長其惡。如民國初年北洋軍閥當政時，政府中之軍人政客，官吏，都不講人格，更不重氣節，影響所及，社會風氣為之日媮，世道人心為之大變，尤其當時在學校裏求學的青年，意志薄弱，受害最深。試看今日甘冒中華民國的大不韙，斷喪五千年來所推崇的美德，屈膝於寇仇之前，認賊作父，附敵作倀者，大都是那個時期的軍閥，政客，官僚，青年，所以現在的青年，應當首以養成純潔高尚的人格，崇尚古德，砥礪氣節，為第一要務，才能不為外物所誘惑，不致趨入歧途。我們更徵諸往史，特別是愈到了國難嚴重的時際，氣節愈形重要，比如南宋末季，韓侂冑，賈似道等權相胡作妄為，簡直弄得危在旦夕，若非朱熹，文天祥，陸秀夫獨任艱鉅，則南宋早就亡了，後漢時期社會風氣，何以那樣高尚，士林道德，何以那樣淳厚呢，這不是別的，就是由於光武帝崇重氣節的關係有以致之。現在國難方殷，寇仇未除，吾輩青年，自應效法前賢，崇尚古德，砥礪氣節，注重操行，尤其須於日常生活中，磨礪以須，修養有素，更應以身為天下倡。

二、充實知能，健全體魄：抗建事業，千難萬緒，需材正多，總裁在中國之命運裏說「實業計劃的完成，要積卅年至五十年之久，……要供給各級專門學校畢業生二百四十六萬人」，以我國面積之大，人口之多，和建國事業的艱鉅偉大，還個數目，當然不算是過大，可是我們回頭考慮一下，以二百多萬的專門人材，從事建國事業，三五十年才能成功，那麼我們究竟怎樣來培養這麼多的人材呢？這固然是國家的責任，但是更須要我們青年本身澈底覺悟，努力求知——要爲事業而求知，不要專爲職業打算，各盡其性情的所近，爲國防實際的需要，總要求得一技之長，在最短期間，人人成爲國防建設的專門人材，不一定要在專門學校裏去學。所以現在的青年，無論是在學校裏讀書的，無論是在社會上作事的，無論是在田莊裏，商店裏，都應當積極求知，並且鍛鍊強固的體魂，假使一人身體不強，雖有豐富的才能，也無法担當起大事，力與願違，徒嘆奈何！所以求知與鍛鍊是不可分離的，鍛鍊體魄，尤甚於求知。我們負荷革命建國偉大事業的青年，能不對此特別注意焉。

三、要養成堅忍不拔，刻苦耐勞的習慣：從前袁世凱死後，日本人大隈重信，作了一篇吊他的文章，主要的意思，是「說袁世凱因過於貪圖安樂，和文飾自己，所以雲南起義，不到四五個月，袁氏便失敗而死，」並且警告中國人以「不要祗圖安樂，不顧國事，致陷國家於危亡，」往事不遠，足資殷鑑，我國現在的青年，固不像他所說的那樣貪圖安樂，但是刻苦耐勞的精神還嫌不夠，今後我們要於日常生活中，痛自磨鍊，矯正往失，要作到孟子所講的「富貴不能淫，貧賤不能移，威武不能屈，」和「必先苦其心志，勞其筋骨，餓其體膚，困乏其身，行拂亂其所爲，所以動心忍性，增益其所不能」的境地，才能作頂天立地的事業。

以上三條是青年應備具的條件，倘能人人切實作到，那麼抗戰勝利，當可立待，建國偉業，自可加速完成，三民主義之實現，也可立致，這種偉大的功績必屬於我革命青年。

希望於寧夏青年

蘇連元

總裁訓示：「看一個家庭有沒有希望，要看他的子弟與後代，不能看他的父兄與祖先，看一個國家也是這樣，我們不能看他從前的歷史，而要看現在一般青年有無希望。」誠然，五千年悠久的歷史，表明了中華民族過去的光榮，不能保證將來的發揚，中華民族將來的發揚，責在現在及今後的一般青年。

寧夏在昔被目爲邊區，但自抗戰發動，談國境者，率以蘭州爲中心，寧夏已變成腹地了。所以政府對於寧夏一切設施，極端重視，而寧夏青年對於國家的責任，亦當然增重加大了。對於國家負着重大責任的青年，在這非常時期的現階段中，應當怎樣？

一、注重技術　今中國技術人才缺乏，寧夏尤然，因之，鑛山寶藏，不得開採，沃野肥田，未能盡闢，這是國家極大的損失。某將軍視察後套一帶後，發表談話，謂後套人民是「抱着金碗討飯吃」。「天下黃河富寧夏」，這是寧夏人民時常誇耀的一句口頭語，寧夏天然的富源，駕乎後套一帶之上，所缺者亦只是技術問題。所以寧夏青年，應當注重技術——應當注重科學的專門技術，以牛頓、瓦特或愛迪生爲模範人物，去創造，去發明，要把鋤犂變成機器，把燒酒變成硫酸，用煤炭代

团长告知识青年从军书（载于《宁夏青年》一九四四年十一月第一卷第八期）

團長告知識青年從軍書

全國知識青年們：

我們中國過去知識份子向以溫文儒雅自命，重文輕武，好逸惡勞，演成今日文弱頹靡的風氣，因而造成國家的衰弱，遭受了「東亞病夫」的譏評，招致了如此空前的外侮，這實在是我們國家民族莫大的恥辱！現在我們經歷了七年餘的艱苦抗戰，而且已到了決定勝敗的最後關頭，今後的一年，將是我們爭取最後勝利的一年，也是決定我們民族盛衰，國家存亡的一年，這正是我們知識青年報効國家千載一時最難得的時機！倘若我全國知識青年，皆能振臂而起，踴躍從軍，發揚蹈厲，挺身衛國，就可以澈底改造我們社會的頹風，洗雪我們民族的奇恥大辱；不僅可以完成抗戰的勝利，並且足以奠立建國永久的基礎。否則如果我們知識青年至今還是漠視國家的安危，坐視將士的浴血犧牲，而不痛改其本身已往苟且偷安貪生怕死的惡習，仍以社會上的特殊份子自居，則亡國的慘禍，無可倖免，而中華民族世世子孫，勢將萬刼不復了。中正深感我國家興亡民族盛衰的前途，完全寄託在我們全國知識青年的肩上，乃由中央發起知識青年從軍運動，號召我有志節有血性的知識青年，一致奮起，志願從軍，共同集合在一個集團之內，在我親自統帥之下，來做我的幹部。凡是立志革命，決心報國，願與我同患難，共榮辱，來做我部下的青年，我必與之同生死，共甘苦，視之如子弟，愛之如手足。竭我心力，盡我職責，來領導你們完成革命抗戰實現三民主義的大業。今當這個運動開始之際，特列舉要義，以告我全國的知識青年。

回溯五十年來的革命歷史，最初國父倡導革命，號召救國，我海內外青年志士，紛紛犧牲學業，捨棄家庭，在國父領導之下，提義兵，舉義旗，擲頭顱，洒熱血，前仆後繼為國犧牲，迄辛亥之役，終於推翻滿清專制，建立中華民國。及至民國十三年，國父創立黃埔軍校，全國各地有志青年，間關跋涉，冒險參加，接受革命軍事的訓練，造成了國民革命軍的基本力量。經過東征北伐三年間的奮鬥，終於肅清軍閥勢力，統一全國。這兩次偉大的成就，可說都是以知識青年從軍為其契機，這固然是表現了知識青年赴難爭先，報國恐後的精神，也可以說明知識青年從軍，對革命建國貢獻的偉大和關係的重要。

自從七七抗戰發動以來，雖有一部份知識青年參加軍事有關的工作，也有不少青年學生，或入軍校受訓，或應征調服務，而最近一年，更有不少學在青年與公教人員，自動請求入伍。但是事實上知識青年從軍還沒有普遍到全國各地各部門，知識青年因爲兵役法上有緩征緩召的規定，因而自動請纓也不夠熱烈。現在抗戰局勢已臨到決戰的階段，一切須爲軍事，一切須爲勝利，當前形勢的緊急和重要，遠過於辛亥革命和北伐的前夕。我知識青年要對得起過去爲革命而犧牲的先烈，對得起七年餘爲抗戰而殉難的軍民，就要認識現在正是你們效忠報國的唯一時機，踴躍入伍，以身許國，發揚我革命青年的一貫精神，克盡其爲民前鋒的責任。

中央爲使知識青年們得有效忠報國的機會，已經決定第一次號召知識青年十萬人從軍，凡年齡在十八歲以上三十五歲以下曾受中等教育，或有相當知識程度的青年，只要體格健全，不論依法是否緩征緩召，均得志願報名參加，中央現已設置全國知識青年從軍指導委員會，各省市縣各地方各機關，以及各專科以上學校皆將設置知識青年從軍征集委員會，分別籌劃辦理征集有關事宜。中央並已選拔優良的幹部，從事領導，務使這次從軍的知識青年們獲得實益，蔚成勁旅，而過去一般軍隊編練中的缺點，亦已詳加檢討，切實改革，務使過去一切征集訓練的弊端，徹底的掃除。至於軍中待遇，則參照駐印軍及遠征軍的辦法，將來編練成軍以後，我必將這個步隊使用於發揮最大戰鬥效能的方面。其他實施辦法，均在積極進行之中，而我對於這件事，必親自負責督導，盡其心力，來作極周到的準備，使知識青年們從軍以後，得爲國家作最大的貢獻。茲爲使大家明瞭此舉意義的重要，特爲我知識青年說明下列的幾點：

第一、青年非從軍無從創造人生偉大的志業　我要提示我全國知識青年的，你們要充實自身、鍛鍊自身，實現其平生的抱負，創造其偉大的事業，而成爲一個非常的人才，那就一定要在戰鬥生活中來鍛鍊來學習。戰場是我們創造事業基礎唯一的學校，在砲火中可以增進我們許多的知能膽魄和體力，在生和死的鬥爭中，纔可以眞正瞭解人生的意義。惟有在戰場上與我們同生死的戰友和民衆，纔可以給我們許多眞貴的知識和實際的學問，而這些學業與知能，都不是在任何普通學校裏所能學得到的。我自己在少年的時候便立志從軍，一向都認從軍爲人生中最快樂的生活，亦爲革命中最高尙的事業。我現在所有的經驗和學識，以及精神與人格的修養，都是從過去的軍人生活中鍛鍊和體驗得來的。你們入伍以後我必和你們在戰鬥中共同學習，教育你們，指揮你們，所以你們絕不要顧慮到拋棄現在的學業爲可惜，而躊躇不前，要知從軍以後，你們將在戰場上得到更廣博更寶貴的知識和教育。古今中外有許多偉大的事業，和高尙的人格，實在都是從槍林彈雨的戰士生活中歷鍊出來的。我們要充實自己要鍛鍊自己，創造革命建國的偉大事業，非實行從軍不可。

第二、青年非從軍無從湔雪國家積弱的恥辱　我要提示我全國知識青年的，就是世界各國現代的國民，無不視當兵爲他神聖光榮的義務，在這次世界大戰中，同盟各國都徹底實行全民總動員，全國人民，無分職業的種類和知識的高下，對於兵役無不踴躍應征，其未被征調的，且以未能親臨前綫執戈衛國爲憾。不僅男子服兵役，婦女也應征服務，因爲動員的徹底，所以他們作戰勝利便有確實的把握。反觀我國知識青年，却還是大都視從軍爲畏途，逡巡却顧，瞻望不前。迄今我們在前綫作戰的士兵受過中等教育的，可說是佔絕對的少數，這樣，不但我們步隊的素質無法提高，而外國人士對我國家的觀察，認爲現在還有這種特殊偏頗的現象，無不表示訝異和輕蔑。我們國家的地位和榮譽，也因此受到最惡劣的影響，這實在是我全國知識青年的恥辱。所以我知識青年如果要挽救國家，洗雪恥辱，如果要轉移風氣，復興民族，就一定要爭先入伍，自動從軍，方能無愧於你們慷慨許國知恥自強的志願和抱負。須知現在全國軍民都在注視我們知識青年的從軍能否實行，和從軍是否踴躍，來斷定我們知識青年是否眞正愛國，是否克盡國民義務；抑或祇望他人赴前線赴湯蹈火，而自己却在後方苟且偷安，我知識青年誠能以國家爲重，抱定爲國犧牲的決心，相率入伍，實行從軍，則風聲所播，不但我前線官兵，聞風歡躍，增加他們作戰的勇氣，社會各界也必觀感一新，互勵互勉，以親臨前線殺敵爲無上的光榮，以規避戰時國民義務爲最大的恥辱。必須如此，然後乃能改革過去頹風惡習的舊社會，樹立舉國一致爲國效命的新風氣，確保我國家獨立自由的地位，洗雪「東亞病夫」的恥辱。過去我曾指出「軍事第一」的重要，現在我更提出「軍人第一」的口號，作爲全國人民的基本認識。這就是說：我們國民的地位，要以軍人的地位爲最崇高，國民的職務亦要以服兵役的職務爲最光榮。全國同胞都應以軍人爲楷模，適齡者固應踴躍從軍，而未及齡與超齡的更要尊敬軍人，愛護軍人，隨時隨地要爲前線的軍人服務，要爲軍人的家屬服務，造成全國普遍具有「軍人第一」的觀念。而我們知識青年尤應具備軍人的人格，軍人的修養，軍人的精神，踴躍投效，來作一個最高尚最光榮最受國民尊敬的模範軍人。

第三、青年非從軍無從獲得抗戰最後的勝利　我要提示全國知識青年的，七年以還，由於我們前線數百萬將士的浴血苦戰，後方無數同胞的出錢出力，艱辛奮鬥已奠立了最後勝利的基礎。今當戰爭已發展至最後關頭，百年來的奇恥大辱能否湔雪，七年餘全國軍民所犧牲奮鬥而獲得的光榮能否保持，皆視此一年之中最後決戰能否勝利來決定。在這個敵我開始的時候，我們必須知道：現代的戰爭需要現代化的軍隊，更需要現代化的軍人。而在我們爭取最後勝利，執行反攻的積極準備期間，尤其需要有高度知識和技術的士兵所組成的部隊。我們現在一般的部隊，論犧牲的精神，論愛國的情緒，論刻苦耐勞的習性，實在都不落人後，今日我們一般部隊所最需要的，還是在於知識和技術。所以我們這一次發動知識青年從軍，是不只要知識青年來充當官長或是只在軍中服軍佐的業務，而是要我們知識青年來充當戰鬥的列兵，直接來担任衝鋒陷陣眞正爲民先鋒的任務。必須我知識青年能踴躍從軍，大量入伍，方纔可以提高我們軍隊的知識水準，及精良武器的使用，新式戰術的訓練，能夠發揚最大的效能。而且知識青年都有相當的知識修養，有獨立判斷敵情與應戰的能力，不僅加入特種兵部隊易於訓練，就是在一般部隊中，能使受過中等以上教育的士兵，增加一個師，就無異於增加普遍十個師的力量。我們國家要能眞正得到自由平等的地位首先就要我們軍隊知識程度能與人家平等。尤其要我們士兵的知識水準能與人家平等。中央這一次號召我們知識青年從軍以後，將來還要繼續征集編練，從根本上來改造我們步隊的素質，知識青年必須明瞭你們這次的志願軍，不僅是獻身報國最難得的機會，而且也是我們中國建立現代軍隊最切實的張本。所以你們要重視此舉的意義，要認識自身對於國家可能貢獻的重大，而一致起來響應我這個號召。

最後我更要苦勉我親愛的全國知識青年們，勝利和光榮，是不能坐待而致的，必須以熱血和頭顱來換取。自由與獨立不是依賴或僥倖所能獲得的，必須以自立與自強來爭取，你們有熱烈眞摯的情感，你們有瀰漫充沛的活力，你們更有高尚遠大的抱負與理想，現在國家需要你們參加實際戰鬥，你們就應該自動奮起來報効國家，從軍救國，就是你們發抒熱情表現活力，實現你們高尚理想和遠大抱負的唯一途徑。希望你們效班超的投筆，學終軍的請纓，走上前線，以軍人的戰鬥精神，在槍林彈雨之中，開拓你們前途壯闊的人生；更以軍人的戰鬥行動，於狂濤駭浪之中，創造你們絢爛輝煌的事業。尤盼我全國同胞互相督促，父諭其子，兄勉其弟，妻勵其夫，朋友相規，師生相勉，競以志願從軍爲光榮，以規避兵役爲恥辱，恢復我們民族尙武的德性，改造我們社會頹靡的風氣，整我軍旅，滅彼倭寇，更望我全國士紳和教育界以及社會上負有領導責任的各位賢達首先倡導，努力勸勉，使全國各地風起雲湧，一致響應我這個從軍救國的號召。獲取抗戰最後的勝利，完成我們這個神聖的共同使命。

知識青年從軍進行曲　雨蒼著

烽火漫天，
血腥遍野！
中華民族遭受着空前的浩刼；
我們在苦難中長成，
我們在時代的洪爐裏鍛鍊——
　成一個革命的青年！
勝利的接迎，
民族的復興，
大責重任，
已緊緊的壓在我們雙肩。
我們誓爲正義而奮鬥，
我們誓爲祖國而犧牲！
爲了抗戰，
　只有向前！
我們的身體好比鋼鐵，
我們的意志更比鋼鐵堅决！
我們有力要戰勝一切，
我們有熱要溶化一切！
拿我們的鮮血——
　去把新仇舊恨洗刷個淨絕！
我們是知識的青年，
　民族的中堅，
同入征營，
齊赴前線；
踏着先烈的血跡，
完成抗建大業，
光明就在前面，
勝利就是明天！

从军歌（载于《宁夏青年》一九四四年十一月第一卷第八期）

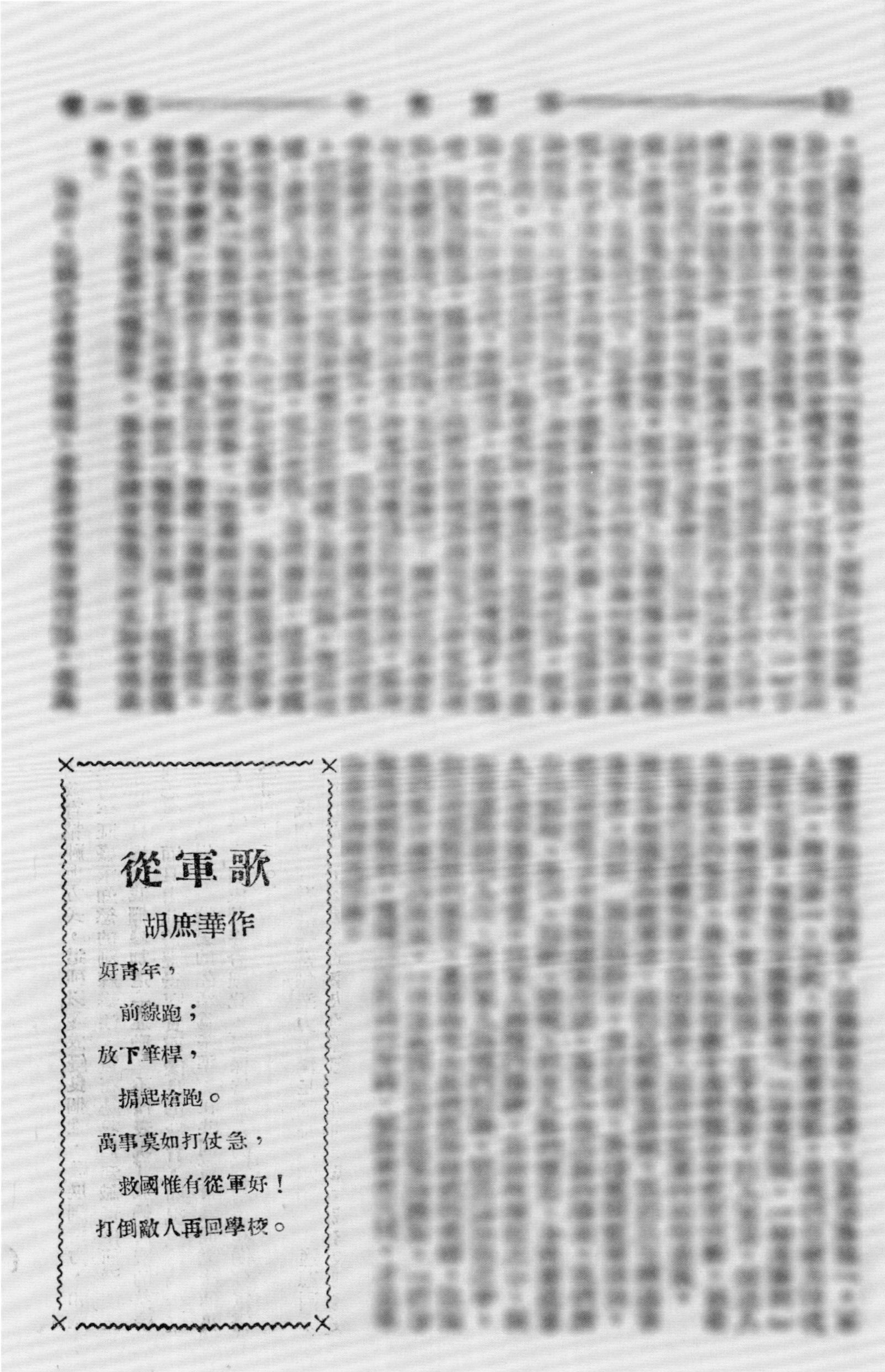

從軍歌

胡庶華作

好青年，

前線跑；

放下筆桿，

揹起槍跑。

萬事莫如打仗急，

救國惟有從軍好！

打倒敵人再回學校。

知识青年应从军报国（载于《宁夏青年》一九四四年十一月第一卷第八期）

知識青年應從軍報國

南秉方

一、緒言　自　蔣團長發動十萬青年十萬軍運動後，各地知識青年，受偉大感召，均自動紛紛請求入伍，報效國家，報章喧騰，風靡一時，此誠為知識青年愛國之具體表現，亦為民族復興之先兆，誠不能不令人歡欣鼓舞，額手稱慶。茲再就知識青年當前從軍之需要與任務各方面！概略陳述，為我全國知識青年告。

二、軍人在戰時之重要性　古語說得好：「有文事者必有武備」，是說國家在昇平無事時代，尚需尚武，以備憂患而固邊防，如在戰爭時代，則更非有充足武備，不足以禦外侮，此為任何人所公認，故我國自七七抗戰後，即揭明「軍事第一勝利第一國家至上民族至上」之國策，在軍人高於一切之原則下，來進行抗建之偉大神聖工作。七年以來，前線將士，以血肉之軀為保衛國家尺土寸地，前仆後繼，其可泣之事蹟，誠不可以數計。我後方民衆之所以能安居樂業，國家民族之所以能生存，而不遭亡國滅種之禍者，則全賴全國武裝同胞之保衛與奮鬥。故軍人在戰時之重要，正如人身之血液，無即遭亡國滅種之大禍。

三、打破好男不當兵之惡習　我國俗諺中有兩句最流行的話「好男不當兵好鐵不打釘」其流毒之所至，竟至知識青年，恥於入伍，於是軍隊素質日見衰退，而影響國家國防，殊堪痛惜。過去軍閥之窮兵黷武肆意橫行，致國家保國衛民之軍隊，一變而為私人爭權奪利之爪牙者，其原因即在知識青年之恥於入伍，而降低軍隊之素質，為其利用所改。反觀國民革命之所以能完成統一，即奠基於民國十三年　蔣團長之黃埔練兵且多為知識革命份子，故卒能完成革命大業。復觀世界大勢，非有現代化科學化之軍隊，不足以言國防，不足以言立國。故希望全國同胞，打破好男不當兵之惡習，踴躍從軍，以爭取報國時機，相反的再提出兩句口號「好男當壯兵好鐵打長釘」。以矯正世俗謬誤。

四、提高軍隊素質加強反攻力量　我國軍隊受過去諺語「好男不當兵」之流毒，素質不佳已無可諱言，茲值此抗戰反攻將臨之前夕，非提高軍隊之素質，不足以達成任務，而提高軍隊素質最有效之方法，厥在知識青年之投筆從戎。再優良之軍隊，一、須具備現代化之武器，二、須有主義之堅定信仰，始可以言戰爭，始可以言衛國。良以武器為力量，信仰為力量之執行，若無堅定之民族觀念與主義信仰，則力量之執行必不勇敢而徹底。我國為三民主義國家，現在三民主義雖已家喻戶曉，而能徹底認識有深刻之信仰者，自為一般有知識之青年。故青年之加入軍隊，自可使軍隊之素質提高，換言之，即為有主義有信仰之勁旅，自能發輝革命精神，戰無不克，攻無不破，能如此方可以配合盟軍之反攻而促進勝利之早臨。

結論　總上所論，不過就知識青年從軍問題，概略言之。值茲歐戰形將結束，太平洋美軍戰爭節節勝利，日寇形將崩潰之際，我們為配合盟邦戰略，準備開始總反攻之前夕，希望黨國政學知識青年，把握時機，效法張騫立功絕域班超報筆從戎的精神，放下筆桿，離開課堂，一烽踴似的踏上戰場，為國家爭勝利，為自已創偉業。使久疲於奔命之國軍，輸入新的血液，以湔雪國恥，而樹立戰後現代化國防之基礎。

发动知识青年从军（载于《宁夏青年》一九四四年十一月第一卷第八期）

工作報導

發動知識青年從軍

——直屬寧夏區團的一個宣傳週——

羅沘燦

宏亮的鐘聲，激動了這祖國西北一角的沉寂空氣，十月十五日的那天，我們由報紙看到了一個含有偉大意義的消息，——中樞發動了十萬知識青年從軍運動；接着二十四日又讀到了　團長告全國知識青年從軍書。這塞上青年們內心蘊蓄着的從事殺敵的志願，算是有了去完成的機會了！他（她）們都跳動着歡欣而熱烈的心，每個不同的面孔上，都掛上了同樣興奮的笑容！然而在這樣的情況之下，我們還沒有正式奉到命令；怎樣辦呢？我們爲了發揮團的領導力量，須得展開我們的工作，決定先舉辦一個宣傳週。區團部的一羣幹部同人，爲着擬計劃，發通知，編製畫報壁報……從二十五日到二十七日，都是整天的在忙着，幾乎都不顧去吃中飯；因爲這是大家最感興奮的工作，所以都忘記了心神上所截着的疲勞。

我們活動的項目及日程是：

第一日（十月二十八日）——（一）集合全市團員在區團部講話；（二）晚間作火炬遊行。

第二日（廿九日）——大幅畫報遊行。

第三日（三十日）——宣傳隊出發。

第四日（卅一日）——（一）舉行慶祝　團長壽辰大會，作發動知識青年從軍講演；（二）區團部幹部同人分赴省垣及近郊各學校講話。

第五日（十一月一日）——出刊壁報。

第六日（二日）——宣傳隊繼續活動。

第七日（三日）——在當地報紙發表從軍消息及論文。

這七天的日子，整個的寧夏市，被莊嚴神聖的國旗、畫報、標語、與宏壯而熱烈的口號歌聲，寫成了一幅隆重而堅固的景象，鼓舞了這塞上青年們趨向沙塲的決心。當我們的旗牌、活動畫報緩緩的趨過每一條街道時，聽吧：「……青年們讀書是爲了什麼？……上戰塲，才是眞正的出路……！」人們都着樣的讚許着。新的力量，是在這裏長成了，勝利展開了笑容，在向我們招手！

尤其在我們宣傳週開始的時候——十月二十八日下午四時，區團部的禮堂前站滿了國家的生力軍，秋陽映紅了大家的臉，強勁的秋風中，格外的表現出了果敢剛健的青年氣派！區團部的當事人，在整齊的行列裏，挨次兒散發着　團長告知識青年從軍書，大家以無限的熱情，默讀着誠摯的字句。儀式開始了，在莊嚴的氣氛中，李主任以主席的資格，首先出現在講臺上，他報告了這個宣傳週的意義，說明了什麼是人生的眞諦？青年讀書是爲了什麼？爲大家作人作事，要效法　團長的精神，去到沙塲上創造人生，完成偉大的事業。接着楊書記舉出了幾個古代民族英雄，作大家取法的標準。當李主任朗讀　團長告青年書的時候，大家的情緒，極度的高張了！在心裏，都有了新的打算，打算着爲祖國爭勝利而貢獻自己的一切力量在沙塲上。儀式圓滿了，當時簽名從軍的團員就有十來個。

當夜之神展開了它那黑色的膀翼時，我們的火炬遊行隊出動了，那婉蜒而整齊的行列，光明而輝煌的行列，不是一條火龍，而是一條固若金湯的長城，是一條血和肉所築成的長城。雄壯的口號，雄壯的歌聲，熱烈的情緒……從這裏傳出來，散播在人們的耳中，「勝利是在我們的手上了！」在人們的心裏，根深蒂固的種下了這個信念。

同時，慶祝　團長壽辰大會在我們的宣傳週裏舉行是太有意義了，我們的祝壽儀式是一個更熱烈更動人的場合，區團部的門口橫裝着「慶祝　團長五八壽辰」的八個大字，四方的院子裏、兩旁房簷下掛上了對對的宮燈，禮堂前面是　團長的大畫象，和藹的儀容，對大家表示着熱愛，而使人肅然起敬。一面精巧的「壽」字大牌，掛在禮堂正門的上邊，中間一張長方大桌子，潔白的桌布上，放着兩盆菊花，象徵着端節而耐艱鉅的精神。銀笛響了，大家集合了，會場的前排是黨政軍與各團體的首長，省垣各界團員，一排排的站滿了院子，祝壽典禮，在這肅穆的氣氛中舉行了，大家對偉大的　領袖，致以最崇高的敬禮，默祝這顆巨星永壽安康，永遠以他的光、熱、與力，照耀着我們，照耀着全世界，使我們昂然立起，使全世界的人類得到永久的和平。李主任作棟凱切的告訴了大家　團長五十八年來的勳業，促大家起而效法。接着王幹事星舟，省黨部王委員仙槎等相繼闡述　團長的人格與修養。這時，成千對的眼睛，都注視着這種慷慨激昂的姿態，成千顆的心，都接受着這種啓示，集攏在這裏的一羣青年同志，在　團長的肖像前面，每個人的頭上好似撫摩着一隻巨大而熱愛的手，都感到要創造偉大的人生，非效法　團長的革命精神不可，要成就偉大的事功，非到戰場上去學不可，在這次　團長的號召之下，決不讓這個機會跑過去。

這七天工作的收獲，塞上的知識青年動起來了，頂到目前爲止，只省垣一地報名從軍的，已有二百多人，（外縣還沒有統計，）現在正在繼續着。

国民政府文官处关于日本投降确期及宣布庆祝等情致宁夏省政府的电（一九四五年八月十一日）

2448

省秘字第　號

來電機關姓名：國府文官處

電尾韻目：未真

有線無線電話：有

原報號數：1622

字數

收到日期：34年8月12日　時

譯員姓名

歸檔日期：月　日

事由：奉令日本降確期同盟國同時宣佈慶祝

指示辦法：

發交

寧夏省政府公鑒奉主席諭日本投降確期應由我國與盟國同時宣布慶祝日期亦當另行布告在未經政府公告以前全國軍民工作應一如戰時不得稍踈懈等因特達查照並就近轉飭當地各級黨部知照爲荷國民政府文官處未真印

甘肅郵政管理局局諭第六七五六號

茲為慶祝勝利本年九月三日放假一天

所有辦公時間與星期日同仰各知照。

此諭。

暫代局長葉[illegible]疇

中華民國三十四年九月三日

胜利与建国（载于《宁夏青年》一九四五年九月第二卷第八、九期）

第八九期——寧　夏　青　年——7

勝利與建國

海濤

我們抗戰已經九個年頭了，在此抗戰期間，我們軍民死傷之多，公私財產損失之重，國土被佔之廣，文化機構之摧毀，淪陷區域以內之民衆慘遭壓迫與剝削，事實之慘，自有史以來，恐怕再沒比這厲害的了！在此抗戰期間，我們首先爲爭取民族生存，保衛國土而單獨抗戰，繼而爲謀人類正義公理和世界永久和平而與盟國並肩作戰，古語云「得道者多助」，我們抗戰國策，就以此爲基點，換言之，此次世界大戰，就是侵略者與反侵略者之戰爭，我們就是世界反侵略陣營之一，而戰爭的結果，終使侵略者巨寇德日無條件投降，因之我們全國軍民以血和肉，堅苦抗戰，才能換來最後勝利的代價，這種勝利，是可値得我們懽欣鼓舞，普天同慶！但是這種勝利，是我們同盟國家的共同勝利，並非我們中國一國的勝利，要不是與盟國併肩作戰，恐怕我們中國仍在戰爭持續狀態之中，還不能把勝利的日期提前在今年的九月二日，說老實話，以我們這個貧弱國家，而與強盛的倭寇作戰，無論拿政治經濟武備教育的任何一面來比較，總感覺有遠不及人，這是實在的情況，並非長人家的志氣，滅自已的威風，但是抗戰結果；反出人意想之外，竟使敵人投降，我們勝利，這個勝利，固然有內在和外在的因素，以我觀察，外在的因素，還比內在的因素要佔的重要，要佔的成份居多；此次勝利，可以說是世界公理的勝利，和平的勝利，正義的勝利，我們雖然勝利，位列四強，但平心靜氣，午夜思維，我國究竟強了沒有？如果自覺未臻強盛之境，那麼我們全國上下應該精誠團結，共謀國是，羣策羣力，一致向建國大道上邁進。

其次建國工作，特別繁重，任重道遠，要以抗戰的精神，來從事建國，還恐怕不夠，牠的工作，比較抗戰的工作，還要艱苦十倍百倍，目前建國工作，最重要者：（一）應注重經濟建設，因爲我國社會，受抗戰的影響和科學不倡明生產方法落後的原故，社會經濟，陷於貧困，民族資本，無由建立，以致人民生活，社會生存，國家的生計，羣衆的生命，都形成不安與矛盾之狀態，最顯著的表現，在抗戰以後，有許多私人工商企業，操縱壟斷，乘時射利，大發國難財，形成個人資本過度澎漲，畸形發展，再無過於今日，欲免除社會病態之發展，以達「均無貧，和無寡，安無傾」之目的，亟應對症下藥，早日推行民生主義之兩大政策，以爲建國之基礎，（二）注重社會建設，細考各國社會發展，遠在國家之先，而國家的建立，又爲社會進化之碩果，惟有社會有組織有生機，而後民衆才能充分發揮，其精神與力量，使國家日趨於強壯茁長，抗戰以後，我們的社會，經受一度磨鍊，一番教訓，此時極應順機利導，嚴密民衆組織，加強民衆訓練，一方面培植其自治能力，一方面加強其工作精神，作民權社會之基礎，而進入全民政治之階層。

我們要想達到此項任務，必須全國澈上澈下各守崗位，埋頭工作，共同奮鬥，把全國人民思想意志精神集中於一個總前題——建國目標之下，方能建設一個新興的中國，現時抗戰雖說勝利，如果建國尚未成功，這種勝利，猶恐不能永久確保，祗算一半的勝利，必需建國完成，才算是眞正完全的勝利，這種勝利，才能確保，永久不替。現在抗戰業經勝利，民族方面已無問題，而民生民權問題，尙極待解決，希望國人一致努力，在最近的將來，要把我國建設成爲一個民有民治民享的三民主義的新興中國，以實現「大同隆治」的社會，這是何等的欣幸快慰呢？

迎接勝利與把握勝利

涂春林

一九四五年八月十日是日本向世界正義俯首哀鳴的一天，而九月三日是日本向世界正義屈膝懺悔的開始！世界的公理與正義畢竟是如太陽般的永恒與偉大，使這一群魔鬼終於一個一個的消逝了！

我們始終認定，公理是戰勝強權的，人類唯有在公理與正義的原則下來生存，才是整個幸福的保證；強權與黷武的結果，只有加速它自己的滅亡！第一次世界大戰以後的世界，我們幾乎看不到有公理正義的存在，納粹與法西斯橫行於歐洲，進而終於演成了德義日三角同盟的軸心國家，使東方西方的世界，瀰漫了戰爭的陰霾，「九一八」是這戰禍的開端，而希特勒的進兵萊茵撕毀凡爾賽和約，是向和平堡壘進攻的第一砲；盧溝橋事件是日寇揭開戰幕的先聲，從此世界整個的捲入戰火中了。公理和正義永遠不會光明在人世嗎？不會的，看今天日本帝國主義俯首貼耳的哀憐，就是實事的答覆。

今天，我們用十二萬分的熱情來迎接勝利，我們應當狂歡，應當唱歌，應當慶祝，但是我們不要忘了苦痛的過去；自然我相信以往的艱辛是不會在我們的記憶中失去！

誰是這次戰禍的兇手？誰是世界人類的罪犯？誰是公理正義的叛徒？我們會具體的指出，是德義日軸心國家，而日寇更是首犯！沒有牠的侵略暴行，不會使其他兇手有積極的行動，所以今天我們來看日寇的投降，正是侵略暴力的自食其果。

「九一八」事變，日寇瘋狂的進攻中國，使世界的和平首先被其破壞，而我國是首被戰禍的國家，東北三省不旋踵而爲其侵佔，這殘痛的歷史，使中華民族，忍辱了十四年之久，當時，我全國同胞，無不激昂慷慨，誓殲倭奴！我們應當更記起，圖長在那時會有明白的昭示：「我們必要爲擁護國家民族的生存，維持公理人道的尊嚴，堅持到底，絕不屈伏，全國國民力量的總表現，不但不爲敵人所威嚇，而且要爲世界公理，國際公法，來盡其所應盡的責任。」（九一八事變時講）這偉大的啓示，是使我們始終站在公理與正義的道上來和侵略暴力鬥爭，我們不要忘了，那時還有一個國際聯盟理事會，這主持公理正義的國際組織，派遣了所謂李頓調查團，費去了七個月的時間，以洋洋十萬言的報告，公告於世；其中也有非難我國與偏袒日寇的地方，然而這一個空虛的措施，並沒有制止了日寇的暴行，於是長城喋血，淞滬抗戰，外蒙進兵，華北特殊化，得尺進寸的向中國侵略起來，這些痛苦，我們今天是不是應當忘去?!

我記得，在二十三年的夏天，空中掠過一架飛機，翼下鮮紅的太陽旗徽射入我的眼中，大家也同時知道，這是日寇的自由航行，對我們的特殊侮辱，同時那時的報紙上也不會見到有「日本」的字樣，而代以「××」的符號，我們爲什麼忍受，是爲了公理與正義！然而無用的國聯是不會對侵略暴行有辦法的，這我們不是說公理不能戰勝強權，而是說維護公理的條件不夠，所以今天的迎接勝利，我們更要認識的是如何把握勝利，這是第一點。

中國八年來的浴血抗戰，以時間言，超過了第一次世界大戰的一倍，超過了十九世紀的南北美戰爭，而相等於世界最長的美國獨立戰爭，甚或過之（因爲我們是整八年，而算來是九個年頭）在世界上沒有其他的戰爭可比，而在我國的歷史上，也寫下了光榮輝煌的一頁！然而這八年來，我們始終是在被視爲「歐洲第一」的原則下來爲世界正義而戰鬥；死去的蔣百里先生曾有名言：我國抗戰在華中華南是爲英美的！的確，我們不是純爲了自己，「得道多助」就因爲有這個關係，才和英美結成了盟友，當然，我們得感謝盟友的援助，尤其是美國，不過以「歐洲第一」的原則來比較，我們的損失可就大得多了！

讓我們看看歐洲，希特勒進兵萊茵後，歐洲的和平局勢已經被打破，慕尼黑協定，老洋傘的張伯倫跑來跑去，實際是犧牲了捷克來維持這苟安的局面，這種作風，是我們現在處理世界和平的參考，一九三八年九月一日希特勒不聽這套虛僞的把戲，而進攻波蘭，有些忘想步老洋傘的作風的外交家，還想把它遺留的法寶來加諸希魔，然而紙老虎已被撕破德兵轉過馬頭，直搗巴黎，在演了一幕準克爾克的壯舉後，法國喘息在納粹的鐵蹄下了！從此歐洲戰場，日非一日，直到諾曼第半島登陸，希特勒才在盟軍的優勢高壓下崩潰了，這次戰爭，面積超過了第一次歐洲大戰，時間亦較上次爲長，犧牲的國家也在不少，推其原因是第一次歐戰以後的善後方法沒有弄好，今天我們又勝利了，大家又在尋求第二度的和平方法，就應該多注意上次的教訓，那麼我們高興狂舞的迎接勝利，然而怎樣把握住這勝利，更是我們要深刻體會而準備的，這是第二點。

「在歐洲第一」的原則下，我們以血和肉與日寇打了八年零三十三天，根據美國本年六月份發表的租借法案數字，我們只得到了百分之十的樣子（？）拿這些力量來對付世界列強之一的日本，我們有這個成績，當然也值得自豪！今天我們來迎接勝利，怎不使四萬萬五千萬中華兒女歡樂若狂！中美英蘇，我們也在列入四強之一，舊金山會議，我們爲領袖地位，東京灣米蘇里艦上日寇投降儀式中，我們是四強受降國的首位，這光榮是中國近百年史上找不出的，這勝利是中國歷代對外戰爭的首屆光榮紀錄，所以我們應該迎接這勝利，這勝利深深地印入我們的心田，但是，請不要忘了，四強之一的地位，是我們用頭顱鮮血和八年的苦鬥換來的，我們要把握勝利，就是要把握住這光榮的地位，這是第三點。

日寇之侵略我國，已非一朝一夕，遠在同治九年（一八七〇）即遣使柳原前光來和我國通商訂約，那時是日本明治三年，正當維新之時，而我國方在英法聯軍之後，懼外心理正盛，於是沒有頭腦的滿清，經過幾度的廷辯，於是和日本通商，這樣一來，開門揖盜，日寇漸漸的侵略我們起來了，同治十三年（一八七四）侵佔台灣，是第一砲，繼而朝鮮交涉（一八七五——光緒元年），以武力佔我藩屬，到光緒五年（一八七九）進攻琉球，終於至二十年（一八九四）以朝鮮內亂，正式武力接濟，甲午一戰，清兵大敗，割地賠款，自此以後，日寇更多方尋釁，侵略我國，至「九一八」更大肆進攻，「七七」事變後更兇心大發，勢非滅亡我國不可，於是我爲生存計，不得不奮起抗戰，八年來我們是獲到了最後的勝利，我深刻的記得，從上學的兒童起，就知道日本在侵略我們，到現在始中了這一口寃恨，我們怎不高興得流淚，怎不高興得發狂！

我們這樣的想來，不是說如何仇恨日本，就是說我們今天慶祝勝利，不要忘了以往的悲痛，這勝利就是我們從這悲痛中得來的，是這麼不容易得來的，所以我們更應當要把握住這勝利！

團長昭示我們：『我中國同胞們須知「不念舊惡」及「與人為善」為我民族傳統至高至貴的德性，我們一貫聲言，祇認日本黷武的軍閥為敵，不以日本的人民為敵，今天敵軍已被我們盟邦共同打倒了，我們當然要嚴密責成他忠實執行所有的投降條款，但我們並不要企圖報復，更不可對敵國無辜人民加以污辱，我們只有對他們為他的納粹軍閥所愚弄所壓迫而表憐憫，使他們能自拔於錯誤與罪惡，要知道如果以暴行答覆敵人從前的暴行，以奴辱來答覆他們從前錯誤的優越感，則寃寃相報，永無終止，決不是我們仁義之師的目的。』這一段寶貴的訓示，在今天我們讀到，真感覺得　團長的偉大仁愛，根據這一個訓示，我們就知道，在迎接勝利的今天，要特別加緊我們的工作，而不是只想到以往的仇恨已報了就算完事，這也是我們把握勝利的一個必須認識的原因。

抗戰勝利了，這我們得感謝八年來領導全民抗戰的　團長，更感謝前綫苦鬥的將士及死難的先烈，更得謝謝友邦對於我們的援助！然今後我們所要努力的就是把握勝利，換句話說，就是建國大業！

抗戰建國，本是我們救亡圖存的唯一要道，現在抗戰是勝利了，緊接着的就是建國工作，因為不抗戰則無從建國，不建國則抗戰之勝利仍不能存在，所以說把握勝利的意義亦即在此，

今天我們要認識，唯有努力建國的工作才是把握勝利的先決條件。同時我們即為四強之一的國家，就要有作強國的力量，在把握勝利的原則下，大而言之，我們要為今後世的和平的柱石，不蹈戰前列強的錯誤，使這一次的世界和平機構，真能為公理正義的保障，小而言之，要使我們的國家，真正建設起一個富強康樂的新中國，來為人類的正義和平而奮鬥！

抗戰勝利了！讓我們來歡呼，讓我們來歌頌，但也讓我們勇敢的肩起未來的使命而努力吧！

團長言論

希望我全國同胞，俯循革命之歷史，接受抗戰之教訓，必須領悟破壞之後必建設，破壞時期所受之痛苦犧牲，才算是有代價，八年來我淪陷區同胞，或流離失所，或罹疾病困窮，極待救濟，尤其是殘廢戰士和孤兒寡婦之遺族，尚未撫卹，我後方同胞服兵役者，為國家從事生產者，負担至重，言念及此，不勝戰慄，故今後工作，不獨要恢復戰時為平時，並且要轉化無業為有業，我國之基礎，比聯合國任何一國為堅實，我國抗戰時期比任何國家皆為長久，我們要不獨在戰後廢墟上團結，一心一德，建立現代國家，並要充實國力，與聯合國共同獲取國際和平世界繁榮之責。

庆祝抗战胜利志盛（载于《宁夏青年》一九四五年九月第二卷第八、九期）

慶祝抗戰勝利誌盛

沖荅

特寫

讓我們歌頌勝利

偉大的史詩寫在銀川

中華民族，雄踞東方，是世界文化的古源，是東方和平的家鄉！它爲人類的正義，八年苦鬥在戰場；而今，贏得了勝利，大家齊歌舞喜洋洋！

太陽照遍了銀川，我們在這光明中來迎接這偉大的勝利！

光明的象徵

大中華民國三十四年九月三日的清晨，空氣是那樣的恬美，使所有的人們吸到了鼻孔，便會沁到了心脾；東方的天際，在黎明的陰霾中，透射出一層層的紅光，一羣銀鴿展開了羽翼掠過了晴空，這，光明前的一剎那，象徵着和平的偉大！東方，光明的源頭，那一團團的烏雲，終於敵不住這偉大的力量，在天際透射出朝霞時，它已被驅得不知去向了，這是實事的象徵，光明將要來到了人間。

人們竚望着東方，大家在迎接這光明的照臨；那光芒直射到天壁時，宇宙已笑紅了臉皮，而永恒偉大的太陽，已豐滿奇碩的注視到每個期望者的眼前；光明來到了，我們齊來歡唱！

歡樂與忙碌

早晨，人們即擠滿了街道，一切沐浴在陽光中，歡喜的笑臉，代表了內心的慰快，往來的人們，也在以笑容來充滿了行列，小孩子在跳躍，大人們昂胸闊步的前進，今天的街頭已不是往日的景象，一切在歡樂，一切在發笑。

清道夫忙着修理街道，好預備勝利行列的遊行，東西大街是平坦清潔，各商號在忙着懸旗結綵，鮮紅的綉球，遮滿了眼界。人人忙，個個賽，今天是爲爭勝利光榮的忙，爲歡樂高興而比賽！

「看，那是彩燈！」

果然，一羣人擠着彩燈走過，那是爲今天晚上而忙的工作，一羣一羣一隊隊，不時在街巷出現，商店裏最熱鬧的是蠟燭生意，然而和它並頭競爭的則是鞭炮賣買；大人小孩，男男女女，忙着爲慶祝而購買。

「噢！那是國旗，萬國旗！……」

「不是，是同盟國旗！」

對，你不看，學生們一夥的在家中找蘆柴，到學校去粘起國旗來，和同盟國旗來；這忙碌也是爲慶祝勝利忙！

勝利之聲

在四鼓樓上的標準時間到九點的時候，各工廠的汽笛「嗚」然長鳴了！大家都會不約而同的有一個感覺，這不是以往神筋上過度的緊張與錯亂；那現象已經成了歷史；讓它在記憶中忘去吧！聽我們今天的這個聲音。

「勝利之聲！」聽，這清夷的長鳴，它在吼出了我們八年來心頭的鬱結，在這萬里長空，引項高歌：中華民族光榮的勝利啊！

這聲音不同凡響在每一個人們的耳際是歡樂的音調，聽它那鳴然長鳴，在空中似乎幾度的婉轉而直達九霄，於是我們大踏步的走到了街頭。

這時接着是寺院廟宇的鐘聲，從四面八方的，悠揚的傳到了你的耳內，是自由之鐘，改而在今天有勝利之聲。

萬家鑼鼓聲，鏗鏘的音調激盪了整個的省垣，於是一片熱鬧，使你不由得會興奮起來。

自由的樂隊

大街上，人羣愈多了，來往的行列，沒有暢行的自由，大家穿起了新衣，來慶祝這今天的日子，柳樹巷，新華街，中正東西街，一片彩色、國旗在迎風招展，街市兩面的彩燈綴成了錦繡的世界；而最別緻文雅的我覺得是一排排地宮燈。「看呀！又一隊過來了！」

「快跑！快！…………」

小孩子在忙亂了，於是你會見在那邊街頭又過來了一隊，這是民間的自由組織，他們在這樣的歡樂，啊！勝到了！抗戰勝利了！讓我們樂呀！

有的前面打的是國旗，有的是聯合國旗，有的是一排彩燈，大格子背起了鼓，小格子在後面敲，有些老頭子也興高彩烈的吹起了喇叭！還有的加雜着小笛和銅鑼。這樂隊不是外國貨，純粹的是民樂，大家吹吹打打，威風的在街上遊行！

一隊過去了，又是一隊，各種的聲音，奏出各種不同的調子，這行列從街市中衝開一條大道，隨着人們在後面便會湧住了。

這是百川匯的，那是復興店的，這是永興西的，好，一隊過去，你還沒有說完，那邊「的的答答」的又一隊來了！今天我們還能不快活嗎？我們應當儘量的吹，儘量的敲！

偉大熱烈的慶祝會
東教場裏人山人海

時間到了，大家不約而同的向東教場裏去，於是北大街一帶更熱鬧了起來。各學校成行列的開去，學生們興高彩烈的一齊打了彩燈，民衆團體一排一排的也在擠過去，各商號長袍短褂的也像潮水般的擁去，人愈來愈多，四面指揮行人的憲警在人海中給淹沒了！

「唔！這是什麼？」一羣人在圍着一個高竿亂說，那是長鞭，萬子頭的長鞭，從長竿頂上直掛到下面。

真長啊！響起來大約得一點多鐘！」

一些人在圍着估計這大鞭炮點着後的偉風。轉過這個，迎面是三民主義青年團的大牌燈，那偉大的團徽高搭在牌上，中間是團長的肖像，給人們一種崇高的敬意，兩旁的字對是燈頭的點綴，一面是「勝利萬歲！」一面是「團長萬歲！」這巨大啓示，正是今天盛會的意義。

時間到了，大會在悠揚的軍樂聲中開幕了，首先是鳴砲，一時東城牆邊，震天動地的大砲向空發響，這聲音會震動到東京吧！告訴小鬼們，我們今天勝利了！一陣響後耳際兀是在嗡嗡，然而最前面的萬子頭鞭，還正是開始，「乒乓東吧」的在響。

司令台上，馬指導員出現了，他今天特別高興，發表演說，許多盟友笑眯了眼睛也在參加，最後有兩位被請上了司令台講話，由本處羅幹事時寧，担任翻譯，他們說，也以同樣的心情來慶祝這勝利。

大會上發表演說的眞不少，然而慰快的心情也使人們忘了時間的長短，講話完畢是呼口號，「抗戰勝利萬歲！」一聲巨響，全會場如海山大浪般的發出了吼聲。彩燈高舉，遮滿了空間，使你不復想念此刻是人間！

遊行：燈光人影如長虹！

大會完畢，接着是遊行，及至行列排好後，已是日落西山，樂隊開始前導，三民主義青年團的大牌燈引頭，於是浩浩蕩蕩，自東教場出發，一直奔向北大街，南柴市，糖市街，新華街，柳樹巷，南大街，中正東西街，這一路彎彎曲曲，這整個的省會全被這行列激蕩了！

大隊出發了，各個單位的領隊在整齊了各隊的步伐，我們挺起了胸，昂起了頭，邁開大步來前進，一面走，一面高呼口號，街市兩旁擠滿了人羣，屋頂上男男女女在狂呼，這場面將使人們興奮得喊破了喉嚨。

行列到新華街時，夜幕已深，前後百萬千燈光，形成了一片燈海，本團的大街牌燈光明的在前面，燈光照出團長的肖像，以在慈和的笑着，每經一處，街兩面的民衆即熱烈鼓掌歡呼！這時偉大的行列，似一條火龍蜿轉在銀川市上。

新華街上，人衆更多，我們的行列通過時大加費事。街是特寬的，而行列反被擁成狹的了；中國銀行特在屋頂架了一座收音機，使人們逗留住的不少，每經一處，必有烟火，爆竹，冲天的花炮，每每使行列中斷，這熱鬧百倍於元霄節的晚上。

四鼓樓到了，遠遠的我們便看到頂上的霓紅燈交織成的大V字，四週的花筒砲，似流星般劃破了長空。

忽然人聲大作，一陣吶喊自鼓樓洞內冲出，原來是我們的行列以此處爲一交叉點，排頭已遊行了半夜，然一面排尾在此處尚沒有過完，向北一望，被擠在後面的尚見燈光明亮的一長道還不知有多少。於是不能不想辦法，他們改道罷，大家又很熱情，只好自東向西的過一隊，從北到南的過一隊，我們搶過了，就不知以後的過到何時？

我們手內的燈，蜡燭已換了兩支，喉嚨也喊乾了，然而後面的行列，還向潮水般的湧來；到了西城，大家三呼團長萬歲！解散後，我們急忙讓後來者，這時已深夜十二點了。歸途中，見後面的大隊仍在一火一火的向西奔去。

勝利了，這偉大的史詩寫在銀川！

勝利日的銀川市

黃湰

金風掀起了銀川市每一個角落裏的人心，它帶來了世界的永久和平，慶祝勝利的消息是慶祝勝利日的前一天得到的，八年來備嘗艱苦的人們，在今天能夠揚眉吐氣，祝賀勝利，他們胸膛的烈火恐怕早已飛至雲端。

九月三日，在文物古老的銀川市，這個日子好似美麗的音調在人們的耳內是舒適慢騰騰的投臨在每一個熱血青年的面前，雄糾糾的號夫齊奏着壯烈的凱旋歌曲，引動了報曉的雄鷄，緊接着一陣爆竹聲，頃刻間轟散了宇宙的沈寂，驅走了大自然的黑幕朝陽照耀着大地，男女老少，穿紅着綠在街上擁擠，所有的人們，面龐上都顯露着勝利的榮光，鼓樓的四洞，交通爲之阻塞，街道上五光十色，變成了花花的世界。

紅日慢慢上升，格外顯得光明偉大，但是時間還是遲遲不前，好似銀川市的鐘表停擺似的，使人們衷心焦急終於由遠而近，傳來了響亮的氣笛聲，一般神思靈敏的孩子，側耳傾聽，接連着砰拍砰拍的響個不住，噢！原來已經九點鐘了這是解除警報的聲音和鳴砲的聲音。

青色的天空如故，偉大的太陽照舊，現在快要午刻了，下午五時的開會，在許個人腦海中早已印了一個很深的痕跡，增加了一條永不可沒滅的記憶，時鐘滴噠！滴噠！……一刻都不休息，終於下午五點鐘到了，青年團銀川市分團部，不邀而同的步進了東場的大門，各機關學校，許多部隊，都已林立敎場，喜喜笑笑，萬頭鑽動，早已擠的水泄不通，高大的司令台，迎面而立，佈置的甚爲莊嚴美觀，最顯明的是四大强國的旗幟醒目動人，驚天動地的慶祝勝利大會，在情緒緊張下開幕了，普天同慶的今日，我想總理在天之靈，亦會含笑的吧？接着幾位美國盟友與馬主席登台，全體傾神注視，我便抽空遠眺，只見各式各樣的花燈，塞滿了廣大的敎場，尤其青年團的排樓燈，蔣團長威座中央，更覺偉大新穎，還有帶來的輕氣球更引人注意，一百零一的禮砲，繼着軍樂後放了，灰色硝烟飛升雲端，大會上馬主報告後，相繼兩位盟友以和靄的態度清晰的聲調，繼續講演，由維幹事和南行長翻澤，末了四個偉大的輕氣球飛浮空中，翺翔天際，引動了觀衆的掌聲，笑聲和噪雜譯，一個空前的勝利大會，便在萬掌雷鳴中宣告散會了。

夕陽西下，銀川市的遊行大會在萬人叢密的敎場上，排開了整齊的行列執火炬，提花燈，漸次向西蠕動，市街頃刻之間，變成了一條火龍，頭尾相接繞成火海之勢，人山人海，壯烈的高呼着中華民國萬歲，蔣委員長萬歲！全城的市民整個的浮盪在火海之中，一條偉大的洪流，一直向西流去，生龍活虎的青年男女在極端壯烈的空氣中歡樂而散，總之這一日的興奮與緊張的精神整個是溶化在勝利中了。

一片狂歡在平羅

孔祥榮

一、勝利交響曲　慈祥的風，帶來了世界人類和平的福音，舉世在狂歡着興奮，歌頌！歌頌這偉大勝利日子的來臨。

貼着粉紅色「青年壁報」的牆頭上，擁滿了人羣，老頭子把鼻子尖湊到報紙上去，似懂非懂的樣子在大聲讀着日本無條件投降的消息。有不識字的人，立在人羣的旁邊，仰着一張憨笑而質樸的臉，一面聽着一面向別人詢問着自己所想知道的事情；街道上廊簷下三三兩兩，唧唧噥噥，談論着日本投降，抗戰勝利的新聞。

「他媽的，你也有對着老子們屈膝的今天！」

「從今天起，我們來過安樂的日子吧！」

「這一次應該熱烈隆重的慶祝一下子！」

「是的，我簡直高興的要流出眼淚來！」

「………………」

每一個人的心，爲了這世界人類永久和平日子的到來，如花一般的怒放了。

二、大會花絮　九月三日，這一個新秋的早上，天空中浮蕩着幾片如棉的白雲，一輪火紅的旭日，漸漸地升起了，使人們感到了一種新生的力量。整個的大自然界，抹上了一道道的彩霞，爲了慶祝這偉大的勝利，臉上都掛上了興奮的微笑，向着會場的方向邁進。

街頭巷尾，貼滿了紅紅綠綠的標語、壁報、漫畫，和莊嚴美麗的國旗，衙衢要口，都紮着五花八門的牌樓；尤其青年團門口的燈坊，更來得耀目。勝利的鑼鼓，到處敲着，交織着來來往往天眞活潑孩子們的歌唱。

會場中人山人海，莊重悠揚的軍樂聲中，大會開幕了，會場中掛滿了中、美、英、蘇四大盟國的國旗，與各色各樣的標語，點綴得輝煌奪目。禮砲響了，人們肅靜得像一弘止水。那一面莊嚴美麗的國旗，在人們嚴肅敬禮之中慢慢的升在了晴空，迎風飄揚。主席走上了彩台，講述慶祝勝利的偉大意義；接着有好多青年同志們爭先恐後的去講演：「光明燦爛的時代來臨了！」「抗戰勝利了，青年還要努力：……！」清脆的喉嚨，奮發的姿態，鼓勵了會場中每個人的心，博得了如雷的掌聲！最後是各種遊藝的進行。從這天起，公演了三天秦劇，是軍學兩界聯合組織的。

三、狂歡之夜　晚上，天氣陰得特別的重，吹來了涼爽的西北風，玉皇閣前一片平坦的廣場上，擠滿了人羣，一個個都提着燈籠，撑着火把，排齊了隊伍，由軍樂隊領頭，向着規定的路線開始了遊行。聽吧！軍樂聲，歡呼聲，脚步聲，爆竹聲，和着雄壯的歌聲，把寂靜的夜空給打碎了。偉大的行列，好像一條火龍，實在是一條長城！「蔣主席萬歲！」「勝利萬歲！」歡呼震撼了天地！這是睡醒的獅子，發出了驚人的吼聲！

在這個塞上的古城裏——平羅，像這樣隆重熱烈，狂歡的慶祝盛況，是僅有的空前的！

在這次熱烈慶祝勝利的洪流中，我們堅決的相信——

每一個人的心是正義的，和平的，光明的。

羣衆的力量偉大，青年的力量更偉大。

我們艱鉅的建國工作絕對的成功！

永寧的勝利大會

索元

一、籌備會在雨中舉行　今天——八月二十八日，是我們規定召開慶祝勝利大會籌備會的日子，天是陰的很重，正在幾位同志佈置會議室的時候，好些熱情的代表已經來了，剛到房內休息了一會，外面已在下起雨來了，這時所通知的機關，如縣政府，縣黨部，公安局，商會，鄉公所，各學校區分隊等十多個代表，也都相繼的到來了。於是這個會就在這淅瀝雨聲中開始了。主席報告了開會的義意，接着就討論大會的組織，主席，中央頒發的慶祝辦法。大家都很踴躍而歡欣的提出了自己的意見，及大會應添補的事項，尤其是幾位年長的鄉長和校長，無論提到什麼大家認爲困難的事情，他們總是說：「沒關係，這個會不能比別的，不論什麼事情，都能辦得到的。」籌備會的討論是很完滿的，大家都很興奮的各自分別去準備各自應辦的事了。

二、一羣天眞的孩子　雨剛停了，我和幾位工作同志到學校去排演一幕話劇，剛一進門，就瞥見好些個小同學和幾位先生在綁紮燈籠：飛機燈啦！八卦燈啦！元寶燈啦！笙等的式樣。每一個人的臉上，都掛着說不來的歡欣！小學生們在喊着：「什麼時候舉行大會啊！我要這個，這個是我的，你看我拿這個多麼好看啊！」說着不斷的跳了起來，看了看這些孩子們的緊張工作，自己已溶和在他們的人羣中了。我給他們指導着綁紮燈籠，同時在給他們講說這次勝利的偉大。個個孩子都好像是得到了什麼新鮮的東西，笑瞇了眼張大了嘴，不斷的發出興奮的笑聲！天氣不早了，他們在散晚學的集合哨子聲中，說着，笑着，跑着，跳着都散開了。

人，三人的洪流，九月三日的早晨，慶祝大會在一團喜氣中開始進行了！接着就是遊藝，在狂歡而興奮的氛圍中進行了大半天。天色漸漸的黑上來了，當場指揮的人發出點燈引火的命令，這時各個單位都按次散開了，點燈的點燈，引火的引火，一個廣大的場所，照耀得如同白晝！在幾次槍聲命令之中，大家馬上就排成了整齊的行列。前面是鼓聲號聲口號聲，週遭是鑼聲爆竹聲，排頭已經到了大街，而排尾才在蠕蠕欲動，這時家家懸燈，戶戶結彩，人聲愈來愈多，樂聲愈來愈大，而這一派人的洪流，也可以說是一條大的火龍，在這個抗戰中新建的縣分——永寧，因抗戰勝利而活躍起來了，使這裏的人們先在這慶祝勝利的聲中大大的舒了一口氣！

慶祝勝利在立剛

麥震中

蔚藍色的天空，與那碧翠叢叢的綠柳，籠罩着古老的立剛堡，一羣男女老幼，都整齊着服裝大家笑容滿面，活躍的步伐，不約而同的走向鎮區的熱鬧場所。

這場所不是集市，也不是一個賣曲的唱攤，而是八年來全面抗戰爭取待最後勝利的一個在立剛堡舉行的慶祝大會。

九月三日的那天，是一個清明的日子，微風吹盪着鮮艷可愛的國旗，同盟國旗，團旗，飄揚在這會場的四週時間一到九點，忽而全鎮的鑼鼓聲，與乒乒乓乓的爆竹聲，交響成曲，蜂擁到會場的人們，都很出神的東張西望，以爲這古老的立剛堡，曾受數年戰爭的桎梏今天才鬆了一口氣，這是不可思議的奇績！於是大家都來參加這一個不可多得的慶祝大典。

宣佈開會了，騷動的空氣，頓呈寂靜，響亮的歌聲，振盪在會場附近幽綠的森林裏，大會主席青年團陸書記，即席講了一段，很醒目的開會詞，一般在場的人們，莫不眉飛色舞，轉移了他們又一愉快的心情，個個笑口大張，這空前勝利的大會，一部一部的進行着，在極長的時間中，大家露大赤日之下，一點不感覺疲乏，屹立於場中，這時青年團的團員正在歌詠表演。這是更活躍的一羣，歌聲如洪流的激盪，民衆傾耳注目的聽他們，從未聽到的播音，一個比一個好強的在競賽着，眞是青年們的響亮的音調，打破了會場中平靜的空氣。

夕陽西傾，男女老少，萬頭攢動，螞蟻般的擁出湧入，追隨大會的尾聲。而走向青年團門口的廣場，觀看青年高曉嵐的技術表演！博得市民驚奇叫絕的「好」一聲。

太陽西下了，人山人海的陰影，漸漸逝去，明耀的星斗，又復滿佈在太空，勝利的火把，勝利的彩燈，一時又充滿了燦榮不夜的立剛。

我們是怎樣慶祝勝利的

陸祥致

八月十日的那天，這整個年頭，掀起了勝利的波濤，人們到處喜色洋溢，欣欣鼓舞，誰知道它們確實卸下了八年的重担，從此寫出了光榮勝利的旗幟，這是我們中國歷史上的一個大轉捩，新紀載，我們除了準備隆重熱烈的慶祝而外，更應當以加倍的工作情緒，來繼續完成我們偉大的建國工作。

因之我們於知曉這個好消息以後，便發動了立剛鎮的各界，首次召開了十一個籌備的會議，出席的單位代表，一共有十五個，濟濟一堂，在集思廣意的討論着這個問題，如何來激盪起沉寂了八年多的空氣。

九月三日這個勝利的日子，終於瀕佈

了，立剛城鎮一個應運而生的賀蘭分團，豈能讓它無聲息的過去，早經妥籌的慶祝儀式，便揭幕在這個城鎮的北角，清朗的天空，飄揚着鮮紅的團旗，熱鬧的街頭，遍貼了五彩的標語，鑼鼓的響徹聲，歡笑的快樂音，更是不斷的交響在每個人的耳鼓裏，成羣結隊的男女青年，總是以極度愉快的心情，擺佈在會場的周圍，機關的職員，學校的學生，這時亦相繼的趕到參加，整齊的行列，雄壯的歡呼，充分表露了它們是締造新中國的新青年，十時正，彩棚高搭的台前，正式宣佈了大會程序，一個青年代表，在萬目注視之下，以沉重的步子，走向台前，主持了這個大會的開幕，首先即以激昂的口吻，報告着開會的意義，鼓舞的心情，維繫了會場的整肅。烈日炎炎，亦在汗流挾背的屹立不動，誰能說它們不是激於國家民族意識的所感，直到午後一時，一個萬頭蠕動的會場，才算是漸漸的冷落了。

夕陽西斜，一陣微微的秋風，迎面拂來，夜神降佈的城鎮，又在萬盞透目的照耀下，復燃起了白晝般的火把，家家綵燈，人人眉舞，在十字街頭，伎倆百出的高蹺隊，光明耀目的提燈會，相繼的演出了純熟的身手，高張的情緒，縱然是花甲的老頭，年邁的老婦，祇要身臨其境的話，也待醉心忘返，就這樣巡迴了城鎮的一週，雪白的光芒，紅綠的彩燈，交織了一幅光而又熱的美景，象徵着我們中華民國的偉大堅強是誰都不能比擬的。

吳忠鎮的勝利大會

張濟

九月三日，這是一個不平凡的日子，是全國同胞抗戰將士顛沛流離，浴血含辛八年的成果，爲了熱烈紀念有史以來這空前盛大的紀念日，老早我們就集中力量的分途籌備着，不願把這最有價值的一天平淡的放過。

是一個晴朗的早晨，東方的山峯，橫抹着一條朝霞，大地的一切由寧靜而開始騷動，光輝燦爛的晨曦，迎接着這狂歡鼓舞的勝利日，街頭的國旗交叉，牆壁的標語縱橫，整個吳忠鎮煥然一新，靈武分團部及其所屬區隊所製之勝利競賽壁報，也湊熱鬧的在人民大會場門首出現、以少女勾情的姿態，吸引着大多數人們向它流連。

噹！噹！的鐘聲響九下了，和平之聲開始了，清脆的洪鐘，和鑼鼓聲，夾雜着爆竹聲，兒童嘻笑聲，一幕狂喜的表現，誰說不是渡着堯大舜日的太平年。

太陽正掛在中空，道旁的柳蔭筆挺地竪立着，咚！咚！………一百零一響的禮炮連續不停的響着，這時街道的行人，房內的婦女，均肅立向死難將士及受難同胞致敬！

約莫十分鐘的光景，慶祝勝利大會宣佈開會了，在司儀同志威壯的叫宣中，在軍樂的演奏裏………每個與會人們的面龐，都流露着興奮，愉快的顏色。主席郝文元以流利的語調，報告大會意義並勗勉聽衆「以最後勝利的信心來完成建國大業。」繼由王局長安院長等致詞，語多諄諄動人，約兩小時大會在軍樂與鞭炮的交響中結束，接着遊藝開始了。

青年團吳忠鎮學校區隊的歌詠隊，由指揮人引導上臺，歌喉婉轉，一個個的放開嗓子臨風高歌，加上巧妙的指揮，和諧的伴奏，眞是「此曲只應天上有，人間那得幾回聞」啊！萬慈小學的化裝表演，吳南區隊的魔術，以及早元區隊的勝利舞惟妙惟肖，不讓吳忠鎮區隊專美於前。迄至夕陽西斜，纔結束此一狂歡的盛會。

夜神降臨了！大地是一片漆黑，一股

熱流似的提燈遊行，隨着夜的開始而開始了，成千個的中華兒女，英勇的興奮的舉着各式各樣的提燈，由東門外基地蜿蜒向市區進發，一座偉而大光明的牌燈，走在最前面中、美、英、蘇，國旗燈，環繞着蔣主席的肖像，代表着眞理的不分，勝利之共有，各住戶也都懸燈結燈，好像是渡着元宵佳節，大家熱烈的呼着口號，「蔣主席萬歲」！「世界和平萬歲」！震撼了天地，震撼了每個人們的心！

在夜沉沉的歸途中，三三兩兩的看熱鬧的鄉下佬邊走邊談着：「咱們中國還有這麽一天，這眞是不平凡的一天」！

勝利日的金積

尹長榮

九月三日的黎明，在一個古老的城市——金積，好似過太平年的情境，爆竹的聲響，迎來東方的曙光，天空裏佈滿着朝霞，一陣陣的秋風，吹浮着幾片白雲，全市掛滿了國旗，迎風飄揚着。

清晨的各街巷，已擠滿了人羣，各機關的職員，都正在忙着貼壁報粘標語，小學生們穿着新的制服，舉着旗，提着燈。每個人的臉上，都堆着一團笑容！在馬路上忘了平時的步伐，連跑帶跳的各幹他們今天應幹的事情。各商店的門上張燈結彩，這都是爲了慶祝這偉大的勝利日，會場的前面，貼着青年團的巨幅壁報，「勝利特刊」的四個大字，吸住了不少的觀衆，擁擁擠擠，萬頭攢動，交通幾爲阻塞。快樂的喧嘩聲，震動了這古老的城市。人們從請早流動在街上，忘却了他們的飢餓，也忘了回家。整個的金積縣成，充滿了狂歡與興奮！太陽到天中了，潮水一般的人，男的女的老的少的，一齊湧往了會場去了。

這一天一片青空，萬里無雲。太陽光普照大地，也好像知道今天是勝利日，來表示慶祝。會場佈置的十分莊觀，十二時了，正式舉行大會，會後接着進行了有五個多鐘頭的游藝。

晚上六時各家的門口都掛上彩燈會場裏面，站着黑壓壓的一片人羣，有學生，有軍隊，有各機關的職員，人民是不消說的。均高舉着火燈，照耀得如同白晝，從遠看去，好似一條火龍。

遊行開始了，鑼鼓喧天，爆竹震地。從會場出發，經過大街小巷，觀衆佇立夾道一片歡呼，直干雲霄！這樣的狂歡，不可遏止，一氣繼續三天。

△勝利日在同心▽

范佐中

勝利的消息傳到這古老的山城——同心之時，已經是八月底了。天哪！我們被封鎖在這裏，眞悶得發慌！因爲這裏根本是個窮鄉僻壤，雖然寧平汽車從這裏經過，但究竟談不上交通便利。可是這一回，勝利的消息雖然得到的很遲，而一切表現都出乎人的意外，附近三四十里以內的民衆和各級學校的師生，也都不辭跋涉之勞，紛紛趕來參加這民族解放的盛會，竟連六七歲的小孩子，也不甘落於人後。

我們的提燈遊行是九月二日的晚上舉行的，大約是下六點左右吧！縣府門前的廣場上，早已萬頭鑽動，擠滿了人羣，各式各樣的花燈，往來活動，集成了一片火海，照耀得滿大通紅！一聲炮響，軍樂隊齊奏，一條巨大的火龍，如怒如狂的活躍起來，人聲雜着火光，一刹時全城沸騰了，怒吼了！「……萬歲！」「……萬歲！」「……！」歡呼大震，響徹了雲天！勝利的炬火，籠罩了整個古城！眞是盛極一時，空前未有！

九月三日的上午十時，四面八方的人們，螞蟻似的向街中官井會場的彩棚前湧來，軍隊，學生，團員，民衆，老老少少，高高矮矮，大家張着勝利的笑口，掛着勝利的笑容，彼此招呼，互相慶賀，歌聲呼聲，交織一片。

城頭上，號音鐘聲，同時並發，人們的心中，為之一振！原來這是解除警報了！回憶前此敵人空襲的慘情，不禁教人鬆了一口氣！「從此我們可以過安全日子了！」一陣軍樂，接着乒乓乒乓連天的爆竹，慶祝大會就在此時正式揭開了序幕。開會如儀後，大家都爭着講演，會場情緒，充滿着歡欣與莊嚴，大會結束了，接着進行遊藝，尤其是秦劇的扮演，在這座山城裏是最好不過的節目，實給我們助興不少。

中寧縣的勝利日

王世恩

日寇終於在本年八月十日實現無條件投降了；世界上每個角落中的盟友，無不歡欣若狂，喜笑滿面。

使我們及我們的盟友永遠不會忘記的九月三日，也在中寧縣城內之北大操場，舉行慶賀大會了；各機關團體及民衆萬人，齊集於這佈置莊嚴而又美麗的大會台前，旗幟飄揚，行列整齊；每個人歡騰的情緒，眞非筆墨所能描寫，亦非言語所能形容；大會就在這人聲嘈雜，歡欣鼓舞的當中開始舉行。這時大會主席依着嚴肅而又喜悅的神氣舉行儀式，奇怪！在這多數未受過訓練的人羣中，都能靜悄悄的遵着會場的秩序；大概這都默想着總理的遺教的偉大，及團長的領導所予的現象，同時亦在靜待着要聽「日本無條件投降」的七個字。大會主席更能利用聽衆的情緒，慢慢的宣佈出來了；隨着台下的掌聲呼聲大作特作，尤如海潮聲山烈聲；約數分鐘後，驟然停上；大會主席仍繼續報告，辭中的一字一句都能注入到聽衆的耳膜；一舉一動，更能表示出勝利國家人民的風度。辭畢，繼續有各機關首長民衆團體及小學生，爭先恐後的無一個不想到台上露面一次，以表各人的勝利的願心，就是每個聽衆大多數沒有不是這種心理的，但因時間的不允許，所以在萬衆齊呼口號聲音之下，及嚴肅的軍樂聲中，慶祝完畢。接着就是擴大遊行，前面有步伐整齊的軍樂隊引行，各機關相繼跟隨，街道兩旁，擁滿了行人、他們都充滿了愉快似的神氣，似乎也要參加遊行，但恐是留着要看守家門，不敢離開似的，笑嘻嘻的在門口立着望着。一路軍樂聲，爆竹聲，歌聲，口號聲，打成一片，熱鬧異常；尤其農民婦女，都知道這種消息，特地趕來，街道房屋上座滿了穿紅戴綠的女人們交頭接耳，得意洋洋的看龍燈獅子等之快樂活動，她們心境上是有說不出的慰快！遊行畢，就是游藝活動，表演秦劇，十分精采，觀衆無不叫好，場中男男女女擁擠萬分，給維持秩序之軍警增加了許多麻煩，但他們的氣色，確是特別和悅。

在未開戲前，大會旁有藍球場，許多球員們，在球場中組成了軸心隊與同盟隊，作勝利比賽，此舉啓發了不少鄉村羣樂，不明白戰爭艱苦與勝利之樂趣，結果二十四與十四之比同盟隊獲勝了。大地已進入黃昏，各商號門前均懸掛着各式各樣的花燈，街市兩旁的標語，舉目皆是，提燈大會，在這時開始舉行，各機關人員手中握着許多稀奇古怪之花燈，後邊有鄉間的龍燈獅子相隨，一路爆竹連天，更有許多人作出悅耳之口技聲點綴，較之上午的擴大遊行，熱情實有增無減，遊行畢，大街上之一切活動漸漸散去，所有男女人士，均匆匆趕上戲場去看夜戲。

不夜的中衛城

郭鳳樓

九月三日的天色，特別的晴朗，象徵着勝利的光輝。本縣慶祝勝利大會就在這天的上午九時開了，各機關學校民衆約五千餘人，齊集一場，同慶昇平。大會訊號發出後，鑼鼓喧天，爆竹震耳，全城空氣為之緊張，熱烈！歡騰氣象，充滿了全城每個角落。約三點鐘後，在軍樂悠揚聲中大會禮成。新舊戲劇銜接表演，這時候，四鄉的民衆，如蜂般的擁進城，大街小巷，紅男綠女，五光十色，景况空前。夕陽西下時，各界仍集合高廟會場，準備火炬遊行。由本處前作嚮導，軍樂隊接後，其他各單位依次踵行，高蹺，彩船，龍燈，獅子，隨尾表演，由高廟出發，經數小巷，至西城門，轉由大街遙出東關外，復續回新[illegible]樓，遊行始告完結。當遊行時，登樓一望，彷彿一條無限長的火龍，盤旋於大街小巷，加之全城各商號住戶門首懸燈的光明，照耀如同白晝。鑼鼓聲，軍樂聲，唱歌聲，爆竹聲，口號聲，衝破了衛城的寂寞；燈光火炬，照明了衛城的黑暗。一座古老的街市，變成了一個「不夜之城」。

甘、宁、青邮政管理局关于抗战胜利复员人员安置事项的局谕（一九四五年九月二十七日）

甘寧青郵政管理局局諭第六七八三號

案奉

郵政總局三十四年九月二十二日局人字第一一五七號訓令內開：

「據署名「抗戰後各區調滇同人」印發傳單，對於本局復員準備妄肆指摘，查本局對於復員事項早經準備籌有整個辦法，逐步施行，如本年六月間由第三六五五號通代電飭將各區現有員工將來可調往收復區者，列表具報，以便統籌調度。此外又規定後方各區人員調返收復區及光復區服務辦法，於九月十二日通令飭知。一面並飭後方各區舉行員佐考試，以備將來抵補缺額之用，惟收復及光復區需用人手，須俟查明公務需要情形再行調派，且現在收復各地交通尚未暢通，而大量員亦無須多調遣。至抗戰期間著有勞績之員工，均經分別獎敘有案，又停給假期，原係奉令辦理，現在戰事雖已結束，但復員工作正形緊張，亦未便即行恢復。此次接收各區主管人員，均係就資歷相當、成績優良、經驗豐富、辦事幹練之人員中選擇保報，大部有案，對於收復區現

局諭第六七八三號第二頁

有人員處置辦法本局已飭籌劃辦理值此抗戰勝利復員伊始之際凡為員工自應各守崗位努力工作雖回鄉心切亦應以公務為重安心服務不得妄事張惶即使有所陳請可依照正式程序逐級核奪乃該署名抗戰復員各區調遣人員種種行動發傳單肆意攻訐似此囂張浮躁不守紀律殊屬不合除另令該局查明處分外各區如有類此情事應即嚴予制止免訛聽聞並將上述意旨曉諭全體員工知照切切此令等因奉此合行諭仰一體知照切切此諭

暫代局長梅鼎

中華民國三十四年九月二十七日

定远营支局关于呈请核发该局摊付抗战胜利大会费用等情致财政部西北盐务管理局宁夏分局局长孙奉铭的代电（一九四五年十月十九日）

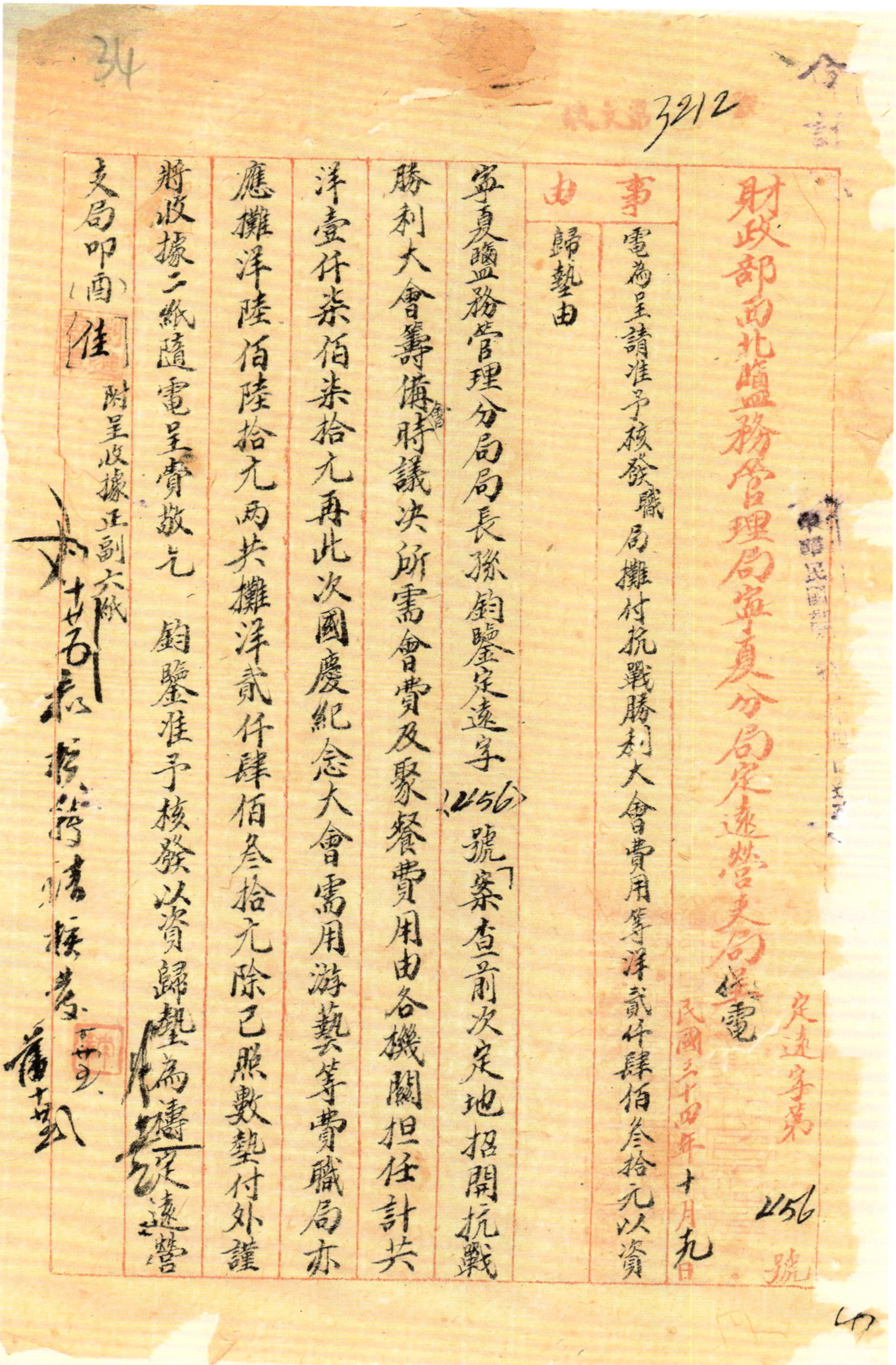

3212

財政部西北鹽務管理局寧夏分局定遠營支局代電

定遠字第1256號

民國三十四年十月九日

事由：電為呈請准予核發職局攤付抗戰勝利大會費用等洋貳仟肆佰叁拾元以資歸墊由

寧夏鹽務管理分局局長孫鈞鑒：定遠字1256號案查前次定地招開抗戰勝利大會籌備時議決所需會費及聚餐費用由各機關担任計共洋壹仟柒佰柒拾元再此次國慶紀念大會需用遊藝等費職局亦應攤洋陸佰陸拾元兩共攤洋貳仟肆佰叁拾元除已照數墊付外謹將收據二紙隨電呈賚敬乞鈞鑒准予核發以資歸墊為禱定遠營支局叩酉（佳）

附呈收據正副六紙

第一號

劉張 今收到

定遠營益新商店攤派抗戰勝利慶祝大會用費聚餐等洋壹百七十元 收清 此據

中國國民黨直屬阿拉善旗區黨部 條

九月十日

第二號

副張　今收到

大達營業務局承攤國慶紀念游藝會國幣陸百陸拾元此據　收清

主會人　劉義章

會計員

經手人

中國國民黨直屬阿拉善旗區黨部發

十月十二日

胜利后对于宁夏教育的一点希望（载于《宁夏青年》一九四六年三月）

勝利後對於寧夏教育的一點希望

國華

教育是建設的基礎，社會的發展和民生的改進都必須以振興教育爲起點，今後的寧夏已經是國防重鎮，所以寧夏教育不僅關係地方本身未來的興衰；同時也關係建國的成敗和國防的安危，因此必須以迅速而有力的手法重新加以整理。

過去的寧夏，因爲交通不便和經濟不發達的原因，教育總爲落伍；加以戰爭的影響，更衰落到奄奄一息的地步，就以號稱寧夏最高學府的寧中而言：連年遷徙，設備簡陋，學生銳減，教師缺乏；連年暑期高中畢業的十四個學生裏面，本省人只有一個；假使今後外省的學生都返籍就學的話，那麼本省若干學校豈不是要關了門嗎？『這種衰落情形，確是值得焦慮，新到任的楊廳長，從事西北工作多年，熟知西北情形，必對寧夏教育有遠大的計劃，及有效的措施，而使本省教育得到新生的機會，現在我們以寧夏人民的地位，提出幾點改進教育的簡單意見：

一、改善教師生活及地位：寧夏地處邊僻，一切都很艱苦，教師的薪金，不能維持生活，故外面的優良教師多不願來，既或來了，亦要他去，省籍的教師亦外出，因此寧夏教師缺乏引爲恐慌，若長此以往，則問題更爲嚴重，如國民學校的教師一身兼校長兼書記兼校役甚至兼廚師，而他的薪金，尚不能維持最低限度的生活，則其苦累不堪設想了，那還有時間有心思去教書呢？故我們提貢幾點補救方法：

甲、保障教師生活：教師薪金至少得與內地的學校相等，嘉獎服務多年及有勞績教師，年老無力任教者，須設立養老會制度，贍養其晚景生活。而使其無乏鍰之慮。

乙、尊重師道：教師是淸高的職業，平生的精力都費在學生身上，應提高其社會地位，以振奮其工作。這樣才能激勵教師服務的興趣，而且優良的省外教師願意至省內服務，而省籍教師亦不他往。

二、增加教育經費：教育最費錢，辦教育最大的問題，也是經費問題，如建修校舍，聘請教師，招收學生，購置設備，處理校務，那一件事沒經費能個成嗎？我們寧夏全省一年教育經費總數六百萬元，這個數且還未有重慶兩個兩級小學的經費之多；重慶兩個兩級小學的全年經費總數爲三億元。這和寧夏全省教育經費相比，則實在少得不成話，也太不平等，寧夏教育經費如再不趕快增加，則寧夏教育前途將必不堪想像。所以改進寧夏教育須以增加經費爲先決條件，然後才能談到解決其他的問題！

甲、優待學生：寧夏爲一貧瘠的邊遠省份，學生家境多貧苦，須得學校的補助，方能得到讀書的機會，故我們主張：第一、學校供給課本講義，燈火，炭爐等費。第二、補助省籍淸寒學生學費，使之能發揮其天賦聰明才力。

乙、增購圖書儀器等設備，充實各校圖書儀器及實驗室。使學生確實瞭解科學的應用並提高其研究興趣。

丙：添設學校：普通每一個省要都有大學，專科學校，一個縣要有不少的中等學校，如湖南全省七十六縣，中等學校有三百五十十所之多，再如鄰省甘肅，即有專科以上學校四所，又如西康省也有中等學校六十所之多，寧夏雖名爲省，但只有中等學校七個，至於專科以上學校更是一個也沒有，我們的教育機會太不平等了，故必須：第一：增設小學，推行義務教育，使人人有受教育之均等機會。第二：每縣至少有一個中等學校。第三：相機創設大學或專科以上學校，分設師範、蒙文、水利、農業、冶礦、化工、畜牧農林、紡織、皮革、獸醫、等科系。聘請國內有名教授任教，並加以優待，學生全部公費。

三、獎勵升學：甲、獎勵自動投考國內各大學，並對需要人才保送深造。乙、供給升學旅費及津貼。丙、請求教育部增加寧夏保送公費留學生名額並採用公開的方式，務期使其公平。

宁夏省政府关于胜利勋章颁授期间及办法的训令（一九四六年三月二日）

寧夏省政府公報　公文

◎奉院令規定勝利勛章頒授期間及辦法轉令知照由。

寧夏省政府訓令 秘人字第八四號
民國三十五年三月二日

令各機關

案奉

行政院本年二月四日節人字第零零叁叁貳柒號訓令內開：

「准國民政府文官處三十五年一月二十五日處字第七四三號公函開：「查勝利勛章頒授期間業奉　主席核定以一年為限即自去年雙十節首屆授勛起至本年雙十節為止并經規定呈送時間如次（一）五五發表者須在三月底以前送到候核（二）雙十節發表者須在八月底以前送到候核又關於請勛清單內所列官階一欄必須註明簡薦任職字樣（聘派及待遇人員亦應註明）歷年考績分數一欄并應填滿歷年考績分數否則須在備考欄內詳細說明其在抗戰期間服務是否已有八年以便轉陳核辦除分函外相應函達查照并轉飭知照等由准此除分令外合行令仰知照并轉飭知照」

等因；奉此，除分令外，合行令仰知照，并轉飭知照！

此令。

主席馬鴻逵

西北行辕关于限期造册上报日俘名单等情致宁夏省政府的电（一九四六年十一月二日）

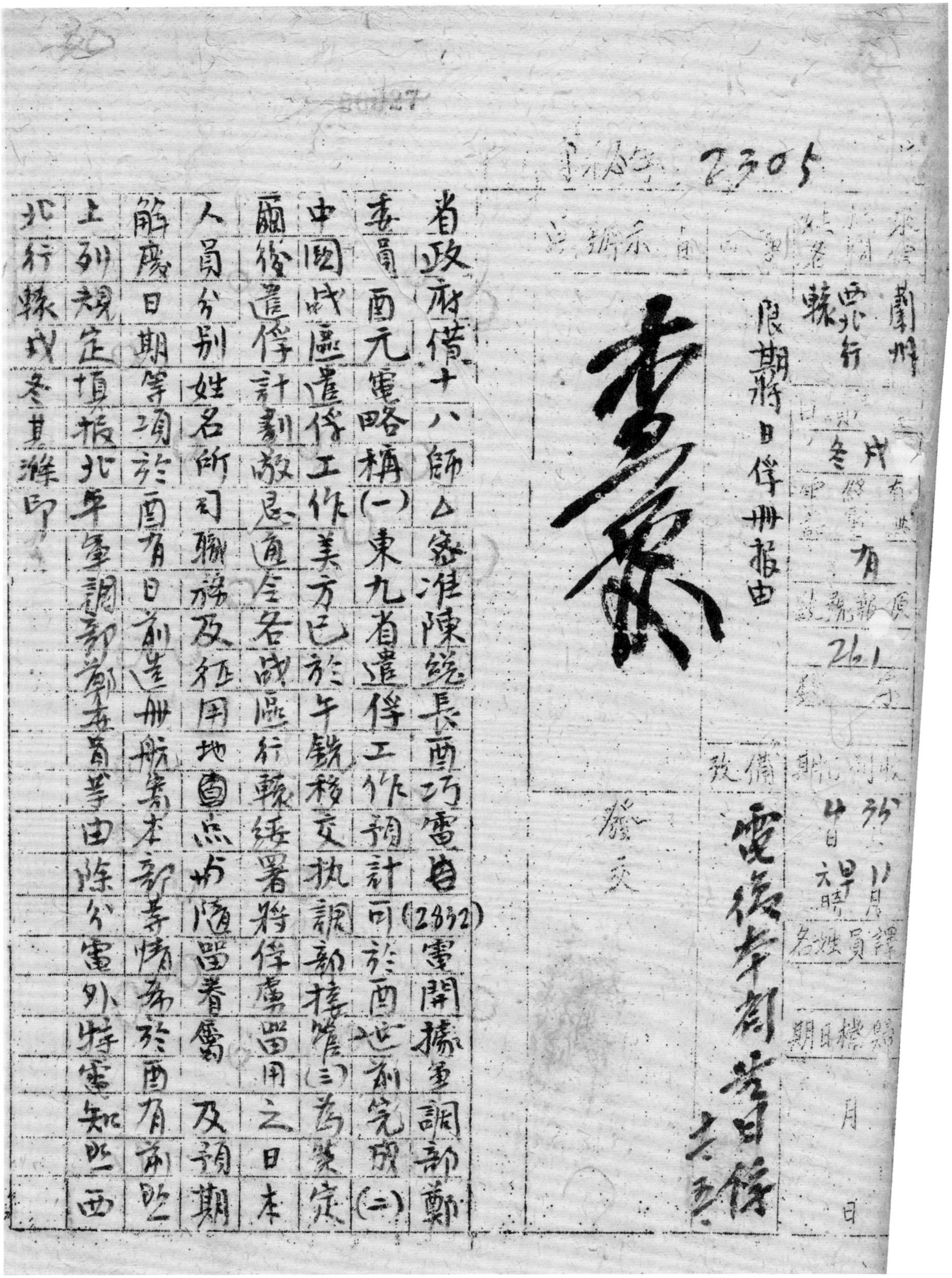
來電 蘭州 西北行轅

字第 2161 號

限期將日俘冊報由

查照

致 寧夏省政府

備 電復本部

省政府、備十八師△鈞准陳總長西巧電（2832）電開：據軍調部鄭委員西元電略稱：（一）東九省遣俘工作預計可於酉世前完成；（二）中國戰區遣俘工作美方已於午銑移交執調部接管；（三）為奠定國防遣俘計劃，撤通令各戰區行轅綏署將俘虜留用之日本人員分別姓名所司職務及征用地因點扣隨留眷屬及預期解除日期等項於酉有日前造冊航寄本部等情，希於酉有前照上列規定填報，北午軍調部鄭委員等由，除分電外，特電知照。西北行轅戌冬其聯印

陆军整编第十八师师长马敦静关于领收抗战纪念章事宜给新闻处处长张仲璋的代电
（一九四七年三月二十一日）

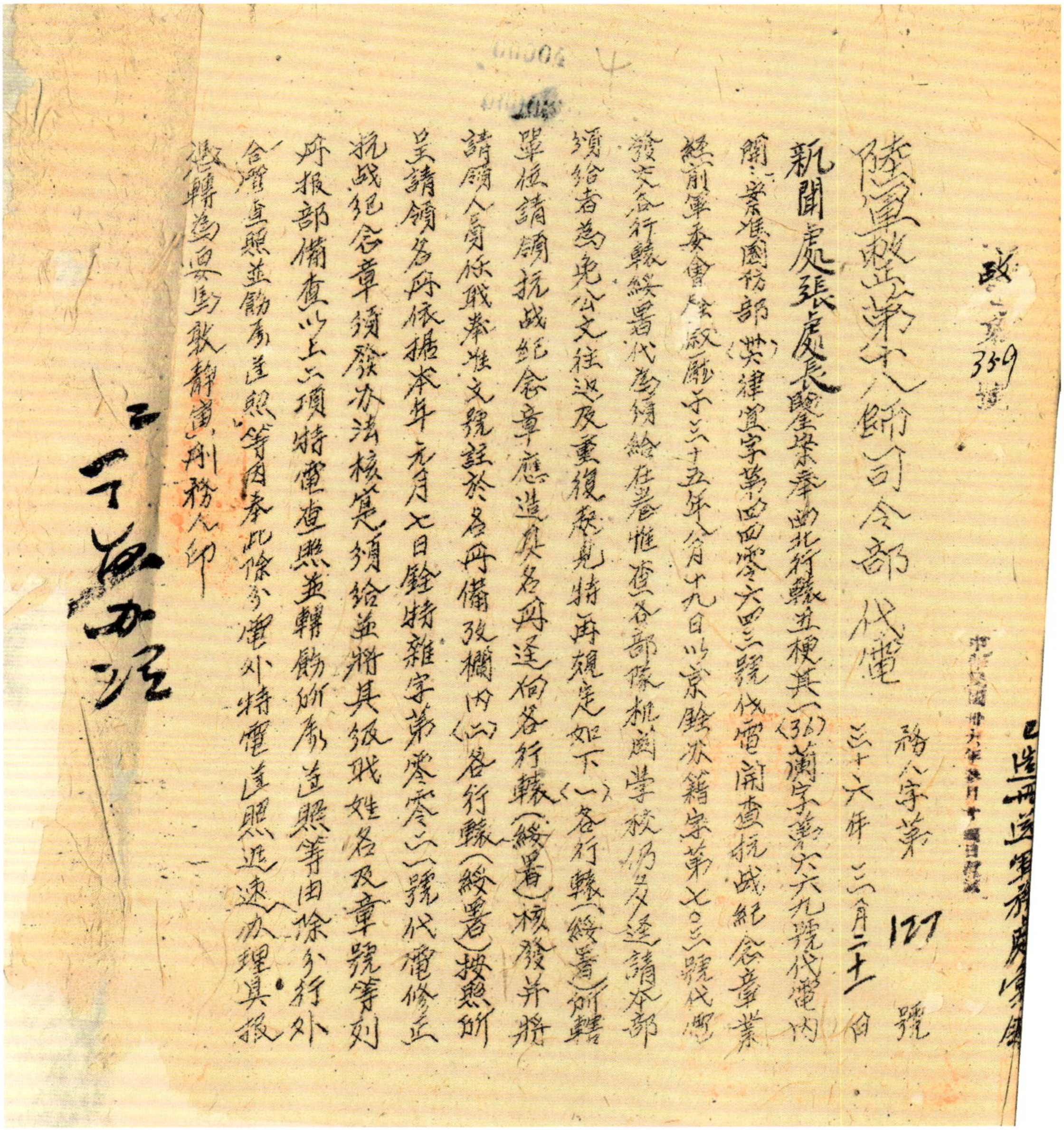
政二字第359號

陸軍整編第十八師司令部 代電

務八字第 127 號 三十六年三月二十一日

新聞處張處長仲璋覽 案奉西北行轅丑梗其（36）蘭字第六六九號代電內開：案准國防部（勛）律宣字第四四零六四三號代電開：查抗戰紀念章業經前軍委會銓敘廳于三十五年八月十九日以京銓敘籍字第七〇三號代電發交各行轅綏署代為頒給在卷惟查各部隊機關學校仍多有逕請本部頒給者為免公文往返及重複起見特再規定如下（一）各行轅（綏署）所轄單位請領抗戰紀念章應造具名冊逕向各行轅（綏署）核發並將請領人員依職奉准文號註於名冊備攷欄內（二）各行轅（綏署）按照所呈請領名冊依據本年元月七日銓特雜字第零零六號代電修正抗戰紀念章頒發辦法核算頒給並將其級職姓名及章號等列冊報部備查以上二項特電查照並轉飭所屬遵照等由除分行外合行電仰遵照並飭所屬遵照等因奉此除分電外特電遵照迅速辦理具報

整編第十八師師長馬敦靜寅（馬）刑務八印

二 于〇办理

后记

本书编纂工作在《抗日战争档案汇编》编纂出版工作领导小组和宁夏回族自治区档案馆编纂委员会的具体领导下进行。编者主要来自宁夏回族自治区档案馆。王耘、李亚文、刘新华等同志审阅了书稿，并提出了重要修改意见。原档案研究馆员张久卿同志对收录档案内容进行审定，提出了修改意见。

清华大学出版社对本书的编纂出版给予鼎力支持，谨向上述同志和单位致以诚挚的感谢！

编　者